¿Sabías que Benjamin Franklin fue el fundador de la primera biblioteca pública de nuestra nación? Además, inventó el pararrayos, las aletas de natación y los bifocales.

HARCOURT

Estudios Sociales

Nuestras comunidades

Harcourt
SCHOOL PUBLISHERS

www.harcourtschool.com

Nuestras comunidades

Series Authors

Dr. Michael J. Berson
Professor
Social Science Education
University of South Florida
Tampa, Florida

Dr. Tyrone C. Howard
Associate Professor
UCLA Graduate School of Education & Information Studies
University of California at Los Angeles
Los Angeles, California

Dr. Cinthia Salinas
Assistant Professor
Department of Curriculum and Instruction
College of Education
The University of Texas at Austin
Austin, Texas

Series Consultants

Dr. Marsha Alibrandi
Assistant Professor of Social Studies
Curriculum and Instruction Department
North Carolina State University
Raleigh, North Carolina

Dr. Patricia G. Avery
Professor
College of Education and Human Development
University of Minnesota
Minneapolis/St. Paul, Minnesota

Dr. Linda Bennett
Associate Professor
College of Education
University of Missouri–Columbia
Columbia, Missouri

Dr. Walter C. Fleming
Department Head and Professor
Native American Studies
Montana State University
Bozeman, Montana

Dr. S. G. Grant
Associate Professor
University at Buffalo
Buffalo, New York

C. C. Herbison
Lecturer
African and African-American Studies
University of Kansas
Lawrence, Kansas

Dr. Eric Johnson
Assistant Professor
Director, Urban Education Program
School of Education
Drake University
Des Moines, Iowa

Dr. Bruce E. Larson
Professor
Social Studies Education
Secondary Education
Woodring College of Education
Western Washington University
Bellingham, Washington

Dr. Merry M. Merryfield
Professor
Social Studies and Global Education
College of Education
The Ohio State University
Columbus, Ohio

Dr. Peter Rees
Associate Professor
Department of Geography
University of Delaware
Wilmington, Delaware

Dr. Phillip J. VanFossen
James F. Ackerman Professor of Social Studies Education
Associate Director, Purdue Center for Economic Education
Purdue University
West Lafayette, Indiana

Dr. Myra Zarnowski
Professor
Elementary and Early Childhood Education
Queens College
The City University of New York
Flushing, New York

Classroom Reviewers and Contributors

Connie Bingham
Teacher
Elm Tree Elementary
Bentonville, Arkansas

Lisa Johnson
Teacher
Whitely County School District
Corbin, Kentucky

Sheila McCoy
Teacher
Karns Elementary School
Knoxville, Tennessee

Charla Uhles
Teacher
Eastlake Elementary School
Oklahoma City, Oklahoma

Printed in the United States of America

ISBN-13:978-0-15-349663-9
ISBN-10:0-15-349663-0

1 2 3 4 5 6 7 8 9 10 048 15 14 13 12 11 10 09 08 07

Unidad 1

Las comunidades que nos rodean

STOP

Unidad 2

Las comunidades y su geografía

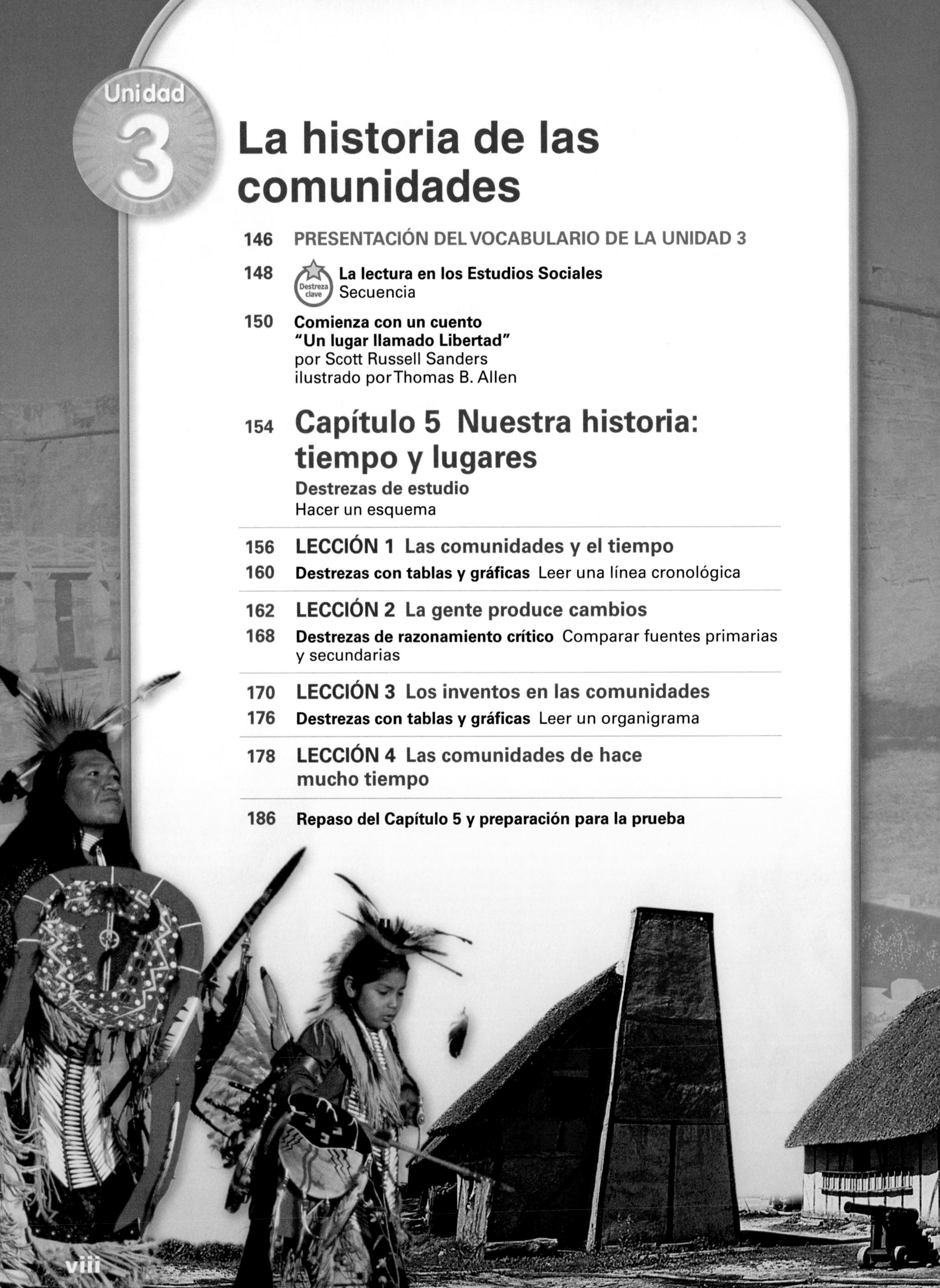

Unidad 3

La historia de las comunidades

Feliz Cumpleaños, Martin Luther King
por Jean Marzollo · ilustrado por J. Brian Pinkney

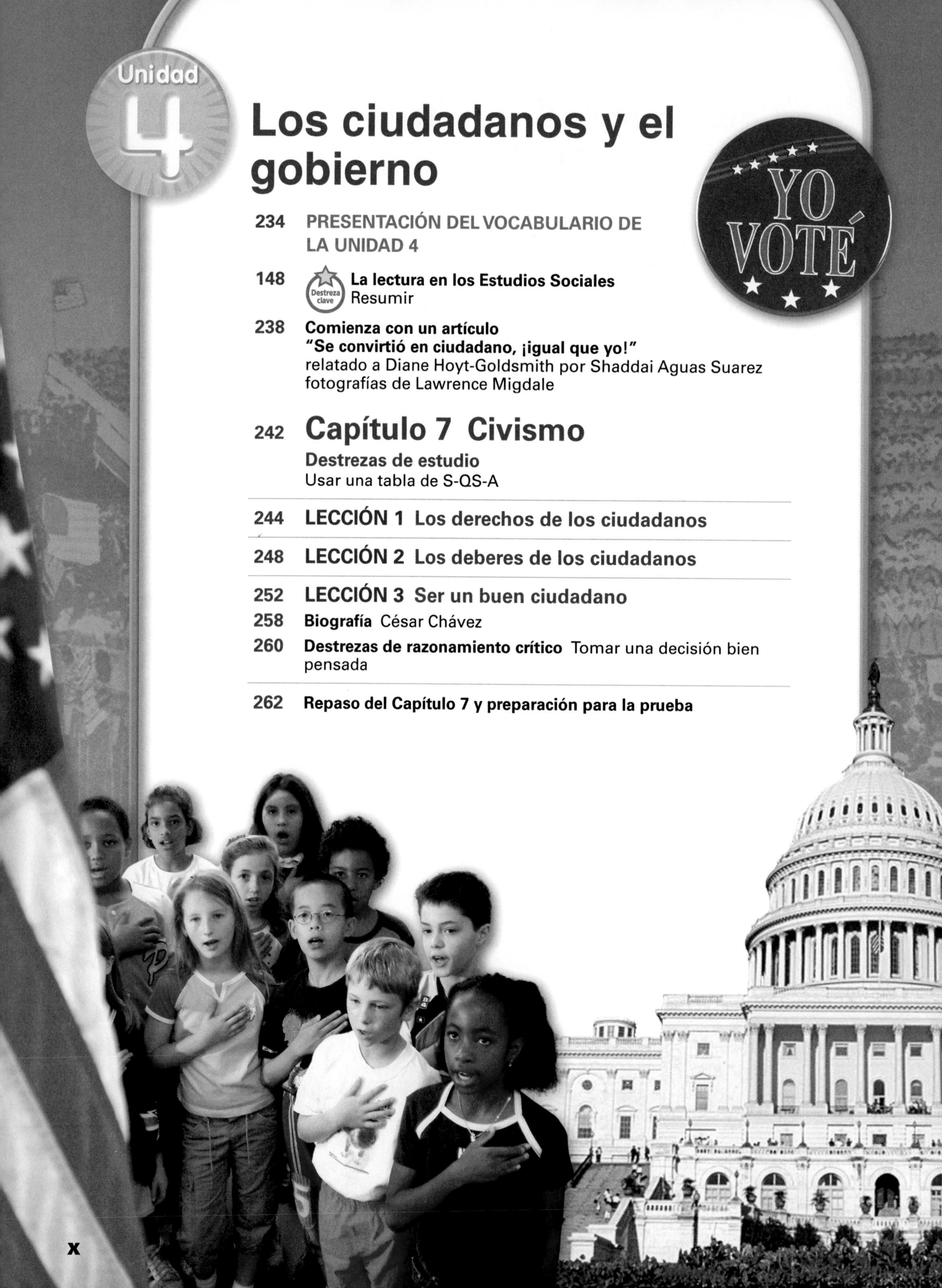

Los ciudadanos y el gobierno

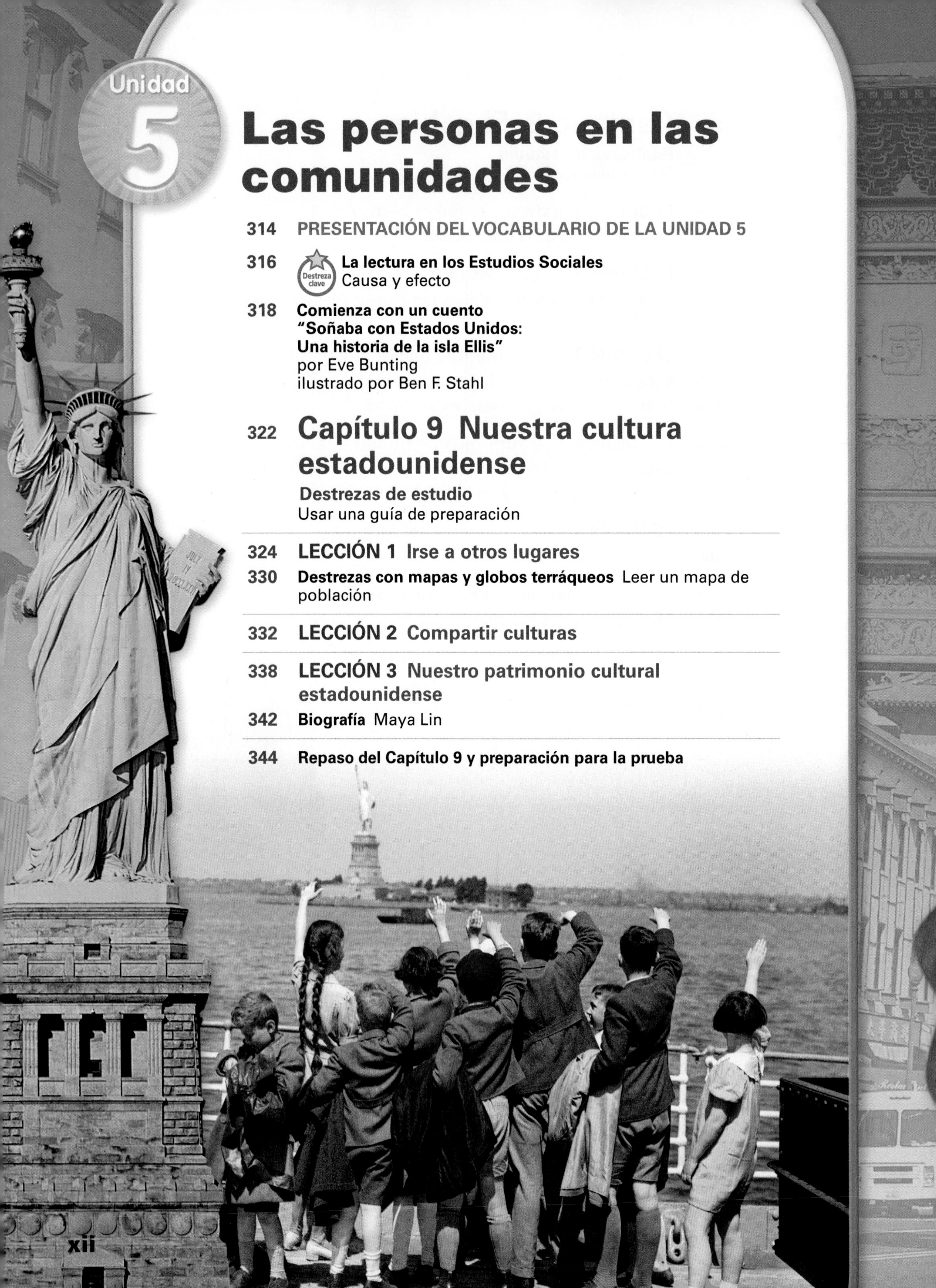

Unidad 5

Las personas en las comunidades

GALLERY PLACE STATION
ELEVATOR
1 BLOCK
NATOWN

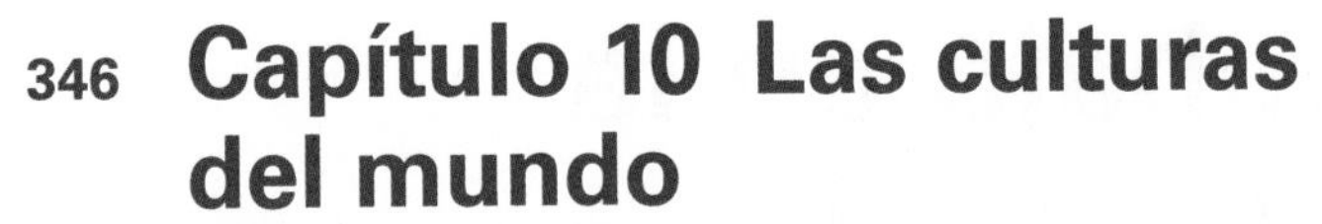

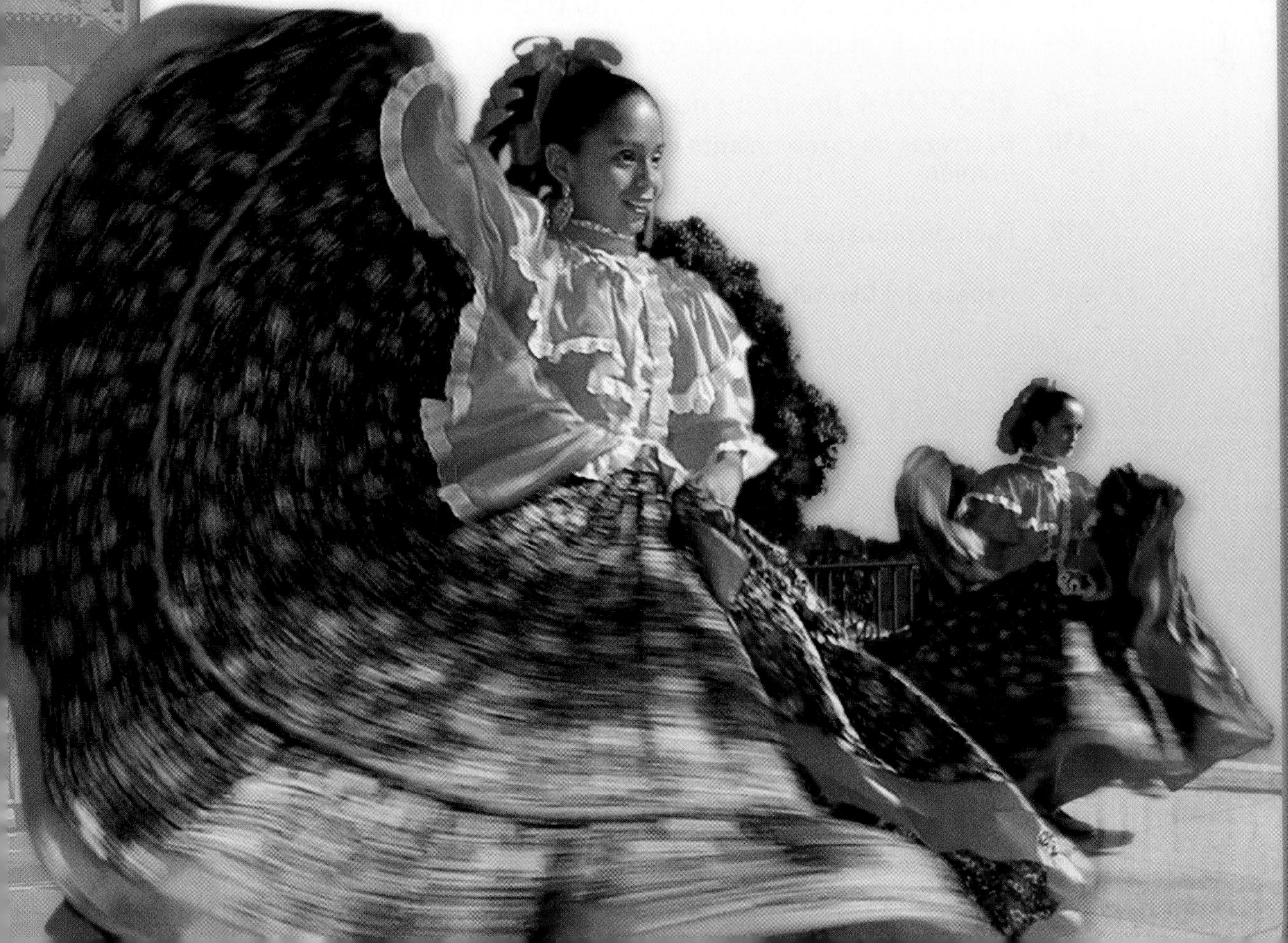

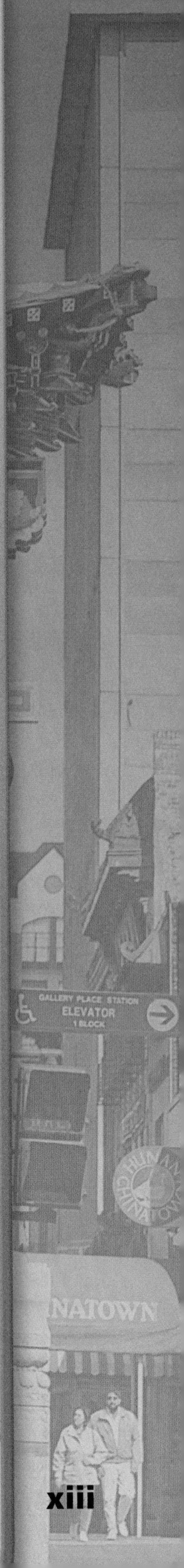

Unidad 6

El trabajo en la comunidad

PARA TU REFERENCIA

Secciones útiles

Destrezas

Civismo

Puntos de vista

Literatura y música

Fuentes primarias

Documentos

Biografía

Los niños en la historia

Excursión

Diviértete con los Estudios Sociales

Tablas, gráficas y diagramas

Mapas

Líneas cronológicas

Ilustraciones

Una historia bien contada

"Cada ciudad estadounidense debe ser un conjunto de comunidades donde cada integrante tiene el derecho de pertenecer".

—ex-presidente Lyndon B. Johnson

Este año, aprenderás sobre muchas comunidades diferentes. Leerás sobre cómo era la vida en otros **tiempos**. Conocerás a **personas** de comunidades de otros estados y países. Y visitarás muchos **lugares** para descubrir cómo se vive en las distintas comunidades.

Nuestras comunidades

Una historia consta de los tiempos, las personas y los lugares

Cada comunidad tiene su propia historia. La **historia** es el relato de lo que ha ocurrido en un lugar. Las personas que estudian el pasado se llaman historiadores. Los historiadores estudian las conexiones entre el pasado y el presente. Observan cómo cambian las cosas con el tiempo y cómo siguen iguales.

Para aprender sobre las personas y las comunidades de antes, los historiadores estudian los objetos y los documentos que usaba la gente de ese tiempo. Estos se conocen como **objetos del pasado**.

Los historiadores también estudian a las personas del pasado para aprender más sobre la vida de antes. Leen biografías de personas importantes. Una **biografía** es la historia de la vida de alguien.

Los historiadores también estudian los lugares donde ocurrieron los hechos históricos. Estudian mapas para entender mejor el lugar que están estudiando. Un **mapa** muestra la ubicación de un lugar y también informa a los historiadores sobre el territorio y la gente que vivía en él.

Los historiadores escriben la historia de nuestro pasado. Nos muestran la conexión entre los tiempos, las personas y los lugares. Tú aprenderás a pensar como historiador a medida que estudies la historia de tu comunidad.

Cómo usar este libro

PARA COMENZAR

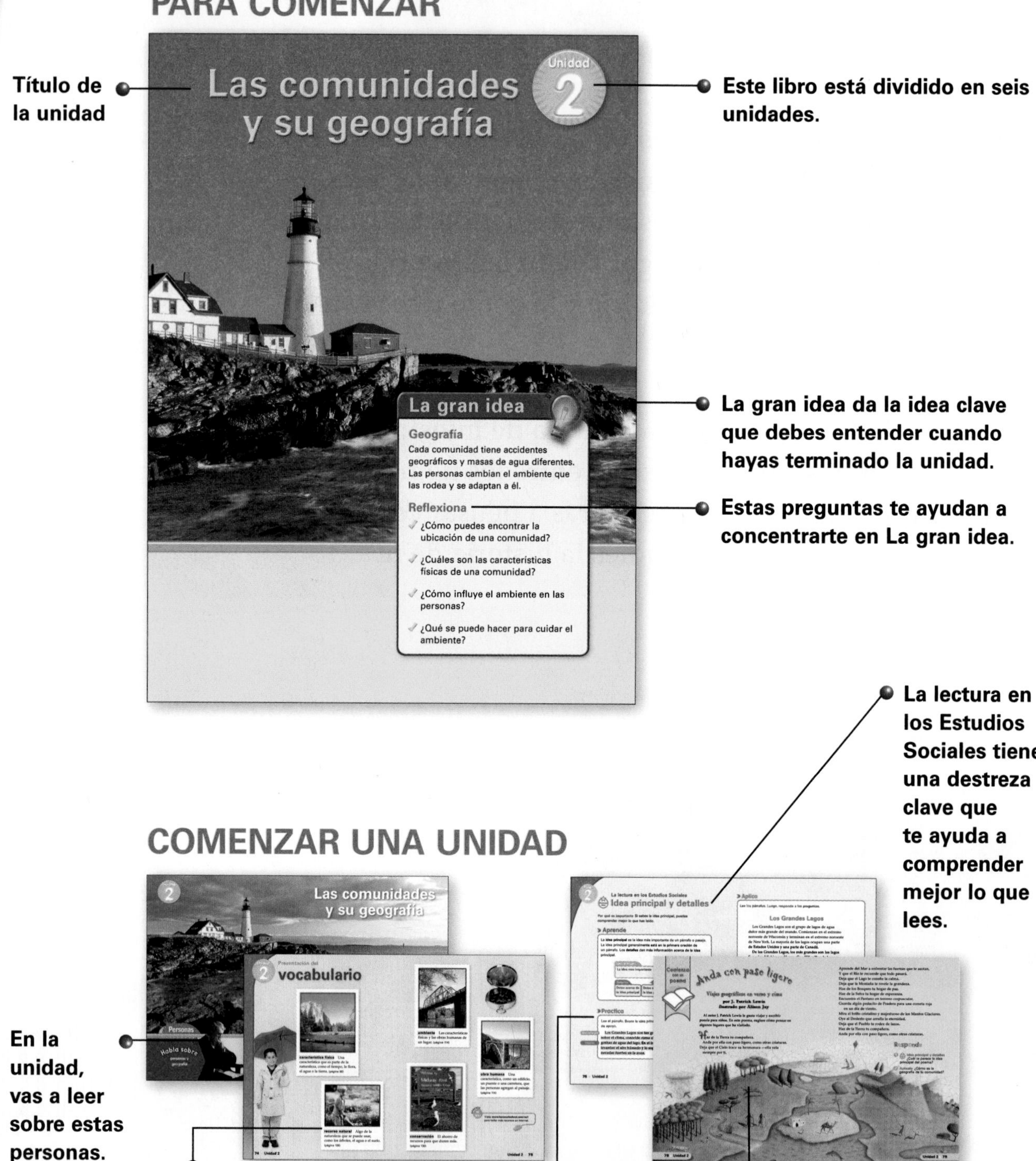

Título de la unidad

Este libro está dividido en seis unidades.

La gran idea da la idea clave que debes entender cuando hayas terminado la unidad.

Estas preguntas te ayudan a concentrarte en La gran idea.

La lectura en los Estudios Sociales tiene una destreza clave que te ayuda a comprender mejor lo que lees.

COMENZAR UNA UNIDAD

En la unidad, vas a leer sobre estas personas.

Se presentan las palabras clave.

Esta es la destreza que vas a practicar y aplicar.

Cada unidad comienza con una selección de lectura.

COMENZAR UN CAPÍTULO

Cada unidad está dividida en capítulos, y los capítulos están divididos en lecciones.

La sección de destrezas de estudio te da estrategias que puedes usar para recordar y organizar lo que lees.

Título y número del capítulo

COMENZAR UNA LECCIÓN

Esta pregunta te ayuda a concentrarte en la idea principal de la lección.

Estas son las palabras nuevas de vocabulario que vas a aprender en la lección.

A medida que lees la lección, debes aplicar la destreza clave relacionada con la lectura en los Estudios Sociales.

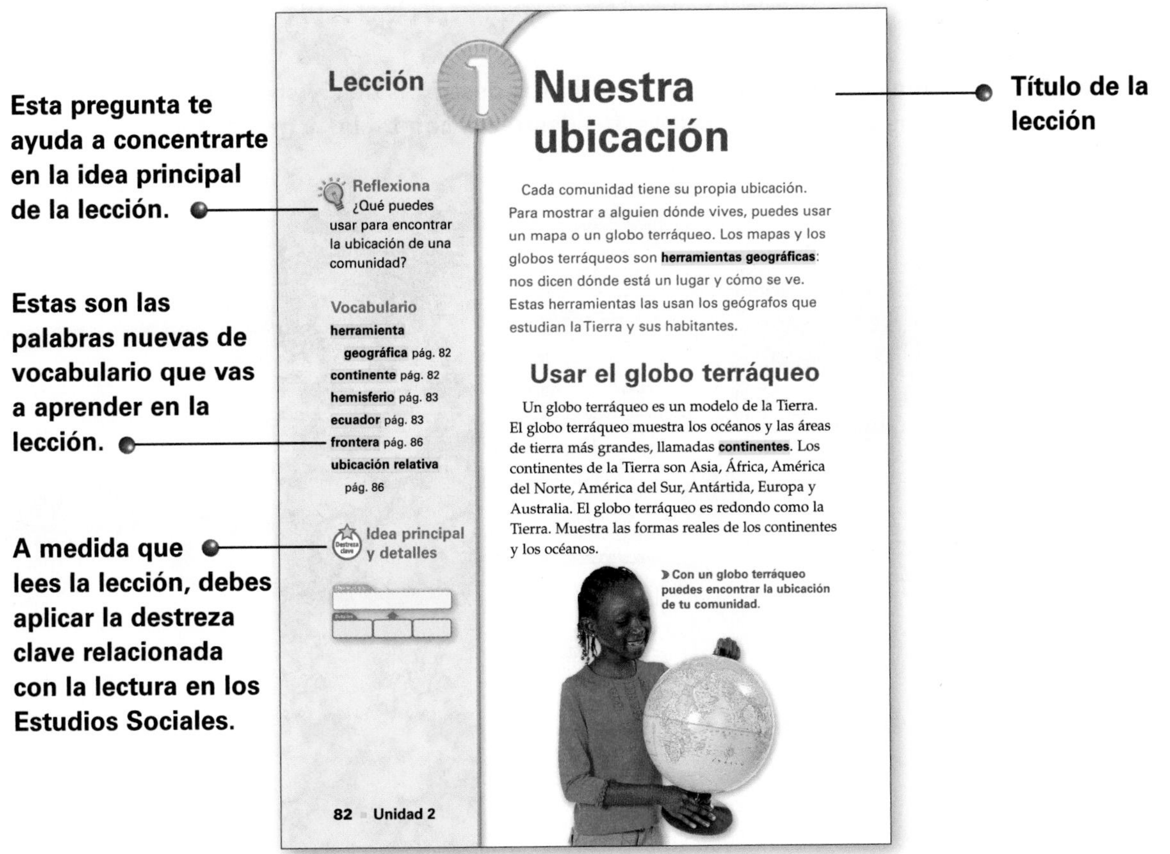

Título de la lección

CONCLUIR UNA LECCIÓN

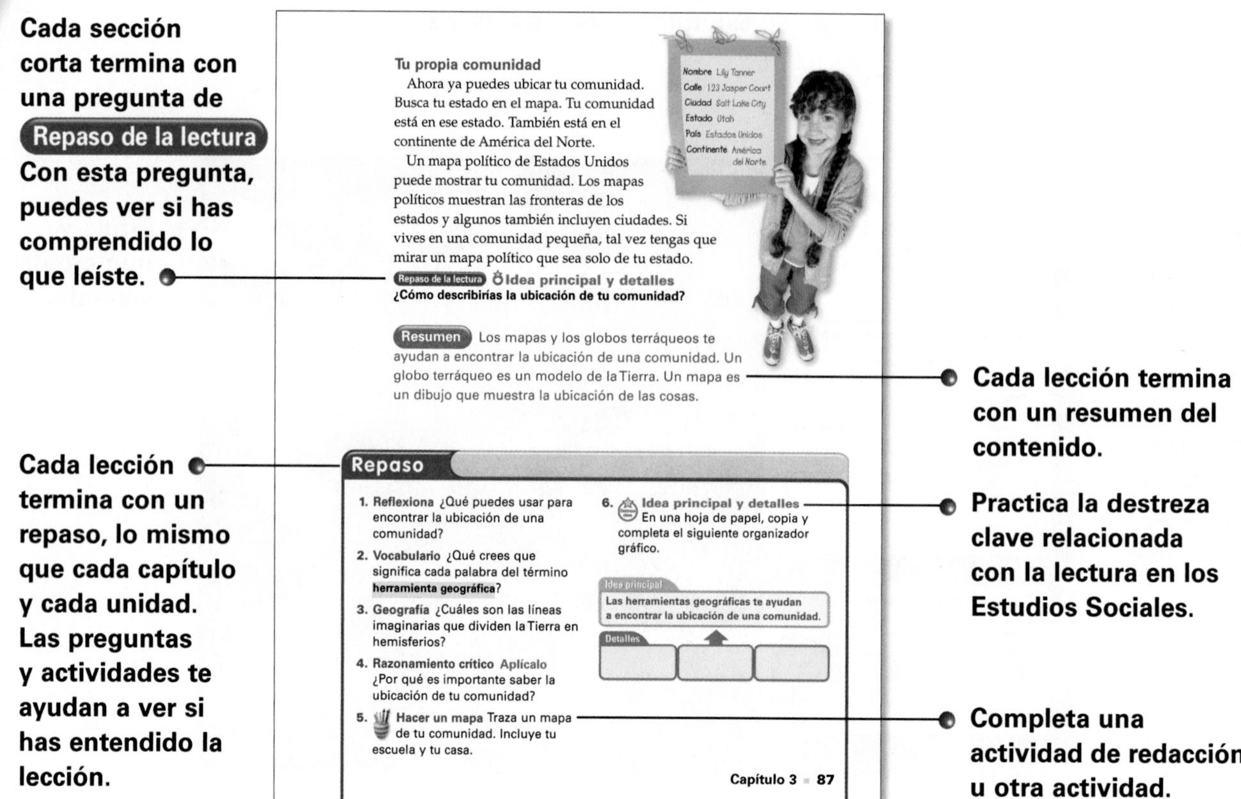

Tu propia comunidad

Ahora ya puedes ubicar tu comunidad. Busca tu estado en el mapa. Tu comunidad está en ese estado. También está en el continente de América del Norte.

Un mapa político de Estados Unidos puede mostrar tu comunidad. Los mapas políticos muestran las fronteras de los estados y algunos también incluyen ciudades. Si vives en una comunidad pequeña, tal vez tengas que mirar un mapa político que sea solo de tu estado.

Repaso de la lectura Idea principal y detalles
¿Cómo describirías la ubicación de tu comunidad?

Resumen Los mapas y los globos terráqueos te ayudan a encontrar la ubicación de una comunidad. Un globo terráqueo es un modelo de la Tierra. Un mapa es un dibujo que muestra la ubicación de las cosas.

Repaso

1. Reflexiona ¿Qué puedes usar para encontrar la ubicación de una comunidad?
2. Vocabulario ¿Qué crees que significa cada palabra del término herramienta geográfica?
3. Geografía ¿Cuáles son las líneas imaginarias que dividen la Tierra en hemisferios?
4. Razonamiento crítico Aplícalo ¿Por qué es importante saber la ubicación de tu comunidad?
5. Hacer un mapa Traza un mapa de tu comunidad. Incluye tu escuela y tu casa.
6. Idea principal y detalles En una hoja de papel, copia y completa el siguiente organizador gráfico.

Idea principal
Las herramientas geográficas te ayudan a encontrar la ubicación de una comunidad.
Detalles

Capítulo 3 87

Cada sección corta termina con una pregunta de **Repaso de la lectura** Con esta pregunta, puedes ver si has comprendido lo que leíste.

Cada lección termina con un resumen del contenido.

Cada lección termina con un repaso, lo mismo que cada capítulo y cada unidad. Las preguntas y actividades te ayudan a ver si has entendido la lección.

Practica la destreza clave relacionada con la lectura en los Estudios Sociales.

Completa una actividad de redacción u otra actividad.

APRENDER LAS DESTREZAS DE LOS ESTUDIOS SOCIALES

Tu libro tiene lecciones que te ayudan a mejorar tus destrezas de civismo, tus destrezas con mapas y globos terráqueos, tus destrezas con tablas y gráficas, y tus destrezas de razonamiento crítico.

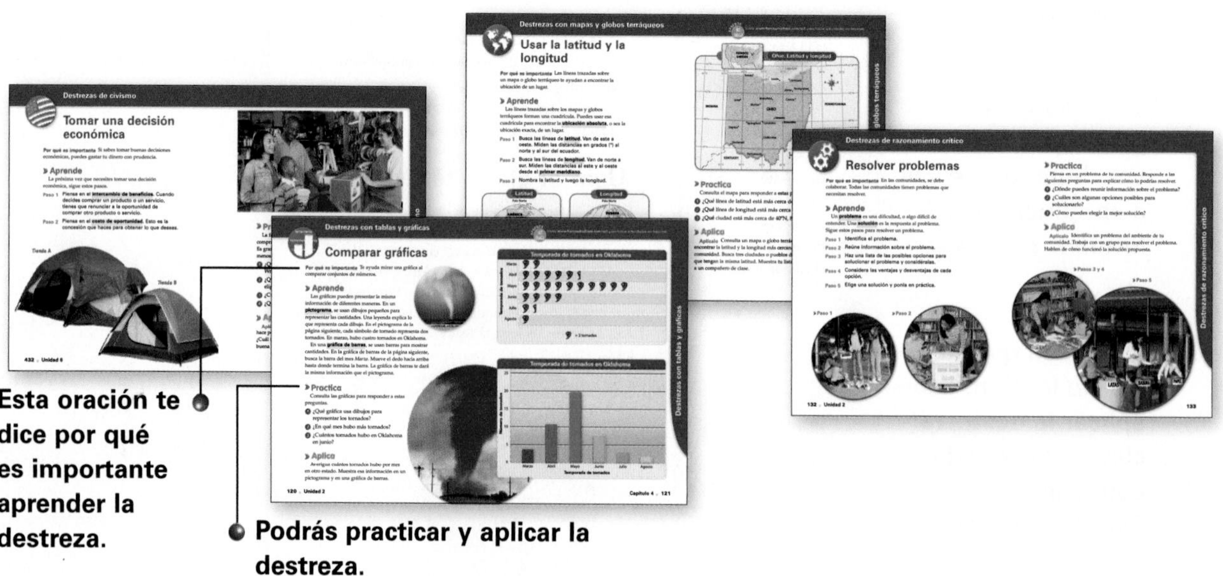

Esta oración te dice por qué es importante aprender la destreza.

Podrás practicar y aplicar la destreza.

SECCIONES ÚTILES

La sección "Explora tu comunidad" te ayuda a investigar el área donde vives.

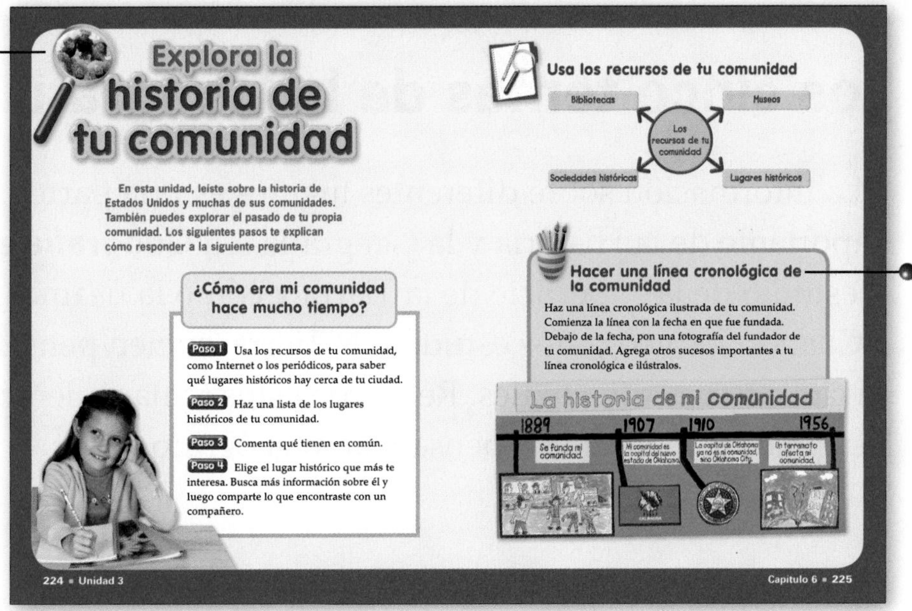

Harás un proyecto que te ayudará a aprender más sobre tu comunidad.

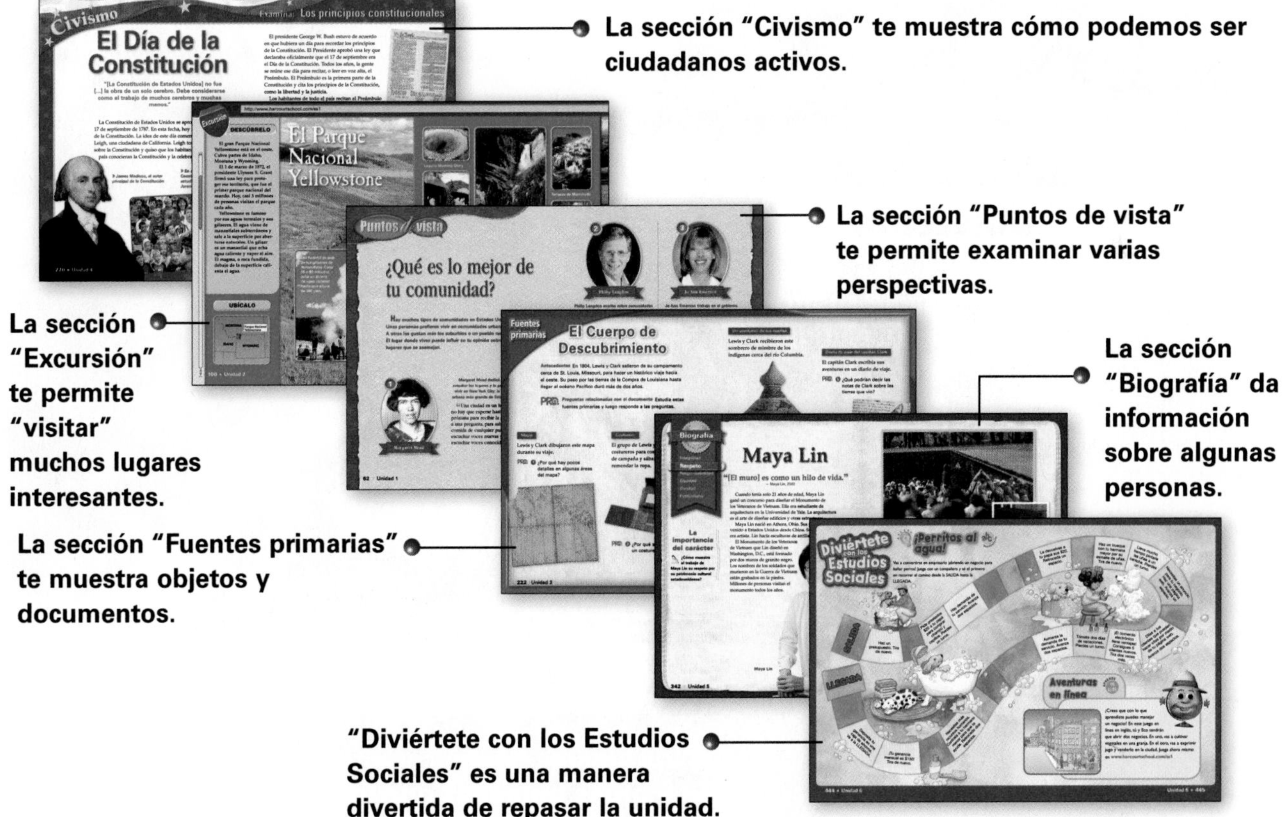

La sección "Civismo" te muestra cómo podemos ser ciudadanos activos.

La sección "Puntos de vista" te permite examinar varias perspectivas.

La sección "Excursión" te permite "visitar" muchos lugares interesantes.

La sección "Biografía" da información sobre algunas personas.

La sección "Fuentes primarias" te muestra objetos y documentos.

"Diviértete con los Estudios Sociales" es una manera divertida de repasar la unidad.

PARA TU REFERENCIA

Al final del libro, encontrarás una sección titulada "Para tu referencia". Úsala para buscar palabras o información sobre personas, lugares y otros temas.

Los cinco temas de la Geografía

La información sobre diferentes lugares es una parte importante de la Historia y la Geografía. La **Geografía** es el estudio de la superficie de la Tierra y cómo la usamos.

Cuando los geógrafos estudian la Tierra, suelen pensar en cinco temas principales. Recuerda estos temas mientras lees. Ellos te ayudarán a pensar como geógrafo.

TEMAS DE

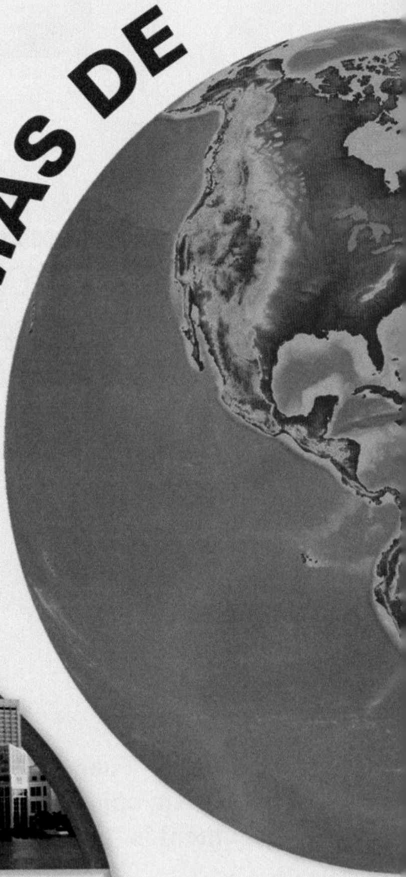

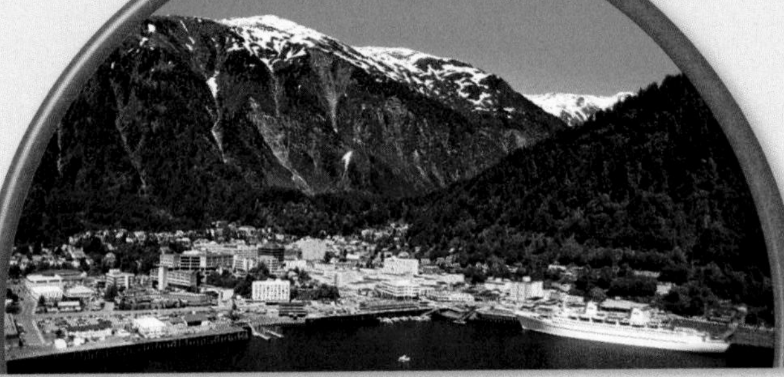

Ubicación

Todo en la Tierra tiene su propia **ubicación**, o sea el lugar donde se encuentra.

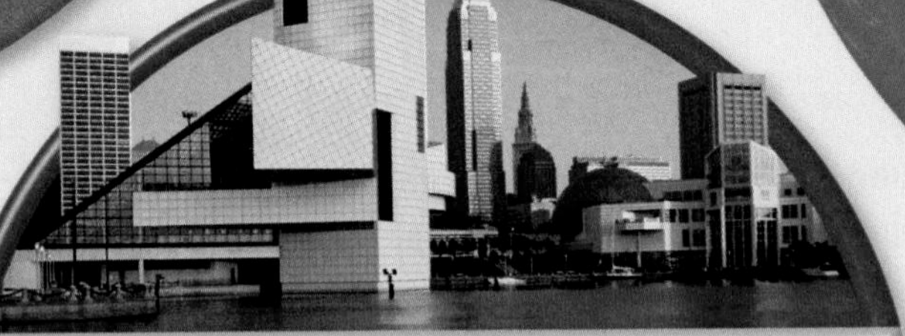

Lugar

Todos los lugares tienen características físicas y obras humanas que los hacen diferentes de los demás. Las **características físicas** son formadas por la naturaleza, mientras que las **obras humanas** son creadas por el ser humano.

Interacciones entre los seres humanos y el ambiente

El ambiente puede afectar a las personas y esto las hace **adaptarse** al medio.

Movimiento

Todos los días, los habitantes de distintas partes de nuestro país y del mundo intercambian productos e ideas.

GEOGRAFÍA

Regiones

Las áreas de la Tierra con ciertas características que las distinguen de otras áreas se llaman **regiones**. Una región se distingue por sus características físicas o sus obras humanas.

Observar la Tierra

Si observamos la Tierra desde el espacio, vemos que es redonda. La forma de la Tierra se ve mejor en un globo terráqueo. El **globo terráqueo** es un modelo de nuestro planeta.

Un globo terráqueo es una esfera o bola, lo mismo que la Tierra. El globo muestra las principales masas de agua y los **continentes** de la Tierra. Los continentes son las masas de tierra más grandes. Por su forma, el globo terráqueo solo puede mostrar una mitad de la Tierra a la vez. En un mapa del mundo, se ven todas las masas de tierra y de agua al mismo tiempo.

El mundo

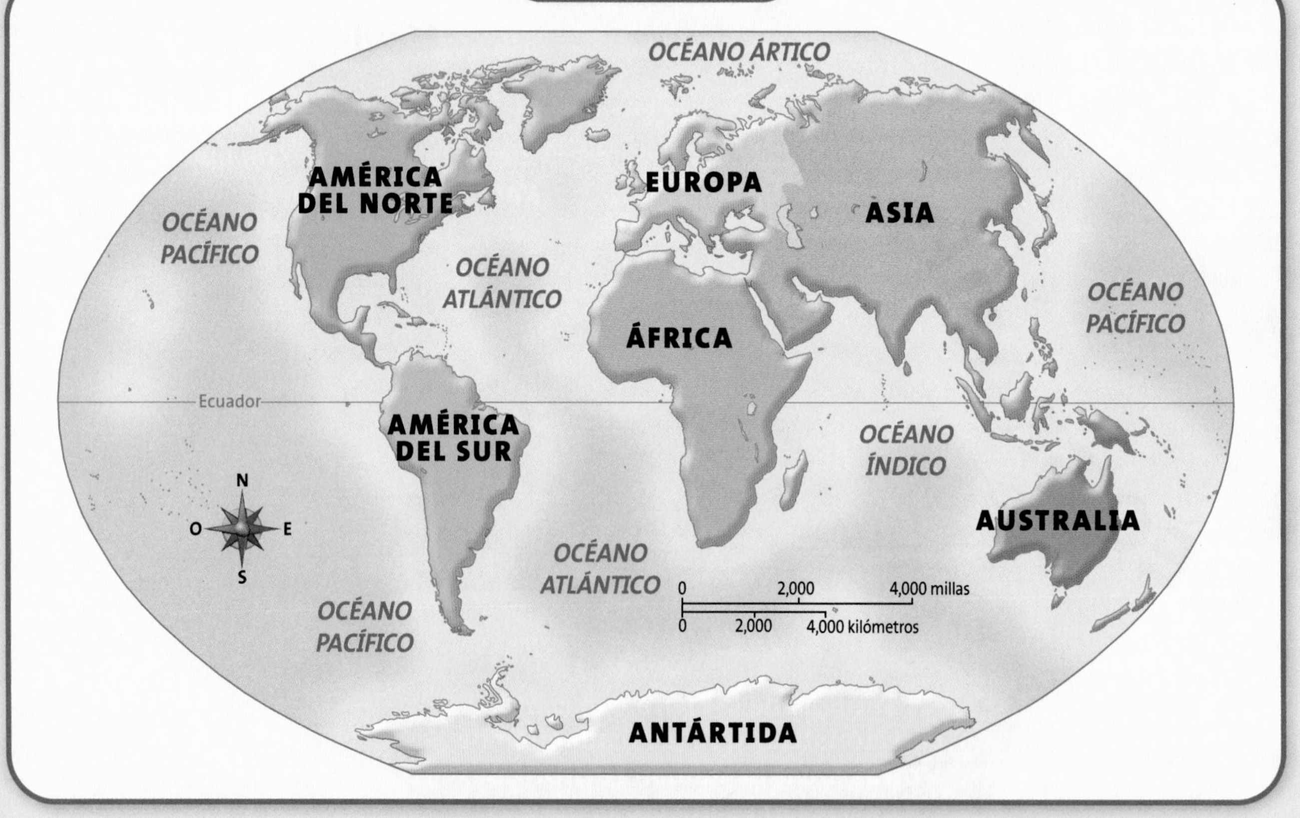

OCÉANO ÁRTICO
AMÉRICA DEL NORTE
EUROPA
ASIA
OCÉANO PACÍFICO
OCÉANO ATLÁNTICO
OCÉANO PACÍFICO
ÁFRICA
Ecuador
AMÉRICA DEL SUR
OCÉANO ÍNDICO
N
O
E
S
AUSTRALIA
OCÉANO ATLÁNTICO
0 2,000 4,000 millas
0 2,000 4,000 kilómetros
OCÉANO PACÍFICO
ANTÁRTIDA

A mitad de camino entre el Polo Norte y el Polo Sur, hay una línea imaginaria llamada el **ecuador**. El ecuador divide la Tierra en dos mitades iguales, o **hemisferios**. El hemisferio norte está al norte del ecuador y el hemisferio sur está al sur del ecuador.

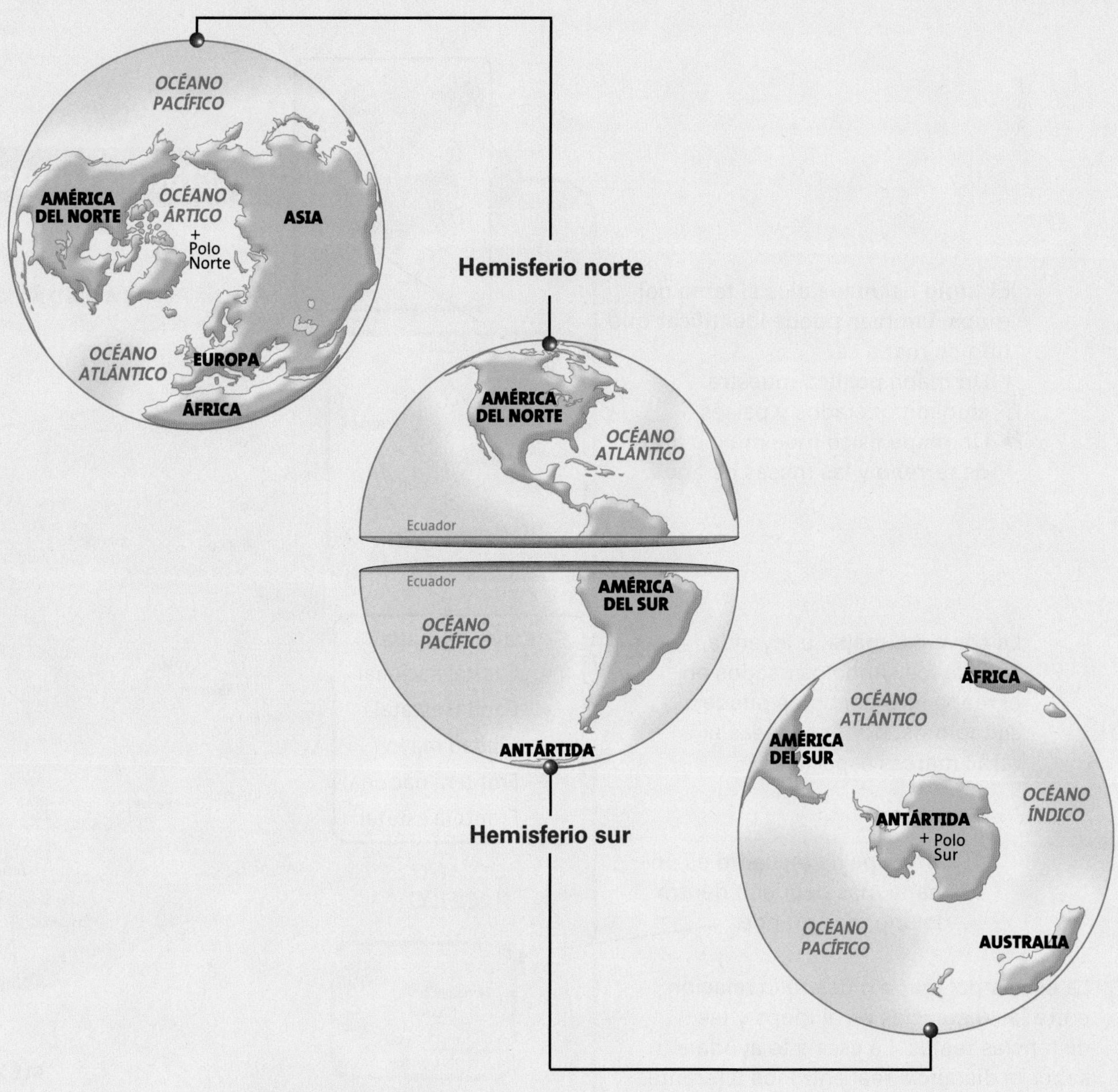

Leer mapas

Los mapas te dan muchos tipos de información sobre la Tierra y sobre el mundo que te rodea. Para que resulte más fácil leer los mapas, los cartógrafos agregan ciertos elementos a la mayoría de los mapas que dibujan. Algunos de estos elementos son un título, una clave, una rosa de los vientos, un mapa de ubicación y una escala.

Un **mapa de ubicación** es un pequeño mapa o globo terráqueo que muestra la ubicación del lugar dentro de un área mayor.

El **título del mapa** dice el tema del mapa. También puede identificar qué tipo de mapa es.

- Un mapa político muestra ciudades, estados y países.
- Un mapa físico muestra los tipos de terreno y las masas de agua.

La **clave del mapa**, o leyenda, explica los símbolos usados en el mapa. Los símbolos pueden ser colores, diseños, líneas u otras marcas especiales.

Un **mapa de recuadro** es un mapa más pequeño dentro de uno más grande.

La **escala del mapa** muestra la relación entre las distancias en el mapa y las distancias reales. La escala te ayuda a saber la distancia real entre los diferentes lugares representados en el mapa.

A veces, los cartógrafos necesitan mostrar algún lugar del mapa con más detalles o un lugar situado fuera del área que aparece en el mapa. Busca Alaska y Hawaii en el mapa de la página R6. Este mapa muestra la ubicación de estos dos estados en relación con el resto del país.

Busca Alaska y Hawaii en el mapa de abajo. Para mostrar muchos detalles de estos estados y el resto del país, el mapa debería ser mucho más grande. En lugar de hacerlo así, Alaska y Hawaii se muestran aparte, en mapas de recuadro, es decir, mapas pequeños dentro del grande.

La **rosa de los vientos**, o indicador de direcciones, indica los puntos cardinales en un mapa.

- Los **puntos cardinales** son norte, sur, este y oeste.
- Los **puntos cardinales intermedios** son las direcciones que se encuentran entre un punto cardinal y otro: noreste, noroeste, sureste y suroeste.

Repaso de Geografía

1. **desierto** Un área de terreno grande y seca
2. **bosque** Un área grande de árboles
3. **golfo** Una gran masa de agua de mar, parcialmente rodeada de tierra
4. **colina** Terreno que se eleva sobre la tierra que lo rodea
5. **isla** Un accidente geográfico totalmente rodeado de agua
6. **lago** Una masa de agua totalmente rodeada de tierra
7. **montaña** El terreno más alto
8. **océano** Una masa de agua salada que cubre un área grande
9. **península** Un accidente geográfico que solo está rodeado de agua por tres lados
10. **llanura** Un terreno plano
11. **río** Una corriente de agua grande que fluye por la tierra
12. **valle** Un terreno bajo entre colinas o montañas

Unidad 1

Las comunidades que nos rodean

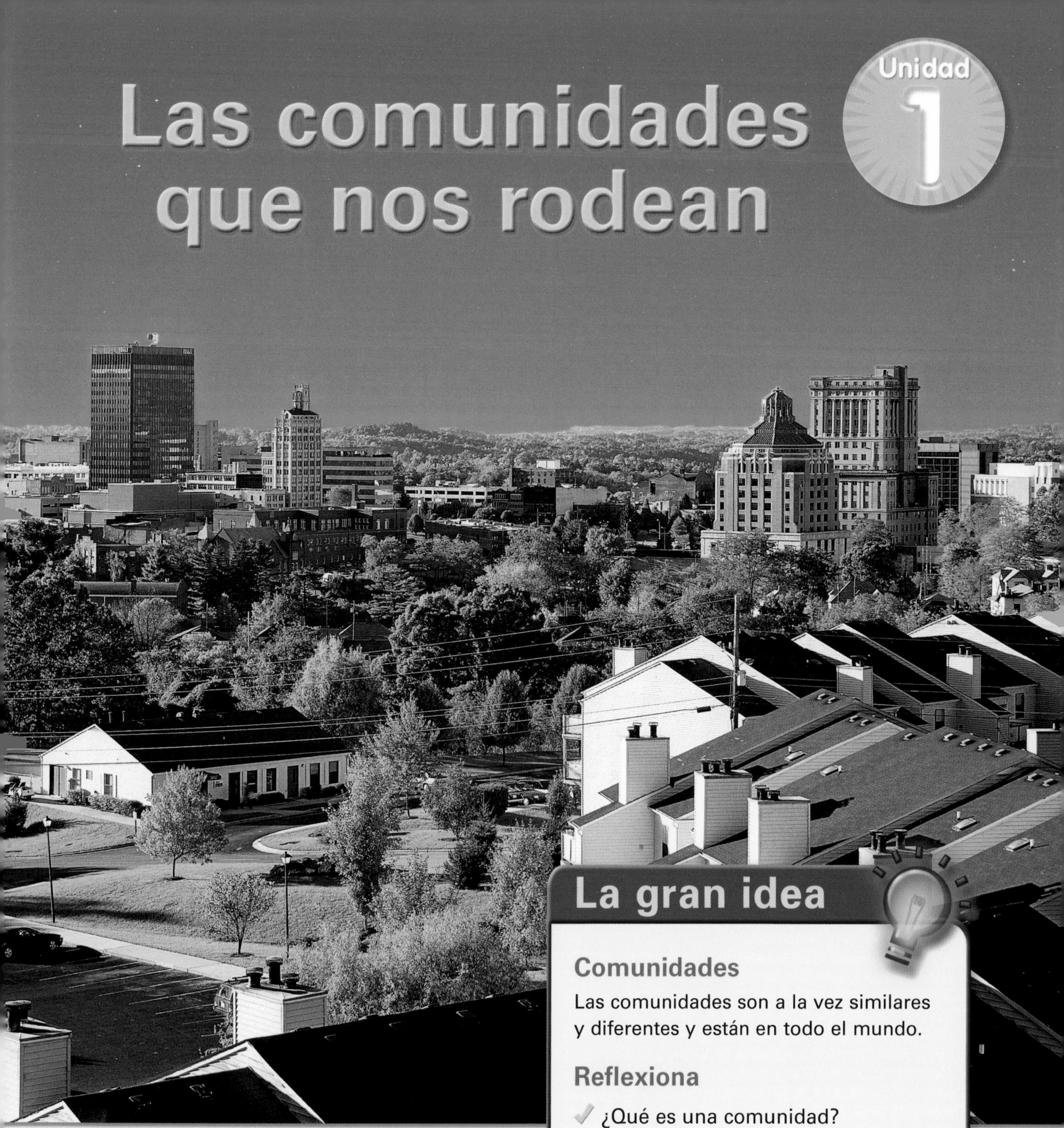

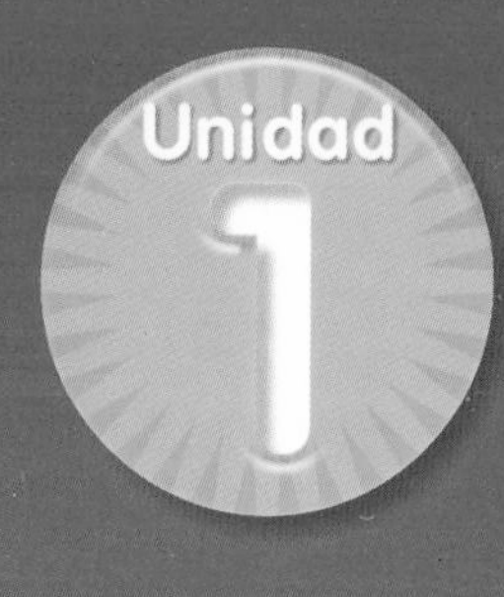

La gran idea

Comunidades

Las comunidades son a la vez similares y diferentes y están en todo el mundo.

Reflexiona

- ✓ ¿Qué es una comunidad?
- ✓ ¿Cómo se diferencian las comunidades?
- ✓ ¿Cómo puedes aprender sobre tu comunidad?
- ✓ ¿Qué son las comunidades urbanas, suburbanas y rurales?

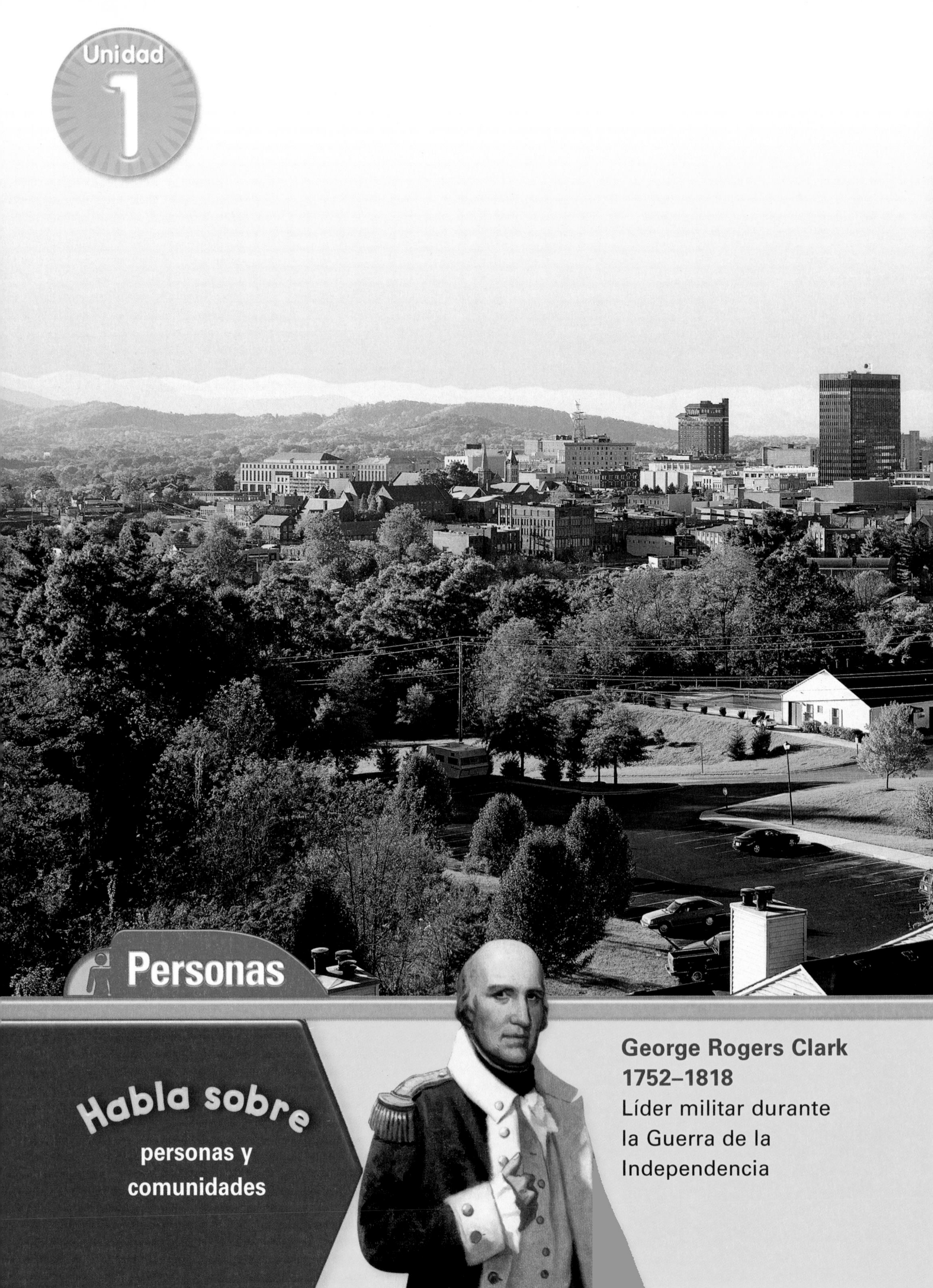

Unidad
1
Personas
Habla sobre
personas y
comunidades
George Rogers Clark
1752–1818
Líder militar durante
la Guerra de la
Independencia

Las comunidades que nos rodean

Frederick Law Olmsted 1822–1903
Diseñador de varios parques públicos, como el Central Park de New York City

Maya Angelou 1928–Actualidad
Poeta nacida en Missouri que escribió sobre su infancia como niña afroamericana en el Sur

Unidad 1

Presentación del vocabulario

comunidad Un grupo de personas que viven y trabajan en el mismo lugar. (página 14)

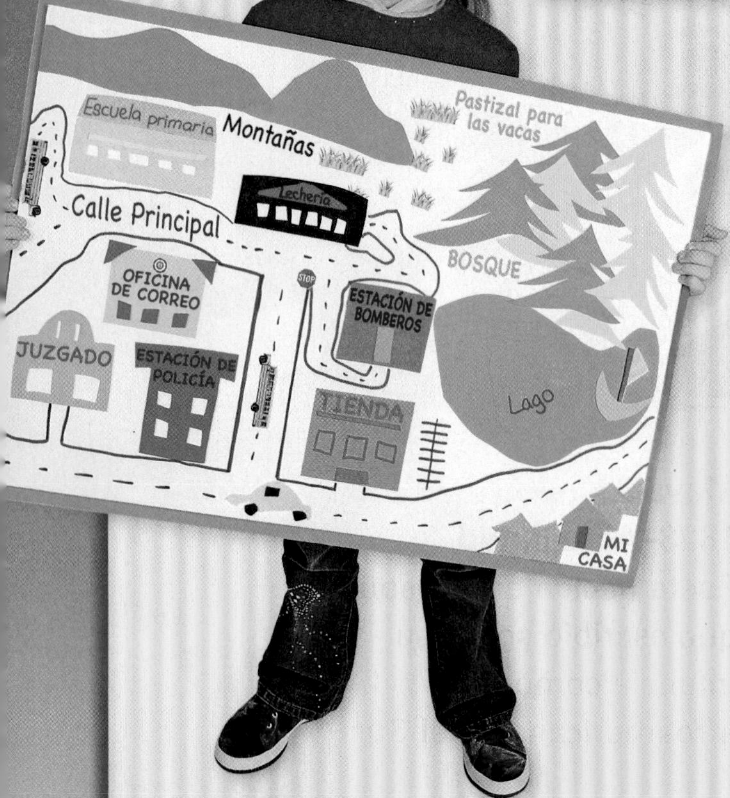

ciudadano Una persona que vive en una comunidad y pertenece a ella. (página 14)

cultura Un estilo de vida que comparten los miembros de un grupo. (página 15)

gobierno Un grupo de personas que hacen reglas y resuelven problemas en una comunidad. (página 19)

comunicación El hecho de transmitir información. (página 27)

Visita **www.harcourtschool.com/ss1** para hallar más recursos en Internet.

Destreza clave

La lectura en los Estudios Sociales

Comparar y contrastar

Por qué es importante Si sabes comparar y contrastar, podrás entender mejor en qué se parecen y en qué se diferencian las cosas, las personas y las ideas.

Aprende

Cuando **comparas** cosas, piensas en qué se parecen. Cuando **contrastas** cosas, piensas en qué se diferencian.

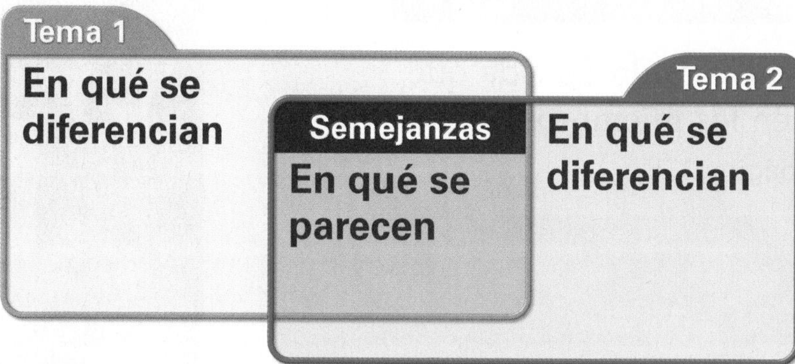

- Ciertas palabras y frases, como *igual que, como, tanto... como* y *similar*, indican que se están comparando dos cosas.
- Ciertas palabras y frases, como *diferente de, a diferencia de, sin embargo y pero*, indican que se están contrastando dos cosas.

Practica

Lee el párrafo. Luego, compara y contrasta las ciudades.

Lagos queda en Nigeria, África. Washington, D.C., queda en Estados Unidos, América del Norte. Tanto Lagos como Washington, D.C., son ciudades grandes y muy activas. Sin embargo, crecieron en forma distinta.

Comparar

Contrastar

Aplica

Lee los párrafos. Luego, responde a las preguntas.

Lagos y Washington, D.C.

Washington, D.C., es la capital de Estados Unidos. Lagos era la capital de Nigeria. Estas ciudades son muy diferentes en muchos aspectos. Pero también son muy parecidas en muchos sentidos.

Ambas ciudades son buenos lugares para comprar y vender cosas porque están cerca del agua. Lagos está cerca del golfo de Guinea. Gran parte de Washington, D.C., bordea el río Potomac. Los barcos pueden llevar y traer personas y cosas a las ciudades que están cerca del agua.

Washington, D.C.

Las dos ciudades crecieron en forma distinta. Lagos creció rápidamente, pero no estaba planeado que se convirtiera en una ciudad capital grande. En cambio, Washington, D.C., se planeó como la capital de Estados Unidos.

Hoy, tanto Lagos como Washington, D.C., tienen problemas propios de las ciudades grandes. Ambas necesitan más casas y mejores medios para que la gente viaje de un punto a otro de la ciudad.

Lagos

Comparar y contrastar

1. ¿En qué se parecen Washington, D.C., y Lagos?
2. ¿En qué se diferencian estas dos ciudades?
3. ¿Qué problemas tienen en común estas dos ciudades hoy?

Sé mi vecino

por Maya Ajmera y John D. Ivanko

Israel

Una comunidad es un grupo de personas que viven en el mismo lugar. Todas las comunidades están formadas por diferentes vecindarios. Algunos vecindarios son grandes, pero otros son pequeños.

Los vecindarios están formados por diferentes personas. Estas personas se esfuerzan por hacer de su vecindario un lugar agradable para vivir. En este cuento, aprenderás cómo vive la gente en vecindarios en distintas partes del mundo.

Estados Unidos

Canadá

Tu vecindario es un lugar especial.

Un vecindario es el lugar donde vives, aprendes, creces, juegas y trabajas rodeado de tu familia y amigos. Cada vecindario es un lugar especial. El tuyo puede estar en las montañas, sobre una costa o en algún lugar intermedio. Puede tener lugares históricos, como un monumento o la casa de alguien famoso.

Mali

Puede ser parte de una aldea, un pueblo o una gran ciudad.

Los vecindarios de distintas partes del mundo pueden parecer muy diferentes. Unos tienen muchísima gente, mientras que otros solo tienen una población pequeña, como los que se encuentran en una isla lejana, en el campo o en lo alto de las montañas. Unos vecindarios están formados por unos pocos edificios en un pueblo o aldea, mientras que otros se extienden por varias millas y son parte de una ciudad grande.

Turquía

Cada vecindario está formado por muchas personas diferentes . . .

En tu vecindario puede haber personas de todas las edades, con distintos intereses y antecedentes. Unos miembros de tu vecindario pueden vivir como tú y tu familia, y otros pueden tener hábitos y costumbres diferentes, que celebran en distintos tipos de festivales y actividades comunitarias. La oficina de correo, la plaza del pueblo, los lugares de culto y los campos de deportes son lugares donde se reúne la gente de tu comunidad.

. . . y muchas casas diferentes.

Una casa puede ser solo para tu familia o puede ser un apartamento en un edificio grande donde viven muchas familias una junto a otra. Las casas pueden ser de distintos materiales, como madera, ladrillo, vidrio o incluso barro, hierba o rocas. En los lugares donde el clima es frío, las casas están construidas para mantener el calor. En climas cálidos, las casas están construidas para mantener el frío. Vivas donde vivas, las casas están hechas para que tú y tu familia estén cómodos, secos y seguros.

Mongolia

. . . y lugares para comprar lo que necesitas.

Muchos vecindarios tienen mercados, restaurantes, centros comerciales o tiendas de alimentos para comprar lo que tú y tu familia necesitan. Algunos lugares son grandes y venden muchos productos distintos, mientras que otras tiendas son pequeñas y solo venden artículos específicos, como pan o queso. Hasta puedes crear tu propio lugar para vender algo hecho en casa a otros miembros de tu comunidad.

Francia

México

En tu vecindario compartes responsabilidades . . .

Con frecuencia, las personas que viven en un mismo vecindario colaboran para convertirlo en un lugar mejor. Puedes unirte con tus vecinos para limpiar un río o puedes colaborar con un grupo de jóvenes para plantar árboles en un parque. Los vecinos se cuidan unos a otros, tal vez ayudando a alguien a buscar un perro perdido o recogiendo ramas caídas después de una tormenta. También hay personas en tu vecindario que trabajan para cuidarte: médicos, policías, bomberos y carteros.

India

Estados Unidos

Tu vecindario es el lugar donde te sientes en casa.

Los vecinos tienen en común el lugar donde viven. Tú aprecias tu vecindario porque eres parte de él y él es parte de ti. Tu vecindario es un lugar donde aprendes sobre cooperación, respeto y amistad. Es el lugar que llamas tu hogar.

Papúa Nueva Guinea

Reino Unido

Responde

1. **Comparar y contrastar** (Destreza clave) ¿En qué se parecen los vecindarios que forman comunidades? ¿En qué se diferencian?
2. **Aplícalo** ¿En qué se parece tu vecindario a otros lugares de tu comunidad?

Destrezas de estudio

ENTENDER EL VOCABULARIO

Con un diccionario, puedes aprender palabras nuevas a medida que lees.

- **Un diccionario da los significados de una palabra y describe de dónde viene.**
- **Puedes usar una tabla para anotar las palabras desconocidas que buscas en el diccionario.**

comunidad *f.* 1: un grupo de personas que viven y trabajan en el mismo lugar.

Palabra	Definición
comunidad	Un grupo de personas que viven y trabajan en el mismo lugar.

PRESENTACIÓN DEL VOCABULARIO

negocio pág. 16

museo pág. 17

ley pág. 18

CAPÍTULO

Aprender sobre las comunidades

Vista de la Calle Principal en Easton, Maryland

Lección 1

¿Qué es una comunidad?

Reflexiona ¿Qué es una comunidad?

Vocabulario

comunidad pág. 14

ciudadano pág. 14

cultura pág. 15

negocio pág. 16

museo pág. 17

ley pág. 18

gobierno pág. 19

Destreza clave

Comparar y contrastar

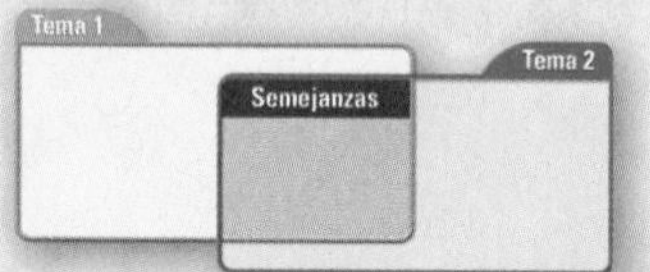

Tú vives en una comunidad, como la mayoría de las personas. Una **comunidad** es un grupo de personas que viven y trabajan en el mismo lugar.

Vivimos en comunidades en todo el mundo porque nos gusta estar con otros. En una comunidad, las personas sienten que pertenecen al grupo.

Las personas que viven en una comunidad y que pertenecen a ella se llaman **ciudadanos**. Los ciudadanos son parte de una comunidad.

Como muchas comunidades, New York City, en el estado de New York, está formada por muchos grupos de personas.

Muchas personas, una comunidad

Los ciudadanos de una comunidad pueden pertenecer a distintos grupos. Pueden tener culturas distintas. Una **cultura** es un estilo de vida que comparten los miembros de un grupo. Las comidas, las creencias y la forma de hablar y de vestir son aspectos de su cultura.

La ropa es parte de la cultura de una persona. Estas jóvenes de New Jersey bailan en un evento cultural indio.

Compartir culturas

En la mayoría de las comunidades, hay personas de diferentes culturas. Muchas veces, traen parte de su cultura a la comunidad. Comparten sus comidas, su forma de vestir, su música y su arte. Cuando hay diferentes culturas en una comunidad, las personas pueden disfrutar de otras costumbres.

Repaso de la lectura **Comparar y contrastar**
Menciona un aspecto en que las comunidades se parecen.

Depender de los demás

Los miembros de una comunidad dependen unos de otros, es decir, cuentan con los demás. Dependen de los policías y los bomberos para estar seguros. También dependen de las tiendas y otros negocios. En un **negocio**, los trabajadores hacen o venden cosas, o hacen trabajos para los demás.

Los negocios ayudan a los miembros de una comunidad a conseguir lo que desean. Un deseo es algo que a las personas les gustaría tener, como un televisor. Algunos deseos son necesidades. La comida, la ropa y un lugar para vivir son necesidades.

Los negocios dan empleo a las personas de una comunidad. El dinero que las personas ganan por su trabajo les sirve para pagar por las cosas que desean. A su vez, los negocios dependen de que los miembros de la comunidad compren lo que ellos venden.

Repaso de la lectura **Generalizar**

¿Cómo dependen los miembros de una comunidad unos de otros?

Las personas dependen de los negocios para conseguir las cosas que desean y necesitan.

Un grupo de niños estudia arte en el Museo Guggenheim de New York City.

Lugares de reunión

La mayoría de las comunidades tienen lugares donde las personas se pueden reunir. Las escuelas son lugares donde la gente se reúne y aprende. También se puede aprender con libros y otros materiales en una biblioteca.

Las comunidades tienen lugares donde la gente puede pasar su tiempo libre. Estos lugares pueden ser parques, centros comunitarios y patios de juego.

Algunas comunidades tienen lugares interesantes para visitar. En las salas de cine y de teatro, se pueden ver películas, obras de teatro y conciertos. La comunidad también puede tener museos. La gente visita un **museo** para ver objetos de otros lugares y otros tiempos, como ropa del pasado. Allí también se pueden ver obras de arte.

Repaso de la lectura **Idea principal y detalles**
¿En qué lugares de una comunidad se reúne la gente?

El Museo Guggenheim

Obedecer las reglas y las leyes

La mayor parte del tiempo, las personas se llevan bien entre sí. Pero algunas veces, no es así. Muchas familias hacen reglas para mantener el orden y la paz en el hogar. En la escuela, los maestros tienen reglas para ayudar a los estudiantes a aprender y estar seguros. Levantar la mano antes de hablar es un ejemplo de una regla. Las reglas del salón de clases indican a los estudiantes cómo deben comportarse.

Las comunidades también tienen reglas. Las reglas que hace la comunidad se llaman **leyes**. La gente debe obedecer las leyes de su comunidad. Las leyes mantienen el orden en una comunidad y ayudan a mantener la seguridad de las personas. Por ejemplo, las leyes de tránsito nos ayudan a viajar de manera segura.

La guardia de cruce ayuda a los estudiantes a obedecer la ley.

El gobierno de una comunidad

La mayoría de las comunidades tienen un gobierno para hacer leyes y controlar que se cumplan. Un **gobierno** es un grupo de personas que hacen leyes para una comunidad, un estado o un país. En muchas comunidades, los ciudadanos eligen a los miembros del gobierno. Los miembros del gobierno se reúnen para hablar de los problemas y resolverlos.

Repaso de la lectura **Idea principal y detalles**
Menciona una de las cosas que hacen los miembros del gobierno.

Un grupo de ciudadanos hablan de las leyes de la comunidad en un cabildo.

Resumen Las comunidades son lugares donde la gente siente que pertenece. Personas de culturas diferentes viven y trabajan en comunidades. Como ciudadanos, obedecen las reglas y las leyes.

Repaso

1. **Reflexiona** ¿Qué es una comunidad?
2. **Vocabulario** Escribe una oración que incluya la palabra **gobierno**.
3. **Cultura** Menciona algunas costumbres que forman parte de tu cultura.
4. **Razonamiento crítico** ¿Cómo podría ser la vida en una comunidad sin negocios?
5. **Hacer una red de palabras** Haz una red de palabras sobre una comunidad. Incluye todo lo que pueda encontrarse en una comunidad.
6. Destreza clave **Comparar y contrastar** En una hoja de papel, copia y completa el siguiente organizador gráfico.

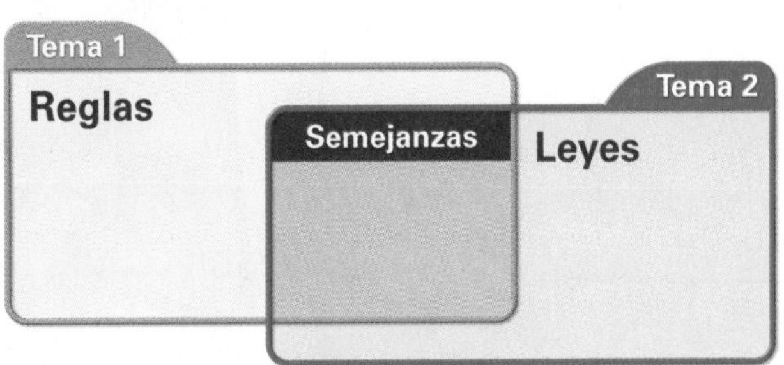

Lección 2

Las comunidades son diferentes

Reflexiona ¿En qué se diferencian las comunidades?

Vocabulario

clima pág. 20

desierto pág. 21

accidente geográfico pág. 21

bienes pág. 24

servicio pág. 24

banco pág. 25

Comparar y contrastar

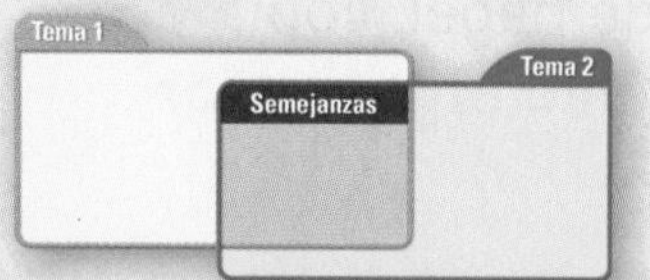

El terreno, las masas de agua y el clima de una comunidad la hacen diferente de otras. El **clima** es el estado del tiempo que tiene un lugar durante un período largo. Lo que sucedió en el pasado de una comunidad también la hace diferente, al igual que sus distintos tipos de negocios.

Geografía diferente

Cada comunidad está en un lugar diferente de la Tierra. Esto significa que la geografía de cada comunidad es diferente. Si describieras la geografía de tu comunidad, probablemente comenzarías por su clima, tierra y agua.

Seattle, Washington

Albuquerque, New Mexico

Describir un lugar

¿Qué clima tiene tu comunidad? El clima de tu comunidad puede ser cálido o frío. Puede cambiar de una estación a otra. Puede ser que vivas en un lugar donde llueve mucho o en un desierto. Un **desierto** es un lugar donde el clima es seco.

¿Qué tipos de accidentes geográficos hay cerca de tu comunidad? Un **accidente geográfico** es un tipo de terreno. Tal vez tu comunidad se encuentre en un terreno plano, que se llama llanura. O puede ser que vivas cerca de las montañas.

¿Está cerca del agua tu comunidad? Una comunidad puede estar al lado de un río o un lago. La gente que vive sobre las costas principales de Estados Unidos está cerca del océano Atlántico o del océano Pacífico.

Repaso de la lectura **Comparar y contrastar**
¿Cómo se distinguen las comunidades por su geografía?

Burdett, Kansas
Chattanooga, Tennessee
Provincetown, Massachusetts

Esta sala de cine de estilo Art Decó se construyó en Greenbelt en la década de 1930.

Pasados diferentes

Cada comunidad tiene su propia historia. Distintas personas fundan pueblos por distintas razones. Unas comunidades son muy antiguas, mientras que otras son más recientes. Greenbelt, Maryland, es un pueblo mucho más nuevo que Clarksville, Indiana.

Greenbelt, Maryland

Cuando la gente empezó a mudarse a Greenbelt en 1937, todo el pueblo ya estaba construido. El gobierno de Estados Unidos decidió la creación de este pueblo. Se construyó para familias que no encontraban un lugar donde vivir en la ciudad cercana de Washington, D.C. Las personas de la nueva comunidad hicieron leyes para el pueblo. Greenbelt creció y ahora hay casas y negocios nuevos y más personas.

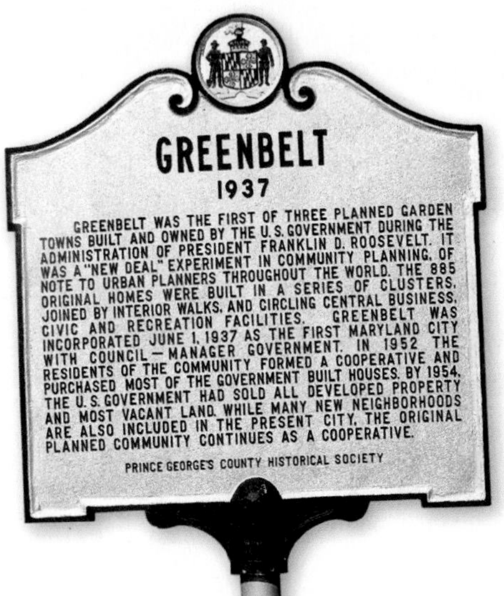

Clarksville, Indiana

Clarksville lleva su nombre en honor de George Rogers Clark. En el siglo XVIII, Clark era un líder en la lucha por convertir en país a Estados Unidos. Clark y sus soldados acamparon en lo que hoy es Clarksville. Era un lugar seguro donde podían descansar antes de avanzar y luchar contra su enemigo.

En 1781, el gobierno de Estados Unidos quiso recompensar a Clark y sus soldados. Las autoridades les dieron las tierras que se convertirían en Clarksville. Hoy, más de 20,000 personas viven en este pueblo.

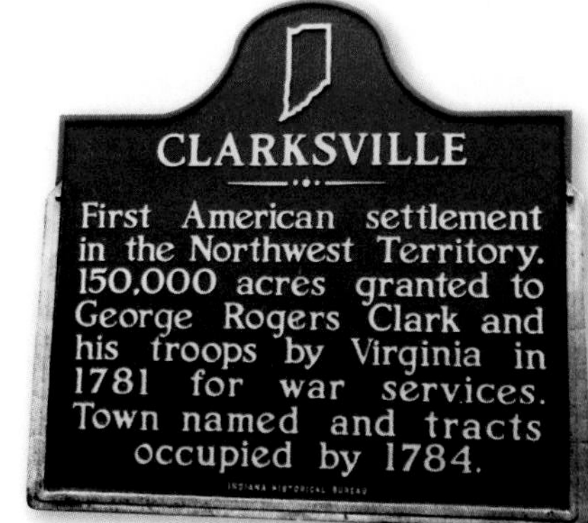

Repaso de la lectura **Comparar y contrastar**
¿En qué se diferencian los pueblos de Greenbelt y Clarksville?

Esta cabaña de Clarksville se construyó como imitación de la que construyó George Rogers Clark alrededor de 1803.

Trabajos diferentes

Las personas hacen distintos tipos de trabajo. Muchas eligen vivir en una comunidad para estar cerca de su trabajo. En algunas comunidades, se trabaja en negocios grandes. En otras, se trabaja la tierra.

Muchos trabajos dependen de la ubicación y la geografía de la comunidad. Muchas personas que viven cerca de grandes masas de agua trabajan en barcos. Las que viven cerca de bosques pueden cortar árboles para obtener madera.

Hay trabajadores que hacen bienes para los demás. Los **bienes** son cosas que se pueden comprar o vender. Algunos bienes, como las bicicletas, se hacen. Otros bienes, como los vegetales, se cultivan.

Hay trabajadores que prestan servicios. Un **servicio** es un trabajo que una persona hace para otra. Por ejemplo, los médicos y las enfermeras ayudan a la gente a cuidar su salud.

Las pelotas de tenis son bienes. Una lección de tenis es un servicio.

Comunidades formadas en torno a trabajos

Ciertas comunidades se conocen por los bienes que se hacen allí. Cuando se oye hablar de Hershey, Pennsylvania, se piensa en el chocolate. La comunidad se formó alrededor de una compañía de dulces famosa.

Otras comunidades son conocidas por los servicios que prestan. En Estados Unidos, muchas personas dependen de los bancos de Charlotte, North Carolina. Los **bancos** son negocios que guardan y protegen el dinero.

Repaso de la lectura **Comparar y contrastar**
¿En qué se diferencian los bienes y los servicios?

Hershey, Pennsylvania, es conocida por sus chocolates.

Resumen Cada comunidad tiene cosas que la hacen diferente. Tiene su propia geografía, historia y lugares de trabajo.

Repaso

1. **Reflexiona** ¿En qué se diferencian las comunidades?
2. **Vocabulario** Escribe una oración con la palabra **clima** para describir el clima de tu comunidad.
3. **Tu comunidad** ¿Qué accidentes geográficos o masas de agua hay cerca de tu comunidad?
4. **Razonamiento crítico** **Aplícalo** ¿Preferirías vivir en una comunidad nueva o en una más antigua? ¿Por qué?
5. **Escribir una descripción** Escribe una descripción de tu comunidad. Señala en qué se diferencia de otras comunidades.
6. Destreza clave **Comparar y contrastar** En una hoja de papel, copia y completa el siguiente organizador gráfico.

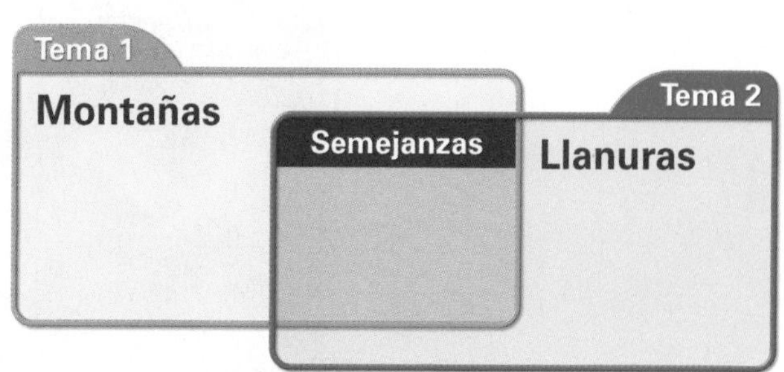

Lección

Comunidades cercanas y lejanas

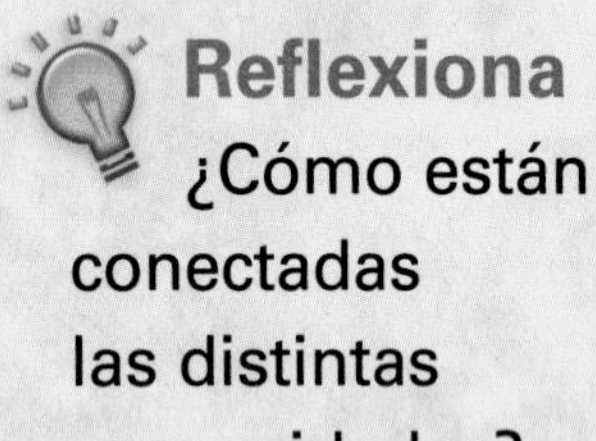

Reflexiona ¿Cómo están conectadas las distintas comunidades?

Vocabulario

nación pág. 26

comunicación pág. 27

Internet pág. 27

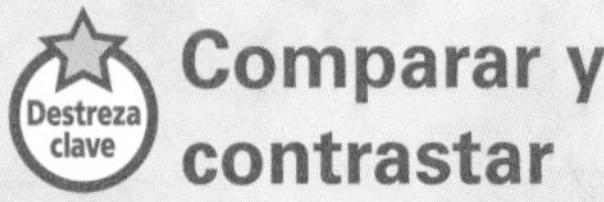

Comparar y contrastar

La gente vive en comunidades en todo Estados Unidos y el mundo. Ya sea que vivan cerca o lejos, las personas comparten cosas entre sí y aprenden unas de otras.

Las comunidades están en todos lados

Estados Unidos es una nación formada por muchas comunidades. Una **nación**, o país, es un territorio con su propia gente y sus propias leyes. Hay muchas otras naciones en el mundo. Todas ellas tienen sus propias comunidades.

Conexiones entre comunidades

Muchas personas tienen miembros de la familia o amigos que viven en comunidades diferentes. Esas comunidades pueden estar en Estados Unidos o incluso en otras naciones. Para verse, las personas quizá tienen que viajar miles de millas en auto, autobús, tren o avión.

Visitar a personas de otra comunidad no es la única forma de mantenerse en contacto con ellas. La **comunicación** es el hecho de transmitir información. La gente puede usar el teléfono para hablar con quienes viven lejos.

La gente también puede comunicarse con otros escribiendo cartas o usando Internet para enviar mensajes electrónicos. **Internet** es un sistema que une las computadoras de todo el mundo.

Repaso de la lectura **Comparar y contrastar**
¿Qué semejanzas hay entre hablar por teléfono con alguien y escribir un mensaje electrónico?

Datos breves

Muchos estudiantes de Australia que viven en granjas se encuentran a muchas millas de la escuela más cercana. Participan en las clases usando radios y computadoras. Este sistema se llama "la escuela del aire".

Marrakech es una comunidad de Marruecos. ¿En qué se parece Marrakech a tu comunidad? ¿En qué se diferencia?

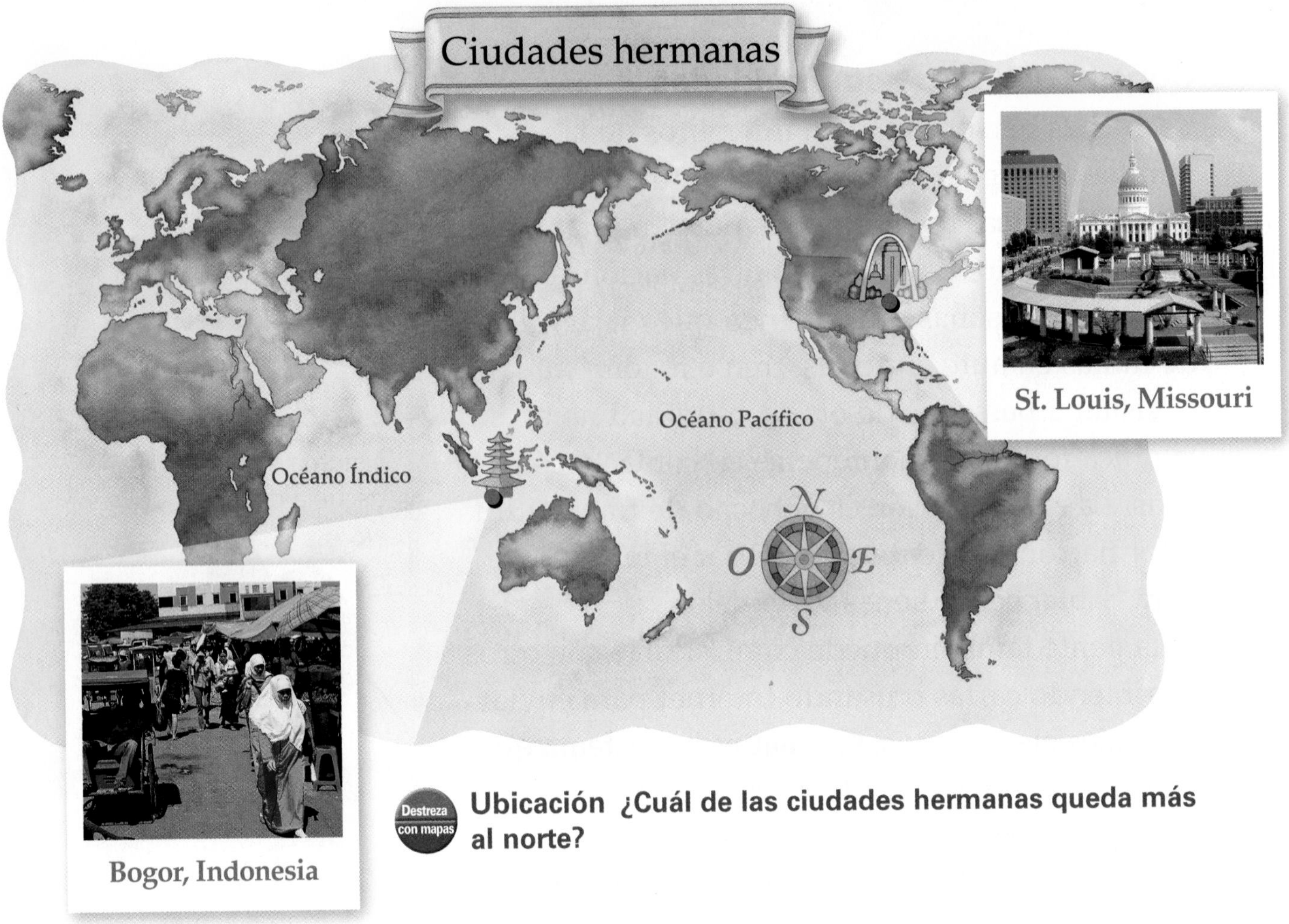

Ciudades hermanas

Océano Pacífico

Océano Índico

N
O
E
S

St. Louis, Missouri

Bogor, Indonesia

Destreza con mapas **Ubicación** ¿Cuál de las ciudades hermanas queda más al norte?

Reunión de líderes de Bogor y St. Louis.

Ciudades hermanas

Al comunicarse con ciudadanos de otras naciones, las personas pueden aprender sobre distintas formas de vida. Algunas comunidades de naciones diferentes se asocian para aprender más una de otra. Estas ciudades asociadas se llaman ciudades hermanas.

St. Louis, Missouri, en Estados Unidos, y Bogor, en Indonesia, son ciudades hermanas. Los estudiantes, líderes y dueños de negocios de cada comunidad visitan su ciudad hermana.

Viajan para intercambiar ideas. Cuando regresan a su comunidad, comparten lo que aprendieron sobre su ciudad hermana. Los ciudadanos de St. Louis y de Bogor también se comunican por carta, teléfono y mensajes electrónicos.

Ayudarse unos a otros

Los miembros de las ciudades hermanas también se unen para ayudarse en tiempos de necesidad. En diciembre de 2004, una ola marina enorme llamada tsunami causó daños en Indonesia. El tsunami también causó daños en otras comunidades del océano Índico. Muchos perdieron sus casas en el desastre. Los ciudadanos de St. Louis y de Bogor donaron dinero y provisiones para ayudar a la gente de esas comunidades.

Trabajadores reparten provisiones necesarias a la gente después del tsunami.

Repaso de la lectura **Idea principal y detalles**
¿Cómo intercambian información las ciudades hermanas?

Resumen Las personas de las comunidades de todo el mundo se comunican entre sí y aprenden de los demás. Las ciudades hermanas, como St. Louis y Bogor, son un ejemplo de cómo pueden estar conectadas las comunidades.

Repaso

1. **Reflexiona** ¿Cómo están conectadas las distintas comunidades?
2. **Vocabulario** Explica cómo la gente puede usar **Internet** para la **comunicación**.
3. **Cultura** ¿Por qué algunas comunidades se convierten en ciudades hermanas?
4. **Razonamiento crítico** ¿Por qué es importante comunicarse con personas de otras naciones?
5. **Escribir un mensaje electrónico** Escribe un mensaje electrónico a alguien de otro país y cuéntale de tu comunidad.
6. **Comparar y contrastar** (Destreza clave) En una hoja de papel, copia y completa el siguiente organizador gráfico.

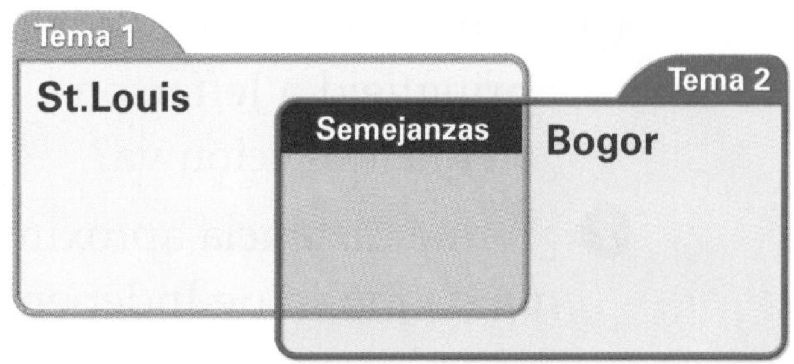

Hallar direcciones y distancias

Por qué es importante Un mapa puede mostrarte la ubicación de una comunidad. También puede mostrarte direcciones y distancias.

Aprende

La rosa de los vientos muestra los puntos cardinales principales y los puntos cardinales intermedios. Los puntos cardinales intermedios se encuentran entre los puntos cardinales principales.

La escala de un mapa te ayuda a encontrar la distancia real entre un lugar y otro del mapa. Sigue estos pasos para usar la escala del mapa.

Paso 1 Coloca una hoja o tira de papel junto a la escala del mapa.

Paso 2 Marca la longitud de la escala en el papel.

Paso 3 Usa la escala como una regla para medir la distancia.

Los puntos cardinales intermedios son noreste, sureste, noroeste y suroeste.

Practica

Consulta la rosa de los vientos y la escala del mapa de la página 31 para responder a estas preguntas.

1. Cuando un autobús viaja de Springfield a Jefferson City, ¿en qué dirección va?
2. ¿A qué distancia aproximada queda Joplin de Independence?

Missouri

Aplica

Aplícalo Encuentra tu comunidad en un mapa. Usa la escala del mapa y la rosa de los vientos para saber qué distancia y en qué dirección viajarías para llegar a una comunidad cercana.

Lección 4 Descubre tu comunidad

Reflexiona ¿Cómo puedes aprender sobre tu comunidad?

Vocabulario

obra de consulta pág. 33

antepasado pág. 34

patrimonio cultural pág. 34

lugar histórico pág. 36

sociedad histórica pág. 36

Destreza clave **Comparar y contrastar**

Tema 1 | Semejanzas | Tema 2

Imagina que eres un detective. Los detectives buscan pistas para descubrir la verdad sobre los hechos. Leen libros, hablan con personas y visitan lugares.

Los detectives toman notas sobre cada descubrimiento, sea grande o pequeño. Las pistas que encuentran son como las piezas de un rompecabezas. Al juntar las piezas, forman una imagen completa de lo sucedido.

Estas estudiantes miran fotografías antiguas de la comunidad.

Las bibliotecas tienen muchos recursos que puedes usar para investigar tu comunidad.

Conviértete en detective

Al igual que un detective, tú puedes buscar datos sobre tu comunidad. Puedes aprender cómo era la vida antiguamente en tu comunidad. Puedes aprender sobre los trabajos y los líderes. También podrías descubrir datos sobre las culturas de tu comunidad.

Una forma de encontrar información sobre tu comunidad es visitar una biblioteca. Una biblioteca tiene muchas **obras de consulta**, o fuentes de datos. En una biblioteca, puedes estudiar mapas para aprender sobre la geografía de tu comunidad. También puedes mirar fotografías antiguas y recientes de tu comunidad. Pídele a un bibliotecario que te ayude a encontrar lo que necesitas. Toma notas cuando encuentres algo útil.

Repaso de la lectura **Comparar y contrastar**
¿Qué semejanzas hay entre investigar tu comunidad y ser un detective?

Entrevistar a otros ciudadanos

Hacer entrevistas, o preguntas, es otra buena manera de aprender sobre tu comunidad. Hay muchas personas a las que puedes entrevistar. Puedes hablar con dueños de negocios para preguntarles sobre trabajos en tu comunidad. También puedes hablar con miembros de la comunidad sobre las distintas culturas que hay en ella.

Los miembros mayores de la familia son otra buena fuente de información. Pueden contarte sobre tus antepasados. Un **antepasado** es alguien en la familia de una persona que vivió hace mucho tiempo.

Una persona mayor también puede contarte sobre tu patrimonio cultural. El **patrimonio cultural** es un conjunto de valores y costumbres que se heredan de las personas que vivieron en el pasado.

Dos estudiantes entrevistan a una persona de su comunidad en Nashville, Tennessee.

Planear la entrevista

- Decide de qué tratará la entrevista.
- Escribe o llama por teléfono para pedir una entrevista.
- Dile a la persona quién eres y por qué te gustaría entrevistarla.
- Fija una hora y un lugar para encontrarse.

Antes de la entrevista

- Busca datos sobre tu tema y sobre la persona.
- Haz una lista de preguntas para hacer.

Durante la entrevista

- Si quieres usar una cámara de video digital o una grabadora pregunta primero.
- Escucha con atención y no interrumpas.
- Toma apuntes mientras conversas con la persona. Anota algunas de sus palabras exactas.

Después de la entrevista

- Antes de irte, agradécele a la persona.
- Escríbele una nota de agradecimiento.

Repaso de la lectura **Secuencia**

¿Qué pasos debes seguir antes de entrevistar a alguien?

Enviar cartas o visitar lugares

Para obtener información sobre la historia de tu comunidad, puedes enviar cartas a museos y lugares históricos o visitarlos. Un **lugar histórico** es un lugar donde ocurrió un suceso importante.

Otra fuente de información es la sociedad histórica de tu comunidad. Una **sociedad histórica** es una organización de miembros de una comunidad que se interesan por la historia de su comunidad.

También puedes obtener más información sobre tu comunidad en otros lugares. Algunos de esos lugares son los negocios, los parques, las escuelas y las oficinas del gobierno.

Cómo escribir para pedir información

Puedes escribir una carta o enviar un mensaje electrónico para pedir información. Sigue estos pasos:

- Escribe con letra muy clara o usa una computadora.
- Di quién eres y por qué escribes.
- Di exactamente lo que quieres saber.

La Sociedad Histórica de Maxton, en el pueblo de Maxton, North Carolina, conserva fotografías antiguas, diarios personales y periódicos.

Cómo hacer preguntas durante una visita

Cuando visites un museo, una sociedad histórica o un lugar histórico, haz lo siguiente:

- Lleva una lista de preguntas para hacer.
- Di quién eres y por qué los estás visitando.
- Escucha con atención y toma apuntes.
- Toma toda la información que haya.
- Antes de irte, agradéceles.

Repaso de la lectura **Comparar y contrastar**
¿En qué se diferencian las sociedades históricas de los lugares históricos?

Un historiador en la Sociedad Histórica de Maxton estudia su comunidad.

Resumen Puedes ser un detective en tu comunidad. Para reunir datos, puedes visitar una biblioteca, entrevistar personas y visitar lugares especiales o mandarles cartas.

Repaso

1. **Reflexiona** ¿Cómo puedes aprender sobre tu comunidad?
2. **Vocabulario** ¿Qué puedes encontrar en un **lugar histórico**?
3. **Tu comunidad** ¿A quiénes puedes entrevistar para averiguar sobre tu comunidad?
4. **Razonamiento crítico** ¿En qué se parecen los museos y las sociedades históricas? ¿Por qué son importantes para una comunidad?
5. **Hacer una página web** Haz una página web y muestra lugares donde se puede obtener información sobre tu comunidad.
6. Destreza clave **Comparar y contrastar** En una hoja de papel, copia y completa el siguiente organizador gráfico.

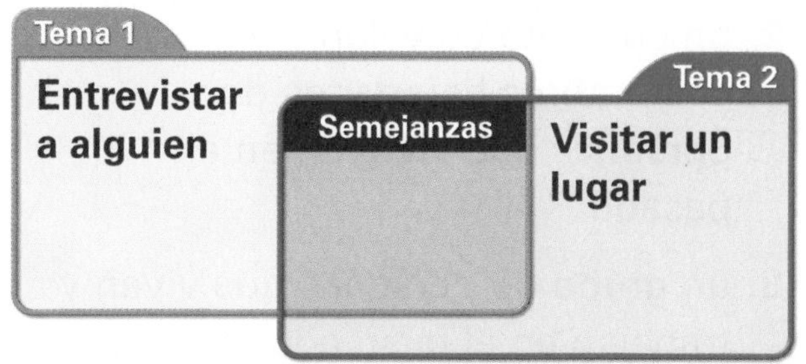

Resumen visual

Las comunidades son lugares donde la gente vive y trabaja.

Resume el capítulo

Comparar y contrastar Completa el siguiente organizador gráfico para comparar y contrastar comunidades.

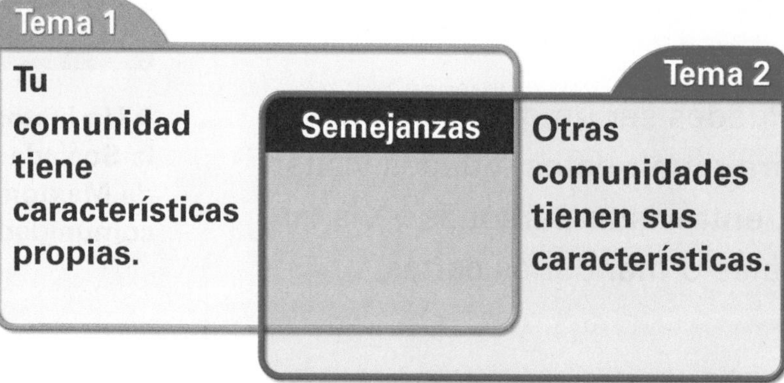

Vocabulario

Identifica el término del banco de palabras que corresponde a cada definición.

1. un grupo de personas que hacen leyes para una comunidad, un estado o un país
2. un conjunto de valores y costumbres heredados de personas que vivieron en el pasado
3. un grupo de personas que viven y trabajan en el mismo lugar
4. el estado del tiempo que tiene un lugar durante un período largo
5. un territorio con su propia gente y sus propias leyes

Banco de palabras

comunidad pág. 14

gobierno pág. 19

clima pág. 20

nación pág. 26

patrimonio cultural pág. 34

Las comunidades tienen muchas semejanzas y diferencias.

La gente puede aprender sobre su comunidad.

Ideas principales y datos

Responde a las siguientes preguntas.

6. Las personas de diferentes culturas, ¿qué cosas comparten con otras personas de su comunidad?
7. ¿De qué podrías hablar para describir la geografía de una comunidad?
8. ¿Cómo puede comunicarse la gente con personas que viven lejos?

Escribe la letra de la mejor opción.

9. ¿Cuál de los siguientes es un accidente geográfico?
   A montaña
   B clima
   C región
   D estado del tiempo
10. ¿Cuál de los siguientes es un lugar donde ocurrió un hecho importante?
   A biblioteca
   B museo
   C lugar histórico
   D sociedad histórica

Razonamiento crítico

11. **Aplícalo** Si tu comunidad eligiera una ciudad hermana, ¿qué podrías aprender de esa ciudad?
12. **Aplícalo** ¿Cómo sería tu comunidad sin sus negocios?

Destrezas

Hallar distancias y formas de llegar
Consulta el mapa de la página 31 para responder a la siguiente pregunta.

13. ¿En qué dirección viajarías para ir de Maryville a Hannibal? ¿Qué distancia hay entre las dos ciudades?

Redacción

Escribir un artículo
Escribe un artículo en el que expliques cómo las bibliotecas pueden ayudarte a aprender sobre el pasado.

Escribir un poema
Haz una lista de palabras sobre tu comunidad. Escribe un poema con esas palabras.

Destrezas de estudio

ANTICIPAR Y PREGUNTAR

Anticipar una lección te ayuda a identificar las ideas principales. Hacer preguntas sobre esas ideas te ayuda a encontrar información importante.

- **Los títulos de las lecciones y secciones dan pistas sobre el tema principal. Piensa en las preguntas que tengas sobre el tema.**
- **Lee y busca las respuestas a tus preguntas.**
- **Para terminar, repasa lo que leíste.**

Comunidades de distinto tamaño			
Anticipar	Preguntas	Leer	Repasar
Lección 1 Una ciudad es una comunidad urbana.	¿Cómo es la vida en una comunidad urbana?	✓	✓
Lección 2			

PRESENTACIÓN DEL VOCABULARIO

urbano pág. 43

suburbano pág. 52

rural pág. 56

CAPÍTULO 2

Comunidades de distinto tamaño

El puerto y los edificios de Chicago recortados contra el horizonte

Lección 1 Las comunidades urbanas

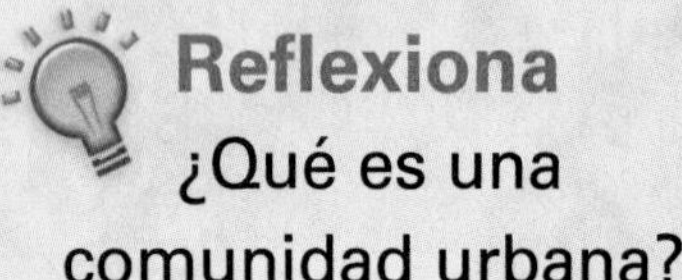

Reflexiona
¿Qué es una comunidad urbana?

Vocabulario

región pág. 42

población pág. 42

urbano pág. 43

puerto natural pág. 45

transporte pág. 46

Comparar y contrastar

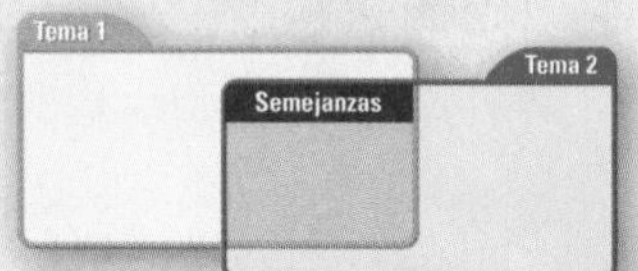

Las comunidades son diferentes. Tienen personas, trabajos e historias diferentes. También pueden estar ubicadas en regiones distintas. Una **región** es un área con al menos una característica que la diferencia de otras áreas.

Algunas características de una comunidad son sus accidentes geográficos y su clima. Otra característica que diferencia a una región de otras es su población. La **población** de un lugar es la cantidad de personas que viven allí.

Edificios de Chicago, Illinois, recortados contra el horizonte

Comunidades grandes y pequeñas

¿Cómo describirías la población de tu comunidad? Puede ser grande, mediana o pequeña. En tu comunidad, puede haber muchas personas o solo unas pocas.

Regiones urbanas

La mayoría de las personas en Estados Unidos viven en regiones **urbanas**, o sea ciudades, o cerca de ellas. Una ciudad es el tipo de comunidad más grande.

Una ciudad tiene calles con mucho movimiento, muchas personas y edificios altos. Las ciudades necesitan más escuelas y negocios que las comunidades más pequeñas. En una ciudad, los autobuses y los trenes van llenos y llevan gente de un lugar a otro.

Repaso de la lectura **Comparar y contrastar**
¿En qué se diferencia una comunidad urbana de otras comunidades?

La Calle State en Chicago

Baltimore, una comunidad urbana

Kelsey vive en un edificio de casas contiguas en Baltimore, Maryland. Camino a la escuela, Kelsey ve que la gente abre su negocio para comenzar el día. Otros toman el autobús para llegar a su trabajo.

Cómo es la ciudad de Kelsey

La ciudad de Baltimore está sobre el río Patapsco. Más de medio millón de personas viven en la ciudad. Hace mucho tiempo, Baltimore comenzó como un lugar donde los barcos cargaban y descargaban bienes. Con el tiempo, creció hasta convertirse en la ciudad que es hoy.

En el área de Baltimore donde vive Kelsey hay gente de muchas culturas. Vivir en Baltimore le facilita a Kelsey aprender sobre esas culturas.

Kelsey sale de su casa en Baltimore para ir a la escuela primaria.

La vida en Baltimore

Los padres de Kelsey se mudaron a Baltimore para trabajar allí. Su madre toma el metro, o tren subterráneo, para ir a su trabajo en un hospital local. Baltimore también tiene un sistema de tranvías eléctricos. Un tranvía es como un tren. Anda por un riel y transporta gente. El padre de Kelsey trabaja en un rascacielos, que es un edificio muy alto. El edificio está en el centro de Baltimore, el distrito comercial más importante de la ciudad. Un distrito comercial es un lugar donde hay muchos negocios.

Los fines de semana, Kelsey y su familia visitan muchos lugares en Baltimore. En el puerto natural, visitan museos y observan los botes en el río. Un **puerto natural** es un lugar protegido con agua profunda donde los barcos pueden acercarse a la costa.

Repaso de la lectura **Idea principal y detalles**
¿Por qué Baltimore es un área urbana?

La zona del puerto está cerca del centro de Baltimore, bordeando la costa.

Otras comunidades urbanas

Baltimore está en el centro de una de las muchas regiones urbanas de Estados Unidos. Otras ciudades son incluso más grandes que Baltimore. New York City, en New York, es la ciudad más grande de la nación. Está situada cerca de un puerto natural sobre el océano Atlántico.

Muchas ciudades se encuentran cerca de puertos naturales y ríos porque esta ubicación facilita el transporte. El **transporte** es el movimiento de personas y bienes de un lugar a otro.

La gente de New York City tiene muchas maneras de ir de un sitio a otro. Puede tomar el autobús o el metro para ir de un lugar a otro. Muchas personas prefieren caminar o andar en bicicleta.

Chicago, Illinois, es la tercera ciudad más grande de la nación. Está en el medio del país, cerca del lago Michigan. Al igual que Baltimore y New York City, Chicago tiene muchos negocios y personas. En Chicago, la gente toma trenes elevados que recorren la ciudad.

Los neoyorquinos usan MetroCards para andar en metro.

El metro de New York City es mayormente subterráneo, pero en algunos lugares las vías están sobre el suelo.

Ciudades con culturas diferentes

Los Angeles, la segunda ciudad más grande de la nación, está cerca de la costa del Pacífico, en el sur de California. Al igual que en otras ciudades, muchos de sus ciudadanos vinieron de distintas partes de Estados Unidos o de otros países. Se mudaron a Los Angeles para trabajar, estudiar y llevar una vida nueva. En Los Angeles, encuentras vecindarios donde viven juntas personas de muchas culturas diferentes.

Repaso de la lectura **Comparar y contrastar**
¿En qué se diferencian New York City y Chicago?

Muchos festejan la cultura hispana en Los Angeles.

Resumen Una ciudad es el tipo de comunidad más grande. En las regiones urbanas, hay mucha gente, edificios, trabajos y distintos medios de transporte.

Repaso

1. **Reflexiona** ¿Qué es una comunidad urbana?
2. **Vocabulario** Escribe una oración sobre la **población** con la palabra **urbano**.
3. **Geografía** ¿Por qué muchas ciudades están ubicadas cerca del agua?
4. **Razonamiento crítico Aplícalo** ¿Crees que tu comunidad está en un área urbana? ¿Por qué?
5. **Crear una postal** Crea una tarjeta postal con imágenes de una comunidad urbana. Escribe por qué es especial esa comunidad.
6. **Comparar y contrastar** En una hoja de papel, copia y completa el siguiente organizador gráfico.

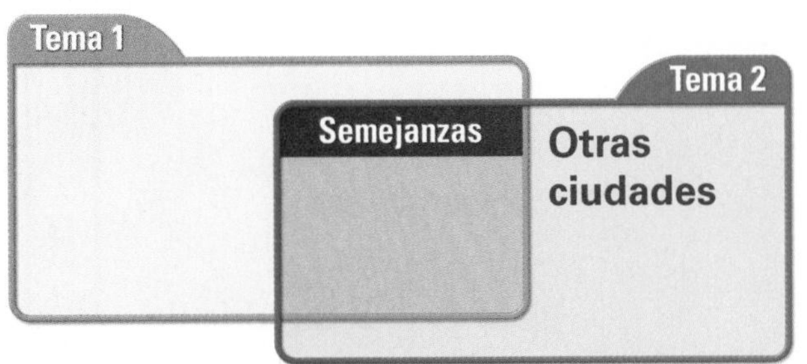

Usar una cuadrícula en un mapa

Por qué es importante A veces, necesitas encontrar la ubicación exacta de un parque, una escuela o una calle.

Aprende

Para encontrar la ubicación exacta de un lugar, puedes usar un mapa que tenga una cuadrícula. Una **cuadrícula** es un conjunto de líneas separadas por la misma distancia que se cruzan entre sí para formar cuadrados. En la cuadrícula de esta página, se ven hileras y columnas de cuadrados. Las hileras están marcadas con letras y las columnas están marcadas con números. Sigue estos pasos para usar la cuadrícula en un mapa.

Paso 1 Pon un dedo sobre el cuadrado rojo. Mueve el dedo hacia la izquierda hasta la letra D.

Paso 2 Vuelve a poner el dedo sobre el cuadrado rojo. Mueve el dedo hacia arriba hasta el número 3.

La ubicación exacta del cuadrado rojo es D-3 o sea hilera D, columna 3.

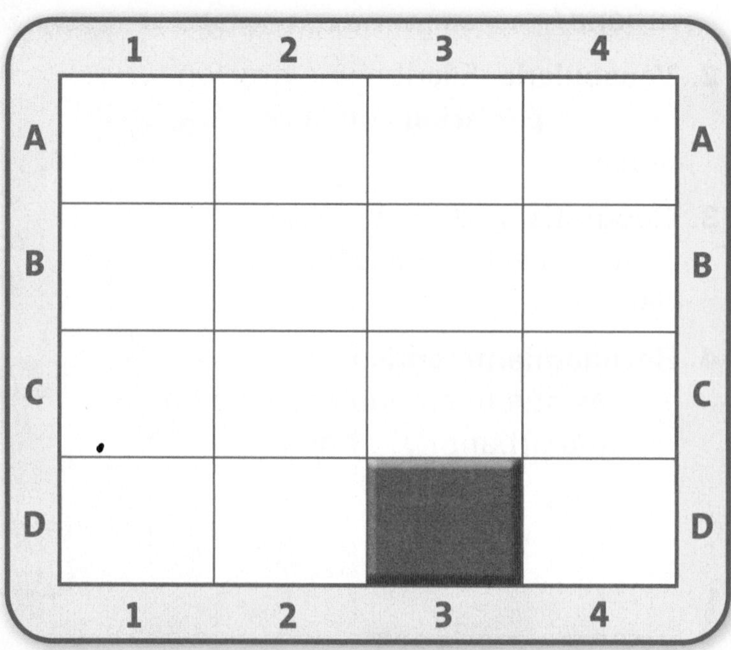

Cuadrícula

Visita **www.harcourtschool.com/ss1** para hallar actividades en Internet.

Mount Vernon en Baltimore, Maryland

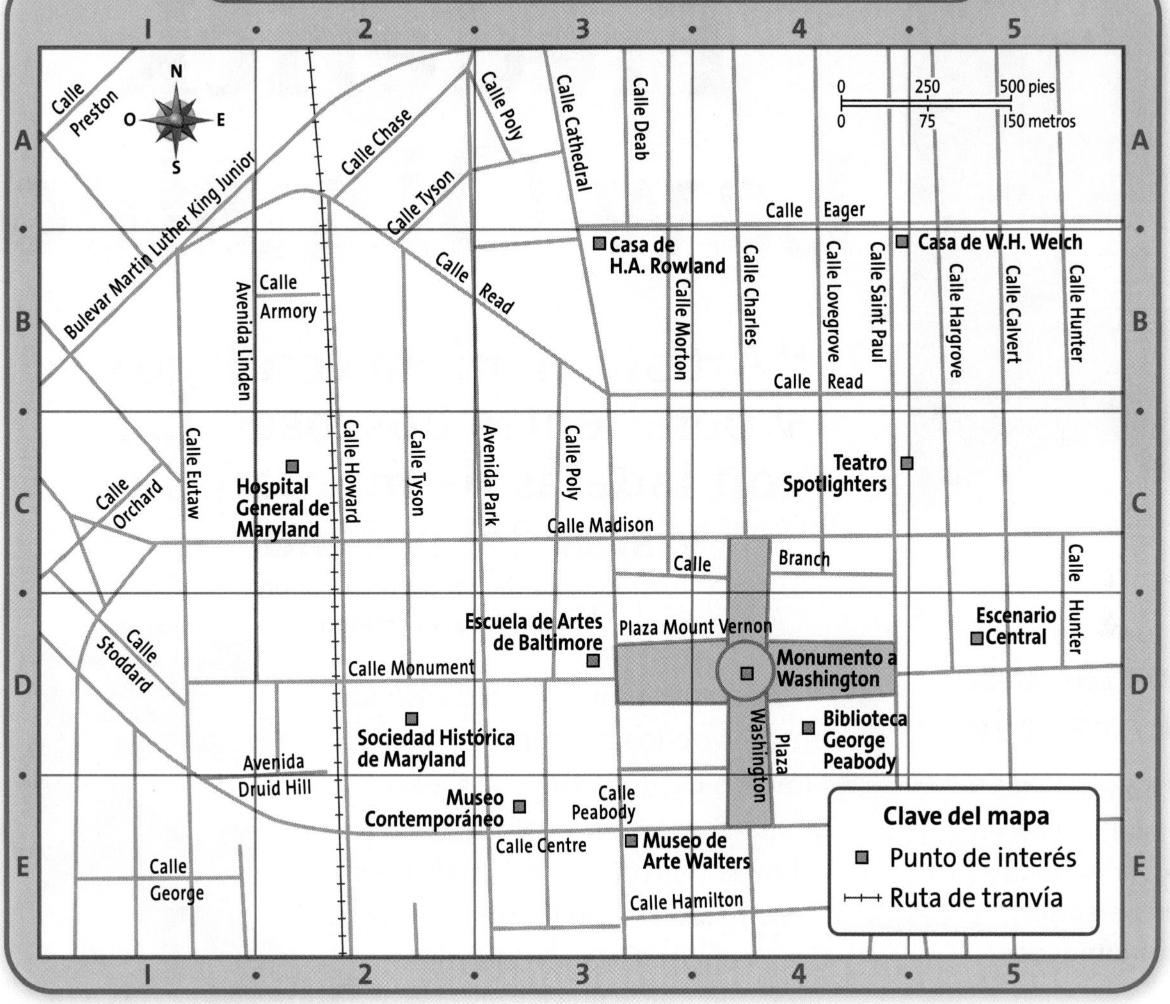

Calle Preston
Bulevar Martin Luther King Junior
Calle Chase
Calle Tyson
Calle Poly
Calle Cathedral
Calle Deab
Calle Eager
Casa de H.A. Rowland
Casa de W.H. Welch
Calle Read
Calle Armory
Avenida Linden
Calle Morton
Calle Charles
Calle Lovegrove
Calle Saint Paul
Calle Hargrove
Calle Calvert
Calle Hunter
Calle Orchard
Calle Eutaw
Hospital General de Maryland
Calle Howard
Calle Tyson
Avenida Park
Calle Poly
Calle Madison
Teatro Spotlighters
Calle Branch
Calle Stoddard
Escuela de Artes de Baltimore
Plaza Mount Vernon
Monumento a Washington
Escenario Central
Calle Monument
Sociedad Histórica de Maryland
Plaza Washington
Biblioteca George Peabody
Avenida Druid Hill
Museo Contemporáneo
Calle Peabody
Calle Centre
Museo de Arte Walters
Calle George
Calle Hamilton
0 250 500 pies
0 75 150 metros
Clave del mapa
Punto de interés
Ruta de tranvía

Practica

Consulta el mapa y la cuadrícula para responder a las preguntas. Indica la ubicación exacta con una letra y un número.

1. ¿Dónde está el Museo Contemporáneo?
2. ¿Qué punto de interés ves en el cuadrado D-5?
3. ¿Dónde está el Hospital General de Maryland?

Aplica

Aplícalo Dibuja un mapa de tu escuela, tu hogar o tu comunidad. Agrégale una cuadrícula y señala algunos lugares. Luego, muestra tu mapa a tus compañeros de clase.

Biografía

Integridad
Respeto
Responsabilidad
Equidad
Bondad
Patriotismo

Frederick Law Olmsted

"Artista él: pinta con lagos y pendientes boscosas; [...] con laderas de montañas y vistas del océano."

-Arquitecto Daniel Burnham sobre Frederick Law Olmsted

La importancia del carácter

¿Cómo mostró Frederick Law Olmsted su bondad hacia las personas de las comunidades urbanas?

Frederick Law Olmsted diseñó muchos de los parques urbanos famosos de nuestro país. Quería que la gente de las comunidades urbanas disfrutara de la naturaleza.

Olmsted se crió en una granja de Connecticut. Cuando era niño, comenzó a leer libros sobre paisajes naturales.

En su juventud, Olmsted viajó por toda Europa. En sus viajes, estudiaba los parques y los paisajes.

Frederick Law Olmsted

Central Park en New York City

En este sello postal, se ve a Olmsted y el Central Park.

Olmsted trabajó como supervisor en el diseño del Central Park de New York City. En 1858, la ciudad organizó un concurso para elegir un nuevo diseño para un parque. Olmsted trabajó en un proyecto con Calvert Vaux, otro diseñador de parques. Su diseño ganó el concurso.

Luego, Olmsted dedicó casi 40 años a diseñar y crear parques en comunidades de todo el territorio de Estados Unidos. Uno de sus últimos proyectos fue el Emerald Necklace (Collar de esmeraldas), un sistema de parques de 7 millas que rodea Boston, Massachusetts.

Frederick Law Olmsted es recordado por su paisajismo. El paisajismo es el uso de materiales naturales, como plantas y rocas, para crear espacios exteriores. Sus diseños de paisajes mejoraron muchas áreas urbanas.

APRENDE en línea

Visita **www.harcourtschool.com/ss1** para hallar más recursos en Internet.

Tiempos

1822 Nace

1850 Viaja por Europa.

1857 Diseña el Central Park en New York City.

1875 Diseña el sistema de parques Emerald Necklace en Boston, Massachusetts.

1903 Muere

Lección 2

Las comunidades suburbanas

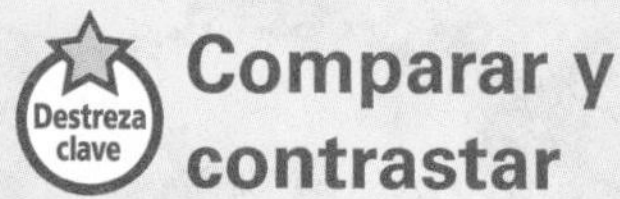

Reflexiona ¿Qué es una comunidad suburbana?

Vocabulario

suburbio pág. 52

suburbano pág. 52

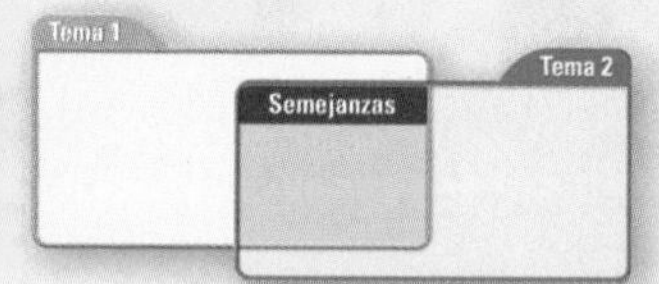

Comparar y contrastar

Muchas ciudades grandes tienen comunidades más pequeñas a su alrededor. Una ciudad o un pueblo más pequeño construido cerca de una gran ciudad se llama **suburbio**.

Maplewood, una comunidad suburbana

Maplewood, New Jersey, es un suburbio de New York City. Es uno de los cientos de suburbios alrededor de esta ciudad. Dentro de esta región suburbana, hay comunidades de New York, New Jersey, Pennsylvania y Connecticut. Una región **suburbana** está formada por todos los suburbios que rodean una gran ciudad.

La vida en Maplewood

Hace unos años, los padres de John vivían en un apartamento de New York City. Cuando nació John, decidieron mudarse a Maplewood, a solo 18 millas de distancia. Ahora viven en una casa con un jardín grande en una calle con hileras de árboles. Tienen más espacio para su familia que sigue creciendo.

A la gente de esta comunidad suburbana le gusta pasar el rato con sus vecinos.

Como muchos suburbios, Maplewood tiene su propio gobierno y sus propios negocios. John y su familia hacen sus compras en el supermercado local, en pequeñas tiendas del centro de Maplewood y en los centros comerciales que están en los límites del pueblo. También disfrutan de los parques y la sala de cine del pueblo.

John va a una de las escuelas primarias de Maplewood. Todos los días de clase, sus padres lo llevan a la escuela en auto. Luego, toman el tren para ir a New York City, donde trabajan.

Repaso de la lectura **Comparar y contrastar**
¿En qué se diferencia la vida en un suburbio de la vida en una ciudad?

A John le gusta jugar fútbol en el jardín frente a su casa en Maplewood, New Jersey.

Los cinco medios principales que usan los trabajadores suburbanos para viajar a New York City
1. El metro
2. El tren
3. El automóvil
4. El autobús
5. El ferry

Tabla ¿Cómo viajan a New York City la mayoría de los trabajadores?

Conexiones urbanas

Hace mucho tiempo, muchas comunidades se construían cerca de las estaciones de tren. A medida que la gente se mudaba de las ciudades grandes a estas comunidades, las comunidades fueron creciendo y convirtiéndose en suburbios. Al ir aumentando el uso del automóvil, se construyeron más suburbios cerca de rutas y carreteras. Hoy, la gente de los suburbios va a ciudades cercanas por tren, metro y carretera.

Maplewood es un pueblo en sí, pero está muy conectado con New York City. Al igual que los padres de John, muchas personas de Maplewood trabajan en New York City.

Los ciudadanos suburbanos también viajan a áreas urbanas para visitar lugares interesantes. Muchos suburbios tienen sus propios museos y salas de cine, pero las ciudades cercanas ofrecen más opciones. John y su familia visitan New York City para ver a sus equipos deportivos favoritos cuando compiten.

Muchos van y vienen en automóvil desde los suburbios hasta New York City.

Los suburbios crecen

Hoy, cada vez más personas viven en regiones suburbanas. Los negocios se están mudando a los suburbios. Esto les permite estar más cerca de la gente. Además, cuesta menos tener un negocio en los suburbios.

También se están construyendo museos y otros sitios culturales en los suburbios. En muchos de ellos, la gente va a conciertos y otros eventos. Aunque siguen conectados con las ciudades, estos suburbios son comunidades en sí.

La mayoría de las comunidades suburbanas tienen parques.

Repaso de la lectura **Idea principal y detalles**
¿Cómo se conectan las áreas suburbanas y las áreas urbanas?

Resumen Las comunidades suburbanas son comunidades más pequeñas cerca de áreas urbanas. Están conectadas con las ciudades mediante el transporte y el trabajo.

Repaso

1. **Reflexiona** ¿Qué es una comunidad suburbana?
2. **Vocabulario** Escribe una descripción de un área **suburbana**.
3. **Historia** ¿Dónde empezaron muchas áreas suburbanas?
4. **Razonamiento crítico** ¿Por qué crees que las personas viven en los suburbios?
5. **Hacer un volante** Haz un volante sobre una comunidad suburbana. Describe cómo es la vida allí.
6. Destreza clave **Comparar y contrastar** En una hoja de papel, copia y completa el siguiente organizador gráfico.

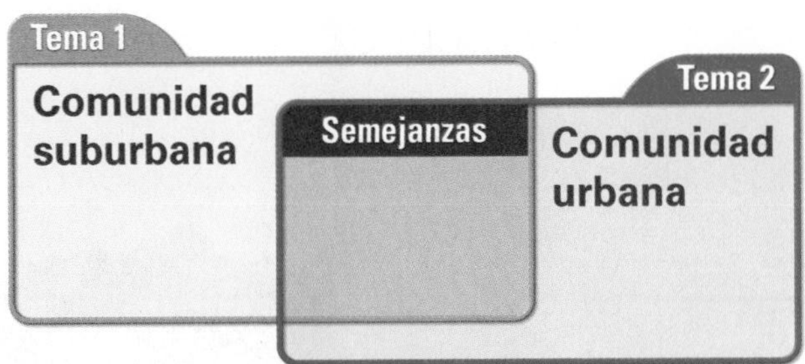

Lección 3

Las comunidades rurales

Reflexiona ¿Qué es una comunidad rural?

Vocabulario

rural pág. 56

agricultura pág. 60

economía pág. 60

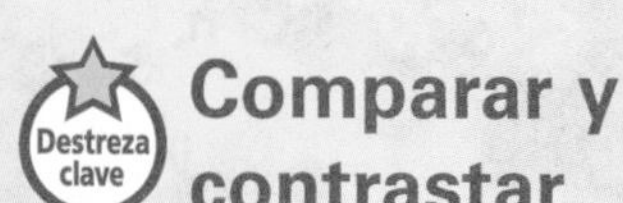

Destreza clave **Comparar y contrastar**

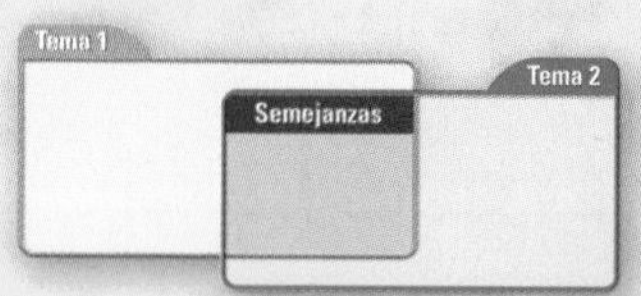

Muchas personas en Estados Unidos viven en comunidades urbanas y suburbanas. Otras viven en pueblos pequeños alejados de estas áreas.

Searcy, una comunidad rural

Una región **rural** está en el campo, lejos de las ciudades y de los pueblos grandes. Los pueblos pequeños, las granjas, los campos y los bosques forman las regiones rurales. Searcy es una comunidad rural de Arkansas.

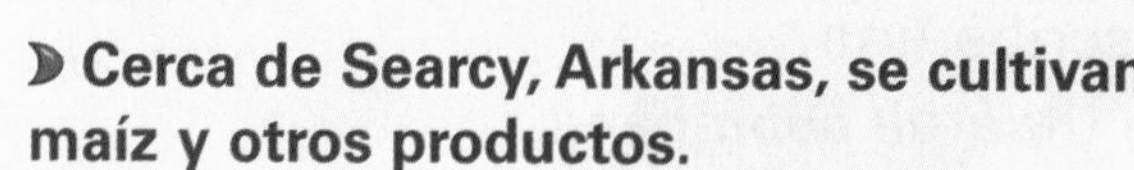

Cerca de Searcy, Arkansas, se cultivan maíz y otros productos.

La vida en un pueblo pequeño

Mallory vive en una pequeña casa en Searcy. Su padre trabaja en una tienda en el pueblo. Su madre trabaja en el periódico de la comunidad. El periódico tiene información local importante para los ciudadanos de Searcy.

Mallory va a una de las escuelas primarias de Searcy. Le gusta jugar fútbol con sus amigas en una cancha cercana. También pasa tiempo en el centro comunitario, donde la gente juega baloncesto, tenis y otros deportes.

En el otoño, Mallory va a la feria del condado. Le gusta mirar todos los animales que traen a la feria desde los campos de los alrededores. También le gustan los juegos y las atracciones del carnaval.

Repaso de la lectura **Comparar y contrastar**

¿En qué se diferencia Searcy de una gran ciudad?

La Feria del Condado White en Searcy

Mallory vive en Searcy, una comunidad rural.

Conexiones urbanas y suburbanas

Las comunidades rurales, urbanas y suburbanas tienen sus diferencias, pero todas son importantes para las demás. Las universidades que hay en cada área ofrecen educación a los estudiantes de las otras áreas. Muchas áreas rurales cultivan y producen alimentos para otras comunidades.

A veces, la gente de las áreas rurales recorre grandes distancias para visitar las ciudades. Algunas ciudades tienen una mayor selección de tiendas y médicos.

Sherwood y Little Rock, Arkansas

Little Rock, Arkansas, es una ciudad grande que está más cerca de Searcy. Queda a 50 millas del pueblo. Little Rock es una comunidad urbana y centro del gobierno estatal. Unas millas al sur está Sherwood, un suburbio de Little Rock. A veces, la gente de Searcy conduce hasta Little Rock para ir a los hospitales o comprar en las tiendas.

Repaso de la lectura **Resumir**
¿Cómo se conectan todos los tipos de comunidades?

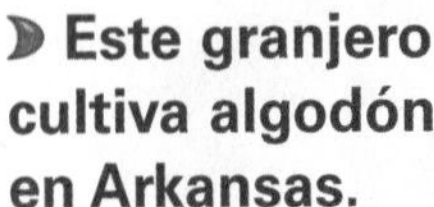
Este granjero cultiva algodón en Arkansas.

Comunidades de Arkansas

Una comunidad rural

Searcy

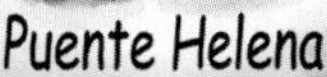

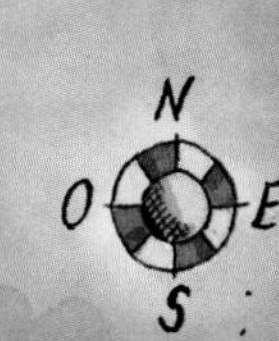

Una comunidad urbana

Little Rock

Una comunidad suburbana

Sherwood

Destreza con mapas **Ubicación**
Searcy, Sherwood y Little Rock son comunidades de distintos tamaños. ¿Sobre la costa de qué río se encuentra Little Rock?

En Stillwater, muchas personas estudian y trabajan en la Universidad Estatal de Oklahoma.

Otras comunidades rurales

Muchas personas que viven en Searcy trabajan en la agricultura. La **agricultura** es la cría de animales y la producción de cultivos para la venta. No todas las comunidades rurales tienen granjas y ranchos.

Un pueblo universitario

Stillwater es un pueblo de Oklahoma. La economía de Stillwater está basada en la universidad. La **economía** es la manera como una comunidad o un país hace bienes y servicios y los usa.

Muchas de las personas que viven en Stillwater trabajan o toman clases en la Universidad Estatal de Oklahoma. La universidad es importante para Stillwater. Cuando la universidad crece, también crece el pueblo. Los estudiantes de la universidad viven en los apartamentos y casas de Stillwater y comen en los restaurantes de Stillwater. Los negocios del pueblo contratan a estudiantes.

Los niños EN LA HISTORIA

Maya Angelou

La escritora Maya Angelou vivió en una comunidad rural de Arkansas en la década de 1930. Ayudaba en la tienda de su abuela.

Más tarde, escribió sus memorias en un libro sobre su vida. Escribió: "Los clientes podían encontrar alimentos básicos, una buena variedad de hilos de colores [...] maíz para las gallinas, aceite para las lámparas, bombillas eléctricas para la gente rica, cordones de zapatos, servicios de peluquería, globos y semillas de flores".

Aplícalo ¿Qué negocios venden estos bienes en tu comunidad?

Actividades al aire libre y pueblos históricos

Las áreas rurales ofrecen actividades al aire libre, como pesca, esquí y excursiones. Hay pueblos que tienen lugares históricos. La isla Mackinac, en Michigan, ofrece ambas atracciones. Los visitantes pescan y navegan en el lago Michigan. Exploran la historia en el Fuerte Mackinac. Este lugar tiene los edificios más antiguos de Michigan.

Repaso de la lectura **Comparar y contrastar**
¿Cómo se diferencian entre sí las comunidades rurales?

Resumen Las áreas rurales están lejos de las ciudades. Las comunidades urbanas, suburbanas y rurales dependen unas de otras.

En la década de 1920, la isla Mackinac prohibió los automóviles en la isla. Hoy los principales medios de transporte son el caballo y la bicicleta.

Repaso

1. **Reflexiona** ¿Qué es una comunidad rural?
2. **Vocabulario** Escribe una oración con las palabras **agricultura** y **rural**.
3. **Tu comunidad** ¿Cómo está conectada tu comunidad con las áreas rurales, suburbanas y urbanas?
4. **Razonamiento crítico** ¿Por qué son importantes las comunidades rurales?
5. **Escribir en tu diario** Escribe en tu diario sobre el tipo de comunidad donde vives. ¿Qué diferencia a tu comunidad de otras?
6. Destreza clave **Comparar y contrastar** En una hoja de papel, copia y completa el siguiente organizador gráfico.

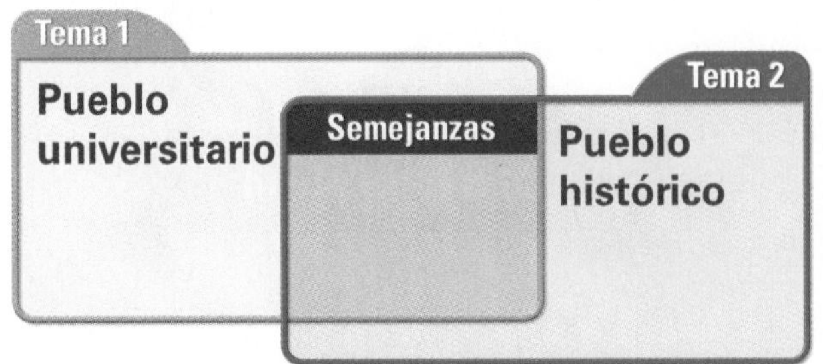

¿Qué es lo mejor de tu comunidad?

Hay muchos tipos de comunidades en Estados Unidos. Unas personas prefieren vivir en comunidades urbanas. A otras les gustan más los suburbios o un pueblo rural. El lugar donde vives puede influir en tu opinión sobre los lugares que se asemejan.

Margaret Mead

Margaret Mead dedicó su vida a estudiar los lugares y la gente. Decidió vivir en New York City: la comunidad urbana más grande de Estados Unidos.

“Una ciudad es un lugar donde no hay que esperar hasta la semana próxima para recibir la respuesta a una pregunta, para saborear la comida de cualquier país, para escuchar voces nuevas y volver a escuchar voces conocidas.”

Philip Langdon

Philip Langdon escribe sobre comunidades y diseño. En un libro, describe lo que le gusta de East Aurora, una comunidad suburbana antigua de New York.

"Las tiendas, las iglesias, los restaurantes, las oficinas y los edificios públicos se extendían a lo largo de la calle principal, una calle agradable sombreada por arces. [...] Casi todo lo que necesitaban los habitantes [miembros de la comunidad] [...] estaba cerca de su casa."

Jo Ann Emerson

Jo Ann Emerson trabaja en el gobierno. Todos los años visita el sur de Missouri para aprender sobre las comunidades rurales.

"Muchos estadounidenses que viven en áreas urbanas o suburbanas tal vez no se dan cuenta de lo importante que son las comunidades rurales para ellos y para Estados Unidos. Nuestros vecinos agricultores y ganaderos alimentan al país."

Es tu turno

Comparar puntos de vista Repasa cada punto de vista y luego responde a las preguntas.

1. ¿Quiénes probablemente desearían vivir en un área rural?
2. ¿Qué palabras de la cita de Margaret Mead hablan de las diferentes culturas en una ciudad?
3. ¿Qué le gusta a Philip Langdon de East Aurora?

Aplícalo ¿Por qué será que las personas tienen diferentes puntos de vista sobre el tamaño de una comunidad?

Explora tu comunidad

En esta unidad, aprendiste sobre las diferentes características de una comunidad. Hay recursos en tu comunidad que te ayudan a aprender sobre esas características.

Los recursos de tu comunidad

La familia y los vecinos

Bibliotecas

Museos

Averigua sobre tu comunidad

- ¿Cuáles son algunas características de tu comunidad?
- ¿Dónde puede reunirse la gente de tu comunidad?
- ¿Vives en una comunidad rural, suburbana o urbana?
- ¿Cuál es la población de tu comunidad?

Hacer un collage de tu comunidad

Haz un collage de tu comunidad. Busca ilustraciones de revistas o periódicos en las que se muestren sus características. Incluye ilustraciones del clima, los accidentes geográficos, los negocios, el transporte y los lugares donde se reúne la gente.

Resumen visual

Muchas personas de Estados Unidos viven en regiones urbanas.

Resume el capítulo

Comparar y contrastar Completa el siguiente organizador gráfico para comparar y contrastar dos tipos diferentes de comunidades.

Tema 1	Semejanzas	Tema 2
Maplewood, New Jersey, es una comunidad suburbana.		**Searcy, Arkansas, es una comunidad rural.**

Vocabulario

Escribe la palabra correcta de la lista para completar cada oración.

1. Las ciudades se encuentran en regiones _____.
2. La forma en que una comunidad hace bienes y servicios y los usa es su _____.
3. Un pueblo más pequeño o una ciudad más pequeña cerca de una ciudad más grande es un _____.
4. La _____ de un lugar es el número de personas que viven allí.
5. _____ es el movimiento de personas y bienes de un lugar a otro.
6. Una comunidad _____ está en el campo, lejos de las grandes ciudades.

Banco de palabras

población pág. 42
urbanas pág. 43
transporte pág. 46
suburbio pág. 52
rural pág. 56
economía pág. 60

Las comunidades suburbanas están conectadas con las comunidades urbanas.

Las regiones rurales están formadas por pueblos pequeños, granjas y bosques.

Ideas principales y datos

Responde a las siguientes preguntas.

7. ¿Qué tipos de transporte se usan en las áreas urbanas?
8. ¿De qué está formada una región suburbana?
9. ¿Cómo ayudan las comunidades rurales a otras comunidades?

Escribe la letra de la mejor opción.

10. ¿Cuál de las siguientes opciones describe mejor un área urbana?
    A comunidad agrícola
    B comunidad pequeña
    C comunidad cerca de una ciudad
    D ciudad con mucha gente
11. ¿Qué comunidad es rural?
    A Stillwater, Oklahoma
    B Chicago, Illinois
    C Maplewood, New Jersey
    D Baltimore, Maryland
12. ¿Cuál de las siguientes es una característica de Stillwater, Oklahoma?
    A los rascacielos
    B la agricultura
    C la universidad
    D el metro

Razonamiento crítico

13. Las regiones urbanas, suburbanas y rurales, ¿en qué dependen unas de otras?
14. **Aplícalo** ¿Tu comunidad está en una región urbana, suburbana o rural? ¿Por qué?

Destrezas

Usar una cuadrícula
Consulta el mapa de la página 49 para responder a la pregunta.

15. ¿Dónde se unen la calle Madison y la ruta del tranvía?

Redacción

Escribir un cuento Imagina que vives en otro tipo de comunidad. Escribe un cuento sobre un día en esa comunidad.

Escribir una invitación Invita a un amigo a tu comunidad. En la invitación, cuéntale sobre tu comunidad e incluye datos sobre su población y economía.

¡Diviértete con los Estudios Sociales!

Postales y más postales

	1	2	3	4	5
A	a	b	c	d	e
B	f	g	h	i	j
C	k	l	m	n	o
D	p	q	r	s	t
E	u	v	w	x	y

Consulta la cuadrícula para encontrar las palabras que faltan en las tarjetas postales. Luego, decide a qué tipo de región se mudó cada persona: urbana, rural o suburbana.

¡Hola a todos!
¡Aquí estamos!
Hay [A-2, C-5, D-4, D-2, E-1, A-5, D-4] cerca de nuestra casa. ¡Tengo tantos deseos de ir a la [B-1, A-5, D-3, B-4, A-1]! Habrá muchos [A-1, C-4, B-4, C-3, A-1, C-2, A-5, D-4].
Su amigo,
Josh

Querida Grace:
¡Aquí estamos!
Nuestra casa tiene un [B-5, A-1, D-3, A-4, B-4, C-4] enorme, así que ahora puedo tener un [D-1, A-5, D-3, D-3, C-5]. Papá me lleva a la [A-5, D-4, A-3, E-1, A-5, C-2, A-1] en auto.
Hasta pronto,
Stacie

Querido abuelo Joe:
¡Aquí estamos!
Hay muchísimas [D-1, A-5, D-3, D-4, C-5, C-4, A-1, D-4]. A mamá le gustan todos los [D-3, A-5, D-4, D-5, A-1, E-1, D-3, A-1, C-4, D-5, A-5, D-4] y [D-5, B-4, A-5, C-4, A-4, A-1, D-4].
¡Este lugar es divertido!
Con cariño,
Terry

Todos los libros de la biblioteca de la sociedad histórica tienen una palabra desordenada en el título. Corrígela. Luego, busca el libro que no pertenece a la biblioteca.

Aventuras en línea

APRENDE en línea

Únete a Eco para jugar en esta comunidad en línea. Hoy, se hace una búsqueda del tesoro en inglés. Tendrás que explorar el pueblo: la estación de policía, el mercado, la alcaldía y otros edificios. Si encuentras todo a tiempo, ¡ganas! Juega ahora mismo en **www.harcourtschool.com/ss1**

Preparación para la prueba 

La gran idea

Comunidades Las comunidades son a la vez similares y diferentes y están en todo el mundo.

Chattanooga, Tennessee

Comprensión de la lectura y vocabulario

Las comunidades que nos rodean

La gente vive en comunidades en todo el mundo. Los ciudadanos de estas comunidades obedecen leyes, dependen unos de otros y tienen su propia cultura. Se mantienen conectados con otros mediante la comunicación.

Las comunidades son diferentes en muchas cosas. Tienen accidentes geográficos, climas, historias y ofrecen trabajos diferentes. Las comunidades también son de distinto tamaño, según su población. Las comunidades urbanas, suburbanas y rurales dependen unas de otras.

Lee el resumen anterior. Luego, responde a las siguientes preguntas.

1. ¿Cuál de los siguientes es un ciudadano?
   A una escuela
   B un lugar para encontrar recursos
   C una persona que vive en una comunidad
   D un negocio

2. ¿Cuál de los siguientes es una forma de comunicación?
   A Internet
   B un tren
   C la agricultura
   D una biblioteca

3. ¿Qué hace que cada comunidad sea diferente?
   A los accidentes geográficos
   B el clima
   C la historia
   D todos los anteriores

4. ¿Cómo describirías la población de una comunidad urbana?
   A pocas personas
   B pocas culturas
   C muchas personas
   D pocos negocios

Ideas principales y datos

Responde a las siguientes preguntas.

5. ¿Cómo se comunican las comunidades de todo el mundo?
6. ¿Qué recursos puedes utilizar para aprender sobre una comunidad?
7. ¿Cuáles son algunos tipos de comunidades?

Escribe la letra de la mejor opción.

8. ¿Cuáles de los siguientes trabajos probablemente se encontraría en una comunidad cerca del agua?
   A cultivar árboles
   B pescar
   C criar ganado lechero
   D guiar a alpinistas
9. ¿Cuál de las siguientes opciones no es un bien?
   A un televisor
   B una fruta
   C una visita al médico
   D una computadora
10. De los siguientes grupos, ¿cuáles dependen unos de otros?
   A los negocios y los trabajadores
   B los ciudadanos de una misma comunidad
   C las comunidades urbanas y las rurales
   D todos los anteriores

Razonamiento crítico

11. ¿Cómo crees que sería una comunidad si sus miembros no compartieran su cultura con otros?
12. **Aplícalo** Menciona una característica de tu comunidad que la diferencia de otras comunidades.

Destrezas

Encontrar direcciones y distancias

Consulta el mapa de abajo para responder a las siguientes preguntas.

13. ¿Qué lugar está más cerca de Stillwater: Enid o Durant? Mide las distancias.
14. Menciona un pueblo ubicado al noroeste de Stillwater.

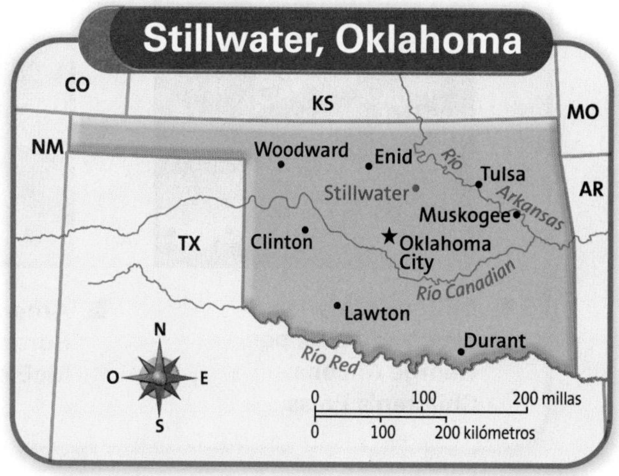

Unidad 1

Actividades

Muestra lo que sabes

Actividad de redacción

Escribir un artículo Escribe un artículo sobre dos comunidades.

- Investiga sobre dos comunidades.
- Compara y contrasta datos sobre las comunidades.
- Explica cómo las personas viven, trabajan y juegan en cada comunidad.

Proyecto de la unidad

Catálogo de la comunidad Haz un catálogo de los recursos en tu comunidad.

- Haz una lista de los recursos e indica dónde puedes encontrarlos.
- Explica lo que cada recurso te puede decir sobre tu comunidad.

Lecturas adicionales

- *Mi Barrio/My Neighborhood,* por George Ancona. Children's Press.

- *America is...,* por Louise Borden. Margaret K. McElderry.

- *If the World Were a Village,* por David J. Smith. Kids Can Press.

Visita **www.harcourtschool.com/ss1** para hallar más recursos en Internet.

Las comunidades y su geografía

La gran idea

Geografía

Cada comunidad tiene accidentes geográficos y masas de agua diferentes. Las personas cambian el ambiente que las rodea y se adaptan a él.

Reflexiona

- ¿Cómo puedes encontrar la ubicación de una comunidad?
- ¿Cuáles son las características físicas de una comunidad?
- ¿Cómo influye el ambiente en las personas?
- ¿Qué se puede hacer para cuidar el ambiente?

Habla sobre personas y geografía

John Muir
1838–1914
Naturalista y escritor que ayudó a proteger nuestros parques nacionales

Las comunidades y su geografía

Sylvia Earle
1935–Actualidad
Científica que estudia y protege la vida marina

Wangari Maathai
1940–Actualidad
Fundadora de un grupo que plantó 30 millones de árboles en Kenia

Unidad 2

Presentación del vocabulario

característica física Una característica que es parte de la naturaleza, como el tiempo, la flora, el agua o la tierra. (página 90)

recurso natural Algo de la naturaleza que se puede usar, como los árboles, el agua o el suelo. (página 106)

ambiente Las características físicas y las obras humanas de un lugar. (página 114)

obra humana Una característica, como un edificio, un puente o una carretera, que las personas agregan al paisaje. (página 114)

conservación El ahorro de recursos para que duren más. (página 130)

Visita **www.harcourtschool.com/ss1** para hallar más recursos en Internet.

La lectura en los Estudios Sociales

Destreza clave

Idea principal y detalles

Por qué es importante Si sabes la idea principal, puedes comprender mejor lo que has leído.

Aprende

La **idea principal** es la idea más importante de un párrafo o pasaje. La idea principal generalmente está en la primera oración de un párrafo. Los **detalles** dan más información acerca de la idea principal.

Idea principal

La idea más importante

Detalles

Datos acerca de la idea principal	Datos acerca de la idea principal	Datos acerca de la idea principal

Practica

Lee el párrafo. Busca la idea principal. Luego, busca los detalles de apoyo.

Idea principal

Detalles

Los Grandes Lagos son tan grandes, que producen un efecto sobre el clima, conocido como el efecto lago. Entran en el aire gotitas de agua del lago. En el invierno, los vientos del oeste levantan el aire húmedo y lo soplan hacia el este, lo cual produce nevadas fuertes en la zona.

Aplica

Lee los párrafos. Luego, responde a las preguntas.

Los Grandes Lagos

Los Grandes Lagos son el grupo de lagos de agua dulce más grande del mundo. Comienzan en el extremo noroeste de Wisconsin y terminan en el extremo noroeste de New York. La mayoría de los lagos ocupan una parte de Estados Unidos y una parte de Canadá.

De los Grandes Lagos, los más grandes son los lagos Superior, Michigan y Huron. Con 350 millas de largo y 160 millas de ancho, el lago Superior es el más grande de la Tierra. Al este del lago Superior está el lago Michigan. Mide 307 millas de largo y 118 millas de ancho. Más hacia el este está el lago Huron, el segundo en tamaño de los Grandes Lagos. Mide 206 millas de largo y alcanza 183 millas de ancho.

Los lagos Erie y Ontario son los más pequeños de los Grandes Lagos. Con 241 millas de largo y 57 millas de ancho, el lago Erie es el cuarto en tamaño entre los Grandes Lagos. Desemboca en el lago Ontario, el más pequeño de los Grandes Lagos. El lago Ontario mide 193 millas de largo y alcanza 53 millas de ancho.

Idea principal y detalles

1. ¿Cuál es la idea principal de este pasaje?
2. ¿Cuáles son los nombres de los Grandes Lagos?
3. ¿Cuál de los Grandes Lagos es el más grande?

Comienza con un poema

Anda con paso ligero

Viajes geográficos en verso y rima

por J. Patrick Lewis
ilustrado por Álison Jay

Al autor J. Patrick Lewis le gusta viajar y escribir poesía para niños. En este poema, sugiere cómo pensar en algunos lugares que ha visitado.

Haz de la Tierra tu compañera.
Anda por ella con paso ligero, como otras criaturas.
Deja que el Cielo trace su hermosura —ella vela siempre por ti.

Aprende del Mar a enfrentar las fuerzas que te azotan.
Y que el Río te recuerde que todo pasará.
Deja que el Lago te enseñe la calma.
Deja que la Montaña te revele la grandeza.
Haz de los Bosques tu hogar de paz.
Haz de la Selva tu hogar de esperanza.
Encuentra el Pantano en terreno crepuscular.
Guarda algún pedacito de Pradera para una cometa roja
en un día de viento.
Mira el brillo cristalino y majestuoso de los Mantos Glaciares.
Oye al Desierto que arrulla la eternidad.
Deja que el Pueblo te rodee de lazos.
Haz de la Tierra tu compañera.
Anda por ella con paso ligero, como otras criaturas.

Responde

1. Destreza clave **Idea principal y detalles** ¿Cuál te parece la idea principal del poema?
2. **Aplícalo** ¿Cómo es la geografía de tu comunidad?

Destrezas de estudio

USAR RECURSOS VISUALES

Los recursos visuales te ayudan a entender mejor lo que lees.

- **Las fotografías, ilustraciones, mapas, diagramas y tablas son ejemplos de recursos visuales. Muchos recursos visuales tienen títulos, leyendas o rótulos que describen lo que se muestra en ellos.**
- **A veces, los recursos visuales agregan información nueva a lo que estás leyendo.**

Lista de control para recursos visuales	
✓	¿Qué clase de recurso visual se muestra? una fotografía
✓	¿Qué se muestra en ese recurso visual?
✓	¿Qué te dice el recurso visual sobre el tema?

PRESENTACIÓN DEL VOCABULARIO

ecuador pág. 83

vegetación pág. 94

mineral pág. 107

CAPÍTULO

Geografía física

Parque estatal Natural Bridge, en Kentucky

Lección 1

Nuestra ubicación

Reflexiona ¿Qué puedes usar para encontrar la ubicación de una comunidad?

Vocabulario

herramienta geográfica pág. 82

continente pág. 82

hemisferio pág. 83

ecuador pág. 83

frontera pág. 86

ubicación relativa pág. 86

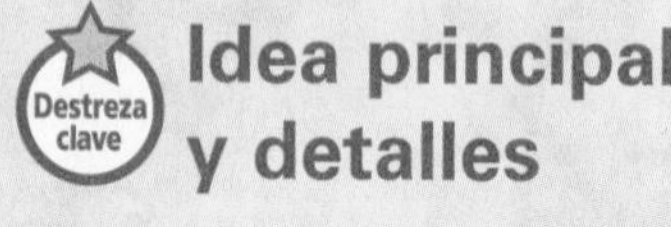

Idea principal y detalles

Cada comunidad tiene su propia ubicación. Para mostrar a alguien dónde vives, puedes usar un mapa o un globo terráqueo. Los mapas y los globos terráqueos son **herramientas geográficas**: nos dicen dónde está un lugar y cómo se ve. Estas herramientas las usan los geógrafos que estudian la Tierra y sus habitantes.

Usar el globo terráqueo

Un globo terráqueo es un modelo de la Tierra. El globo terráqueo muestra los océanos y las áreas de tierra más grandes, llamadas **continentes**. Los continentes de la Tierra son Asia, África, América del Norte, América del Sur, Antártida, Europa y Australia. El globo terráqueo es redondo como la Tierra. Muestra las formas reales de los continentes y los océanos.

Con un globo terráqueo puedes encontrar la ubicación de tu comunidad.

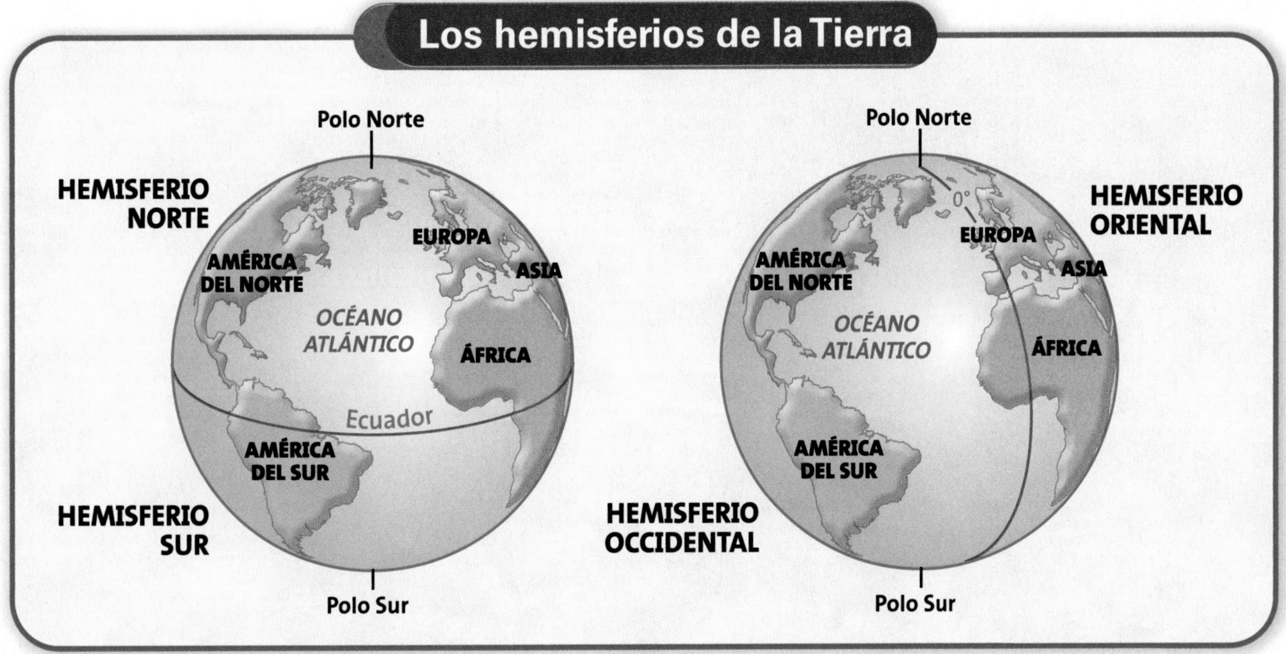

Ubicación ¿En qué hemisferios está Asia?

Los hemisferios

En un globo terráqueo, la Tierra se puede dividir en dos mitades. Una mitad de la Tierra se llama **hemisferio**. Una manera de dividir la Tierra en dos es con el ecuador. El **ecuador** es una línea imaginaria que se encuentra a mitad de camino entre el Polo Norte y el Polo Sur. El ecuador divide la Tierra en un hemisferio norte y un hemisferio sur.

Otra línea imaginaria va del Polo Norte al Polo Sur y divide la Tierra en un hemisferio occidental y un hemisferio oriental.

Todos los lugares de la Tierra están en dos hemisferios. América del Norte, por ejemplo, está en el hemisferio norte y también en el hemisferio occidental.

Repaso de la lectura **Idea principal y detalles**
¿En qué hemisferios está América del Norte?

Destreza con mapas **Ubicación** **En la foto aérea y el mapa, se muestra la misma ubicación: Salt Lake City, Utah. ¿Qué características ves en los dos?**

Usar mapas

Un globo terráqueo es redondo, mientras que un mapa es plano. Un mapa es un dibujo que muestra la ubicación de los lugares.

La vista aérea

Mirar el mapa de una comunidad es como verla desde un avión. El mapa muestra una vista aérea de la ubicación del lugar. Una vista aérea es la vista desde arriba. Las fotografías aéreas, que son fotos tomadas desde arriba, también muestran cómo se ve una comunidad desde el aire.

El mundo

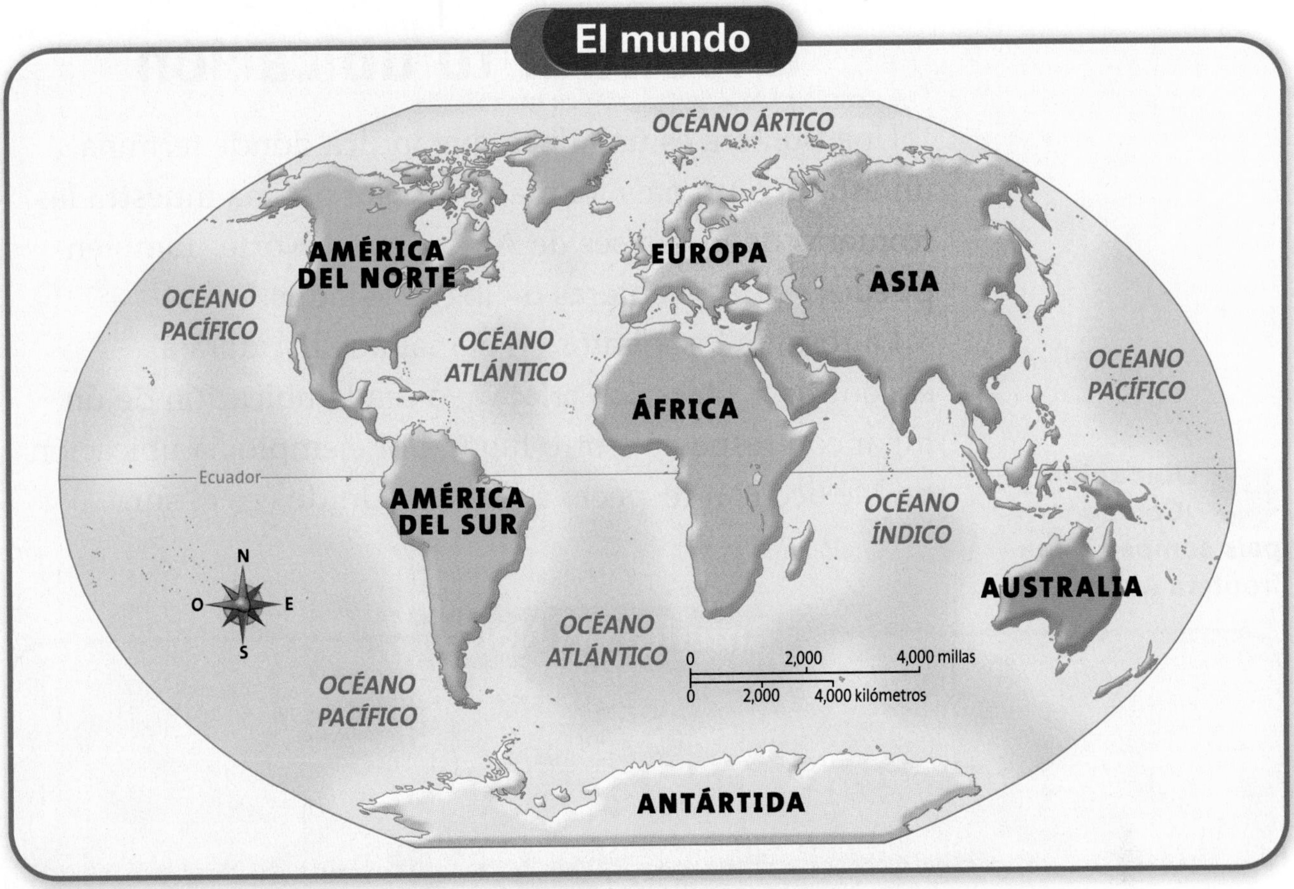

OCÉANO ÁRTICO
AMÉRICA DEL NORTE
EUROPA
ASIA
OCÉANO PACÍFICO
OCÉANO ATLÁNTICO
ÁFRICA
OCÉANO PACÍFICO
Ecuador
AMÉRICA DEL SUR
OCÉANO ÍNDICO
N
O
E
S
AUSTRALIA
OCÉANO ATLÁNTICO
0 2,000 4,000 millas
0 2,000 4,000 kilómetros
OCÉANO PACÍFICO
ANTÁRTIDA

Ubicación **Nombra los cuatro océanos que se ven en este mapa.**

Mapas

Los mapas, a diferencia de las fotografías, usan colores, dibujos y símbolos para mostrar los lugares de la Tierra. Como un mapa es plano, es fácil cargarlo. Los mapas también pueden dar más información sobre un lugar.

Un mapa puede mostrar toda la Tierra o solo una pequeña parte. Pero a diferencia del globo terráqueo, un mapa no puede mostrar la forma real de los océanos y continentes.

Repaso de la lectura **Comparar y contrastar**
¿En qué se parecen los mapas y las fotografías aéreas?

Encontrar tu ubicación

Una **frontera** es una línea que indica dónde termina un estado o un país. El mapa de esta página muestra las fronteras de los países de América del Norte. También puedes ver las fronteras de los 50 estados.

La rosa de los vientos en el mapa te ayudará a encontrar la **ubicación relativa**, o sea la ubicación de un lugar con respecto a otro lugar. Por ejemplo, la ubicación de México con respecto a Estados Unidos es al sur.

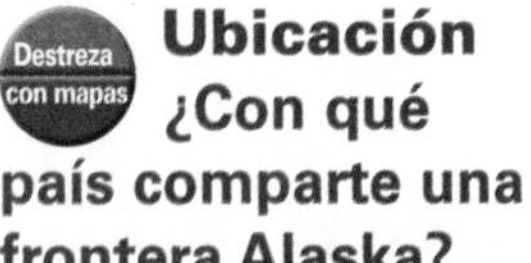

Ubicación ¿Con qué país comparte una frontera Alaska?

América del Norte

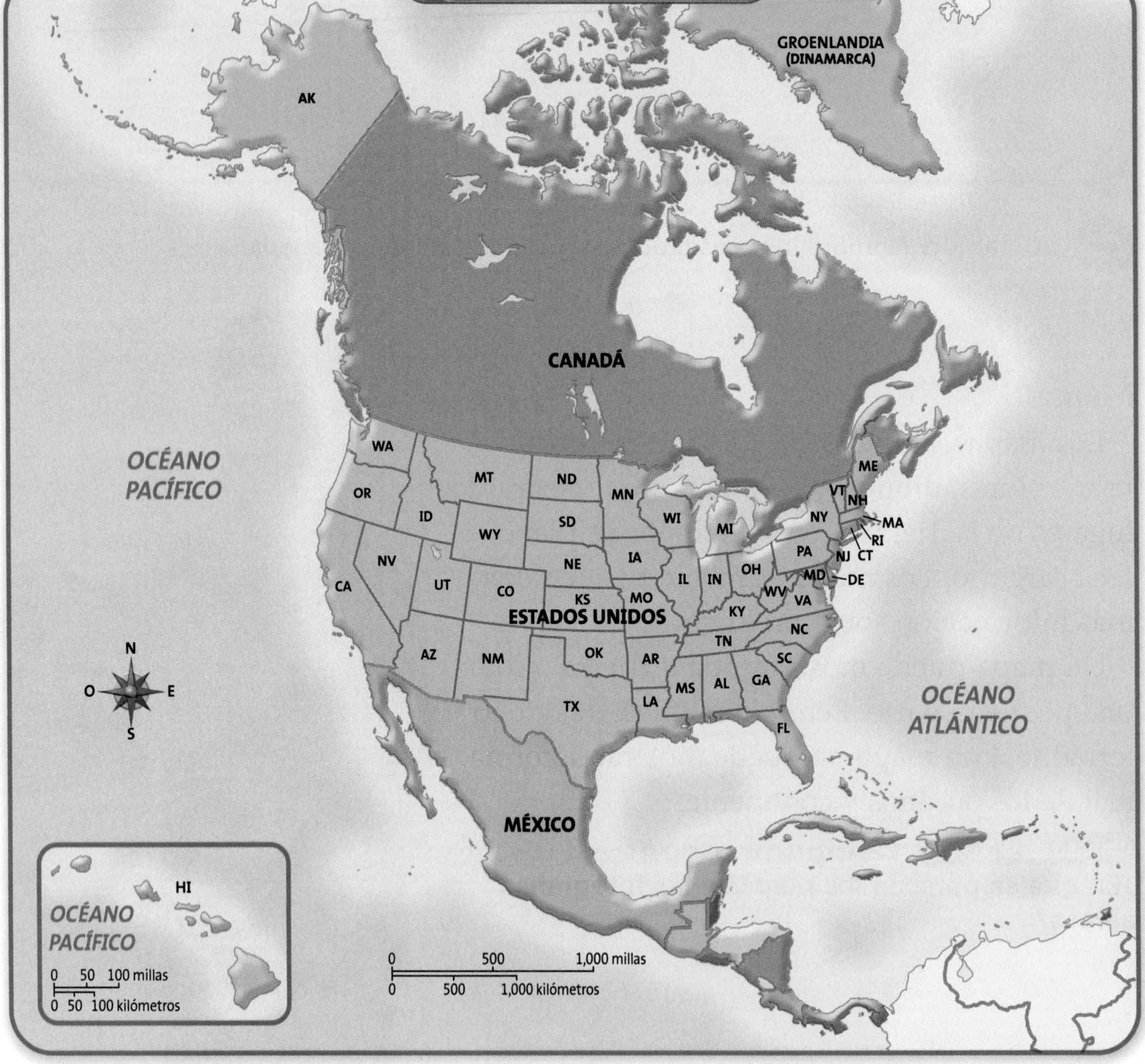

GROENLANDIA (DINAMARCA)
AK
CANADÁ
OCÉANO PACÍFICO
WA OR ID MT ND MN WI MI NY VT NH ME MA RI CT NJ DE MD PA OH IN IL IA SD WY NV CA UT CO NE KS MO KY WV VA NC TN AR OK NM AZ TX LA MS AL GA SC FL
ESTADOS UNIDOS
OCÉANO ATLÁNTICO
MÉXICO
N O E S
HI
OCÉANO PACÍFICO
0 50 100 millas
0 50 100 kilómetros
0 500 1,000 millas
0 500 1,000 kilómetros

Tu propia comunidad

Ahora ya puedes ubicar tu comunidad. Busca tu estado en el mapa. Tu comunidad está en ese estado. También está en el continente de América del Norte.

Un mapa político de Estados Unidos puede mostrar tu comunidad. Los mapas políticos muestran las fronteras de los estados y algunos también incluyen ciudades. Si vives en una comunidad pequeña, tal vez tengas que mirar un mapa político que sea solo de tu estado.

Nombre Lily Tanner
Calle 123 Jasper Court
Ciudad Salt Lake City
Estado Utah
País Estados Unidos
Continente América del Norte

Repaso de la lectura **Idea principal y detalles**
¿Cómo describirías la ubicación de tu comunidad?

Resumen Los mapas y los globos terráqueos te ayudan a encontrar la ubicación de una comunidad. Un globo terráqueo es un modelo de la Tierra. Un mapa es un dibujo que muestra la ubicación de las cosas.

Repaso

1. **Reflexiona** ¿Qué puedes usar para encontrar la ubicación de una comunidad?
2. **Vocabulario** ¿Qué crees que significa cada palabra del término **herramienta geográfica**?
3. **Geografía** ¿Cuáles son las líneas imaginarias que dividen la Tierra en hemisferios?
4. **Razonamiento crítico** **Aplícalo** ¿Por qué es importante saber la ubicación de tu comunidad?
5. **Hacer un mapa** Traza un mapa de tu comunidad. Incluye tu escuela y tu casa.
6. Destreza clave **Idea principal y detalles** En una hoja de papel, copia y completa el siguiente organizador gráfico.

Idea principal
Las herramientas geográficas te ayudan a encontrar la ubicación de una comunidad.

Detalles

Usar la latitud y la longitud

Por qué es importante Las líneas trazadas sobre un mapa o globo terráqueo te ayudan a encontrar la ubicación de un lugar.

Aprende

Las líneas trazadas sobre los mapas y globos terráqueos forman una cuadrícula. Puedes usar esa cuadrícula para encontrar la **ubicación absoluta**, o sea la ubicación exacta, de un lugar.

Paso 1 Busca las líneas de **latitud**. Van de este a oeste. Miden las distancias en grados (°) al norte y al sur del ecuador.

Paso 2 Busca las líneas de **longitud**. Van de norte a sur. Miden las distancias al este y al oeste desde el **primer meridiano**.

Paso 3 Nombra la latitud y luego la longitud.

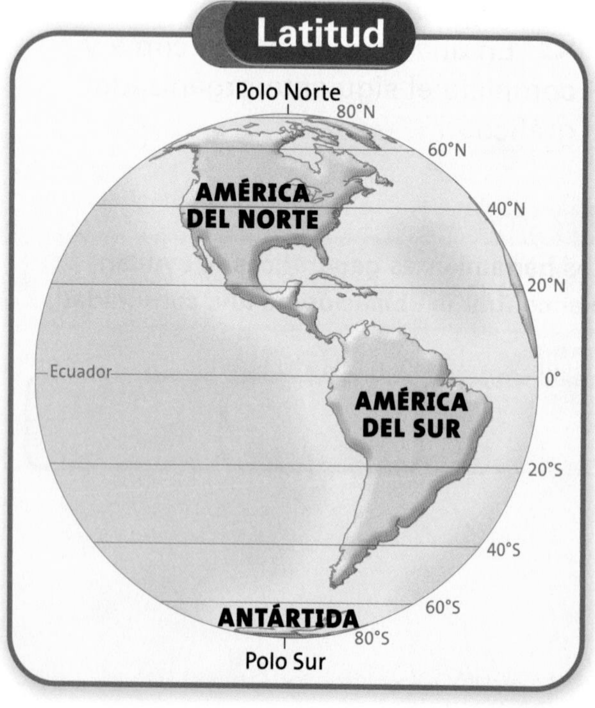

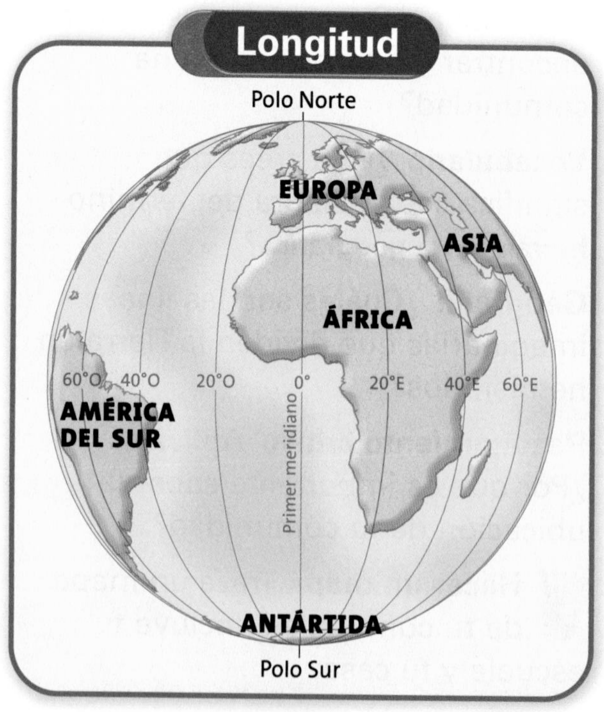

Visita **www.harcourtschool.com/ss1** para hallar actividades en Internet.

Ohio: Latitud y longitud

ESTADOS UNIDOS
Lago Erie
INDIANA
OHIO
PENNSYLVANIA
WEST VIRGINIA
KENTUCKY
Toledo
Lorain
Cleveland
Akron
Youngstown
Lima
Mansfield
Canton
Marion
Newark
Springfield
Columbus
Zanesville
Dayton
Chillicothe
Cincinnati
Portsmouth
N
O
E
S
42°N
41°N
40°N
39°N
86°O
85°O
84°O
83°O
82°O
81°O
80°O
79°O
0 40 80 millas
0 40 80 kilómetros

Practica

Consulta el mapa para responder a estas preguntas.

1. ¿Qué línea de latitud está más cerca de Akron?
2. ¿Qué línea de longitud está más cerca de Lima?
3. ¿Qué ciudad está más cerca de 40ºN, 83ºO?

Aplica

Aplícalo Consulta un mapa o globo terráqueo para encontrar la latitud y la longitud más cercanas a tu comunidad. Busca tres ciudades o pueblos del mundo que tengan la misma latitud. Muestra tu lista de ciudades a un compañero de clase.

Lección 2

La geografía de nuestro país

Reflexiona
¿Qué son las características físicas de una comunidad?

Vocabulario

característica física pág. 90

cordillera pág. 91

valle pág. 91

meseta pág. 91

vegetación pág. 94

temporada de cultivo pág. 94

erosión pág. 96

ecosistema pág. 97

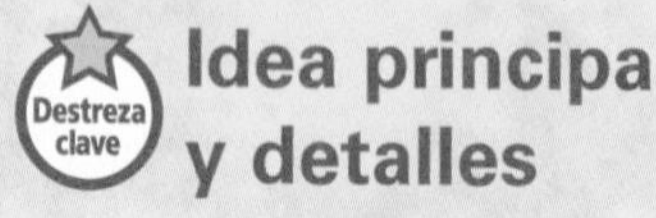

Idea principal y detalles

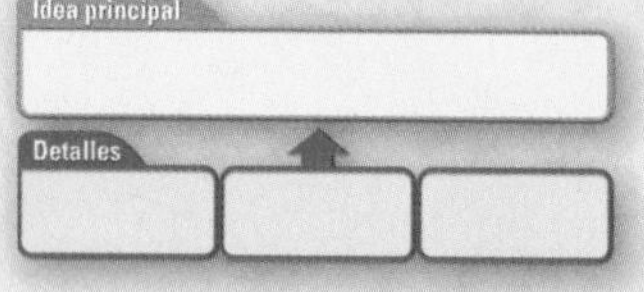

Todos los lugares de la Tierra tienen características que los hacen especiales. Algunas son características físicas. Entre las **características físicas**, se incluyen la tierra, el agua, el clima y las plantas.

Accidentes geográficos

Puedes describir un lugar dando sus características físicas. Muchas comunidades tienen características tanto de la tierra como del agua.

Los montes Apalaches son una cordillera en el este de Estados Unidos.

Diferentes accidentes geográficos

Estados Unidos es un país grande, con muchos tipos de accidentes geográficos. Un área grande de llanuras, llamadas las Grandes Llanuras, se extiende por el centro de nuestro país. Muchas llanuras se extienden a lo largo de la costa. La Llanura Costera se extiende a lo largo del océano Atlántico y del golfo de México.

Las montañas, al igual que otros accidentes geográficos, son de distinta forma y tamaño. Hay muchas cordilleras en Estados Unidos. Una **cordillera** es una cadena de montañas. Los montes Apalaches, en el este de Estados Unidos, son bajos y redondeados. Las montañas Rocosas del oeste son altas y puntiagudas.

Otros accidentes geográficos son los valles y las mesetas. Un **valle** es un área de tierra baja que está entre colinas o montañas. Una **meseta** es un accidente geográfico que tiene laderas empinadas y encima es plana.

Repaso de la lectura **Idea principal y detalles**
Menciona algunos accidentes geográficos de la tierra.

En una excursión, se puede apreciar el paisaje natural.

Una cascada en Tennessee

Agua por todas partes

Las masas de agua son otro tipo de característica física. Las masas de agua más grandes son los océanos, que cubren más de la mitad de la Tierra. Todos los océanos son de agua salada.

En los continentes, hay muchas masas de agua más pequeñas, como lagos, lagunas, ríos y arroyos. La mayoría son de agua dulce, es decir, agua que no es salada. El agua dulce, una vez tratada, es la que tomamos y usamos en nuestras casas.

Masas de agua

Ilustración ¿Qué masas de agua hay cerca de tu comunidad?

Los lagos y ríos

Estados Unidos tiene muchas masas de agua dulce. Los Grandes Lagos son una cadena de lagos gigantes ubicados en el noreste de Estados Unidos sobre la frontera con Canadá. Juntos forman el grupo de lagos de agua dulce más grande del mundo.

El río Mississippi va desde Minnesota hasta el golfo de México. Muchos otros ríos, como el río Ohio, desembocan en el río Mississippi.

Muchas comunidades se establecen cerca de masas de agua. Podrías describir tu comunidad diciendo que está cerca de un océano, un lago o un río. Algunas comunidades se encuentran en una isla, que es un terreno completamente rodeado de agua.

El río Mississippi comienza en Minnesota.

Repaso de la lectura **Idea principal y detalles**
Menciona algunos ejemplos de masas de agua.

El clima y el estado del tiempo

El clima y el estado del tiempo son características físicas. El clima es el estado del tiempo general de un lugar durante el año. Incluye si las temperaturas son altas o bajas y cuánta lluvia o nieve cae.

La Tierra y el Sol

El clima de una comunidad depende de su ubicación en la Tierra. Los rayos del Sol llegan a la Tierra desde un ángulo diferente en cada lugar. Son más directos cerca del ecuador. Los lugares allí generalmente son más cálidos y húmedos que los lugares alejados del ecuador.

Clima húmedo

El clima y las plantas

La **vegetación**, o plantas, de un lugar son otra característica física. El clima afecta la vegetación. Los cactus crecen bien en lugares cálidos y secos. Las palmeras crecen bien en lugares cálidos y húmedos.

El clima también afecta la **temporada de cultivo**, que es la época en la cual crecen las plantas. Los lugares con inviernos cortos y tibios tienen temporadas de cultivo más largas.

Repaso de la lectura **Idea principal y detalles**
¿Cómo afecta el clima a un lugar?

Clima seco

Clima frío

Las cuatro estaciones

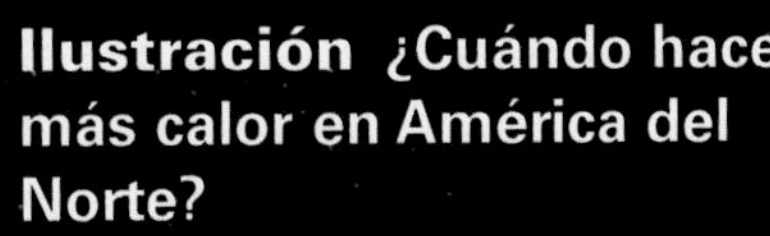

Ilustración ¿Cuándo hace más calor en América del Norte?

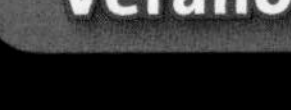

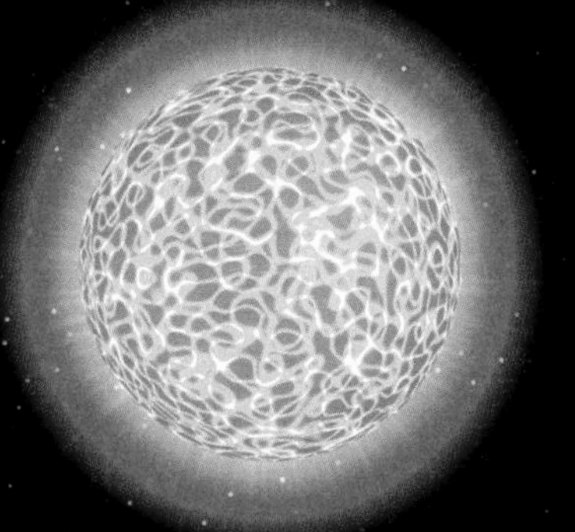

Primavera

El Gran Cañón, en Arizona, muestra los efectos de la erosión.

Los procesos físicos

La Tierra siempre está cambiando. Muchos de estos cambios se deben a procesos físicos. Los procesos físicos afectan todas las cosas en la Tierra.

Datos breves

El suelo duro del Gran Cañón permite que la lluvia baje por las laderas muy rápidamente. La corriente de agua se hace tan fuerte, que puede mover una roca del tamaño de una casa pequeña.

Cambios de la Tierra

Algunos procesos físicos son lentos; tardan millones de años en cambiar la Tierra. Un proceso lento es la erosión. La **erosión** es el desgaste de la superficie de la Tierra. El agua, el viento y la arena pueden causar erosión. El agua que corre erosiona las orillas de los ríos. El viento arrastra arena que desgasta las rocas.

Otros procesos físicos son muy rápidos. Los movimientos de las capas de roca que están muy adentro de la Tierra pueden causar terremotos. También pueden producir la erupción de volcanes.

Cambios en los ecosistemas

Hay procesos físicos que afectan a los ecosistemas todos los días. Un **ecosistema** está formado por las plantas, los animales, la tierra, el agua y el clima que forman parte de un área.

En un ecosistema, las plantas y los animales se necesitan unos a otros para sobrevivir. Los árboles de un bosque dan alimento y refugio a los animales. A su vez, los animales reparten las semillas de los árboles. Los árboles también dan sombra a otras plantas.

Repaso de la lectura **Idea principal y detalles**
¿Qué forma un ecosistema?

Los Everglades, en Florida, son un ejemplo de ecosistema.

Resumen Todos los lugares tienen características físicas. La tierra, el agua, el clima y el tiempo son diferentes en cada lugar. Los procesos físicos producen cambios constantes en la Tierra.

Repaso

1. **Reflexiona** ¿Qué son las características físicas de una comunidad?
2. **Vocabulario** Escribe una o dos oraciones sobre los **ecosistemas** usando la palabra **vegetación**.
3. **Tu comunidad** ¿Cómo es el clima en el área donde está tu comunidad?
4. **Razonamiento crítico** Aplícalo Las características físicas de tu comunidad, ¿cómo afectan tu modo de vivir?
5. **Escribir una descripción** Escribe un párrafo y describe las características físicas de tu comunidad.
6. Destreza clave **Idea principal y detalles** En una hoja de papel, copia y completa el siguiente organizador gráfico.

Idea principal

Todos los lugares tienen características físicas.

Detalles

Usar un mapa de accidentes geográficos

Por qué es importante Los mapas físicos muestran cómo se ven las tierras y las masas de agua de la Tierra.

Aprende

Un **mapa de accidentes geográficos** muestra las características físicas principales de un lugar. Estos mapas se usan para conocer la geografía de un lugar. En un mapa de accidentes geográficos, se usan diferentes colores o diseños para las distintas características físicas.

Paso 1 Mira la clave del mapa.

Paso 2 Busca en el mapa ejemplos de cada accidente geográfico.

Paso 3 Vuelve a consultar la clave para recordar qué color o diseño representa cada tipo de característica física.

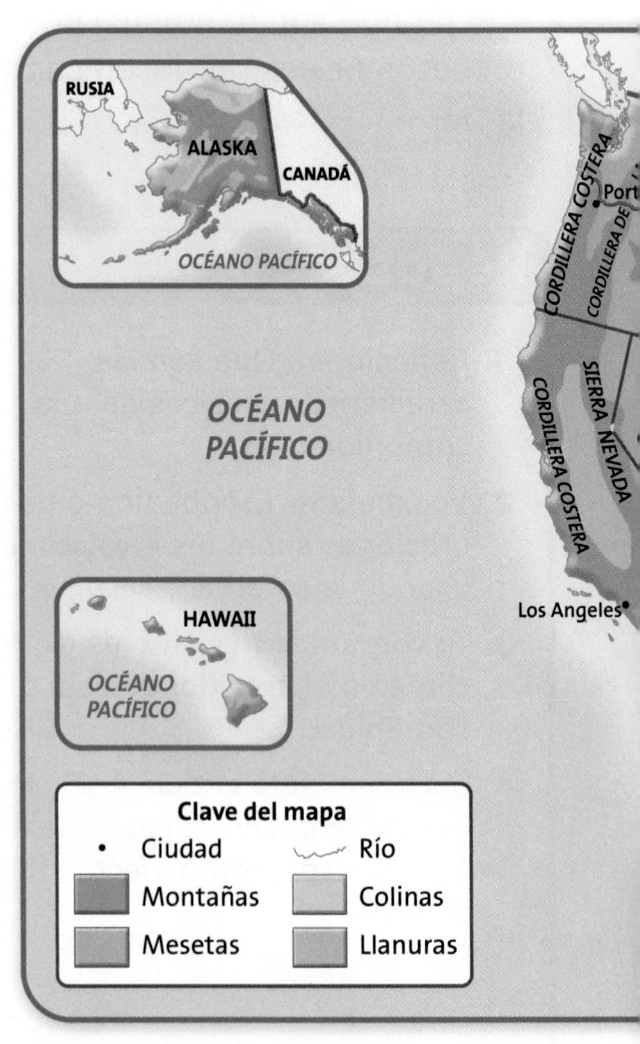

Practica

Consulta el mapa de accidentes geográficos para responder a las siguientes preguntas.

1. ¿Qué masa de agua está cerca de Minneapolis?
2. ¿Qué ciudad está a mayor altura: Knoxville o Chicago?
3. ¿Sobre qué accidente geográfico está la ciudad de Oklahoma?

Visita **www.harcourtschool.com/ss1** para hallar actividades en Internet.

Aplica

Aplícalo En el mapa de accidentes geográficos, busca el estado donde vives. ¿Qué accidentes geográficos tiene? Escribe un párrafo y describe los accidentes geográficos de tu estado.

Mapa de accidentes geográficos de Estados Unidos

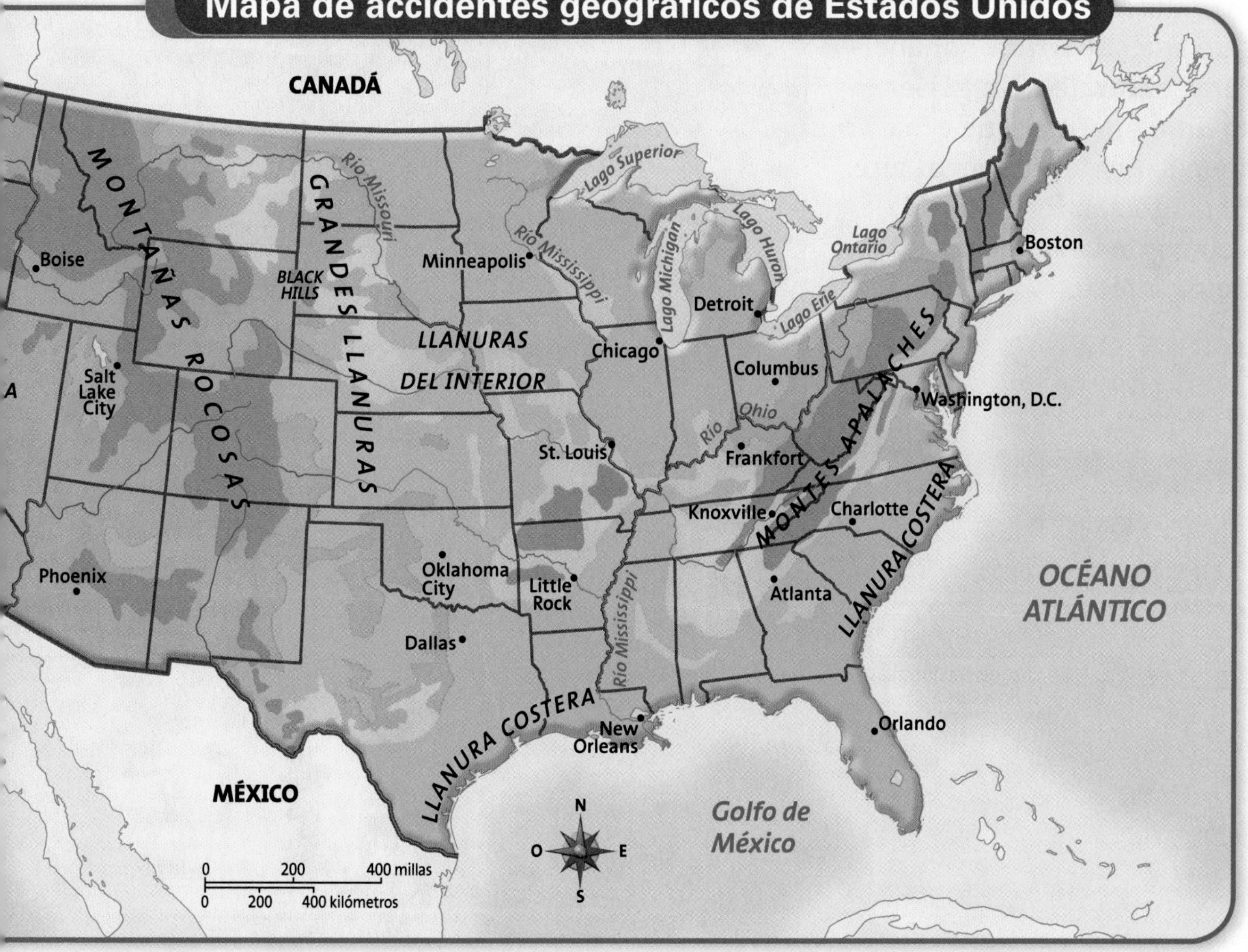

CANADÁ
MONTAÑAS ROCOSAS
GRANDES LLANURAS
Río Missouri
Lago Superior
Río Mississippi
Lago Michigan
Lago Hurón
Lago Ontario
Lago Erie
Boston
Boise
BLACK HILLS
Minneapolis
Detroit
LLANURAS DEL INTERIOR
Chicago
Columbus
MONTES APALACHES
Salt Lake City
Washington, D.C.
Río Ohio
St. Louis
Frankfort
Knoxville
Charlotte
LLANURA COSTERA
Phoenix
Oklahoma City
Little Rock
Atlanta
OCÉANO ATLÁNTICO
Dallas
Río Mississippi
LLANURA COSTERA
New Orleans
Orlando
MÉXICO
N
O
E
S
Golfo de México
0 200 400 millas
0 200 400 kilómetros

El Parque Nacional Yellowstone

DESCÚBRELO

El gran Parque Nacional Yellowstone está en el oeste. Cubre partes de Idaho, Montana y Wyoming.

El 1 de marzo de 1872, el presidente Ulysses S. Grant firmó una ley para proteger ese territorio, que fue el primer parque nacional del mundo. Hoy, casi 3 millones de personas visitan el parque cada año.

Yellowstone es famoso por sus aguas termales y sus géiseres. El agua viene de manantiales subterráneos y sale a la superficie por aberturas naturales. Un géiser es un manantial que echa agua caliente y vapor al aire. El magma, o roca fundida, debajo de la superficie calienta el agua.

Old Faithful es uno de los géiseres de Yellowstone. Cada 65 a 90 minutos, echa un chorro de agua caliente hasta una altura de 184 pies.

UBÍCALO

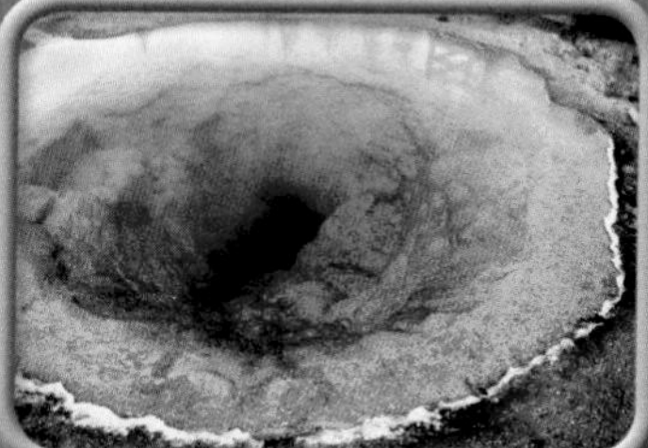
Laguna Morning Glory

Un guardabosque

La cascada Lower Falls, en el río Yellowstone

Terrazas de Mammoth

Águila calva

UN PASEO VIRTUAL

Visita **www.harcourtschool.com/ss1** para hallar más recursos en Internet.

Lección 3

Las regiones de nuestro país

Reflexiona ¿Cuáles son las regiones de nuestro país?

Vocabulario

preservar pág. 104

Destreza clave **Idea principal y detalles**

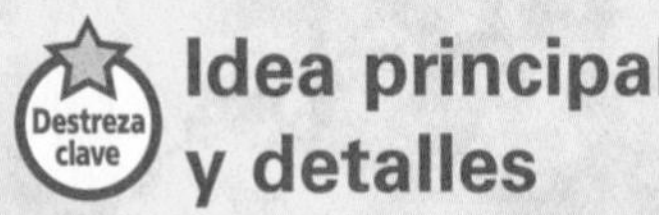

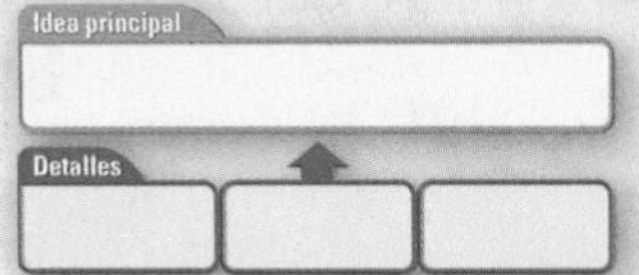

A veces, los geógrafos dividen los países y los estados en regiones. Una región es un área con al menos una característica que la diferencia de otras áreas. Las diferentes partes de una región pueden tener muchas características en común, como su ubicación, accidentes geográficos, cultura o economía.

Las regiones

Estados Unidos se divide en cinco grandes regiones. Estas son: el Noreste, el Sureste, el Medio Oeste, el Suroeste y el Oeste. Los estados de una misma región tienen la misma ubicación relativa dentro del país.

Repaso de la lectura **Idea principal y detalles**
¿Cuáles son las cinco regiones de Estados Unidos?

Oeste

Suroeste

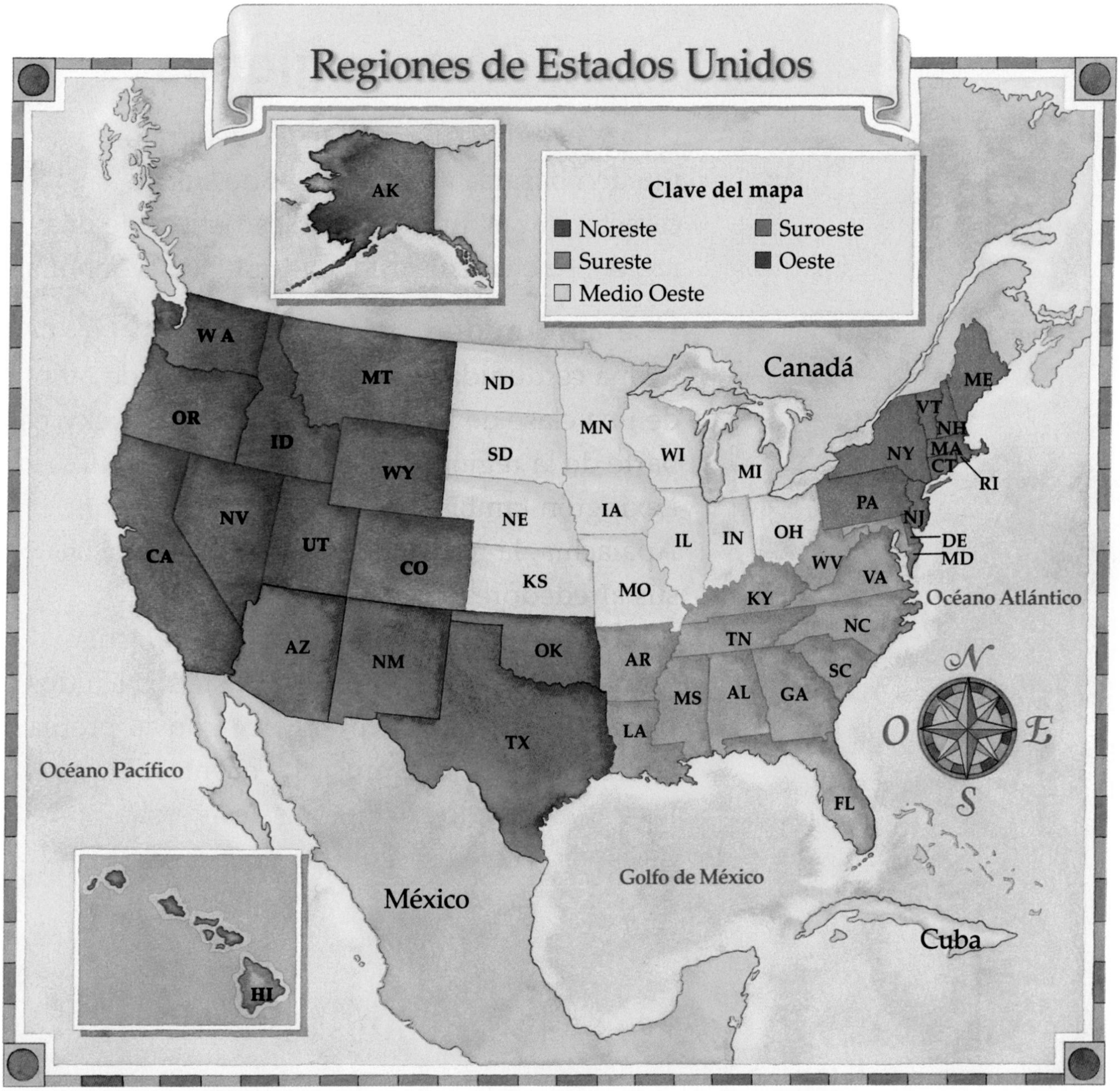

Regiones de Estados Unidos

Clave del mapa

- Noreste
- Sureste
- Medio Oeste
- Suroeste
- Oeste

AK
WA
OR
CA
NV
ID
MT
WY
UT
CO
AZ
NM
TX
OK
ND
SD
NE
KS
MN
IA
MO
WI
IL
MI
IN
OH
AR
LA
MS
AL
TN
KY
GA
FL
SC
NC
VA
WV
PA
NY
VT
NH
ME
MA
CT
RI
NJ
DE
MD
HI
Canadá
México
Cuba
Océano Pacífico
Océano Atlántico
Golfo de México
N
S
E
O

Destreza con mapas **Regiones** **¿En qué región está tu estado?**

Medio Oeste
Sureste
Noreste

Otras regiones

Para estudiar una región, los geógrafos pueden basarse en cualquiera de sus características. Entre las características de una región, se encuentran su cultura y su economía.

Este distrito de negocios está en la región urbana de Lexington.

Una comunidad, varias regiones

Una comunidad puede formar parte de más de una clase de región. Lexington, Kentucky, es parte de la región sureste de Estados Unidos. Lexington también está muy conectada con Apalachia, la región de los montes Apalaches y sus alrededores.

En el pasado, los habitantes de Apalachia estaban separados del resto de Estados Unidos por los montes Apalaches. Formaron su propia cultura, que incluye música y cuentos. Hoy, los habitantes de Lexington se esfuerzan por **preservar** o salvar la cultura apalache.

Lexington, Kentucky

Diagrama **¿En qué región de Estados Unidos está Lexington?**

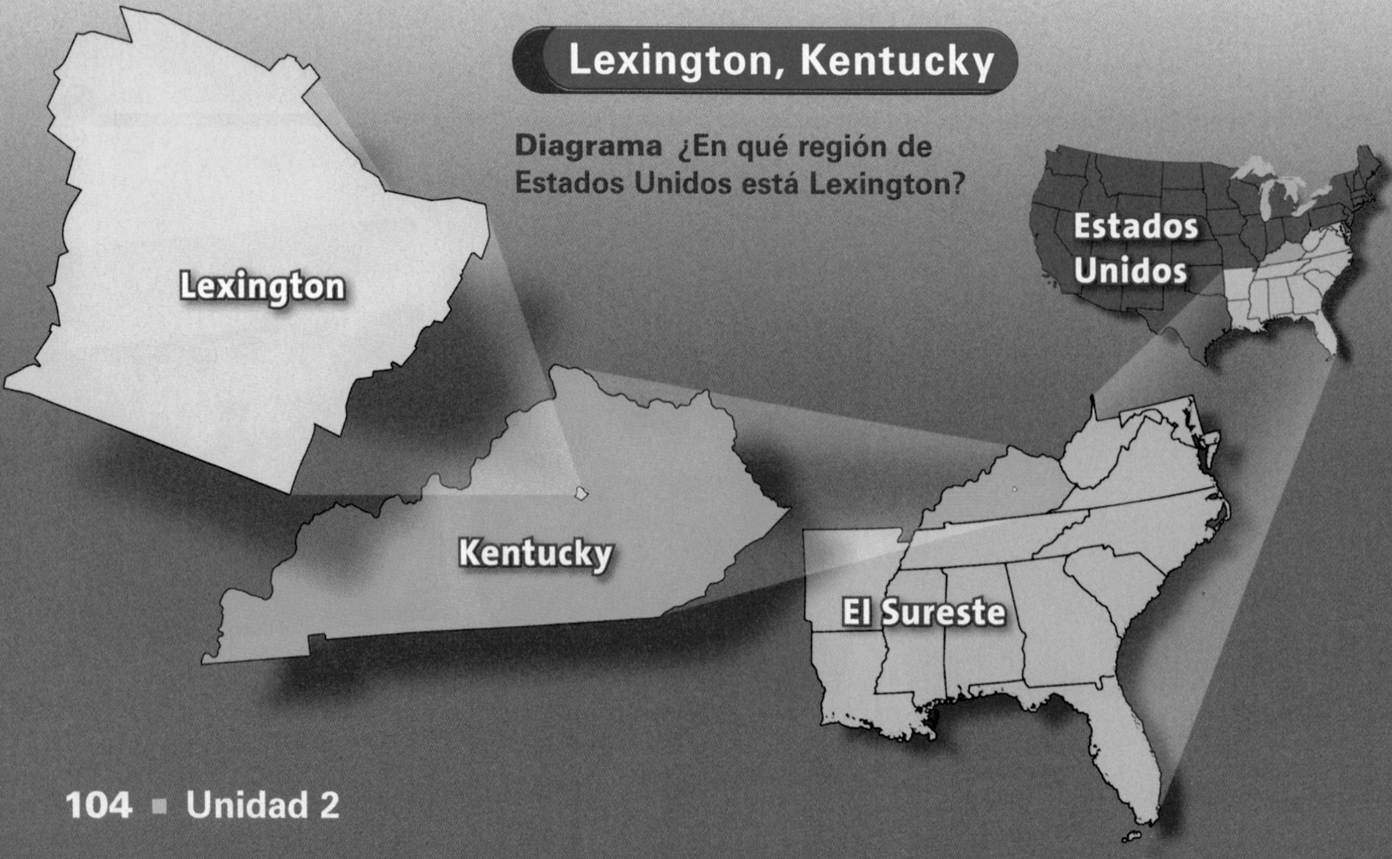

Lexington

Kentucky

El Sureste

Estados Unidos

Lexington también forma parte de una región económica que depende de los caballos. Esta región tiene pastos que son un buen alimento para los caballos. Hoy, muchos negocios de Lexington tienen que ver con la cría de caballos.

Repaso de la lectura **Idea principal y detalles** **¿Con qué región cultural está muy conectado Lexington?**

Festival de la Tradición Apalache en Lexington

Resumen Las regiones de Estados Unidos son el Noreste, el Sureste, el Medio Oeste, el Suroeste y el Oeste. Una comunidad puede formar parte de más de un tipo de región.

Lexington se conoce como la Capital Mundial del Caballo.

Repaso

1. **Reflexiona** ¿Cuáles son las regiones de nuestro país?
2. **Vocabulario** Usa el término **preservar** en un párrafo sobre la cultura apalache.
3. **Tu comunidad** ¿De qué regiones forma parte tu comunidad?
4. **Razonamiento crítico** **Aplícalo** Menciona algunas características físicas de tu región del país.
5. **Escribir un folleto de viaje** Escribe acerca de las diferentes características de tu región. Incluye algunas cosas que los visitantes pueden ver y hacer.
6. Destreza clave **Idea principal y detalles** En una hoja de papel, copia y completa el siguiente organizador gráfico.

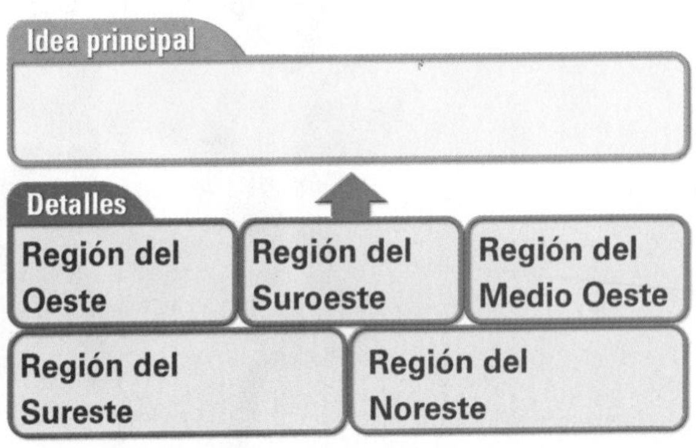

Lección 4

Los recursos naturales

Reflexiona ¿Qué son los recursos naturales?

Vocabulario

recurso natural pág. 106

mineral pág. 107

renovable pág. 108

no renovable pág. 108

combustible pág. 108

Destreza clave **Idea principal y detalles**

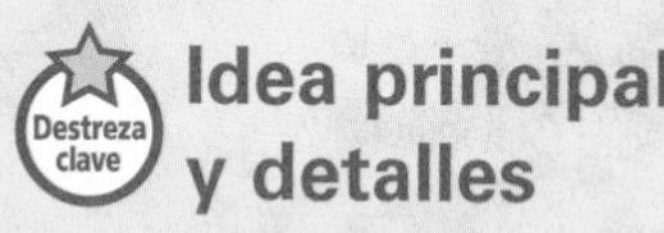

El naturalista John Muir escribió: "Extraordinaria es la naturaleza con sus tesoros selectos [mejores]..." Los tesoros a los que Muir se refería se siguen encontrando hoy. Son los recursos naturales de la Tierra. Un **recurso natural** es una parte de la naturaleza que se puede usar, como los árboles, el agua y la tierra. Muchos de esos "tesoros selectos" de la Tierra se encuentran aquí, en Estados Unidos.

Nuestros recursos

Los bosques cubren gran parte del territorio de Estados Unidos. Los árboles, que son un recurso natural, se usan para construir casas, para hacer muebles y papel y para quemar y dar calor.

Otro recurso natural es la tierra misma. El suelo de muchos estados de Estados Unidos es rico. La riqueza del suelo permite cultivar muchas cosas. Por ejemplo, el algodón se cultiva para hacer ropa. También se crían vacas, pollos y otros animales en las granjas.

El agua es otro recurso natural. El agua sirve para beber, regar cultivos y pescar.

Otros recursos naturales se hallan bajo tierra. Estos se llaman **minerales**. El oro, el hierro, el cobre y la sal son algunos de los muchos minerales que hay en la Tierra.

Repaso de la lectura **Idea principal y detalles**
¿Por qué la tierra es un recurso natural?

En el campo, la tierra se usa para cultivar plantas, como el maíz, y para criar animales, como las vacas.

Tipos de recursos

Un grupo de estudiantes de tercer grado plantan árboles, que son un recurso renovable importante.

Hay varios tipos de recursos naturales. Unos se pueden reponer rápidamente, pero otros no.

Recursos renovables y no renovables

Un recurso **renovable** es uno que la naturaleza o las personas pueden volver a hacer. Los árboles y otras plantas son recursos renovables. Cuando se cortan árboles, se pueden sembrar otros. Los animales también son renovables, por ejemplo los peces. No se debe pescar demasiado, y así las poblaciones de peces se mantienen constantes.

Un recurso **no renovable** es uno que ni la naturaleza ni las personas pueden volver a hacer rápidamente. Los minerales son no renovables. La Tierra puede tardar miles de años en reponer un mineral que se ha gastado. Muchos combustibles, como el carbón y el petróleo, tampoco son renovables. Un **combustible** es un recurso natural que se quema para producir calor o energía.

Estos pinos se cultivan en un parque forestal.

Recursos vivientes y no vivientes

Los recursos naturales también son vivientes o no vivientes. Las plantas, los árboles y los animales son ejemplos de recursos vivientes. Entre los recursos no vivientes, están el agua, los metales, el suelo y los minerales.

Repaso de la lectura **Idea principal y detalles** **Menciona algunos recursos no renovables.**

El petróleo es un recurso no viviente que se encuentra a gran profundidad bajo tierra. Para llegar hasta el petróleo, se perforan pozos.

Resumen Los recursos naturales son materiales que se usan de la naturaleza. Los recursos renovables se pueden reponer, pero no así los recursos no renovables.

Repaso

1. **Reflexiona** ¿Qué son los recursos naturales?
2. **Vocabulario** Escribe una oración que tenga los términos **combustible** y **no renovable**.
3. **Economía** ¿Por qué podría costar mucho dinero un recurso no renovable, como el oro?
4. **Razonamiento crítico** ¿Qué pasaría si un recurso no renovable, como el petróleo, se gastara completamente?
5. **Hacer un dibujo** Haz un dibujo que muestre algunos recursos naturales de tu comunidad.
6. Destreza clave **Idea principal y detalles** En una hoja de papel, copia y completa el siguiente organizador gráfico.

Idea principal

La Tierra tiene muchos recursos naturales.

Detalles

Resumen visual

La geografía de nuestro país tiene muchas características físicas.

Resume el capítulo

Idea principal y detalles Completa el organizador gráfico para mostrar que comprendes la idea principal y los detalles sobre la geografía de nuestro país.

Idea principal

La geografía de nuestro país tiene muchas características especiales.

Detalles

Nuestro país tiene características físicas diversas.		Nuestro país tiene muchas regiones.

Vocabulario

Identifica el término del banco de palabras que corresponde a cada definición.

1. las plantas, los animales, la tierra, el agua y el clima de un área
2. un recurso natural que se quema para producir calor o energía
3. una mitad de la Tierra dividida por una línea imaginaria
4. salvar
5. una de las grandes áreas de tierra del planeta
6. un recurso natural que se encuentra bajo tierra

Banco de palabras

continente pág. 82
hemisferio pág. 83
ecosistema pág. 97
preservar pág. 104
mineral pág. 107
combustible pág. 108

Una comunidad puede formar parte de más de una región.

Las comunidades tienen muchos recursos naturales.

Ideas principales y datos

Responde a las siguientes preguntas.

7. Menciona algunas causas de erosión.
8. Menciona tres regiones de las cuales forma parte Lexington, Kentucky.
9. ¿Dónde se encuentran los minerales?

Escribe la letra de la mejor opción.

10. ¿En qué se parecen los mapas y los globos terráqueos?
    A Muestran las formas reales de los océanos y los continentes.
    B Son planos.
    C Muestran ubicaciones.
    D Son redondos.
11. ¿Qué recurso natural se usa para fabricar papel?
    A árboles
    B animales
    C tierra
    D minerales

Razonamiento crítico

12. **Aplícalo** ¿En qué cambiaría tu comunidad un clima distinto?
13. **Aplícalo** ¿Cómo te pueden afectar algunos procesos físicos?

Destrezas

Usar la latitud y la longitud
Consulta el mapa de la página 89 para responder a la siguiente pregunta.

14. ¿Cerca de qué líneas de latitud y longitud se encuentra Zanesville, Ohio?

Usar un mapa de accidentes geográficos
Consulta el mapa de las páginas 98 y 99 para responder a la siguiente pregunta.

15. ¿Qué accidentes geográficos hay en el sureste de Oklahoma?

Redacción

Escribir una postal Escribe una postal para un amigo y describe una característica física.

Escribir un párrafo Escribe un párrafo que explique para qué se usan los mapas.

Destrezas de estudio

HACER PREGUNTAS

Al hacer preguntas mientras lees, puedes entender mejor lo que estás aprendiendo.

- **Mientras lees, haz preguntas sobre los hechos y las ideas.**
- **Mientras lees, busca las respuestas a tus preguntas.**

Geografía humana	
Preguntas	Respuestas
¿Cómo se puede usar la tierra?	Se puede usar para cultivar.
¿Cómo podemos proteger el ambiente?	

PRESENTACIÓN DEL VOCABULARIO

canal pág. 123

irrigación pág. 124

reciclar pág. 130

CAPÍTULO 4

Geografía humana

La presa de Glen Canyon, en Arizona

Lección 1 Nuestro ambiente

Reflexiona Menciona algunas maneras en que el ambiente afecta a las personas.

Vocabulario

ambiente pág. 114

obra humana pág. 114

adaptarse pág. 116

desastre natural pág. 117

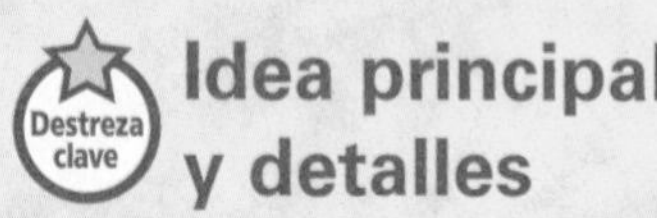

Idea principal y detalles

Cada comunidad tiene características físicas que influyen en el modo de vivir de sus ciudadanos. La ropa que lleva la gente depende mucho del clima. Los accidentes geográficos pueden determinar dónde viven las personas e incluso cómo se divierten.

Las personas y su ambiente

El **ambiente** está formado por las características físicas y las obras humanas de un lugar.

Las **obras humanas** son cosas que las personas agregan al paisaje, como edificios, puentes y carreteras. El ambiente afecta a las comunidades. A su vez, las comunidades hechas por la gente se convierten en parte del ambiente.

En muchos casos, la decisión de dónde vivir depende del ambiente. Antes, muchas personas deseaban vivir donde el suelo era bueno para la agricultura. También se establecían cerca de agua dulce. En las regiones desérticas o montañosas vivían pocas personas, porque allí era más difícil encontrar agua y alimento. También era más difícil viajar a esos lugares y construir casas.

Hoy, se vive en todo tipo de ambientes. Esos ambientes siguen afectando el modo de vida. En las áreas montañosas, los conductores deben andar despacio por los caminos empinados y llenos de curvas. En los climas fríos, para poder poner en marcha los autos en invierno se necesitan calefactores para el motor.

La diversión también depende del ambiente de la comunidad. Los que viven cerca del mar pueden practicar el surf. Los que viven en comunidades de montaña pueden hacer excursiones, esquí o snowboard.

Repaso de la lectura **Idea principal y detalles**
¿Qué es el ambiente?

Los elevadores llevan a los esquiadores a la cima de una montaña en Steamboat Springs, Colorado.

En Tailandia, se usan barcos para vivir, trabajar y viajar por el río.

En Noruega, una niña sami bien abrigada lleva su reno por la nieve.

La adaptación al ambiente

Las personas se **adaptan**, o sea que cambian su modo de vida, para ajustarse a su ambiente. En los climas cálidos, llevan ropa suelta para mantenerse frescas. En climas fríos, las personas adaptan sus medios de transporte a la nieve. Por ejemplo, los miembros del pueblo sami, en el norte de Europa, arrean los renos en trineos de motor.

En la mayoría de los lugares, se calienta o se enfría el hogar. Se usan combustibles, como petróleo y carbón, y se los quema para producir energía en calefactores y equipos de aire acondicionado.

En todo el mundo, las casas están adaptadas al ambiente. En las ciudades del desierto, la mayoría de las casas no tienen jardín con césped, sino patio de piedras y arena. En las comunidades junto a los cursos de agua, algunos viven y trabajan en barcos de río.

Repaso de la lectura **Idea principal y detalles**

¿Cómo se adaptan las personas al clima?

El ser humano y los desastres

Los ambientes cambian continuamente. Las personas adaptan su modo de vida a esos cambios. Sin embargo, cuando los cambios ocurren muy rápidamente, puede ser muy difícil adaptarse.

Los grandes sucesos en la Tierra

Los huracanes, los tornados, los terremotos y los incendios forestales causan cambios repentinos. Estos sucesos se conocen como desastres naturales. Un **desastre natural** es un suceso de la naturaleza que causa grandes daños a las personas y las propiedades. Los terremotos dañan edificios y carreteras. Los tornados derriban árboles y dañan casas. Los huracanes también destruyen casas, causan inundaciones y derriban árboles y cables eléctricos.

Las inundaciones causadas por el huracán Katrina en 2005 afectaron a muchas comunidades.

Preparación para los desastres

La gente puede estar preparada para los desastres naturales que ocurren en el lugar donde viven. En Oklahoma, la época en que hay más posibilidad de tornados es entre marzo y agosto. La gente almacena comida y agua y tiene un plan para ir a algún lugar seguro cuando el estado del tiempo se pone peligroso.

Repaso de la lectura **Idea principal y detalles**
Menciona algunos tipos de desastres naturales.

Es bueno tener provisiones de más para un desastre natural.

Resumen Las comunidades se ven afectadas por las características de su ambiente. Las personas tienen maneras de adaptarse al ambiente. Una de ellas es prepararse para los desastres naturales.

Repaso

1. **Reflexiona** Menciona maneras en que el ambiente afecta a las personas.
2. **Vocabulario** ¿Qué crees que significa cada palabra de la expresión **desastre natural**?
3. **Tu comunidad** ¿Qué aspecto del ambiente es el que más afecta a tu comunidad?
4. **Razonamiento crítico** ¿Cómo pueden ayudar las herramientas nuevas a que la gente se adapte mejor a su ambiente?
5. **Escribir un cuento** Escribe un cuento sobre una familia que debe adaptarse a un ambiente nuevo.
6. Destreza clave **Idea principal y detalles** En una hoja de papel, copia y completa el siguiente organizador gráfico.

Idea principal
Las personas adaptan sus costumbres para ajustarse a su ambiente.

Detalles

Sylvia Earle

"Cuando mi madre me mostraba las ranas, no era con la actitud de decir "puaj", sino que nos mostraba a mis hermanos y a mí que son una belleza".

–Sylvia Earle, 1992

Sylvia Earle ha pasado más de 6,000 horas bajo el agua en los océanos de todo el mundo. Es oceanógrafa y estudia las plantas y los animales marinos.

Sylvia Earle nació en 1935 en New Jersey. En 1948, su familia se mudó a la costa oeste de Florida. Allí aprendió sobre la vida marina del golfo de México.

Quería estudiar las profundidades del océano. Ella y su marido diseñaron el *Deep Rover*, una nave que lleva a los científicos a 3,000 pies debajo de la superficie del agua.

Sylvia Earle ha escrito muchos libros sobre los océanos. En *Sea Change: A Message of the Oceans (El cambio marino: un mensaje de los océanos)*, explica cómo nosotros somos responsables de proteger el ambiente marino.

La importancia del carácter

¿Cómo muestra Sylvia Earle sentido de responsabilidad por el ambiente marino?

Visita **www.harcourtschool.com/ss1** para hallar más recursos en Internet.

Sylvia Earle

Tiempos

1935 Nace

1948 Se muda de New Jersey a Florida.

1981 Diseña el *Deep Rover*.

1995 Publica *Sea Change: A Message of the Oceans*.

Presente

Comparar gráficas

Por qué es importante Te ayuda mirar una gráfica al comparar conjuntos de números.

Aprende

Las gráficas pueden presentar la misma información de diferentes maneras. En un **pictograma**, se usan dibujos pequeños para representar las cantidades. Una leyenda explica lo que representa cada dibujo. En el pictograma de la página siguiente, cada símbolo de tornado representa dos tornados. En marzo, hubo cuatro tornados en Oklahoma.

En una **gráfica de barras**, se usan barras para mostrar cantidades. En la gráfica de barras de la página siguiente, busca la barra del mes *Marzo*. Mueve el dedo hacia arriba hasta donde termina la barra. La gráfica de barras te dará la misma información que el pictograma.

Practica

Consulta las gráficas para responder a estas preguntas.

1. ¿Qué gráfica usa dibujos para representar los tornados?
2. ¿En qué mes hubo más tornados?
3. ¿Cuántos tornados hubo en Oklahoma en junio?

Aplica

Averigua cuántos tornados hubo por mes en otro estado. Muestra esa información en un pictograma y en una gráfica de barras.

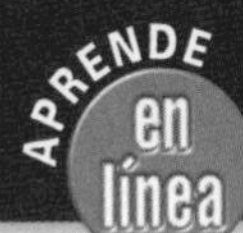

APRENDE en línea Visita **www.harcourtschool.com/ss1** para hallar actividades en Internet.

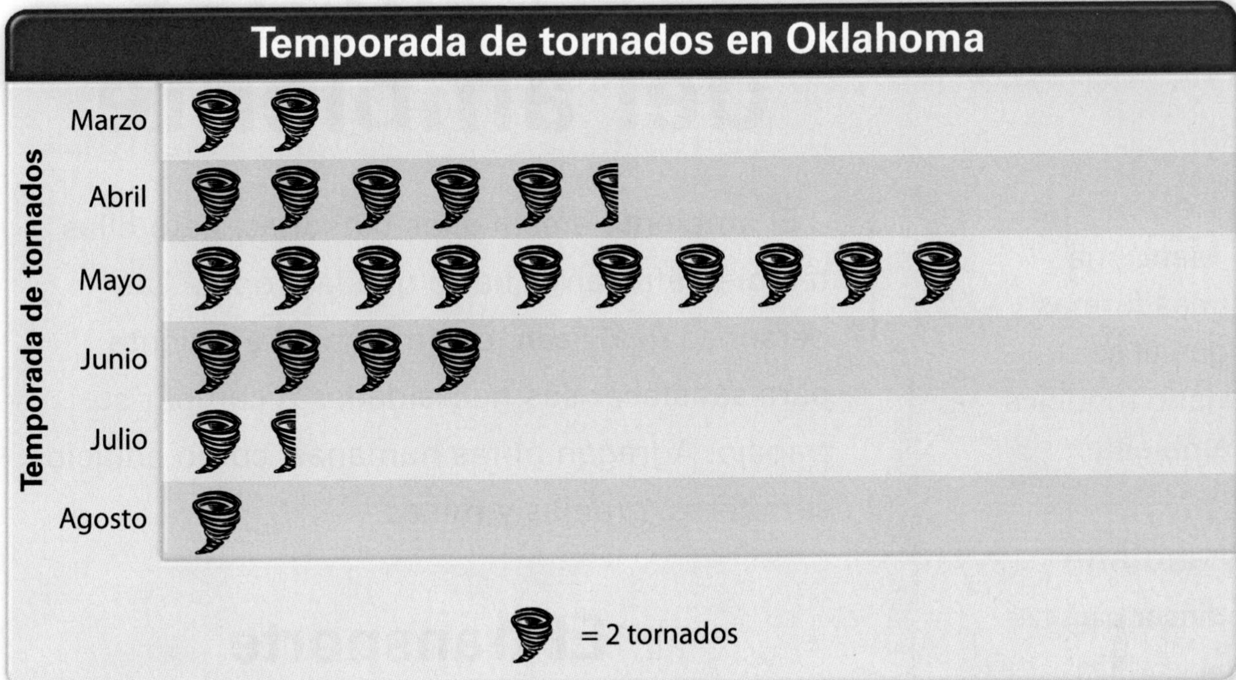

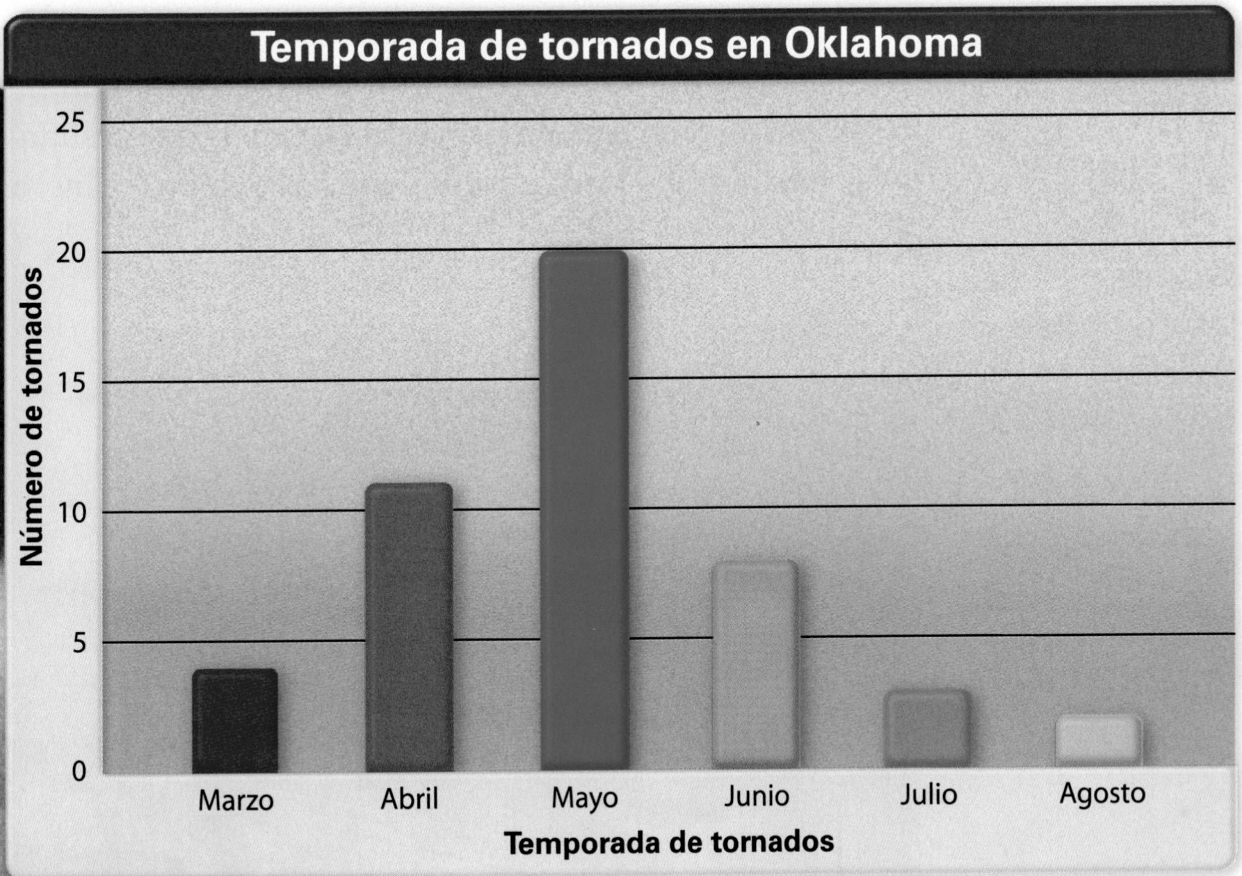

Temporada de tornados en Oklahoma
Temporada de tornados
Marzo
Abril
Mayo
Junio
Julio
Agosto
= 2 tornados

Temporada de tornados en Oklahoma
Número de tornados
25
20
15
10
5
0
Marzo
Abril
Mayo
Junio
Julio
Agosto
Temporada de tornados

Lección 2

Los cambios del ambiente

Reflexiona Menciona algunas formas en que el ser humano modifica su ambiente.

Vocabulario

modificar pág. 122

túnel pág. 123

canal pág. 123

terraza pág. 124

irrigación pág. 124

presa pág. 126

embalse pág. 126

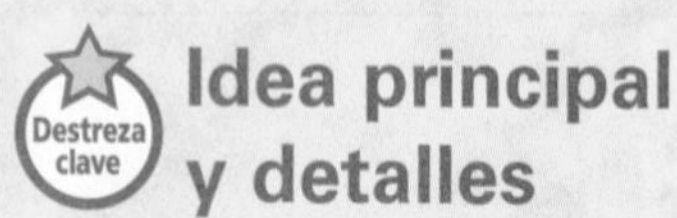

Destreza clave Idea principal y detalles

El ambiente afecta a las personas, pero ellas también afectan la tierra que las rodea. Las personas **modifican**, o cambian, el ambiente para satisfacer sus necesidades o cumplir su trabajo. Agregan obras humanas, como edificios, carreteras, granjas y minas.

El transporte

Hoy, gran parte de la Tierra está cubierta de caminos, carreteras, puentes y vías ferroviarias. Las personas agregan estas características al ambiente para su transporte. Construir una carretera o un puente nuevo es un proyecto enorme. Se necesitan muchísimos trabajadores y mucho tiempo y dinero.

Hoy

Una manera de hacer más rápido el transporte es excavar túneles. Un **túnel** es un camino que pasa por debajo de algo. Gracias al Túnel del Canal, o "Chunnel", los trenes de alta velocidad pueden viajar debajo del canal entre Gran Bretaña y Francia. ¡El viaje tarda solo de 20 a 35 minutos!

Otra manera de agilizar el transporte es construir canales. Un **canal** es una vía acuática, o sea de agua, excavada en la tierra. El Canal de Panamá atraviesa la franja angosta de tierra que conecta América del Norte y América del Sur. El canal se construyó para que la distancia entre el océano Atlántico y el océano Pacífico fuera más corta para los buques. El viaje por el canal tarda de 8 a 10 horas, pero es mucho más rápido que dar toda la vuelta por América del Sur.

Repaso de la lectura **Idea principal y detalles**
¿Cómo se modifica el ambiente para hacer más rápido el transporte?

Un buque entra en una esclusa del Canal de Panamá. Se hace subir o bajar el agua de la esclusa para que el buque pase al siguiente nivel del canal.

El Canal de Panamá en construcción

Agricultura y minería

El ser humano modifica la tierra para usar los recursos naturales. La agricultura y la minería cambian mucho el aspecto del ambiente.

Agricultura

Para sembrar, los granjeros despejan el terreno. Luego, aran la tierra, es decir, remueven el suelo, para sembrar las semillas. Algunos también construyen cercos para criar animales.

En todo el mundo, el ser humano modifica su ambiente para los cultivos. Hace mucho tiempo, en Perú, los incas encontraron una manera de cultivar las laderas de las montañas. Construyeron **terrazas**, que parecen escaleras gigantes talladas en las laderas. Aun hoy, se sigue cultivando en terrazas.

También se han encontrado maneras de cultivar tierras secas o regar cultivos cuando el tiempo es seco. Usan la irrigación para llevar agua a los cultivos. La **irrigación** es el traslado de agua a las áreas secas.

Estos cultivos reciben agua por irrigación.

Muchas comunidades de Asia cultivan el arroz en terrazas.

Mina a cielo abierto en Kentucky

Minería

Se construyen minas para sacar minerales que están debajo de la superficie de la Tierra. Las minas pueden ser túneles profundos excavados en la tierra o pozos abiertos. Las minas a cielo abierto se cavan en la superficie con máquinas que quitan la tierra.

Las minas o canteras a cielo abierto también se usan para sacar piedras de la tierra. Las piedras se usan en la construcción de edificios y carreteras. Antes de pavimentar las carreteras, se reparten sobre ellas piedras pequeñas, llamadas grava. También se usa otro tipo de piedra, llamada piedra caliza, para hacer materiales de construcción, como el cemento.

Repaso de la lectura **Idea principal y detalles**
¿Cómo se modifica la tierra para usar los recursos?

Un minero que trabaja bajo tierra

El agua y la electricidad

Las comunidades modifican el ambiente para controlar el flujo del agua. También hacen cambios en la tierra para obtener electricidad.

El agua

Hay lugares donde se abren pozos para sacar el agua subterránea. En otros lugares, se construyen presas a través de los ríos. Las **presas** son estructuras inmensas que retienen el agua.

La presa Bagnell, en Missouri, se construyó en 1929. La presa formó un gran **embalse**, o sea un lago hecho por el hombre, que se usa para acumular y almacenar agua. El embalse, llamado el Lago de los Ozarks, es un lugar donde la gente disfruta de la pesca y los deportes acuáticos.

Las presas también controlan el flujo de los ríos para evitar inundaciones. Algunas comunidades cerca de ríos construyen muros llamados diques para detener el agua y evitar que haya inundaciones.

En los embalses, se pueden practicar deportes acuáticos, como el wakeboard.

La presa Bagnell en el Lago de los Ozarks, Missouri

La electricidad

La gente también construye presas para usar la fuerza del agua. El agua que cae por la presa hace funcionar máquinas que producen electricidad. Esto se llama energía hidroeléctrica. *Hidro* significa "agua".

También se obtiene energía del viento. La fuerza del viento hace funcionar miles de molinos, llamados turbinas de viento, que producen electricidad.

Repaso de la lectura **Idea principal y detalles**
¿Cómo modifica el ser humano las masas de agua de su ambiente?

Turbinas de un parque de viento.

Resumen El ser humano modifica o cambia su ambiente. Agrega muchas obras humanas, tanto en la tierra como en el agua.

Repaso

1. **Reflexiona** Menciona algunas de las formas en que el ser humano modifica su ambiente.
2. **Vocabulario** Escribe una oración con las palabras **presa** y **embalse**.
3. **Geografía** ¿Por qué se construyen canales?
4. **Razonamiento crítico** **Aplícalo** ¿Qué han hecho las personas de tu comunidad para modificar los accidentes geográficos y las masas de agua?
5. **Hacer un dibujo** Haz un dibujo que muestre un ejemplo de cómo las personas modifican el ambiente.
6. Destreza clave **Idea principal y detalles** En una hoja de papel, copia y completa el siguiente organizador gráfico.

Idea principal
El ser humano modifica la tierra para mejorar el transporte.

Detalles

Lección 3

El cuidado de nuestro ambiente

Reflexiona Menciona algunas cosas que se pueden hacer para cuidar el ambiente.

Vocabulario

contaminación pág. 128

conservación pág. 130

reciclar pág. 130

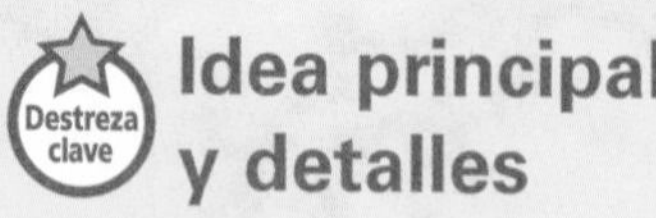

Idea principal y detalles

Hacemos cambios al ambiente todos los días. Algunos de estos cambios causan problemas. Podemos cuidar el ambiente si protegemos nuestros recursos naturales.

Limitar la contaminación

Uno de los cambios que se hacen al ambiente es la contaminación. La **contaminación** es todo lo que ensucia un recurso natural o lo hace peligroso para usar. Por ejemplo, si el agua está contaminada, es peligroso beberla.

San Diego, California, al igual que otras ciudades, ha tomado medidas para que el aire se mantuviera limpio.

Causas de la contaminación

La basura y otros desperdicios pueden producir contaminación. Algunas personas tiran basura a la tierra o al agua. Esa basura se acumula en el suelo y el agua, y los hace peligrosos para las plantas, los animales y las personas.

Las fábricas y los automóviles contaminan el aire. En el aire, el humo se combina con niebla: este tipo de contaminación se llama smog. Respirar aire contaminado puede causar problemas de salud.

Reducir la contaminación

Muchas comunidades han hecho cambios para disminuir la contaminación. Ahora, algunos fabricantes de automóviles hacen autos híbridos que tienen dos motores: uno de gasolina y otro eléctrico de batería. Al usar menos gasolina, los autos híbridos contaminan menos el aire.

Repaso de la lectura **Idea principal y detalles**
¿Cómo daña la contaminación al ambiente?

Datos breves

Los autos híbridos ahorran combustible de varias maneras. Además de tener un motor más eficiente, también tienen forma más lisa y pesan menos que los autos comunes.

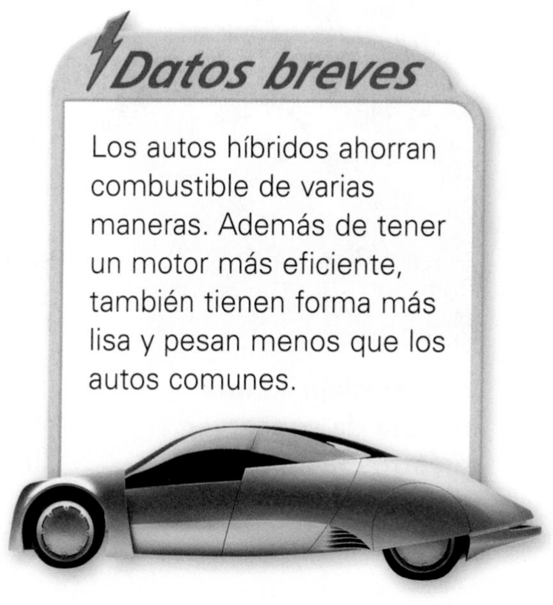

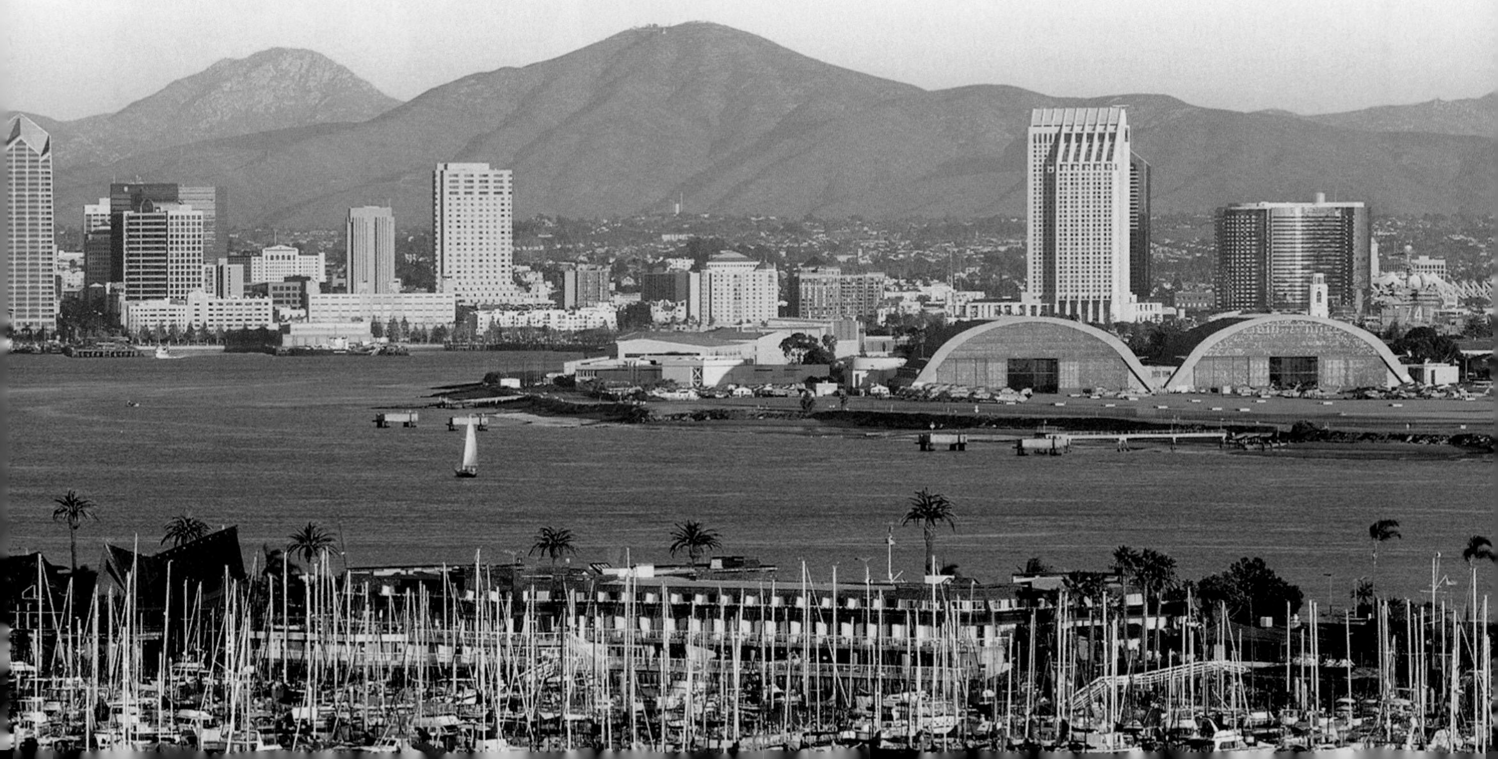

Conservar nuestros recursos

El reciclaje es una manera de conservar nuestros recursos.

Los recursos naturales se protegen mediante la conservación. La **conservación** es el ahorro de los recursos para que duren más. Una forma de conservación es reservar ciertas tierras para darles una protección especial. El uso de los recursos de esas tierras es limitado.

Volver a usar los recursos

El reciclaje es otra manera de conservar. Cuando se **recicla**, se vuelven a usar los mismos recursos. Los periódicos y el cartón, así como muchos plásticos, el vidrio de las botellas y los frascos y el aluminio de las latas, se pueden volver a usar. Cuando se recicla, llega menos basura a los vertederos. Un vertedero es un lugar donde se tira basura.

Los niños en la historia

El primer Día de la Tierra

El 22 de abril de 1970, más de 20 millones de personas de todo el país demostraron su apoyo a la conservación. Casi la mitad de esas personas eran estudiantes de escuelas y universidades.

En Washington, D.C., los niños de las escuelas se reunieron frente al Monumento a Washington para escuchar música y un discurso. En New York City, miles de personas marcharon por las calles para promover la conservación. Hoy, el Día de la Tierra es un suceso anual que se celebra en muchas escuelas.

Aplícalo **¿Cómo se celebra el Día de la Tierra en tu escuela?**

Un plan para el futuro

No todo el mundo está de acuerdo sobre las mejores maneras de cuidar el ambiente, pero los cambios que las personas hacen ahora afectarán el ambiente en el futuro. Con un plan para cuidar el ambiente, podemos asegurar que esos cambios son buenos.

Repaso de la lectura **Resumir**
Menciona algunos recursos que se pueden reciclar.

Una escuela de Maryland fabricó una ciénaga. Este ecosistema, propio de los pantanos, ayuda a mantener limpio el ambiente de la escuela.

Resumen Los desperdicios de la basura, los automóviles y las fábricas producen contaminación. La gente puede reducir la contaminación cuidando el ambiente. La conservación y el reciclaje nos ayudan a proteger nuestros recursos naturales.

Repaso

1. **Reflexiona** Menciona algunas cosas que se pueden hacer para cuidar el ambiente.
2. **Vocabulario** Compara y contrasta el significado de las palabras **contaminación** y **conservación**.
3. **Tu comunidad** ¿Qué puede hacer la gente de tu comunidad para ayudar a proteger el ambiente?
4. **Razonamiento crítico** ¿Cómo sirve el reciclaje para proteger el ambiente?
5. **Escribir una carta persuasiva** Escribe una carta para persuadir a los habitantes de tu comunidad de que ayuden a proteger el ambiente.
6. Destreza clave **Idea principal y detalles** En una hoja de papel, copia y completa el siguiente organizador gráfico.

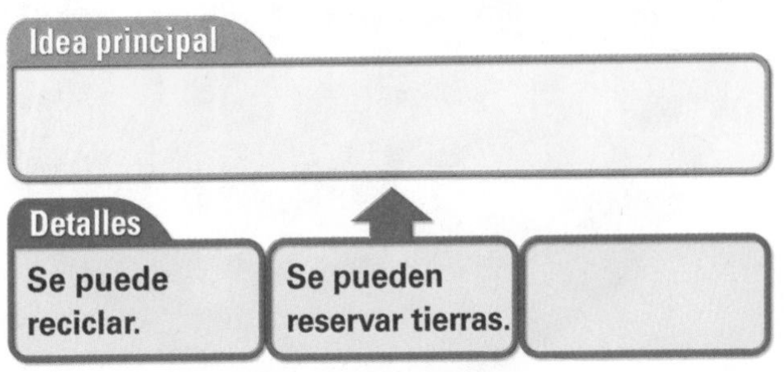

Resolver problemas

Por qué es importante En las comunidades, se debe colaborar. Todas las comunidades tienen problemas que necesitan resolver.

Aprende

Un **problema** es una dificultad, o algo difícil de entender. Una **solución** es la respuesta al problema. Sigue estos pasos para resolver un problema.

Paso 1 Identifica el problema.

Paso 2 Reúne información sobre el problema.

Paso 3 Haz una lista de las posibles opciones para solucionar el problema y considéralas.

Paso 4 Considera las ventajas y desventajas de cada opción.

Paso 5 Elige una solución y ponla en práctica.

Paso 1 Paso 2

Practica

Piensa en un problema de tu comunidad. Responde a las siguientes preguntas para explicar cómo lo podrías resolver.

1. ¿Dónde puedes reunir información sobre el problema?
2. ¿Cuáles son algunas opciones posibles para solucionarlo?
3. ¿Cómo puedes elegir la mejor solución?

Aplica

Aplícalo Identifica un problema del ambiente de tu comunidad. Trabaja con un grupo para resolver el problema. Hablen de cómo funcionó la solución propuesta.

Pasos 3 y 4

Paso 5

Destrezas de razonamiento crítico

Civismo

Trabajar por el ambiente

"¿Por qué no dedicar un día para enseñar sobre el ambiente en todo el país?"

—Senador Gaylord Nelson

El senador por Wisconsin, Gaylord Nelson, quería enseñar a la gente a proteger el ambiente. El 22 de abril de 1970 fundó el Día de la Tierra. Ese día, los ciudadanos plantan árboles o recogen la basura en sus comunidades.

Las ideas en las que se basa el Día de la Tierra dieron origen a nuevas leyes para mantener limpios el aire, el agua y otros recursos naturales. Por su trabajo, el senador Nelson recibió la Medalla Presidencial de la Libertad. Sus acciones han contribuido a proteger la Tierra para los ciudadanos del futuro.

El senador Gaylord Nelson, fundador del Día de la Tierra

Examina: **Los valores democráticos**

En Kenia, África, Wangari Maathai formó un grupo llamado el Movimiento del Cinturón Verde. Este grupo ha plantado 30 millones de árboles para impedir que el suelo de Kenia se transforme en desierto. Los habitantes de otros países siguieron la idea de Maathai de plantar árboles. En 2004, Wangari Maathai recibió el Premio Nobel de la Paz por su trabajo. Los Premios Nobel se dan a personas de todo el mundo que han hecho cosas importantes.

Wangari Maathai riega un árbol que plantó durante una conferencia sobre la mujer y el ambiente.

Aplícalo ¿Qué puedes hacer en tu comunidad para ayudar a proteger el ambiente?

Un grupo de alumnos plantan árboles para celebrar el Día del Árbol.

Explora la geografía de tu comunidad

En esta unidad, aprendiste sobre la geografía de nuestro mundo y sobre el ambiente. Ahora, puedes explorar la geografía de tu propia comunidad. Comienza con las siguientes preguntas.

- ¿Qué accidentes geográficos hay cerca de tu comunidad?
- ¿Cuál es la masa de agua más cercana?
- ¿Qué obras humanas se han agregado?
- ¿Cómo describirías el ambiente de tu comunidad?

Usa los recursos de tu comunidad

Haz un mural sobre tu ambiente

Haz un mural en el que muestres el ambiente de tu comunidad. En una cartulina, dibuja o pega ilustraciones de los accidentes geográficos, las masas de agua, el clima y la vegetación. Incluye también algunas obras humanas, como edificios, carreteras y puentes. Escribe un rótulo para cada cosa que la identifique como característica física o como obra humana.

Resumen visual

El ambiente afecta a las personas.

Resume el capítulo

Idea principal y detalles Completa el organizador gráfico para mostrar que comprendes la idea principal y los detalles sobre los cambios en el ambiente.

Idea principal

El ser humano modifica su ambiente.

Detalles

Vocabulario

Escribe la palabra correcta del banco de palabras para completar cada oración.

1. El ser humano _____ el ambiente para satisfacer sus necesidades.
2. Un _____ es un camino que pasa por debajo de algo.
3. _____ es volver a usar los recursos.
4. El _____ son las características físicas y las obras humanas de un lugar.
5. Un lago hecho por el hombre para almacenar o acumular agua es un _____.
6. _____ es todo lo que ensucia un recurso natural.

Banco de palabras

ambiente pág. 114
embalse pág. 126
modificar pág. 122
contaminación pág. 128
túnel pág. 123
reciclar pág. 130

El ser humano modifica el ambiente que lo rodea.

Se debe cuidar el ambiente.

Ideas principales y datos

Responde a las siguientes preguntas.

7. ¿Por qué decimos que una carretera es una obra humana?
8. ¿Qué modificaciones se hacen al ambiente para facilitar el transporte?
9. ¿Qué pasa cuando se acumula basura en la tierra y en las aguas?

Escribe la letra de la mejor opción.

10. ¿A cuál de estos es más difícil adaptarse?
    A un clima húmedo
    B una montaña
    C un huracán
    D un clima cálido
11. ¿Cómo se modifica el ambiente al hacer una mina?
    A Se hacen terrazas en las montañas.
    B Se excavan túneles profundos.
    C Se usa irrigación.
    D Se construyen presas.

Razonamiento crítico

12. ¿Qué pasaría si no cuidáramos el ambiente?
13. **Aplícalo** ¿Qué ha hecho tu familia para adaptarse al ambiente?

Destrezas

Comparar gráficas
Consulta las gráficas de la página 121 para responder a la siguiente pregunta.

14. ¿En qué mes hay menos tornados?

Resolver problemas
Sigue los pasos de la página 132 para responder a la siguiente pregunta.

15. ¿Qué haces después de identificar un problema?

Redacción

Escribir una carta Escribe una carta donde expliques las maneras en que tu escuela puede ayudar a proteger el ambiente.

Escribir una narración Imagina que estás viajando. Escribe una narración sobre las obras humanas que ves durante el viaje.

Diviértete con los Estudios Sociales

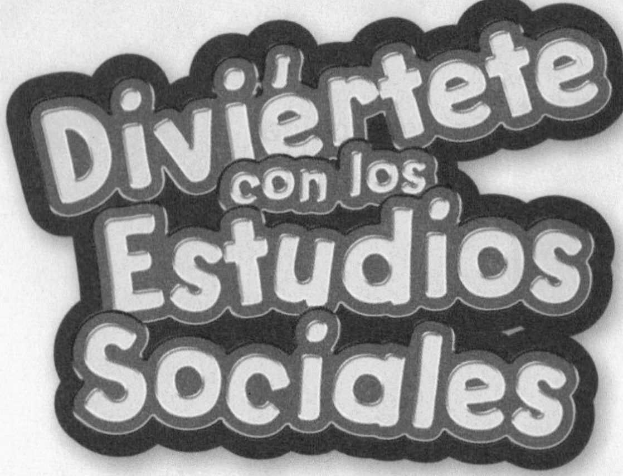

¿Qué errores tiene este mapa?

Accidentes geográficos de Estados Unidos

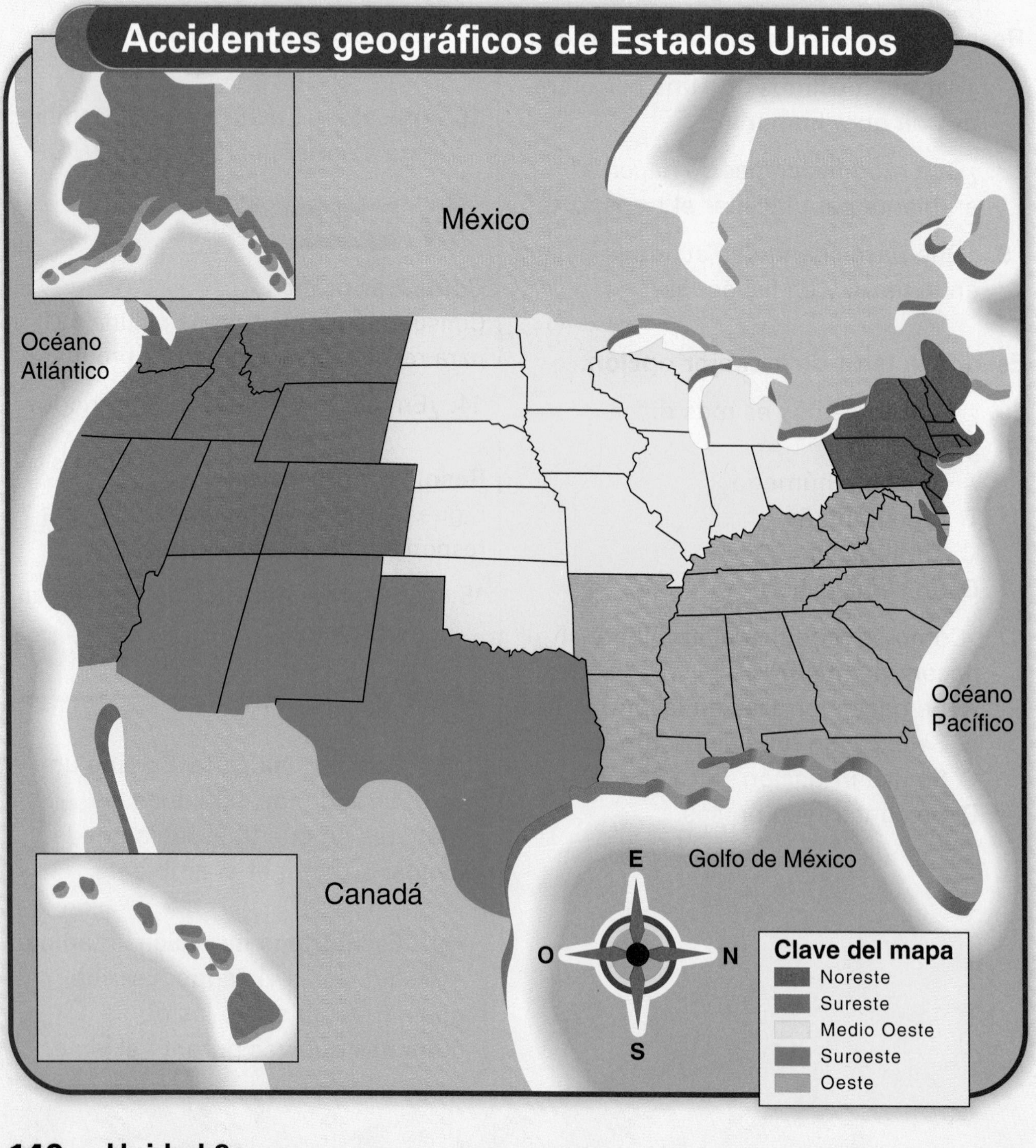

Descífralo

Vocabulario

Con la ayuda del jeroglífico, descifra estas expresiones.

 + geográficas = ?

obra + 

= ?

deportes de +  = ?

cadena de +  = ?

Aventuras en línea

APRENDE en línea

¡Prepárate para la carrera! Únete a Eco en la carrera en línea de caminos entre accidentes geográficos para saber cuán lejos puedes viajar. En este juego en inglés, explorarás montañas, llanuras, ríos y océanos. Una sorpresa especial te espera cuando termines. Juega ya en **www.harcourtschool.com/ss1**

Unidad 2

Preparación para la prueba 

La gran idea

Geografía Cada comunidad tiene accidentes geográficos y masas de agua diferentes. Las personas cambian el ambiente que las rodea y se adaptan a él.

Comprensión de la lectura y vocabulario

Las comunidades y su geografía

La Tierra tiene muchas características físicas. La ubicación de esas características se halla con herramientas geográficas como mapas y globos terráqueos. Se usan los recursos naturales, como los árboles, el agua, el suelo y los minerales. Las personas tienen que adaptarse a su ambiente. Modifican el ambiente para satisfacer sus necesidades. Construyen obras humanas como terrazas, minas y presas. En todas las comunidades, las personas deben conservar y proteger los recursos naturales.

Lee el resumen anterior. Luego, responde a las siguientes preguntas.

1. ¿Cuáles son características físicas?
   - **A** las fotografías aéreas
   - **B** los mapas y los globos terráqueos
   - **C** la tierra, el agua, el clima y las plantas
   - **D** las minas

2. ¿Cómo se pueden ubicar las características físicas?
   - **A** protegiendo los recursos naturales
   - **B** construyendo presas
   - **C** usando herramientas geográficas
   - **D** modificando el ambiente

3. ¿Qué significa recursos naturales en el pasaje anterior?
   - **A** obras humanas
   - **B** contaminación
   - **C** la época en que crecen las plantas
   - **D** algo de la naturaleza que se puede usar

4. ¿Por qué se construyen obras humanas?
   - **A** para cambiar el clima
   - **B** para evitar la contaminación
   - **C** para observar los mapas y globos terráqueos
   - **D** para satisfacer las necesidades humanas

Ideas principales y datos

Responde a las siguientes preguntas.

5. ¿Cuáles son las líneas imaginarias que dividen la Tierra en cuatro hemisferios?
6. ¿Cuáles son algunos recursos renovables?
7. ¿Cuáles son algunas causas de la contaminación?

Escribe la letra de la mejor opción.

8. ¿Cuál de los siguientes lugares tiene el clima más cálido?
   - **A** una ciudad en el hemisferio occidental
   - **B** una comunidad con una temporada de cultivo corta
   - **C** un lugar cerca del ecuador
   - **D** un pueblo en las montañas
9. ¿Cuál de estas obras humanas sirve para producir electricidad?
   - **A** un túnel
   - **B** una presa
   - **C** un canal
   - **D** una mina
10. ¿Cómo ayuda el reciclaje al ambiente?
    - **A** Quita el smog del aire.
    - **B** Lleva menos basura a los vertederos.
    - **C** Usa menos gasolina.
    - **D** Limpia el agua contaminada.

Razonamiento crítico

11. **Aplícalo** ¿Cómo usas la ubicación relativa para hallar lugares cerca de tu comunidad? Da ejemplos.
12. **Aplícalo** ¿Cómo se puede preparar tu comunidad para un desastre natural?

Destrezas

Usar la latitud y la longitud

Consulta el mapa de abajo para responder a las siguientes preguntas.

13. ¿Qué línea de longitud está más cerca del extremo occidental de North Carolina?
14. ¿Qué línea de latitud atraviesa el sureste de North Carolina?

Unidad 2

Actividades

Muestra lo que sabes

Actividad de redacción

Escribir un cuento Escribe un cuento sobre una comunidad que trabajó para proteger su ambiente.

- Habla del ambiente o los recursos de esa comunidad.
- Cuenta cómo y por qué la comunidad salvó sus tesoros naturales.

Proyecto de la unidad

Exposición sobre la comunidad para un centro de naturaleza Crea una exposición sobre la naturaleza que informe sobre tu comunidad.

- Describe el clima, la tierra, el agua, la vegetación y los recursos naturales.
- Exhibe la información en carteles.

Lecturas adicionales

- *Mapping Penny's World* por Loreen Leedy. Owlet.

- *High as a Hawk* por T.A. Barron. Philomel.

- *Rachel: The Story of Rachel Carson* por Amy Ehrlich. Silver Whistle.

Visita **www.harcourtschool.com/ss1** para hallar más recursos en Internet.

Unidad 3

La historia de las comunidades

La gran idea

Historia

Cada comunidad tiene su propia historia. Con el paso del tiempo, algunas características de las comunidades cambian, mientras que otras siguen iguales.

Reflexiona

- ✓ ¿Cómo cambian las comunidades y siguen iguales?
- ✓ ¿Cómo ha cambiado la gente a su comunidad?
- ✓ ¿Quiénes formaron las primeras comunidades en América del Norte?
- ✓ ¿Cómo creció y cambió Estados Unidos?

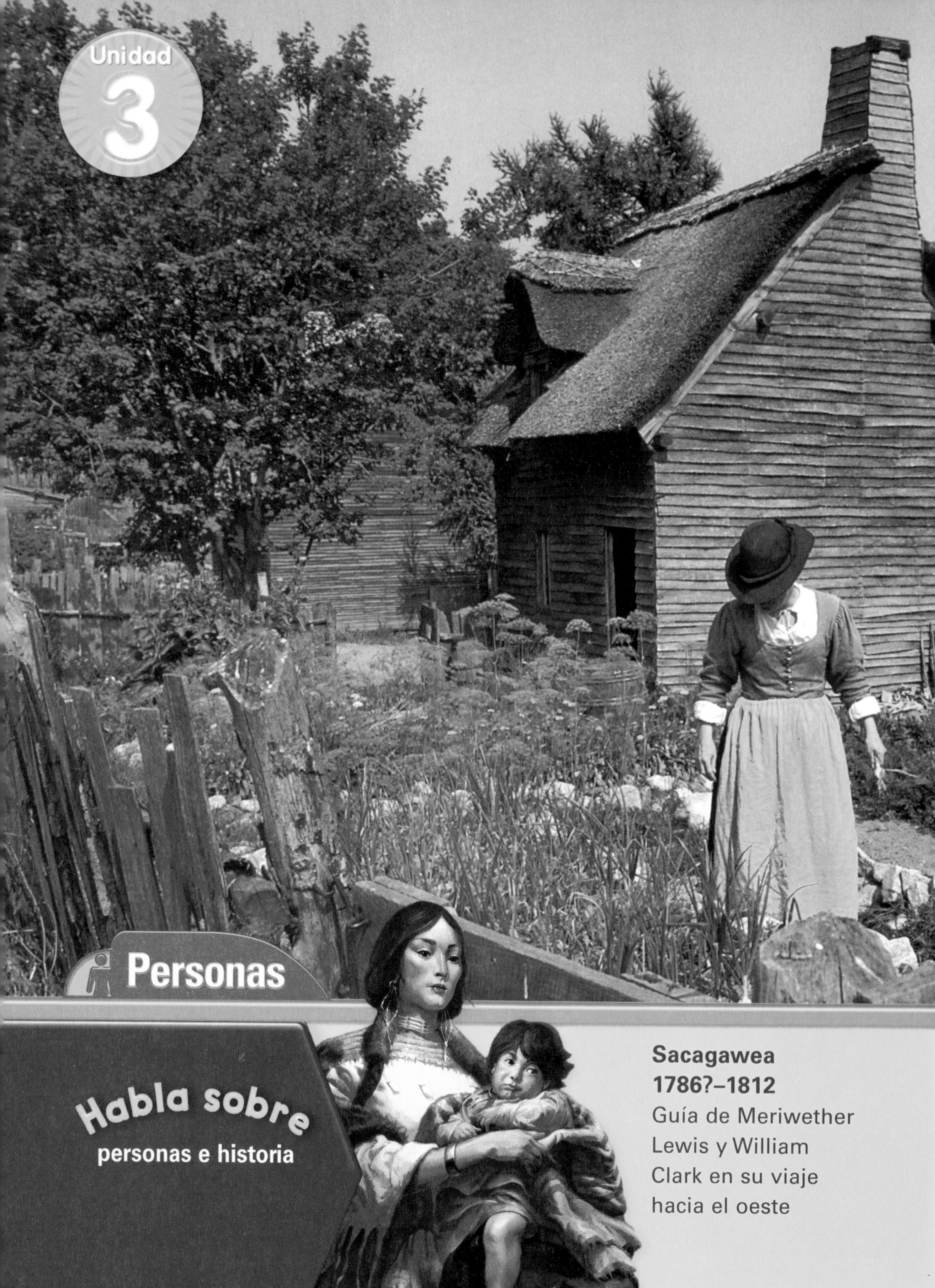
Unidad
3
Personas
Habla sobre
personas e historia
Sacagawea
1786?–1812
Guía de Meriwether
Lewis y William
Clark en su viaje
hacia el oeste

La historia de las comunidades

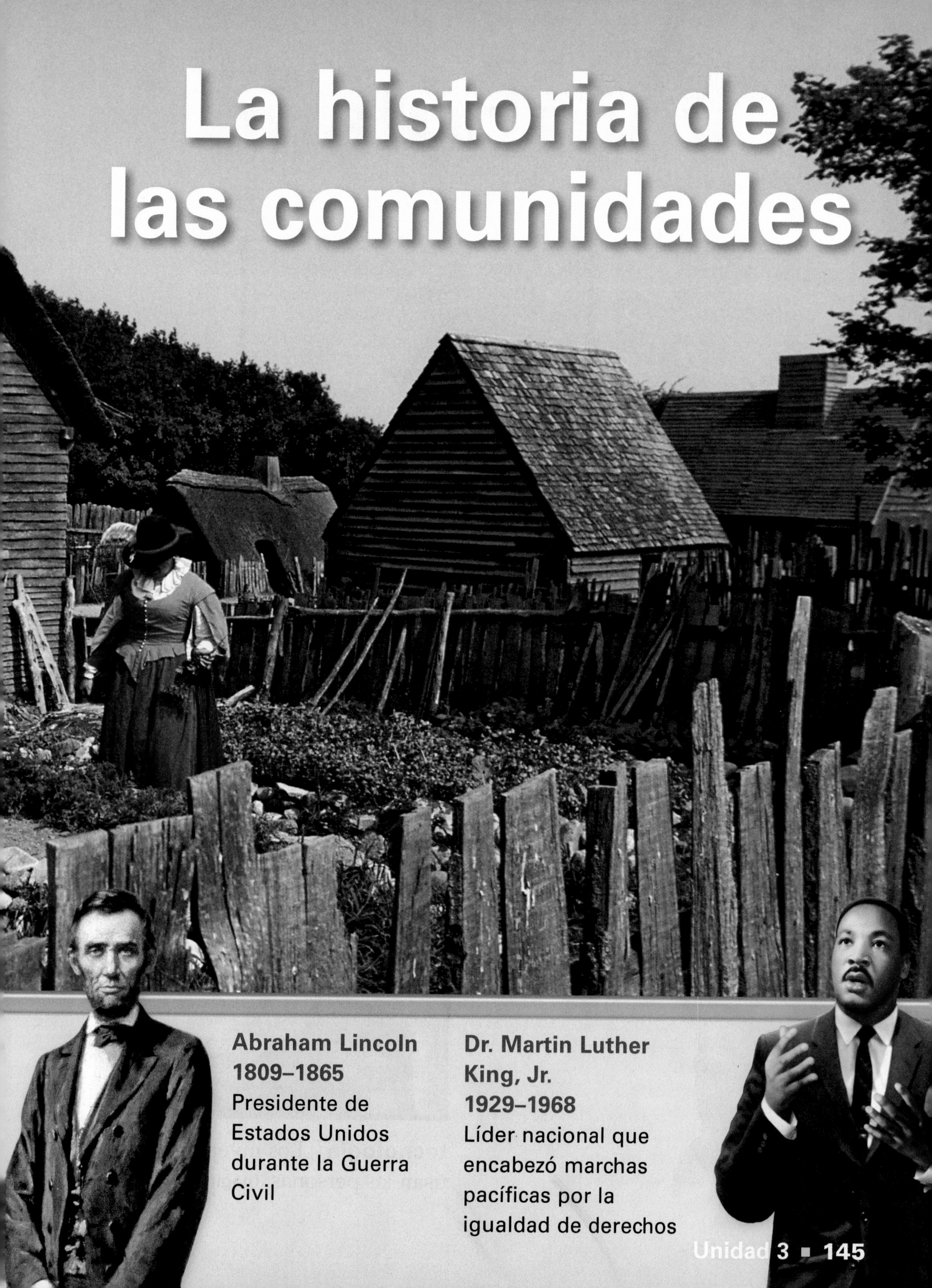

Abraham Lincoln
1809–1865
Presidente de Estados Unidos durante la Guerra Civil

Dr. Martin Luther King, Jr.
1929–1968
Líder nacional que encabezó marchas pacíficas por la igualdad de derechos

Unidad 3

Presentación del vocabulario

invento Un objeto que se hace por primera vez. (página 162)

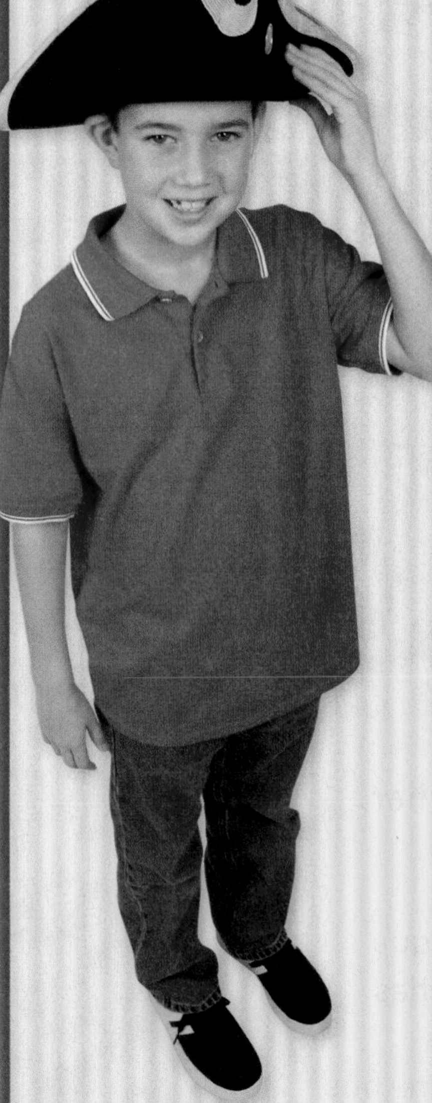

tecnología Los inventos que usan las personas. (página 170)

explorador Una persona que va a un lugar nuevo para investigarlo. (página 196)

asentamiento Una comunidad nueva. (página 197)

colonia Un lugar que está gobernado por otro país. (página 204)

Visita **www.harcourtschool.com/ss1** para hallar más recursos en Internet.

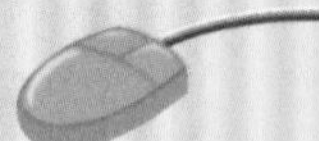

Destreza clave

La lectura en los Estudios Sociales

Secuencia

Por qué es importante Cuando identificas en qué orden ocurren los hechos, puedes entender mejor lo que lees.

Aprende

Una **secuencia** es el orden en que ocurren los sucesos.

Primero	Después	Por último
Qué sucedió primero	**Qué sucedió luego**	**Qué sucedió por último**

- Las palabras y frases como *primero, después, luego, por último, a continuación* y *finalmente* te dan pistas sobre la secuencia.
- A veces los sucesos no aparecen en el orden en que ocurrieron.

Practica

Lee el párrafo y busca pistas de secuencia.

Secuencia

Al principio, Memphis era una ciudad pequeña. Cuando la construyeron, tenía solo 50 habitantes y medía nada más que cuatro cuadras de ancho. Luego, se hizo importante por su puerto natural sobre el río Mississippi. Los barcos traían y llevaban personas y bienes, por lo que la ciudad creció. Hoy, Memphis tiene más de 650,000 habitantes.

Aplica

Lee los párrafos. Luego, responde a las preguntas.

La historia de Memphis, Tennessee

La ciudad de Memphis, en el sudoeste de Tennessee, tiene una larga historia. No siempre fue ciudad. En 1541, el español Hernando de Soto exploró el área. Luego, los europeos vinieron a vivir allí. Pero antes de eso, una tribu de indígenas, los chickasaw, vivían en la zona.

En 1818, el gobierno de Estados Unidos obligó a los chickasaw a abandonar sus tierras. Memphis se fundó en ese lugar en 1819. La ciudad lleva el nombre de Memphis, Egipto, porque las dos ciudades están junto a ríos grandes.

Más tarde, en el siglo XX, Memphis se convirtió en un centro de la música *blues*. El *blues* era un estilo nuevo de música que se originó en esa región. Músicos como Muddy Waters y B. B. King tocaban en clubes en la calle Beale y contribuyeron a crear el estilo musical conocido como *Memphis blues*.

Hoy, Memphis es la ciudad más grande de Tennessee. La visitan personas de todo el mundo para escuchar *Memphis blues*.

Destreza clave

Secuencia

1. ¿Qué palabra te indica que los europeos llegaron después que los chickasaw?
2. ¿Qué pasó antes de que se fundara Memphis en 1819?
3. ¿Qué párrafo habla sobre cómo es Memphis hoy?

Comienza con un cuento

UN LUGAR LLAMADO LIBERTAD

por
Scott Russell Sanders
ilustrado por Thomas B. Allen

James Starman, sus padres y su hermana, Lettie, habían sido esclavos. En este cuento, dejan su hogar en Tennessee y se mudan a Indiana, donde ayudan a fundar la comunidad de Libertad. La familia Starman busca dónde comenzar una vida nueva ahora que son libres.

Finalmente, una mañana justo después del amanecer, llegamos al río Ohio. Un pescador con la cara tan arrugada como una bota vieja nos llevó por el agua en su bote. Al llegar a la otra ribera, pisamos el suelo libre de Indiana. Ese día, unas flores blancas cubrían las colinas, como las plumas de un ganso.

Al poco tiempo, conocimos a una familia cuáquera que nos llevó a su casa, nos dio semillas y nos prestó una mula y un arado, todo porque consideraban que la esclavitud era pecado. Los ayudamos en su granja, trabajando hombro a hombro, y también sembramos nuestros propios cultivos.

Ese primer año, Papá cosechó suficiente maíz y trigo para que pudiéramos comprar un terreno junto al río Wabash, donde la tierra era tan negra como mi piel. Papá era capaz de cultivar lo que quería, manejar los caballos y construir un granero o una cama.

Antes del invierno, Papá y Mamá construyeron una cabaña sólida para la familia. Todas las noches, nos sentábamos junto a la hoguera, y Papá contaba cuentos que hacían bailar las sombras. Todas las mañanas, Mamá nos enseñaba a Lettie y a mí nuestras lecciones. Mamá sabía leer y escribir porque había ayudado con las tareas de los hijos de su amo. Sabía coser ropa que nos quedaba perfecta como el viento, y sus comidas hacían feliz el paladar.

Mientras el suelo todavía seguía congelado, Papá se fue al sur a caballo en la noche fría, hasta la plantación en Tennessee. Estuvimos nerviosos hasta que apareció nuevamente a la puerta con dos de mis tías, dos tíos y cinco primos. Se quedaron con nosotros hasta que pudieron comprar tierras cerca de la nuestra y construir sus propias cabañas.

Una y otra vez, Papá volvió a Tennessee. Cada vez, volvía a casa con más personas queridas.

Al enterarse de nuestro asentamiento, llegaron personas de raza negra de todas partes del Sur. Unas habían obtenido su libertad, como nosotros; otras eran fugitivas. Había carpinteros y herreros, tejedores de canastos y fabricantes de barriles.

Pronto teníamos una iglesia, después una tienda, luego un establo, más tarde un granero para moler nuestros granos. Por primera vez en la vida, tuvimos dinero, solo el necesario para arreglarnos, y cuidábamos cada centavo.

Unos años más tarde, la empresa de ferrocarriles decidió construir vías que pasaran por nuestra aldea, porque muchas personas se habían establecido allí. Si nuestro lugar iba a aparecer en el mapa, necesitaba un nombre. En una reunión, la gente dijo que debíamos llamarlo Starman en honor de Mamá y Papá. Pero Mamá y Papá dijeron:

—No, llamémoslo Libertad.

Y así es como llegamos a vivir en un lugar llamado Libertad.

Responde

1. **Secuencia** (Destreza clave) ¿Qué pasó después de que los cuáqueros llevaron a la familia a su casa?
2. **Aplícalo** Este cuento es sobre cómo empezó una comunidad. ¿Sabes cómo empezó tu comunidad?

Destrezas de estudio

HACER UN ESQUEMA

Con un esquema, organizas los temas, las ideas principales y los detalles.

- **Los temas se indican con números romanos.**
- **Las ideas principales sobre cada tema se indican con letras mayúsculas.**
- **Los detalles acerca de cada idea principal se identifican con números.**

Nuestra historia: tiempo y lugares

I. Las comunidades y el tiempo
   A. Las comunidades cambian en unos aspectos con el tiempo.
      1. Muchos edificios antiguos se reemplazan con otros nuevos.
      2.
   B. Las comunidades siguen iguales en otros aspectos.
      1. El tipo de trabajo que hacen algunos sigue siendo el mismo.
      2.

PRESENTACIÓN DEL VOCABULARIO

igualdad pág. 166

fuente primaria pág. 168

civilización pág. 178

CAPÍTULO

Nuestra historia: tiempo y lugares

Faneuil Hall, en Boston, Massachusetts

Lección 1

Las comunidades y el tiempo

Reflexiona ¿Cómo cambian las comunidades y siguen iguales al mismo tiempo?

Vocabulario

década pág. 156

siglo pág. 156

continuidad pág. 157

Destreza clave Secuencia

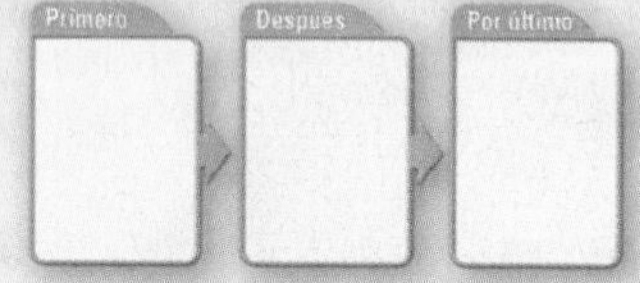

Muchas cosas que ocurrieron hace mucho tiempo afectan a las comunidades hoy, o sea en el presente. Lo que pasa hoy afectará a las comunidades en el futuro.

Los cambios con el tiempo

Todas las comunidades cambian en algunas cosas y siguen iguales en otras. Los cambios pueden ocurrir en un día, una semana, un mes, un año, una década o un siglo. Una **década** es un período de 10 años. Un **siglo** es un período de 100 años.

Para ver cambios, puedes mirar fotografías antiguas y más nuevas. Las fotografías de estas páginas muestran la ciudad de Chicago, Illinois. ¿Qué cambios ves en esta comunidad?

Los edificios de Chicago hoy

La continuidad de una comunidad

Puedes usar las mismas fotografías para observar la continuidad de Chicago. La **continuidad** es la condición de seguir igual, sin cambios.

En las comunidades de todas partes, ciertas cosas siguen iguales. Muchos edificios antiguos de Chicago se siguen usando hoy, solo que tienen cosas nuevas adentro, como computadoras. Algunos tipos de trabajo en la comunidad siguen iguales, pero el trabajo se hace de nuevas maneras.

Repaso de la lectura **Secuencia**

¿Qué dura más: una década o un siglo?

Construida en 1869, la Torre Water de Chicago sigue en pie. La torre muestra continuidad, mientras que el área que la rodea ha cambiado.

Hace mucho tiempo

Hoy

En esta pintura, se muestra el Gran Incendio de Chicago.

En esta fotografía, se muestran las calles de Chicago después del Gran Incendio.

Cambios rápidos

Normalmente, los cambios en una comunidad suceden lentamente. La comunidad crece a medida que se muda allí más gente. Se hacen calles nuevas y se ensanchan calles antiguas. La gente abre negocios nuevos o derriba edificios viejos.

El Gran Incendio de Chicago

Algunos cambios suceden muy rápidamente. En octubre de 1871, empezó un incendio en un granero de Chicago. Algunos creen que una vaca pateó y volcó un farol encendido.

En esa época, la mayoría de los edificios de Chicago eran de madera y se quemaban con facilidad. Cuando finalmente se pudo apagar el incendio, más de un día después, miles de casas y negocios se habían quemado por completo. Chicago se reconstruyó después de ese terrible incendio y hoy es una de las ciudades más grandes del país.

Jerome, Arizona

Ciertos cambios hacen que una comunidad crezca rápidamente y luego casi desaparezca. En la década de 1870, Jerome, Arizona, creció tanto, que pasó de unas pocas tiendas de campaña a un pueblo de casi 15,000 habitantes. La gente llegaba para extraer el cobre encontrado allí. Para 1953, las minas se habían cerrado. Al poco tiempo, quedaban solo 50 habitantes.

Hoy, la gente va a Jerome para ver cómo era la vida en una ciudad minera. Gracias a los turistas, ahora trabajan más personas en Jerome que cuando se cerraron las minas.

Repaso de la lectura **Secuencia**

¿Qué pasó después de que cerraron las minas en Jerome?

Jerome, Arizona

Resumen Las comunidades cambian y al mismo tiempo siguen iguales. A veces, los cambios son rápidos y sin ser planeados.

Repaso

1. **Reflexiona** ¿Cómo cambian las comunidades y siguen iguales al mismo tiempo?
2. **Vocabulario** Escribe el significado de la palabra **continuidad**.
3. **Historia** ¿En qué aspectos cambió Chicago, Illinois, y en qué aspectos sigue igual?
4. **Razonamiento crítico** **Aplícalo** Menciona algunas formas en que ha cambiado tu comunidad con el tiempo.
5. **Diseñar un folleto** Diseña un folleto ilustrado que muestre los cambios y la continuidad en tu comunidad.
6. Destreza clave **Secuencia** En una hoja de papel, copia y completa el siguiente organizador gráfico.

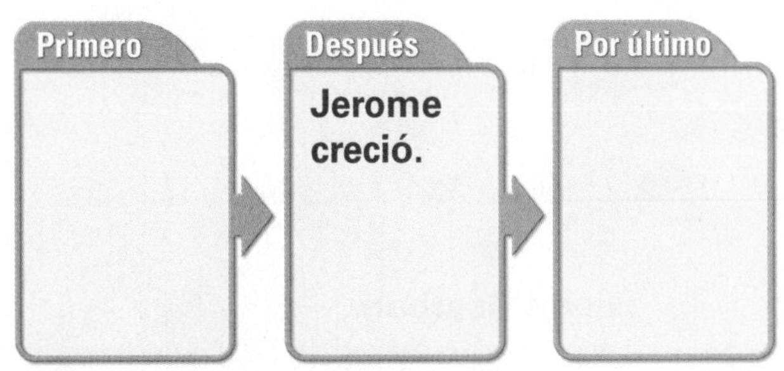

Leer una línea cronológica

Por qué es importante Al saber el orden de los hechos, puedes comprender mejor la historia. También es útil saber cómo se mide el tiempo.

Aprende

Una **línea cronológica** es un diagrama que muestra cuándo y en qué orden ocurrieron los hechos. La línea cronológica se lee de izquierda a derecha. Los sucesos de la izquierda ocurrieron primero y los de la derecha, después.

La línea cronológica se divide en períodos de tiempo iguales. Un período de tiempo puede ser de cualquier duración. Puede ser un año, una década, un siglo o un milenio. Un **milenio** es un período de 1,000 años.

Historia de los primeros años de Chicago

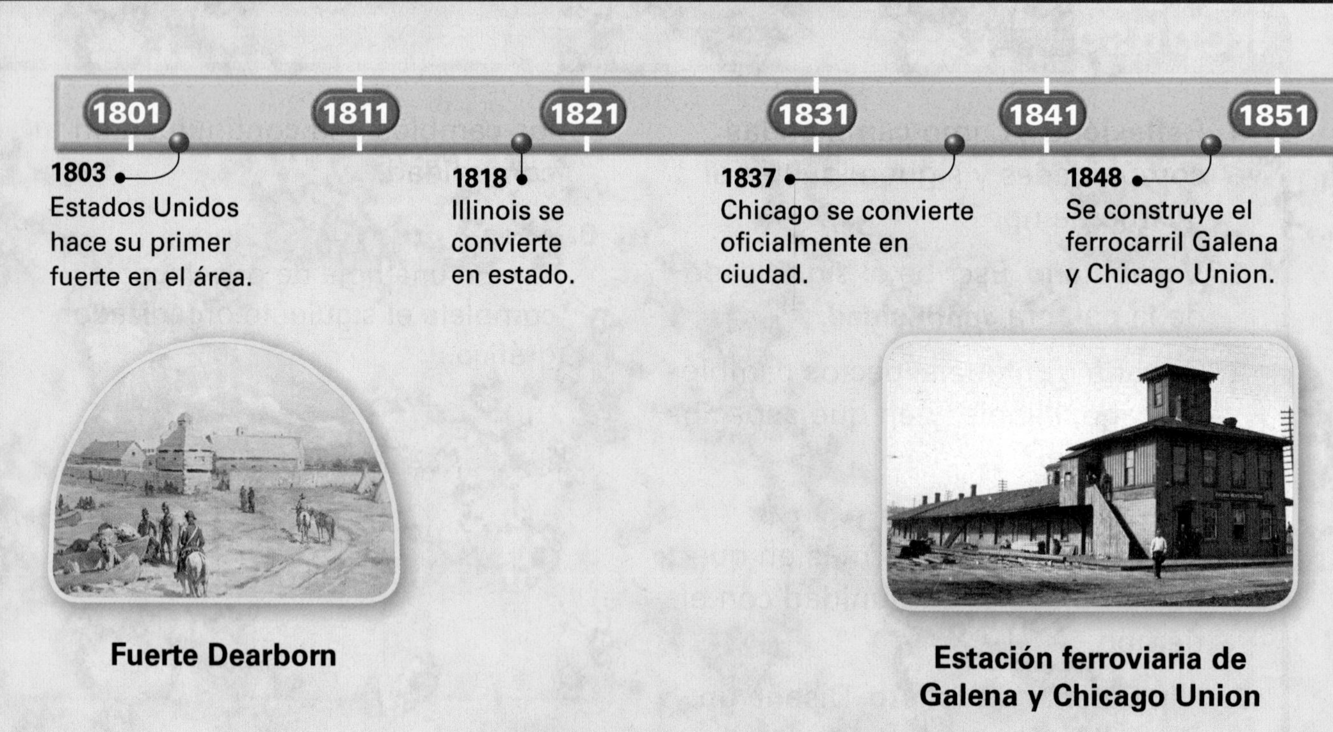

Fuerte Dearborn

Estación ferroviaria de Galena y Chicago Union

Visita **www.harcourtschool.com/ss1** para hallar actividades en Internet.

La siguiente línea cronológica muestra sucesos de la historia de Chicago. Ocurrieron durante el siglo XIX, que abarca los años de 1801 a 1901.

Practica

Consulta la línea cronológica para responder a las siguientes preguntas.

1. ¿En qué año se convirtió Chicago oficialmente en ciudad?
2. ¿La Torre Water se construyó antes o después del Gran Incendio de Chicago?
3. ¿Cuántos años pasaron entre la llegada del ferrocarril y la Exposición Mundial de Columbia?

Aplica

Aplícalo Haz una línea cronológica que muestre los sucesos en un año de tu vida. Puedes agregar ilustraciones o fotografías a tu línea cronológica.

La Torre Water

El Gran Incendio de Chicago

Cartel de la Exposición Mundial de Columbia

Lección 2

La gente produce cambios

Reflexiona ¿Qué cambios ha hecho la gente a sus comunidades?

Vocabulario

invento pág. 162
ingeniero pág. 164
derecho pág. 165
votar pág. 165
sufragio pág. 165
lema pág. 165
igualdad pág. 166
derechos civiles pág. 167

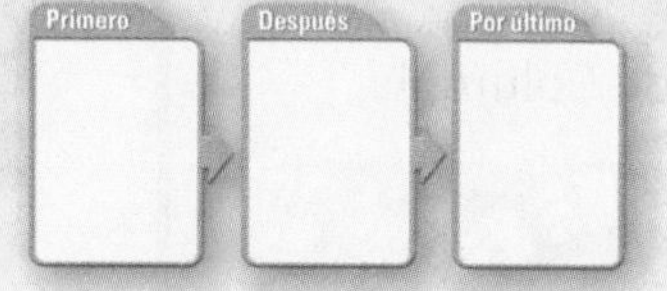

La gente cambia a las comunidades con sus acciones e inventos. Los **inventos** son cosas que se hacen por primera vez. Las ideas nuevas también ayudan a las comunidades a crecer y cambiar.

Construir hacia afuera

Las comunidades crecen a medida que las personas se mudan a ellas. Se construyen calles y rutas. Se abren negocios y se levantan edificios cerca de los límites de la comunidad. Con frecuencia, los límites de un pueblo se extienden hacia afuera para incluir las áreas nuevas.

Mejoras en el transporte

A medida que los pueblos crecen, se construyen vías para conectar las comunidades. Las primeras vías eran toscas. La mayoría de las personas viajaban a caballo o en coche de caballo. Los viajes eran lentos.

Se deseaba viajar mejor y más rápidamente. Se hicieron canales para conectar los ríos. Después, se construyeron ferrocarriles. En Inglaterra, George Stephenson diseñó una locomotora que andaba sobre rieles. Muchos llaman a Stephenson "el padre del ferrocarril".

George Stephenson diseñó una locomotora que se usó en muchos lugares.

El ferrocarril trajo cambios a las comunidades. Los negocios usaban el tren para llevar los bienes a los mercados. Se abrieron negocios nuevos y crecieron las comunidades más antiguas ubicadas cerca del ferrocarril. También crecieron comunidades nuevas junto a las vías. Con el ferrocarril, todas estas comunidades estaban conectadas porque era fácil viajar entre ellas en tren.

Repaso de la lectura **Secuencia**

¿Qué se construyeron primero: los ferrocarriles o los canales?

Ilustración ¿Por qué crees que hay tanto movimiento en este pueblo nuevo?

Una comunidad en crecimiento

Estación de ferrocarril

Tren

Bienes

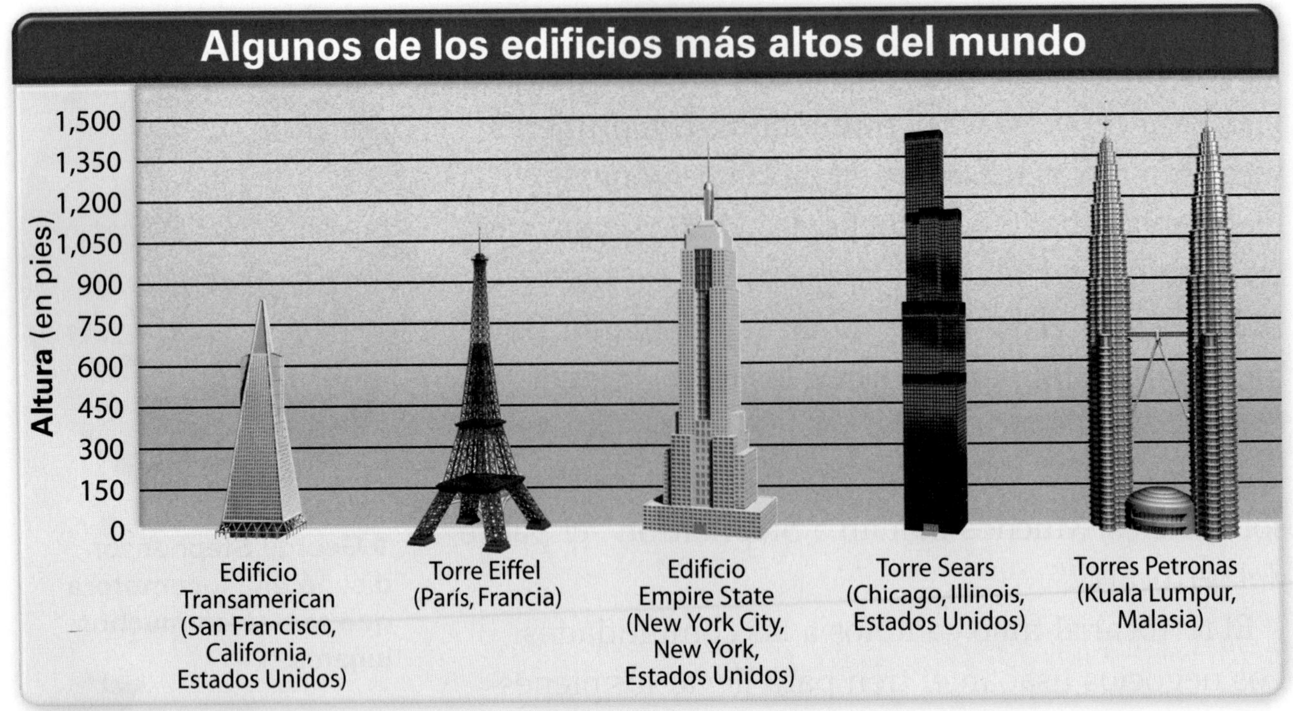

Gráfica ¿Cuál es más alta: la Torre Sears o la Torre Eiffel?

La construcción hacia arriba

En las comunidades que crecían, se necesitaban más lugares donde vivir y trabajar. En 1885, un ingeniero llamado William Jenney cambió la manera de hacer edificios. Los **ingenieros** piensan cómo se pueden construir y hacer cosas. En su diseño, Jenney usó hierro y acero para construir un edificio de diez pisos en Chicago, Illinois. Fue la primera vez que se usó un armazón de metal en un rascacielos, que es un edificio muy alto.

La mayoría no quería subir todas las escaleras que se necesitaban en los edificios altos. A fines del siglo XIX, Elisha Otis diseñó el primer ascensor seguro para llevar gente. Gracias a los ascensores, se pudieron construir rascacielos más altos.

Repaso de la lectura **Causa y efecto**

¿Cómo contribuyeron los ascensores a que se hicieran edificios más altos?

El edificio Flatiron, uno de los primeros rascacielos de New York City

El trabajo por el sufragio

Las personas también cambian a las comunidades con las ideas. Muchos trabajaron por asegurar que todos tuvieran los mismos **derechos** o libertades.

Los ciudadanos de Estados Unidos tienen el derecho de votar. **Votar** es hacer una elección que se cuenta. A comienzos del siglo XX, las mujeres no podían votar. Susan B. Anthony creía que había que cambiar esa situación. A mediados del siglo XIX, ella y Elizabeth Cady Stanton reunieron a grupos de personas para trabajar por el sufragio femenino. El **sufragio** es el derecho de votar.

Imprimían **lemas**, o sea dichos cortos, en prendedores y carteles para transmitir su mensaje. Hacían reuniones y hablaban con otros sobre la importancia de dar el sufragio a las mujeres. Por fin, en 1920, las mujeres consiguieron el derecho de votar.

Repaso de la lectura **Idea principal y detalles**
¿Cuándo consiguieron las mujeres el derecho de votar?

Susan B. Anthony (abajo a la izquierda) y otras personas trabajaron por el sufragio femenino.

Gandhi fue un líder que luchó por la igualdad en la India.

En busca de la igualdad

En el siglo XX, muchos trabajaron por la **igualdad**, o sea para que todas las personas recibieran el mismo trato. Tanto Mohandas Gandhi como el Dr. Martin Luther King, Jr., creían que todos debían tener los mismos derechos.

Mohandas Gandhi

Gandhi quería que los habitantes de la India tuvieran libertad. En esa época, la India estaba gobernada por Inglaterra, y los gobernantes ingleses hacían las leyes para la India. A muchas personas no las trataban con equidad ni justicia.

En lugar de pelear, Gandhi trabajó por la igualdad con acciones pacíficas. No quería que las personas se hirieran entre sí. Dirigía marchas y se negaba a obedecer las leyes que consideraba injustas.

En 1947, la India se independizó. Gandhi había ayudado al pueblo indio a ser libre.

El Dr. Martin Luther King, Jr.

El Dr. Martin Luther King, Jr., creía que las leyes debían tratar a todas las personas de manera igual. Los derechos que se refieren al trato igual se llaman **derechos civiles**. En la época del Dr. King, las leyes de Estados Unidos separaban a la población. Por ejemplo, los afroamericanos no podían ir a las mismas escuelas que las personas blancas.

El Dr. King encabezó marchas pacíficas y habló contra las leyes injustas. En la década de 1960, se dictaron leyes a favor de la igualdad.

Repaso de la lectura **Comparar y contrastar**
¿Qué hicieron tanto Gandhi como el Dr. King?

El Dr. Martin Luther King, Jr. pensaba como Gandhi en cuanto al uso de la paz para buscar la igualdad.

Resumen Las personas producen cambios en todo el mundo. Ayudan a las comunidades a crecer. También trabajan por la igualdad.

Repaso

1. **Reflexiona** ¿Qué cambios ha hecho la gente a sus comunidades?
2. **Vocabulario** Escribe una oración sobre el **sufragio** con la palabra **lema**.
3. **Tu comunidad** Explica cómo una persona o un grupo cambió tu comunidad.
4. **Razonamiento crítico** ¿Cómo ayudó Gandhi a cambiar la forma en que se busca el cambio en todo el mundo?
5. **Escribir un párrafo** Escribe un párrafo sobre una persona en esta lección que trajo cambios a muchas comunidades.
6. (Destreza clave) **Secuencia** En una hoja de papel, copia y completa el siguiente organizador gráfico.

Comparar fuentes primarias y secundarias

Por qué es importante Las fuentes primarias y secundarias sirven para aprender sobre la historia.

Aprende

Una **fuente primaria** es una constancia dejada por personas que vieron un hecho o que participaron de él. Una carta, la entrada de un diario personal, una fotografía o una filmación son ejemplos de fuentes primarias.

Una **fuente secundaria** es una constancia de un hecho dejada por alguien que no estuvo presente. Un artículo de enciclopedia es un ejemplo de una fuente secundaria.

La constancia en esta página es parte del discurso "Yo tengo un sueño", que dio el Dr. Martin Luther King, Jr. En la fotografía, puedes verlo mientras daba ese discurso.

Entre las fuentes primarias sobre el Dr. King, se encuentran

1. **una fotografía de él,**
2. **un discurso,**
3. **un Premio Nobel de la Paz que ganó en 1964.**

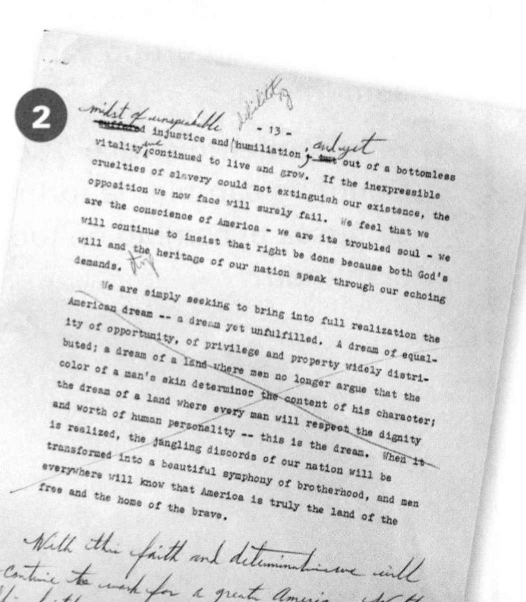

- 13 -

d injustice and humiliation, out of a bottomless vitality continued to live and grow. If the inexpressible cruelties of slavery could not extinguish our existence, the opposition we now face will surely fail. We feel that we are the conscience of America - we are its troubled soul - we will continue to insist that right be done because both God's will and the heritage of our nation speak through our echoing demands.

We are simply seeking to bring into full realization the American dream -- a dream yet unfulfilled. A dream of equality of opportunity, of privilege and property widely distributed; a dream of a land where men no longer argue that the color of a man's skin determines the content of his character; the dream of a land where every man will respect the dignity and worth of human personality -- this is the dream. When it is realized, the jangling discords of our nation will be transformed into a beautiful symphony of brotherhood, and men everywhere will know that America is truly the land of the free and the home of the brave.

With this faith and determination we will continue to work for a greater America.

Practica

Consulta las fuentes primarias y secundarias de estas páginas para responder a las siguientes preguntas.

1. ¿Qué imágenes muestran fuentes primarias?
2. ¿Qué imágenes muestran fuentes secundarias?
3. ¿En qué se diferencia una fuente primaria de una secundaria?

Aplica

Aplícalo Busca una fuente primaria y una fuente secundaria sobre un suceso o una persona de tu comunidad. Comparte esas fuentes con la clase.

Entre las fuentes secundarias sobre el Dr. King, se encuentran ④ sitios de Internet y ⑤ libros de referencia.

Lección 3 Los inventos en las comunidades

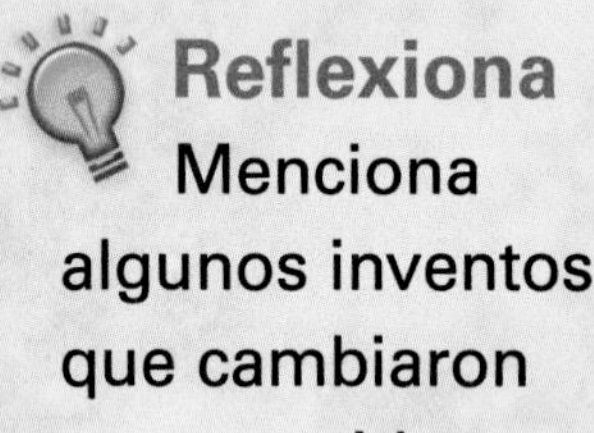

Reflexiona Menciona algunos inventos que cambiaron nuestra vida.

Vocabulario

tecnología pág. 170

Secuencia

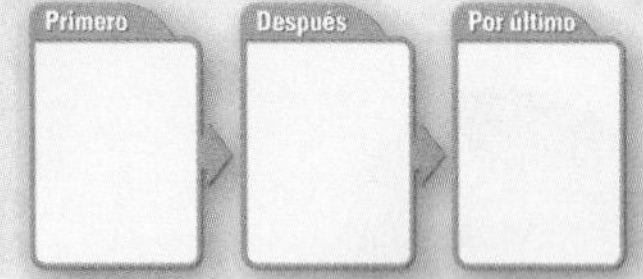

Los inventos agregan algo nuevo a la **tecnología**, es decir, a todas las herramientas que se usan en la vida diaria. Los cambios en la tecnología cambian el modo de vida y de trabajo.

Cambios en la comunicación

Hace mucho tiempo, no había muchas maneras de comunicarse con los que estaban lejos. La mayoría de los mensajes se enviaban por correo, pero una carta podía tardar días o semanas en llegar. En el siglo XIX, la comunicación se hizo más rápida y fácil gracias a los nuevos inventos.

El Pony Express hizo más rápida la entrega del correo. Esta pintura de Frederic Remington se llama *Idas y venidas del Pony Express.*

Samuel Morse inventó el telégrafo.

El teléfono de Alexander Graham Bell. Este fue uno de los primeros diseños.

Samuel Morse y el telégrafo

Samuel Morse era pintor, pero se le ocurrían muchas ideas para hacer inventos. En 1840, Morse inventó el telégrafo. Esta máquina usaba un código de puntos y guiones para enviar mensajes por cables. En poco tiempo, los cables de telégrafo se habían extendido por todo el país. Ahora, se podía recibir noticias rápidamente desde lejos.

Alexander Graham Bell y el teléfono

Alexander Graham Bell también cambió el modo de comunicarse. Mejoró el telégrafo y en 1876 hizo un teléfono. Al año siguiente, fundó la primera compañía de teléfonos. Por primera vez, se podía hablar con otras personas que estaban lejos y escucharlas.

Repaso de la lectura **Secuencia**

¿Qué se inventó primero: el telégrafo o el teléfono?

Cambios en el transporte

Con los canales, y más tarde los ferrocarriles, viajar se hizo más fácil y rápido. Luego, el invento del automóvil a fines del siglo XIX permitió que las personas viajaran por su cuenta.

Henry Ford y su Modelo T

Henry Ford y el automóvil

Al principio, los autos costaban mucho dinero. En 1908, Henry Ford hizo un auto que podían comprar más personas. Lo llamó el Modelo T. Como todos los Modelo T eran iguales, se podían hacer más rápidamente y a menor costo.

Cuando más personas compraron autos, estos se convirtieron en el medio de transporte principal. Ahora, se podía vivir fuera de las ciudades e ir en auto al trabajo. Gracias al automóvil, se empezaron a construir carreteras en todo el país.

Los hermanos Wright y el avión

Los aviones también cambiaron el transporte. En 1903, Orville Wright cumplió un vuelo de 12 segundos en un avión que había hecho con su hermano, Wilbur. Habían estado haciendo aviones y mejorándolos por varios años.

Más tarde, las compañías de aviación usaron las ideas de los hermanos Wright para construir aviones más grandes. Hoy, los aviones llevan personas y bienes por todo el mundo.

Repaso de la lectura **Secuencia**

¿Qué pasó después de que los hermanos Wright hicieron un avión capaz de volar?

Orville Wright y el avión Modelo A

El Modelo T fue el primer auto en Estados Unidos que pudo comprar mucha gente.

Los inventos como la aspiradora y el televisor cambiaron la vida diaria de la gente.

Edison (arriba) y Latimer (abajo) inventaron la primera bombilla eléctrica de uso práctico.

Cambios en el hogar

En las casas, hay muchos inventos. La tostadora, la aspiradora y las bombillas eléctricas son inventos que hacen más fácil la vida. Estos inventos cambiaron el modo de vida.

Thomas Edison, Lewis Latimer y la bombilla eléctrica

Muchos inventores trabajaron juntos para llevar la electricidad a las casas. En la década de 1880, Thomas Edison y Lewis Latimer inventaron las primeras bombillas eléctricas de uso práctico. Antes de la bombilla eléctrica, la gente iluminaba sus casas con velas, lámparas de aceite y lámparas de gas.

Con la bombilla eléctrica, se podía alumbrar la casa sin peligro de causar incendios. Gracias a la bombilla eléctrica, se podían hacer más actividades por la noche.

Otros inventos para el hogar

Muchos inventores trabajaron en inventos que llevaron al primer radio a fines del siglo XIX y a la televisión a comienzos del siglo XX. Ahora, estos inventos nos traen noticias de todas partes del mundo.

Otros inventos han cambiado nuestros hogares. Muchas de las cosas que hay en las cocinas de hoy fueron idea de un inventor. Algunos ejemplos son la estufa, el horno, la lavadora de vajilla y el refrigerador.

Repaso de la lectura **Idea principal y detalles**
¿Cuándo se inventó la primera bombilla eléctrica de uso práctico?

Resumen Los inventos han cambiado el modo de vida. Muchas personas trabajaron para inventar las cosas que usamos todos los días.

Josephine Cochran (arriba) inventó la primera lavadora de vajilla de uso práctico. Guillermo González Camarena (abajo) inventó el televisor de color y el control remoto.

Repaso

1. **Reflexiona** Menciona algunos de los inventos que han cambiado nuestra vida.
2. **Vocabulario** Escribe sobre cómo usas la **tecnología** en tu vida.
3. **Historia** ¿Qué inventos cambiaron la forma de comunicarse?
4. **Razonamiento crítico** Aplícalo ¿Cómo sería tu vida si no se hubiera inventado la bombilla eléctrica?
5. **Hacer una tabla** Haz una tabla de inventores y sus inventos.
6. Destreza clave **Secuencia** En una hoja de papel, copia y completa el siguiente organizador gráfico.

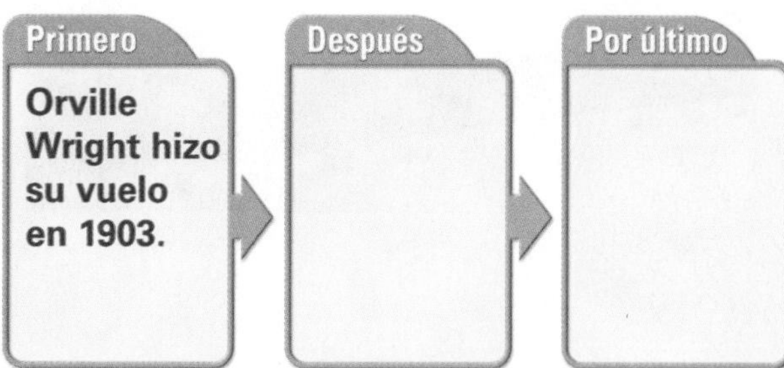

Leer un organigrama

Por qué es importante Muchas veces, se necesita saber cómo hacer algo o cómo funciona algo. Una tabla que muestra los distintos pasos en orden puede ayudar a entender eso.

Aprende

Un **organigrama** muestra cómo hacer algo o cómo funciona algo. Muestra los pasos en orden.

En el organigrama de abajo, se usan palabras, dibujos y flechas para mostrar los pasos que se siguen para armar un auto. Los autos se arman en cadenas de montaje. En una **cadena de montaje**, cada trabajador agrega un tipo de pieza a un producto cuando este va pasando en una cinta transportadora.

Cadena de montaje

Se pone el chasis del auto en la cadena de montaje.

Se agregan al chasis la parte de encima y los lados.

Practica

Sigue las flechas del organigrama para responder a las siguientes preguntas.

1. ¿Cuál es el próximo paso una vez que se pone el chasis en la cadena de montaje?
2. ¿Qué pasa después de agregar la parte de encima y los lados al chasis?
3. ¿Cuándo se ponen las partes del motor en el auto?

Aplica

Aplícalo Haz una lista de lo que haces todas las mañanas al prepararte para la escuela. Con tu lista, haz un organigrama que muestre la secuencia en que haces estas cosas. Haz dibujos, ponles rótulos y agrega flechas para mostrar cómo se deben leer los pasos de tu organigrama.

Se le ponen las ruedas al auto.

Se ponen las partes del motor en el auto.

Lección 4

Las comunidades de hace mucho tiempo

Reflexiona ¿Qué ideas de las comunidades antiguas se usan hoy?

Vocabulario

antiguo pág. 178
civilización pág. 178
moderno pág. 178
democracia pág. 182
república pág. 183
imperio pág. 184
comerciar pág. 184
puerto pág. 185

Secuencia

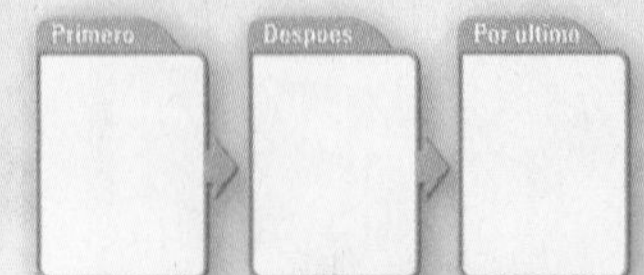

El ser humano vive en comunidades desde los tiempos **antiguos**, o sea hace mucho tiempo. Incluso en los primeros grupos, muchos compartían un gobierno y una cultura.

Algunas de esas comunidades crecieron hasta convertirse en grandes civilizaciones. Una **civilización** es un grupo grande de personas que viven de un modo bien organizado. Las ideas de algunas de esas civilizaciones antiguas todavía se usan en los tiempos modernos. **Moderno** es una palabra que describe la época en que vivimos hoy.

Las ruinas de la antigua Mesopotamia se conservan en donde hoy está Irak.

Esta pieza de arcilla tiene escritura sumeria.

Esta obra de arte de Mesopotamia llamada *Estandarte de Ur* muestra un carro con ruedas.

La antigua Mesopotamia

Una de las primeras civilizaciones del mundo estaba en el sudoeste de Asia, en un lugar llamado Mesopotamia. Tenía algunas de las ciudades más antiguas del mundo. Se construyeron en una parte de Mesopotamia llamada Sumeria.

Los sumerios tenían muchas ideas nuevas e hicieron muchos inventos. Construyeron carros con ruedas para llevar las cosas de un lugar a otro más fácilmente.

La escritura fue otra idea importante de los sumerios. Antes de que la gente aprendiera a escribir, tenían que registrar todo en la memoria. Con la escritura, los sumerios pudieron escribir su historia y otra información importante.

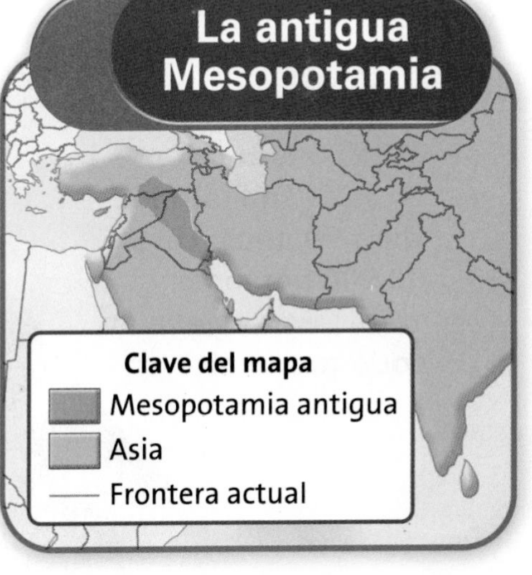

Repaso de la lectura **Secuencia**

¿La escritura se inventó en tiempos de los sumerios o después?

El antiguo Egipto

La civilización antigua de Egipto, en África, es conocida por sus pirámides. Una pirámide egipcia es una tumba para enterrar a un rey o una reina cuando muere.

La Gran Pirámide es la más grande de las pirámides que siguen en pie hoy. Tiene más de 450 pies de altura y se construyó hace unos 4,500 años para un faraón, o rey, llamado Khufu.

Las pirámides se construían apilando bloques enormes de piedra en capas. Algunos bloques de la Gran Pirámide pesan 5,000 libras. Los antiguos egipcios no tenían ruedas ni poleas para mover las cosas. Para colocar los bloques gigantes en su lugar, los ponían sobre rodillos hechos con troncos y los empujaban cuesta arriba sobre rampas.

Repaso de la lectura **Resumir**
¿Cómo se construyó la Gran Pirámide de Egipto?

Hatshepsut fue una gobernante de Egipto.

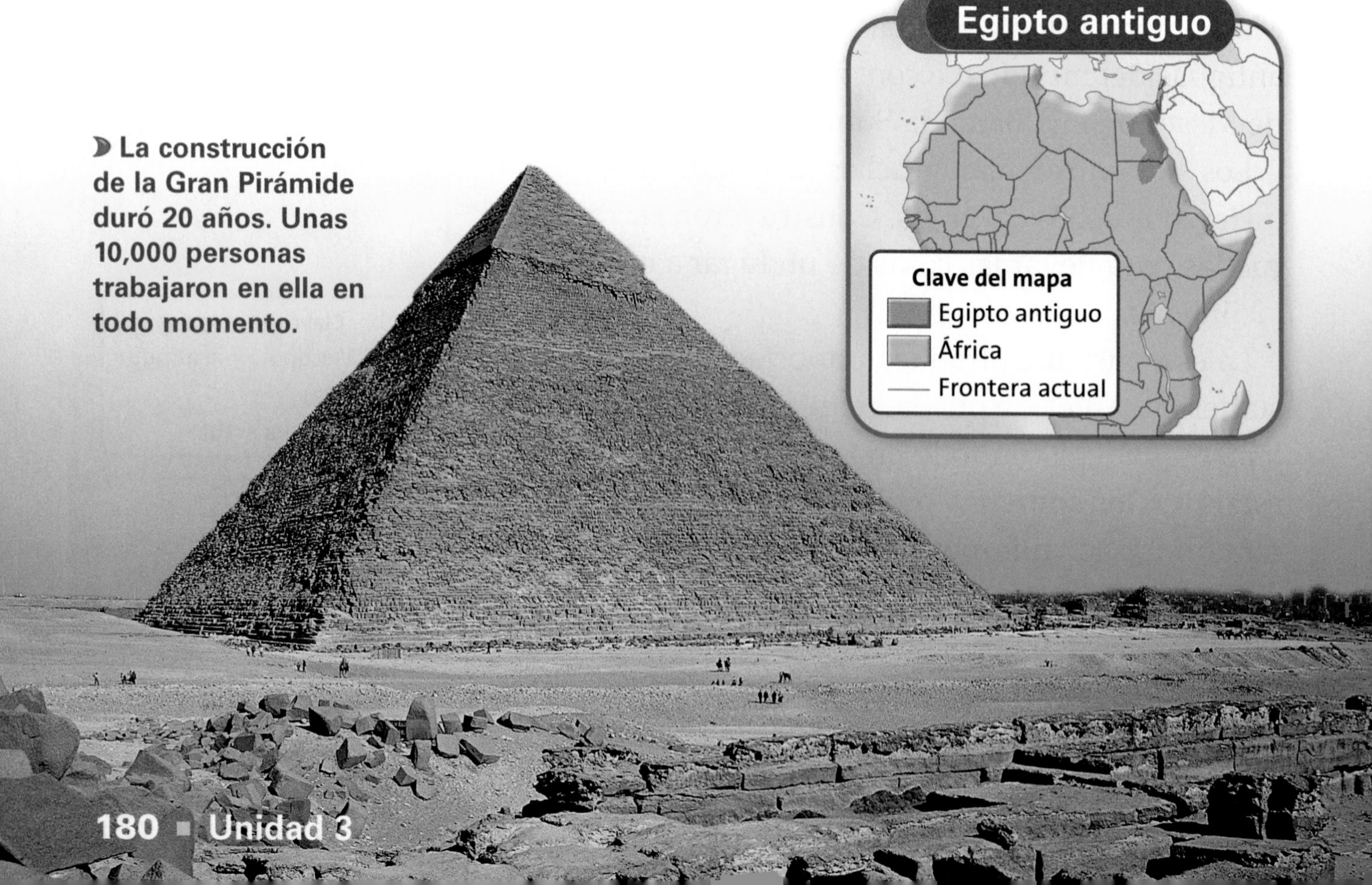

La construcción de la Gran Pirámide duró 20 años. Unas 10,000 personas trabajaron en ella en todo momento.

Fabricación del papel en China

1 2 3 4 5 6

Ilustración **Los chinos antiguos hacían el papel de la siguiente forma:**

1 cortaban juncos y los mojaban para hacer una pasta,
2 aplastaban la pasta,
3 calentaban la pasta,
4 machacaban la pasta,
5 estiraban el papel y
6 secaban el papel.

¿Qué hacían con la pasta después de calentarla?

China antigua

El 4 de julio, los fuegos artificiales iluminan el cielo nocturno de todo Estados Unidos. Pero los fuegos artificiales no son un invento estadounidense, sino que se inventaron en China hace miles de años.

Los chinos antiguos también inventaron el papel y la imprenta. Al principio, escribían en el papel con pinceles y tinta. Más tarde, inventaron una forma de imprimir copias de las páginas. Tallaban las palabras de una página en un bloque de madera. Luego, untaban el bloque de tinta y lo presionaban contra un papel para hacer una impresión. Esto les permitía hacer varias copias de una página mucho más rápidamente que a mano.

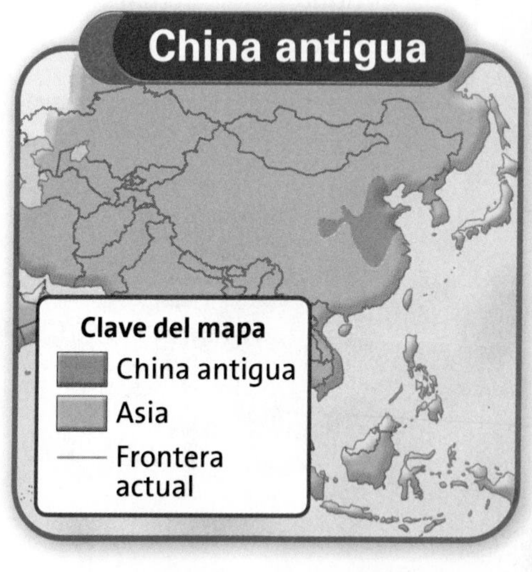

Repaso de la lectura **Resumir**
¿Qué inventos de la antigua China se usan todavía?

El alfabeto griego	
Letra griega	Sonido en español
A	a
B	b
Γ	g
Δ	d
E	e

Tabla ¿En qué se parece el alfabeto griego al alfabeto que usamos hoy?

Grecia antigua

Clave del mapa

Grecia antigua

Europa

Frontera actual

Grecia antigua

La civilización griega comenzó donde ahora está el país de Grecia, en Europa. Atenas era una de sus comunidades más importantes.

El gobierno de Atenas fue la primera democracia del mundo. En una **democracia**, los ciudadanos toman las decisiones. Todos los hombres libres mayores de 18 años podían participar en el gobierno de Atenas.

En la antigua Grecia, los ciudadanos varones se reunían en un grupo grande, llamado asamblea. Cada varón tenía derecho a hablar. Hablaban sobre ideas para hacer leyes nuevas y luego votaban para aprobarlas.

Los habitantes de Atenas amaban las artes y el aprendizaje. La antigua Grecia todavía se conoce por sus escultores, alfareros, pintores, constructores y escritores.

Repaso de la lectura **Idea principal y detalles**
¿Qué tipo de gobierno tenía Atenas?

La Acrópolis era un centro religioso en la antigua Atenas.

El Foro era una plaza pública en el centro de Roma. Los romanos se reunían allí para hablar sobre el gobierno y los negocios.

Roma antigua

La civilización romana comenzó con varias aldeas diminutas. Estas aldeas estaban repartidas en siete montes sobre el río Tíber, donde ahora está el país de Italia. Al ir creciendo, las aldeas se combinaron para formar la ciudad de Roma.

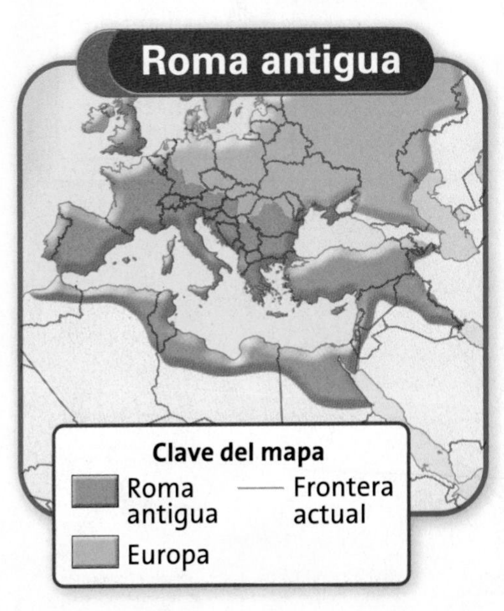

Los habitantes de Roma antigua tuvieron la primera república del mundo. En una **república**, los ciudadanos votan para elegir a los gobernantes. Los gobernantes toman decisiones para todas las personas.

Para fortalecer la ciudad, los gobernantes de Roma construyeron buenos caminos y edificios públicos. Roma se convirtió en una de las ciudades más ricas del mundo hasta ese momento.

Repaso de la lectura **Idea principal y detalles**
¿Qué forma de gobierno tenía Roma?

Este mapa muestra a un líder del antiguo Mali llamado Mansa Musa.

Mali

El imperio de Mali, en África, fue uno de los más ricos del mundo antiguo. Un **imperio** está formado por todas las tierras y todos los habitantes que están bajo el control de una nación poderosa.

Entre los años 700 y 1400, Mali era un centro de comercio importante. Allí, la gente comerciaba oro por sal y telas de la costa mediterránea. **Comerciar** es intercambiar un bien o servicio por otro. Los bienes que la gente intercambiaba llegaban en caravanas de camellos que atravesaban el desierto. Una caravana es un grupo de comerciantes que viajan juntos.

Datos breves

Esta caravana de camellos atraviesa el desierto de África Occidental llevando sal. Un camello puede pasar días, o incluso meses, sin agua.

Mali ya no es un centro de gran comercio, aunque todavía quedan algunos edificios antiguos. Hoy, Mali no tiene tierra sobre la costa atlántica. Tampoco tiene un puerto. Un **puerto** es un buen lugar para que los barcos atraquen y recojan bienes o personas. Sin embargo, muchos bienes, como el algodón y el oro, siguen viniendo de Mali.

Repaso de la lectura **Resumir**
¿Por qué era conocido Mali entre los años 700 y 1400?

La Gran Mezquita en Timbuktú, Mali

Resumen Muchas comunidades comenzaron en tiempos antiguos. Algunas ideas de los tiempos antiguos siguen siendo importantes para las comunidades de hoy.

Repaso

1. **Reflexiona** ¿Qué ideas de comunidades antiguas se siguen aplicando hoy?
2. **Vocabulario** Escribe algunas oraciones sobre una de las culturas **antiguas** que estudiaste.
3. **Tu comunidad** Escribe sobre un lugar de tu comunidad que muestra alguna idea de una de las civilizaciones antiguas.
4. **Razonamiento crítico** **Aplícalo** ¿Qué invento de una civilización antigua usas todos los días?
5. **Hacer una entrevista de radio** Con un compañero, escribe una entrevista a una persona imaginaria de una de las civilizaciones antiguas. Graba tu entrevista en un casete y escúchala con tus compañeros.
6. Destreza clave **Secuencia** En una hoja de papel, copia y completa el siguiente organizador gráfico.

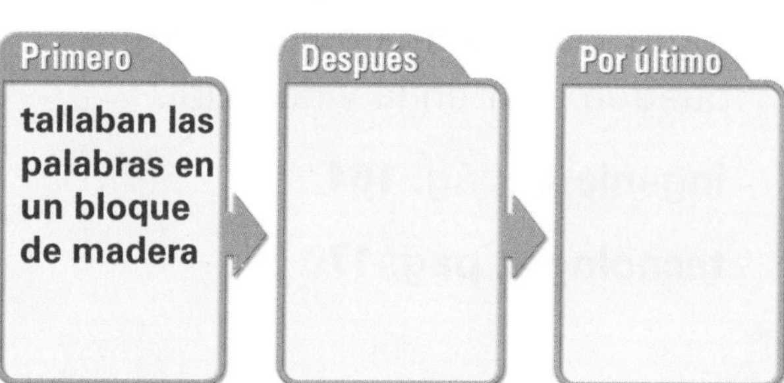

Resumen visual

La gente cambia las comunidades con sus acciones.

Resume el capítulo

Secuencia Completa el organizador gráfico para mostrar que comprendes los cambios que ocurrieron en el transporte.

Primero	Después	Por último
La gente viaja en coche de caballo.	**La gente viaja en tren.**	

Vocabulario

Identifica el término que corresponde a cada definición.

1. 100 años

   década, pág. 156

   siglo, pág. 156

2. todas las herramientas que se pueden usar en la vida diaria

   ingeniero, pág. 164

   tecnología, pág. 170

3. trato igual para todas las personas

   sufragio, pág. 165

   igualdad, pág. 166

4. un grupo numeroso de personas que viven bien organizadas

   civilización, pág.178

   moderno, pág. 178

5. todas las tierras y los habitantes que están bajo el dominio de una nación poderosa

   república, pág. 183

   imperio, pág. 184

Los inventos cambiaron nuestra forma de vivir y trabajar.

Algunas ideas de las comunidades antiguas se siguen usando hoy.

Ideas principales y datos

Responde a las siguientes preguntas.

6. ¿Cómo cambió rápidamente Chicago en 1871?
7. ¿Cómo trabajó por la igualdad el Dr. Martin Luther King, Jr.?
8. ¿Cuáles son algunos inventos que cambiaron el transporte?

Escribe la letra de la mejor opción.

9. ¿Cuál de los siguientes es un ejemplo de continuidad en una comunidad?
   A la construcción de calles nuevas
   B la ampliación de calles antiguas
   C la construcción de edificios nuevos
   D los edificios antiguos que se siguen usando
10. ¿Qué civilización fue la primera democracia del mundo?
    A Estados Unidos
    B China antigua
    C Grecia antigua
    D Egipto antiguo

Razonamiento crítico

12. ¿Cómo sería la vida sin teléfono?
13. **Aplícalo** ¿Cómo afectaron tu vida las civilizaciones antiguas?

Destrezas

Leer una línea cronológica
Consulta la línea cronológica de las páginas 160 y 161 para responder a la siguiente pregunta.

13. ¿Cuándo se convirtió Illinois en un estado?

Leer un organigrama
Consulta el organigrama de las páginas 176 y 177 para responder a la siguiente pregunta.

14. ¿Qué pasa antes de poner ruedas a un auto?

Redacción

Escribir una nota de agradecimiento Escribe una nota de agradecimiento a un inventor u otra persona que produjo cambios.

Escribir una entrada en un diario Imagina que vives en una comunidad antigua. Escribe una entrada sobre tu vida.

Destrezas de estudio

TOMAR APUNTES

Tomar apuntes te ayuda a recordar ideas importantes sobre lo que lees.

- **Escribe los datos e ideas importantes en tus propias palabras.**
- **Organiza tus apuntes de modo que sean fáciles de entender.**

La historia de nuestro país	
Ideas principales	Datos
Lección 1: • Nuestras primeras comunidades • Cómo vivía la gente • ________	• Los indígenas formaron las primeras comunidades en América del Norte. • Los indígenas pertenecían a distintas tribus. • ________

PRESENTACIÓN DEL VOCABULARIO

vivienda pág. 191

patriotismo pág. 208

pionero pág. 214

CAPÍTULO

La historia de nuestro país

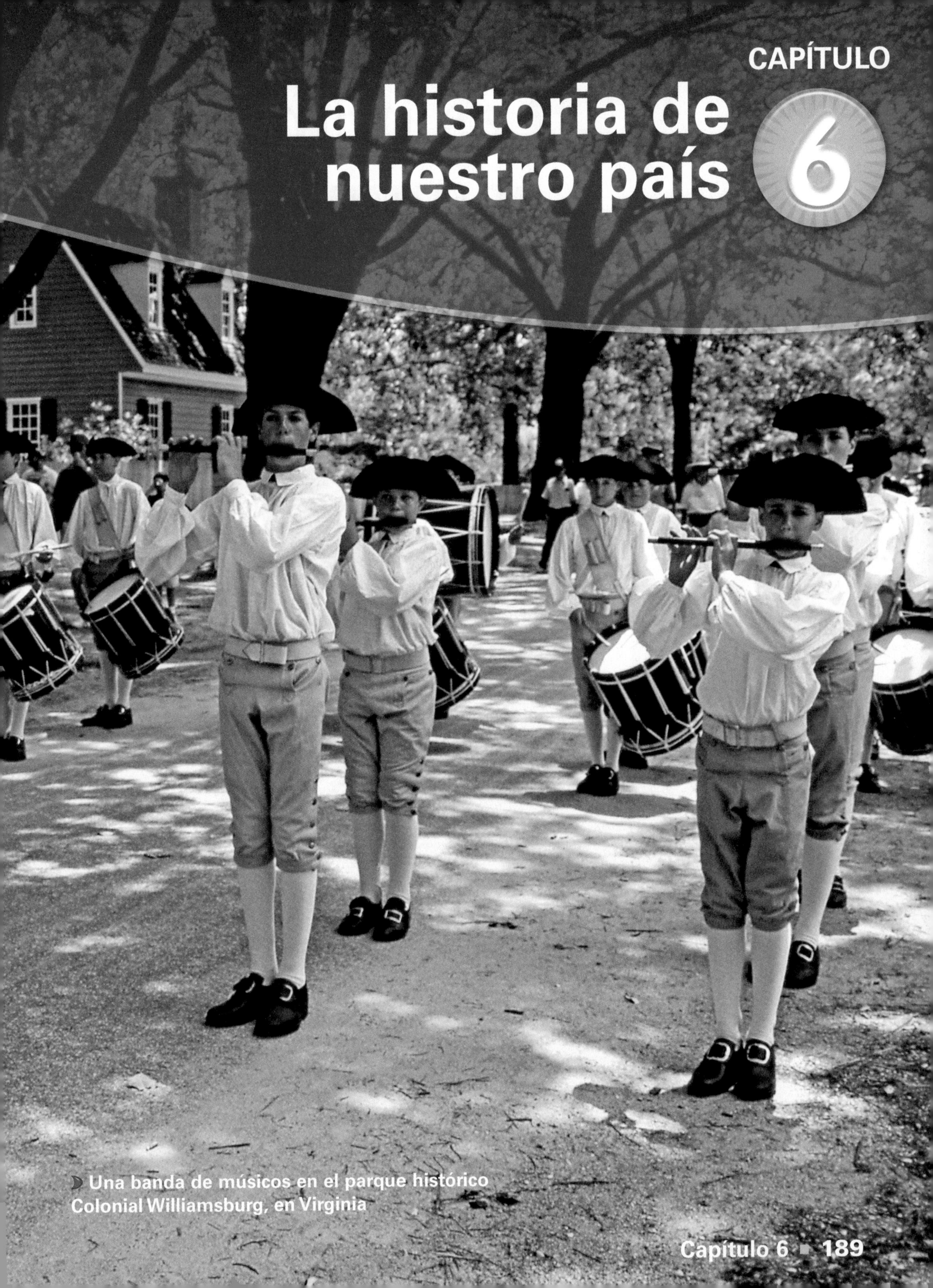

Una banda de músicos en el parque histórico Colonial Williamsburg, en Virginia

Lección 1

Las primeras comunidades

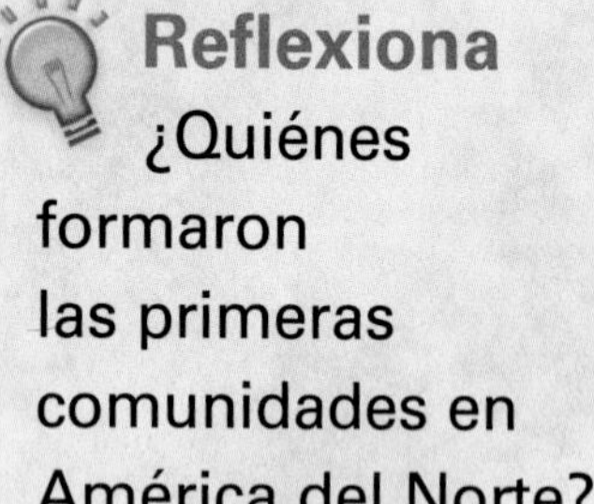

Reflexiona ¿Quiénes formaron las primeras comunidades en América del Norte?

Vocabulario

lenguaje pág. 190

tradición oral pág. 190

vivienda pág. 191

Secuencia

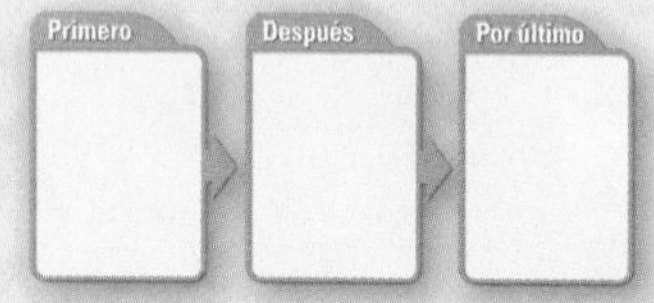

Hace mucho tiempo, los indígenas formaron las primeras comunidades en América del Norte. Los indígenas vivían en grupos que ahora se conocen como tribus. Los miembros de una tribu compartían la misma tierra y modo de vivir.

Los primeros pueblos

Cada grupo indígena tenía su propia cultura y lenguaje. Un **lenguaje** es un grupo de palabras que las personas usan para comunicarse. Los primeros indígenas no tenían un lenguaje escrito. Aprendían sobre el pasado escuchando cuentos contados por sus mayores. Estos cuentos forman una **tradición oral**. *Oral* significa "hablada".

Este padre y su hijo son indígenas ute y viven en Colorado. Llevan la vestimenta que usaban antiguamente los ute en las celebraciones.

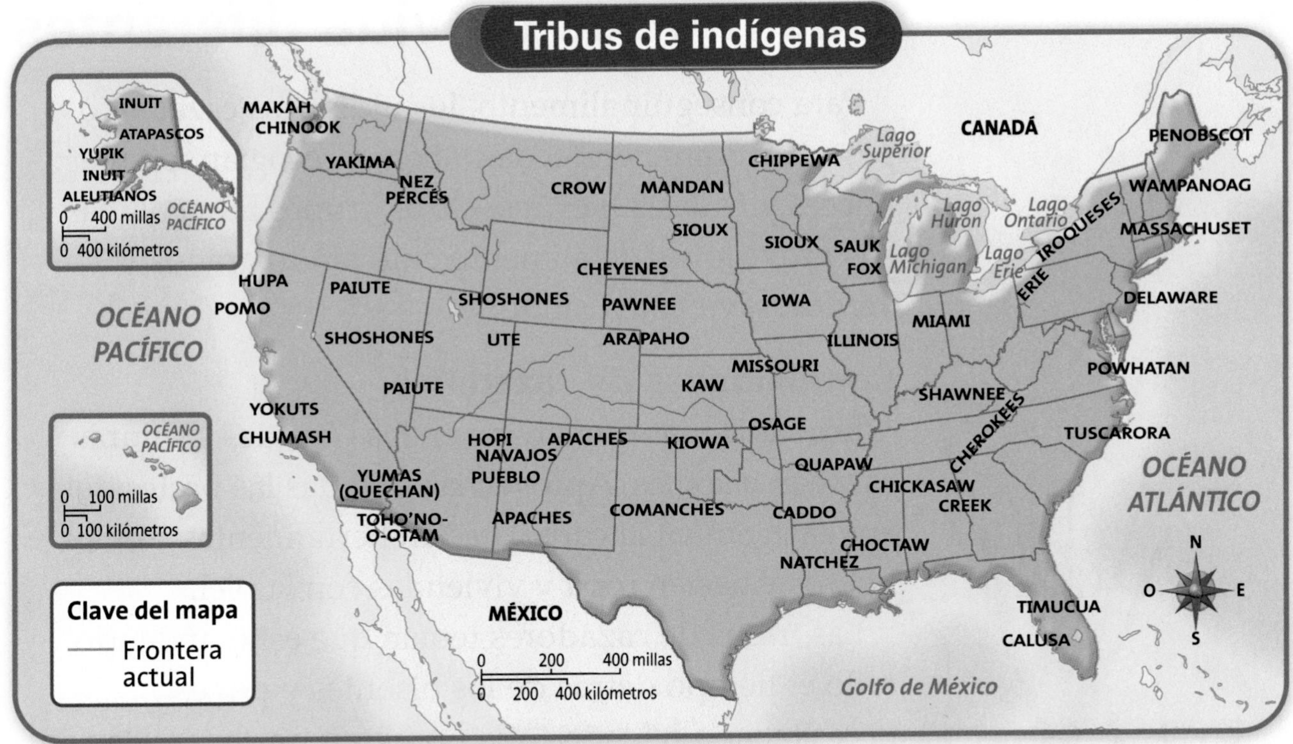

Ubicación ¿Qué indígenas vivían más cerca de donde hoy está tu comunidad?

Los indígenas

En una época, los indígenas vivían en cada rincón de lo que hoy es Estados Unidos. Todos los grupos usaban los recursos naturales para satisfacer sus necesidades de comida, ropa y vivienda. Una **vivienda** es una casa u otro edificio que protege del clima.

Como las tribus de indígenas vivían en lugares diferentes, tenían distintos recursos naturales. Comían alimentos diferentes, usaban ropa diferente y sus viviendas también eran diferentes.

Los indígenas que vivían cerca de bosques usaban madera para construir su vivienda. Muchas tribus construían aldeas junto a los ríos, que servían para viajar. Los que vivían en climas más secos encontraban pocos árboles, así que construían viviendas con hierba o ladrillos de barro que secaban al sol.

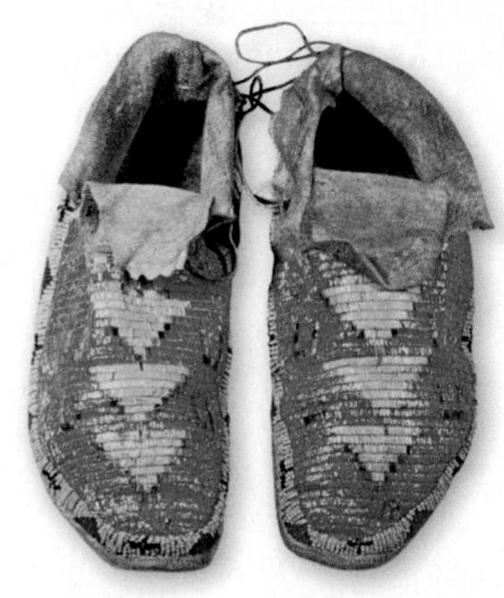

Estos mocasines, o zapatos, muestran la habilidad de un artesano sioux.

Repaso de la lectura **Secuencia**

¿Quiénes fueron los primeros que vivieron en América del Norte?

Dos modos de vida diferentes

Para conseguir alimento, los indígenas cazaban o pescaban. También recolectaban, o recogían, plantas, nueces y frutas silvestres. Otros grupos aumentaban sus provisiones de alimento cultivando granos y verduras, y comerciando.

Comunidades de cazadores

Los indígenas que vivían en las Grandes Llanuras cazaban bisontes. Aprovechaban todas las partes del animal: comían la carne, hacían herramientas con los huesos y hacían ropa y viviendas con la piel.

Las tribus de cazadores tenían que estar andando todo el tiempo detrás de los bisontes y por eso necesitaban viviendas que pudieran trasladar. Hacían sus tipis con cueros de animales estirados sobre palos de madera.

La vida en las Grandes Llanuras

Ilustración **Menciona algunas maneras en que los indígenas de las llanuras usaban los animales que cazaban.**

Comunidades agrícolas

Además de cazar y recolectar, algunas tribus indígenas también producían su propia comida. Cultivaban granos y verduras, como maíz, frijoles y calabaza. Los agricultores guardaban comida para el invierno.

A diferencia de las tribus cazadoras, los indígenas agricultores se quedaban en un lugar y hacían viviendas más fuertes con madera. Los iroqueses construían viviendas comunales, que eran casas largas y angostas de madera y corteza.

Repaso de la lectura **Idea principal y detalles**
¿Cómo conseguían comida los indígenas?

Un bailarín iroqués junto a una vivienda comunal.

Resumen Los indígenas formaron las primeras comunidades en América del Norte. Vivían en distintas áreas y tenían distintas formas de vida.

Repaso

1. **Reflexiona** ¿Quiénes formaron las primeras comunidades en América del Norte?
2. **Vocabulario** Escribe una oración con la palabra **vivienda**.
3. **Geografía** ¿Cómo usaban los indígenas los recursos naturales?
4. **Razonamiento crítico** Aplícalo ¿Cómo los indígenas usarían los recursos naturales de tu comunidad?
5. **Hacer un mapa** Haz un mapa para mostrar dónde han vivido indígenas en tu estado.
6. Destreza clave **Secuencia** En una hoja de papel, copia y completa el siguiente organizador gráfico.

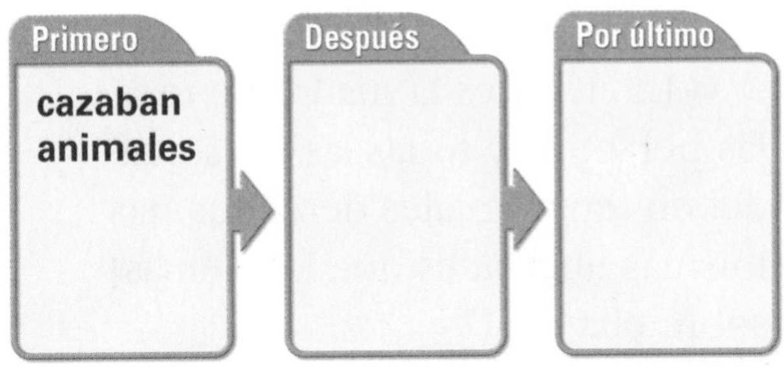

Puntos de vista

¿Cómo afectó el cambio a los indígenas?

Cuando los europeos llegaron a América del Norte, la vida cambió para los indígenas. Esto es lo que algunos indígenas pensaban sobre el cambio en el pasado y el presente.

1

El cacique Joseph

El cacique Joseph era el líder de los nez percés, una tribu que vivía donde ahora están Idaho, Oregon y Washington. Cuando los europeos les quitaron las tierras a los indígenas, el cacique Joseph habló contra estos actos.

"La Tierra es la madre de todas las personas, y todas las personas deben tener iguales derechos [las mismas libertades que los demás] sobre ella . . ."

2

Satanta

Satanta, u Oso Blanco, era un cacique de los kiowa, que vivían donde hoy están Kansas y Oklahoma. Luchó para que su tribu pudiera quedarse con sus tierras.

"He oído que ustedes pretenden [quieren] asentarnos en una reserva cerca de las montañas. Yo no quiero asentarme. Me encanta andar por las praderas. Allí me siento libre . . ."

Leslie Marmon Silko

Leslie Marmon Silko es poeta y novelista. Creció en la reserva de los laguna pueblo en New Mexico. Alienta a los indígenas a compartir su modo de vida con los demás.

“Para que todos nosotros y todos los seres vivos del planeta sigamos existiendo, nosotros, los que todavía recordamos cómo tenemos que vivir, debemos unirnos.”

Búfalo Tigre

Búfalo Tigre es un líder de la tribu miccosukee del sur de Florida y alienta a los indígenas a recordar su patrimonio cultural y a educarse.

“Piensen como indios, sean indios, pero aprendan inglés, aprendan a escribir, edúquense. Tienen dos mentes y pueden usar ambas. Ser indios no debería ser una desventaja.”

Es tu turno

Analiza puntos de vista Resume los diferentes puntos de vista sobre el cambio. Responde a las siguientes preguntas.

1. ¿Qué pensaban el cacique Joseph y Satanta sobre la libertad?
2. ¿Silko y Búfalo Tigre estarían de acuerdo o en desacuerdo en mantener vivas las costumbres de los indígenas?
3. ¿Quién habla más que nada sobre la importancia de estudiar?

Aplícalo ¿Qué piensas del cambio en tu comunidad?

Lección 2

Cómo se establecieron las comunidades

Reflexiona ¿Por qué los europeos establecieron comunidades en América del Norte?

Vocabulario

explorador pág. 196

religión pág. 197

tomar posesión pág. 197

asentamiento pág. 197

colonizador pág. 199

conflicto pág. 200

esclavitud pág. 201

Destreza clave **Secuencia**

Primero → Después → Por último

En 1492, un explorador italiano llamado Cristóbal Colón salió de España en barco. Un **explorador** es una persona que va a un lugar nuevo para investigarlo. Colón pensaba que si navegaba hacia el oeste por el océano Atlántico, llegaría a la parte de Asia que los europeos llamaban las Indias.

En cambio, llegó a una isla cerca de la costa de América del Norte. En esa época, los habitantes de Europa no sabían que existía América, es decir, los continentes de América del Norte y América del Sur.

Cristóbal Colón llegó a América con tres barcos de vela.

Este fuerte en St. Augustine, terminado en 1695, es uno de los pocos edificios españoles que quedan en Florida.

La exploración de América del Norte

Poco tiempo después, otros exploradores europeos vinieron a América. Unos esperaban encontrar tesoros y difundir su **religión**, o sistema de creencias. Otros vinieron a tomar posesión de tierras. **Tomar posesión** de algo es decir que te pertenece.

En 1513, el explorador español Juan Ponce de León tomó posesión en nombre de España del territorio que ahora es Florida.

Los exploradores españoles

En 1565, el rey de España envió a Pedro Menéndez de Avilés adonde hoy está Florida. Allí construyó un fuerte llamado St. Augustine, que es el asentamiento más antiguo que todavía queda en Estados Unidos. Un **asentamiento** es una comunidad nueva.

España tomó posesión de gran parte de América del Sur y la zona sur de América del Norte. México y la mayoría de los países que están al sur de México comparten el patrimonio cultural español.

Repaso de la lectura **Secuencia**

¿St. Augustine se construyó antes o después de que Estados Unidos se convirtió en país?

Indígenas y colonizadores se van después de comerciar con pieles cerca de donde hoy está Missouri.

Un asentamiento francés

Pierre Laclède fundó St. Louis donde hoy está Missouri.

A América del Norte también llegaron exploradores franceses. Ellos tomaron posesión de gran parte de lo que hoy es Canadá y también de la parte central de lo que hoy es Estados Unidos.

En 1763, Pierre Laclède navegó por el río Mississippi buscando un buen lugar para poner un puesto de comercio de pieles. Laclède eligió un lugar cerca de un precipicio junto al río. Sabía que podía usar el río para transportar las pieles.

En 1764, comenzó en ese lugar un asentamiento que después se convirtió en St. Louis. Le dio ese nombre en honor del rey Luis XV de Francia. Laclède dijo: "Este asentamiento será una de las mejores ciudades de América".

St. Louis se desarrolla

Los colonizadores hicieron viviendas y construcciones donde podían vivir y trabajar. Un **colonizador** es uno de los primeros habitantes de una comunidad nueva. Entre estos edificios, había una casa grande para comerciar con pieles y también había cabañas para que los trabajadores durmieran y cobertizos para guardar cosas. Más tarde, los colonizadores construyeron una iglesia y un fuerte.

Muchas personas que viajaban hacia el oeste pasaban por St. Louis. Unas se quedaban y se establecían allí. En 1765, St. Louis tenía más de 300 colonizadores. En el siglo XIX, la ciudad se convirtió en uno de los puertos fluviales más grandes de la nación. Hoy, St. Louis es una ciudad grande.

St. Louis hoy

Repaso de la lectura **Secuencia**

¿Qué hicieron los colonizadores de St. Louis después de construir viviendas?

St. Louis fue un puerto fluvial, o sea, estaba sobre el río, que tuvo mucha actividad en 1874.

Un asentamiento inglés

En 1607, tres barcos navegaron de Inglaterra a América del Norte. Llegaron a lo que hoy es el estado de Virginia. Algunos de los 105 pasajeros esperaban encontrar riquezas y un paso hacia el océano Pacífico. Otros querían difundir su religión. Nombraron el asentamiento en honor de su rey, Jacobo I (James I). Jamestown fue el primer asentamiento inglés de América del Norte que duró mucho tiempo.

Conflicto y cambio

Uno de los primeros líderes de Jamestown, John Smith, comerciaba con los indígenas para obtener comida para los colonizadores. Con el tiempo, los colonizadores entraron en **conflicto**, o sea en desacuerdo, con los indígenas. Peleaban por la comida y la tierra.

Hoy, Jamestown es un lugar histórico nacional.

En 1612, John Rolfe empezó a cultivar tabaco en Jamestown. Para cultivar tabaco y otros productos, los colonizadores necesitaban más trabajadores. A principios del siglo XVII, se empezaron a traer personas de África para someterlas a la esclavitud. La **esclavitud** es un sistema en el cual las personas no tienen libertades.

Sacaron a los africanos de sus casas y sus familias. Luego, los comerciantes los trajeron a América del Norte, donde trabajaban como esclavos. Un esclavo es propiedad de otra persona, que lo obliga a trabajar sin pagarle.

Repaso de la lectura **Idea principal y detalles**
¿Por qué vinieron los colonizadores ingleses a América del Norte?

Pocahontas era la hija del cacique powhatan. Él era el líder de los indígenas powhatan, que vivían cerca de Jamestown.

» Los indígenas enseñaron a los Peregrinos a cultivar maíz.

Otro asentamiento inglés

Las primeras personas que vivieron donde hoy está Plymouth, Massachusetts, fueron los wampanoag. Pescaban en el océano Atlántico, que estaba cerca, y sembraban maíz y otros cultivos.

Los Peregrinos llegan a Plymouth

En 1620, un barco llamado el *Mayflower* trajo más colonizadores de Inglaterra a América del Norte. Querían vivir donde tuvieran libertad para practicar su religión. Como viajaron por razones religiosas, les dicen Peregrinos.

Los Peregrinos buscaron un buen lugar para hacer un asentamiento. Encontraron un puerto natural con aguas profundas donde los barcos podían acercarse a la costa. John Smith le había dado al lugar el nombre de Plymouth.

Línea cronológica ¿Cuál de estos asentamientos se formó primero?

Asentamientos europeos

1565
Pedro Menéndez de Avilés construye el fuerte de St. Augustine

1607
Se establece Jamestown en nombre del rey Jacobo I de Inglaterra.

1620
Un grupo de Inglaterra funda la comunidad de Plymouth.

1764
Pierre Laclède funda St. Louis en nombre de Francia.

1500 · 1600 · 1700 · 1800

El Pacto del Mayflower

Los Peregrinos escribieron un pacto, es decir un acuerdo, que establecía un gobierno para su comunidad. En el Pacto del Mayflower, los Peregrinos dijeron que harían leyes justas para la comunidad nueva. También prometieron obedecer esas leyes. Los Peregrinos tendrían su propio gobierno.

Repaso de la lectura **Secuencia**

¿Quiénes fueron los primeros habitantes que vivieron donde hoy está Plymouth, Massachusetts?

En el otoño de 1621, los Peregrinos celebraron su primera cosecha con los wampanoag. Muchos consideran que fue el primer festejo de Acción de Gracias.

Resumen Los exploradores europeos tomaron posesión de muchas áreas de América del Norte. Los colonizadores de diferentes países hicieron nuevas comunidades en lo que hoy es Estados Unidos.

Repaso

1. **Reflexiona** ¿Por qué los europeos hicieron comunidades en América del Norte?
2. **Vocabulario** ¿Cuál es la diferencia entre un **explorador** y un **colonizador**?
3. **Tu comunidad** Busca quién fundó tu comunidad.
4. **Razonamiento crítico** ¿Por qué crees que hubo conflicto entre los colonizadores y los indígenas?
5. **Hacer una tabla** Haz una tabla que muestre los primeros asentamientos. Incluye su ubicación, las fechas en que empezaron y quién los hizo.
6. Destreza clave **Secuencia** En una hoja de papel, copia y completa el siguiente organizador gráfico.

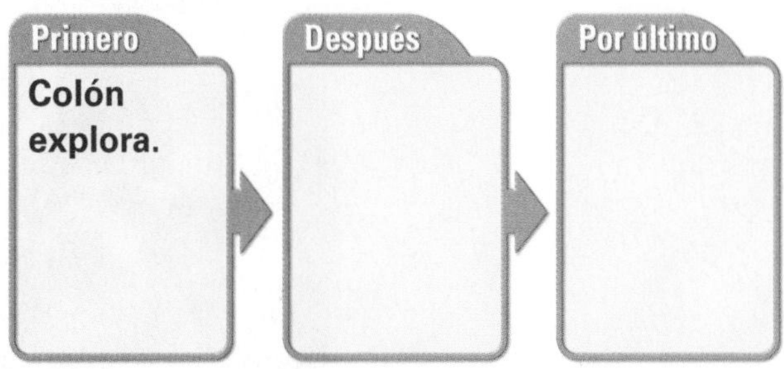

Lección 3

La lucha por la libertad

Reflexiona ¿Quiénes lucharon por nuestra libertad?

Vocabulario

libertad pág. 204
colonia pág. 204
impuesto pág. 205
revolución pág. 205
independencia pág. 206
constitución pág. 208
patriotismo pág. 208
presidente pág. 209

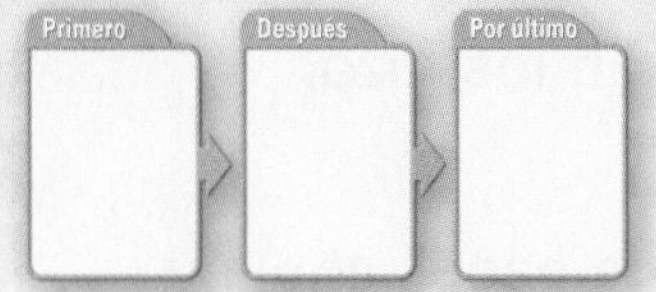

En Estados Unidos, tenemos muchas libertades. La **libertad** es el derecho de tomar tus propias decisiones. Es una de las ideas sobre las que se fundó nuestro país.

Libertad del dominio inglés

Hace mucho tiempo, la mayoría de los asentamientos en la costa este de América del Norte eran colonias que pertenecían a Inglaterra. Una **colonia** es un asentamiento gobernado por un país que está lejos. En el siglo XVIII, ya había 13 colonias. Estas colonias fueron el comienzo de lo que hoy es Estados Unidos.

Datos breves

El Motín del Té, en Boston, fue una medida que tomaron los colonos en 1773, enojados por los impuestos sobre el té. Los colonos tiraron 342 cajones de té al mar en el puerto de Boston.

Los colonos eran los habitantes de las 13 colonias. Durante mucho tiempo, no les importó vivir bajo el gobierno de Inglaterra. Pero más tarde, los legisladores de Inglaterra empezaron a aprobar leyes nuevas que los colonos consideraban injustas. Además, a los colonos les molestaba no poder participar en la creación de las leyes.

Muchas de las leyes incluían impuestos nuevos sobre productos traídos de Inglaterra, como el azúcar y el té. Un **impuesto** es dinero que se paga al gobierno.

En 1773, unos colonos tiraron el té al mar en el puerto de Boston. Este incidente se conoce como el Motín del Té de Boston. Los colonos decían que preferían eso antes que pagar impuestos.

Pronto, los colonos y los soldados enviados por Gran Bretaña empezaron a pelear. Esa lucha fue el comienzo de la Guerra de la Independencia, o Revolución Americana. En una **revolución**, se lucha por un cambio de gobierno.

Repaso de la lectura **Secuencia**
¿Qué pasó después de que Inglaterra obligó a los colonos a pagar impuestos nuevos?

Las trece colonias

New Hampshire
Maine (parte de Massachusetts)
New York
Massachusetts
Pennsylvania
Rhode Island
Connecticut
New Jersey
Delaware
Virginia
Maryland
Bahía de Chesapeake
North Carolina
South Carolina
Georgia
Océano Atlántico
N
O
E
S

Destreza con mapas **Regiones ¿Por qué crees que las 13 colonias estaban todas situadas en la costa este de lo que luego sería Estados Unidos?**

Se hace una Declaración

En 1776, John Adams, Benjamin Franklin, Thomas Jefferson y otros líderes de las colonias se reunieron en Philadelphia, Pennsylvania. Redactaron una declaración en la cual daban las razones por las que los colonos querían la independencia. **Independencia** significa liberarse del control de otro país.

La declaración que escribieron se llama la Declaración de Independencia. Dice que todas las personas tienen derecho a "la vida, a la libertad y a la búsqueda de la felicidad".

El 4 de julio de 1776, los líderes votaron a favor de la Declaración de Independencia. En ella, se decía que las colonias ya no pertenecían a Inglaterra. Ahora, eran los estados de un nuevo país: Estados Unidos de América.

La Declaración de Independencia fue redactada por Benjamin Franklin, John Adams y Thomas Jefferson.

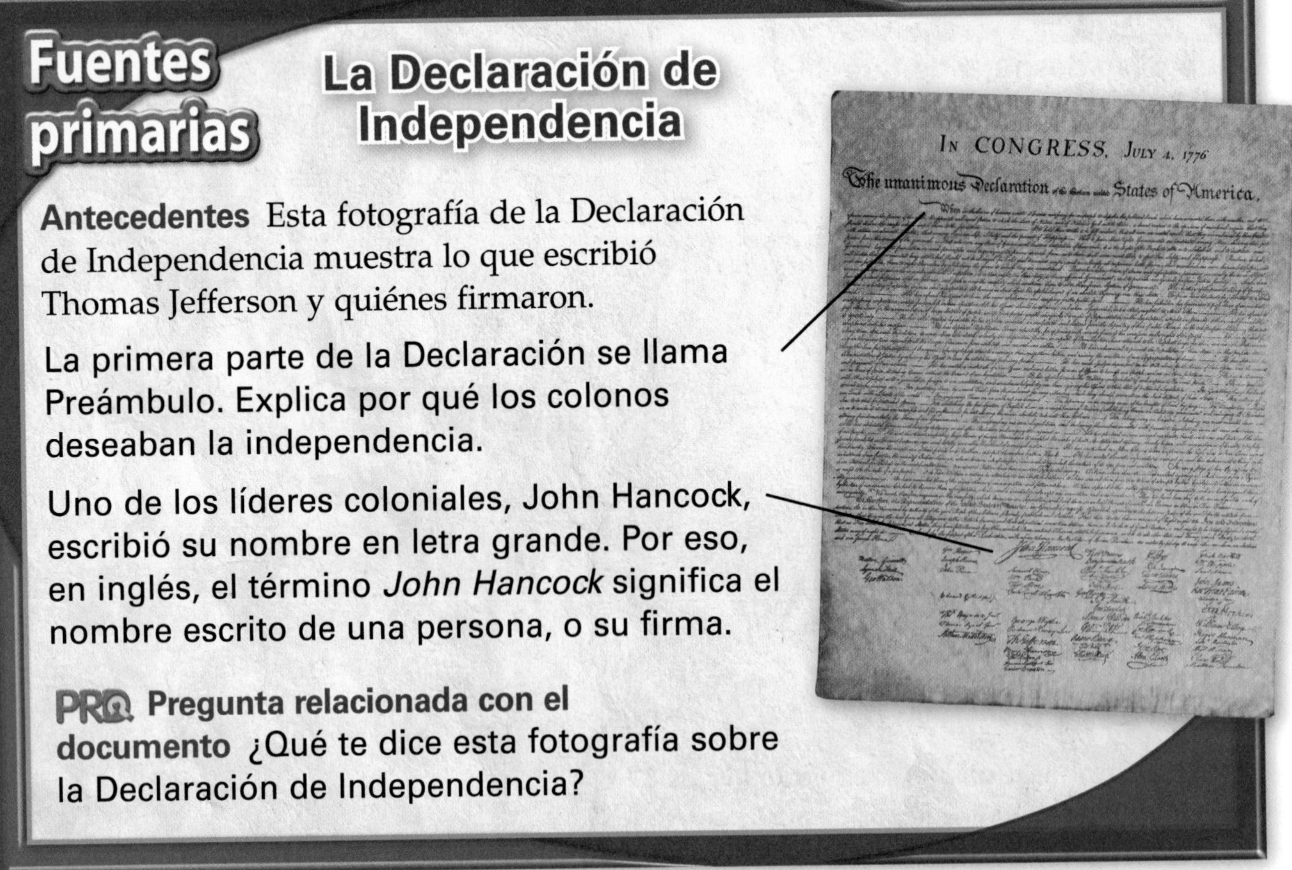

Fuentes primarias — La Declaración de Independencia

Antecedentes Esta fotografía de la Declaración de Independencia muestra lo que escribió Thomas Jefferson y quiénes firmaron.

La primera parte de la Declaración se llama Preámbulo. Explica por qué los colonos deseaban la independencia.

Uno de los líderes coloniales, John Hancock, escribió su nombre en letra grande. Por eso, en inglés, el término *John Hancock* significa el nombre escrito de una persona, o su firma.

PRD Pregunta relacionada con el documento ¿Qué te dice esta fotografía sobre la Declaración de Independencia?

Este grabado muestra a George Washington y su ejército en Morristown, New Jersey.

Empieza la guerra

La Guerra de la Independencia comenzó en 1775, un año antes de escribirse la Declaración de Independencia. George Washington fue elegido para dirigir las tropas americanas contra los británicos.

El ejército de Washington estaba formado por colonos que querían ayudar. No estaban bien entrenados y a veces tenían que conseguir provisiones en los pueblos por los cuales estaban peleando. En cambio, los soldados ingleses estaban bien entrenados y sus provisiones llegaban por barco desde Inglaterra.

Los soldados americanos pelearon muchas batallas. Ganaban unas, pero perdían otras. En 1783, finalmente ganaron la guerra y su independencia de Inglaterra. Hoy, Estados Unidos sigue siendo un país independiente.

Repaso de la lectura **Secuencia**

¿La Declaración de Independencia se escribió antes o después de que comenzó la Guerra de la Independencia?

Los soldados americanos usaban ropa como esta en la Guerra de la Independencia.

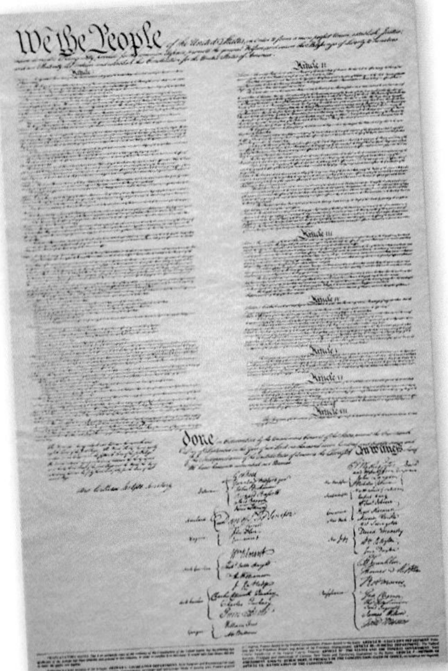

La Constitución de Estados Unidos

Se hacen leyes nuevas

Después de la guerra, los habitantes de Estados Unidos podían hacer sus propias leyes. Formaron un gobierno para la nación nueva, pero el gobierno resultó débil. En 1787, los líderes del país decidieron que necesitaban una constitución nueva. Una **constitución** es un conjunto de leyes escritas que dicen cómo va a funcionar un gobierno.

Los líderes querían formar un gobierno que tuviera la fuerza necesaria para hacer las cosas, pero que no le quitara a la gente sus libertades. Se reunieron en Philadelphia para redactar la Constitución de Estados Unidos. En 1789, se aprobó la Constitución.

La Constitución ayudó a establecer la república de Estados Unidos. Los líderes estaban orgullosos del país que habían creado. El sentimiento de orgullo que uno siente por su país se llama **patriotismo**.

Esta pintura muestra la firma de la Constitución de Estados Unidos.

Nuestro primer presidente

La nueva Constitución decía que los habitantes debían elegir un **presidente**, es decir un líder para el país. El 30 de abril de 1789, los americanos eligieron al general George Washington para que fuera su primer presidente. Muchos lo llaman "el padre de nuestro país".

Repaso de la lectura **Secuencia**
¿Qué pasó después de que se aprobó la Constitución?

George Washington llega a New York City para tomar el cargo de presidente.

Resumen En la Guerra de Independencia, los colonos americanos lucharon por independizarse de Inglaterra. Después de la guerra, sus líderes escribieron la Constitución de Estados Unidos de América.

La moneda de 25 centavos de dólar tiene el rostro de George Washington.

Repaso

1. **Reflexiona** ¿Quiénes lucharon por nuestra libertad?
2. **Vocabulario** ¿Cómo se relacionan la **libertad** y la **independencia**?
3. **Civismo y gobierno** ¿Qué documento escribieron los líderes de Estados Unidos para formar un gobierno nuevo?
4. **Razonamiento crítico** **Aplícalo** ¿Qué cosas serían distintas en tu vida si los colonos no hubieran ganado su independencia?
5. **Hacer una línea cronológica** Haz una línea cronológica de los sucesos importantes de la lucha de los colonos por la libertad.
6. Destreza clave **Secuencia** En una hoja de papel, copia y completa el siguiente organizador gráfico.

Franklin y Jefferson

“Tenemos por evidentes estas verdades: que todos los hombres son creados iguales; que son dotados por su Creador de ciertos Derechos inalienables; que entre ellos se cuentan la Vida, la Libertad y la búsqueda de la Felicidad”.

—La Declaración de Independencia

La importancia del carácter

¿Cómo mostraron Franklin y Jefferson su patriotismo?

Era junio de 1776. Los líderes de las 13 colonias pensaban en una sola cosa: escribir una Declaración de Independencia. Para que los ayudaran, eligieron algunas de las mentes más brillantes de las colonias. Pidieron a Thomas Jefferson que la redactara con la ayuda de Benjamin Franklin y John Adams.

Thomas Jefferson y Benjamin Franklin venían de contextos muy distintos. Jefferson era un rico terrateniente de Virginia con educación universitaria. Franklin era de una familia de clase trabajadora. Fue a la escuela solo dos años y empezó a trabajar a los diez años de edad.

Benjamin Franklin

Thomas Jefferson

Este cuadro se titula *El Congreso vota por la Declaración de Independencia.*

Sin embargo, Jefferson y Franklin se parecían en muchos aspectos. Ambos eran grandes escritores y pensadores. Les encantaban las ciencias y las ideas nuevas. Amaban a su patria y pensaban que podía y debía ser un país libre y unido. Trabajaban por su sueño: un país gobernado por su pueblo.

El 4 de julio de 1776, los líderes de las 13 colonias aprobaron la Declaración en la que Jefferson y Franklin habían trabajado con tanto esfuerzo. Con la ayuda de estos dos grandes patriotas, Estados Unidos de América empezó su vida como nación.

La primera página del borrador hecho por Thomas Jefferson de la Declaración de Independencia.

Visita **www.harcourtschool.com/ss1** para hallar más recursos en Internet.

1700 — 1830

- **1775** Jefferson y Franklin representan a su estado en el Congreso Continental.
- **1776** Jefferson, Franklin y John Adams escriben la Declaración de Independencia.
- **1787** Franklin firma la Constitución de Estados Unidos.
- **1801** Jefferson se convierte en el tercer presidente de Estados Unidos.

Lección 4 Crecimiento y cambio

Reflexiona ¿Cómo creció y cambió Estados Unidos?

Vocabulario

pionero pág. 214

guerra civil pág. 216

territorio pág. 217

enmienda pág. 217

inmigrante pág. 218

Secuencia

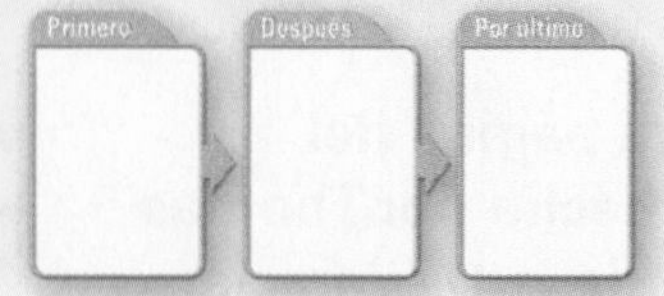

Después de la Guerra de la Independencia, los estadounidenses comenzaron a viajar más hacia el oeste. Se mudaron al otro lado de los montes Apalaches, hacia el río Mississippi. Muchos pensaban que algún día Estados Unidos se extendería de un océano al otro.

La Compra de Louisiana

En 1803, el presidente Thomas Jefferson compró a los franceses una extensión de tierra enorme llamada Louisiana. La Compra de Louisiana aumentó el tamaño de Estados Unidos a más del doble. Ahora, la nación se extendía desde la costa este hasta las montañas Rocosas.

Meriwether Lewis y William Clark (centro) exploraron el Oeste con Sacagawea (derecha) y York (izquierda).

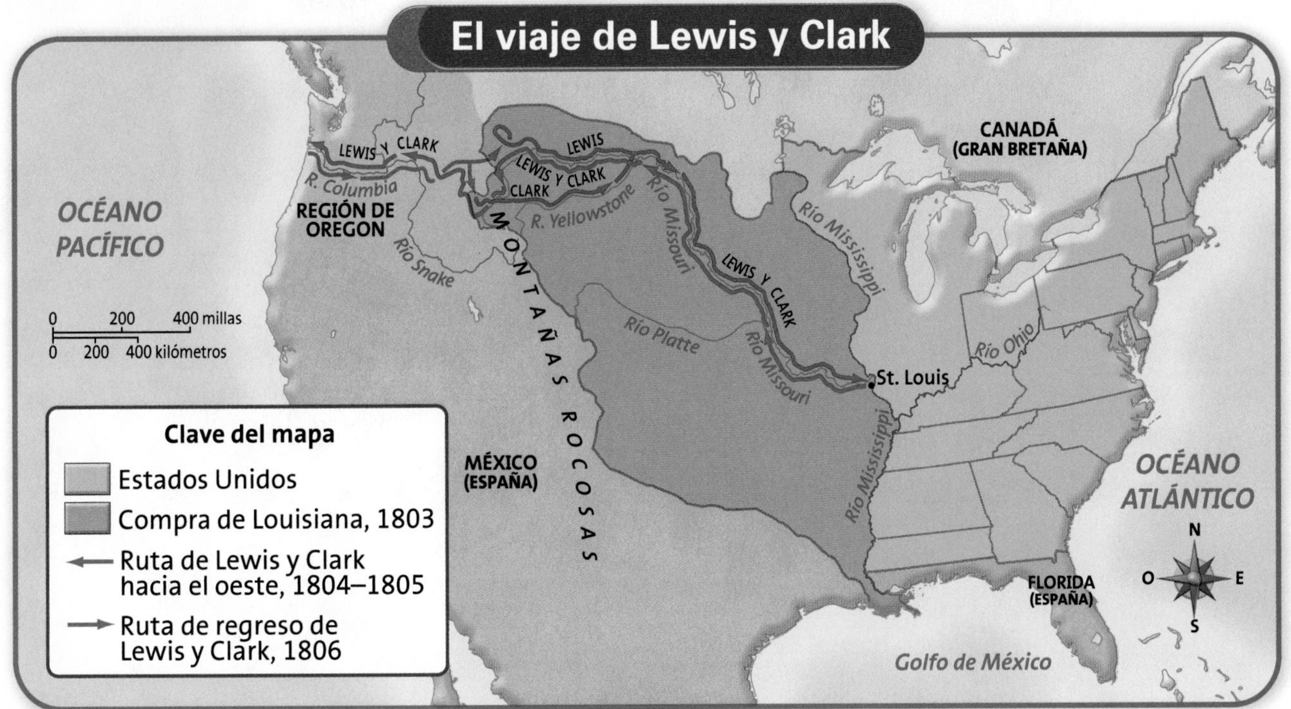

Destreza con mapas **Destreza con mapas Movimiento ¿En qué dirección viajaron Lewis y Clark al comienzo de su viaje?**

El Cuerpo de Descubrimiento

El presidente Jefferson pidió a Meriwether Lewis y William Clark que exploraran las tierras de la Compra de Louisiana. También pidió que buscaran un camino para llegar al océano Pacífico.

Lewis y Clark viajaron con casi 40 personas más, entre ellas soldados y guías. Se llamaron a sí mismos el Cuerpo de Descubrimiento. Uno de los miembros del cuerpo era York, un afroamericano que tenía aptitudes para la caza y la pesca.

Sacagawea, una indígena de la tribu shoshone, fue la guía de Lewis y Clark y los ayudó a encontrar pasos entre las montañas.

Repaso de la lectura **Secuencia**

El Cuerpo de Descubrimiento, ¿se formó antes o después de la Compra de Louisiana?

La brújula que usó William Clark

Muchas veces, los niños no podían viajar en el carromato porque estaba lleno de bienes.

Los pioneros usaban batidora para hacer su propia mantequilla.

La conquista del Oeste

En su viaje, Lewis y Clark hicieron dibujos y escribieron sobre las plantas, los animales y los indígenas que conocieron. También dibujaron mapas para mostrar los ríos y los caminos entre las montañas. Con esta información, se abrieron las tierras del oeste para asentamientos nuevos. Muchas personas quisieron conocer esas tierras cuando oyeron o leyeron sobre ellas.

Los pioneros

En el siglo XIX, muchos se fueron al oeste. Viajaban en largas filas de carromatos, o carretas cubiertas. Entre los **pioneros**, o sea los primeros colonizadores de los territorios nuevos, había hombres, mujeres y niños.

Los pioneros tenían muchas razones para mudarse. Unos deseaban tierra para la agricultura. Otros querían conseguir trabajo nuevo en el Oeste.

La vida en el Oeste

Viajar al oeste era muy duro. A lo largo del camino, los pioneros sufrían enfermedades, accidentes y el mal tiempo. Algunas regiones eran peligrosas por los conflictos con los indígenas.

Cuando se establecían, la vida no era más fácil para los pioneros. Primero, tenían que encontrar agua. Muchos se establecían cerca de ríos y lagos. Otros cavaban pozos para alcanzar el agua bajo la tierra.

Luego, necesitaban vivienda. En las llanuras, unos construían sus casas en los lados de grandes montículos de hierba y barro. En los bosques, cortaban árboles y construían cabañas con los troncos. También sembraban huertas para cultivar alimentos.

Repaso de la lectura **Secuencia**

¿Qué era lo primero que tenían que buscar los pioneros al establecerse?

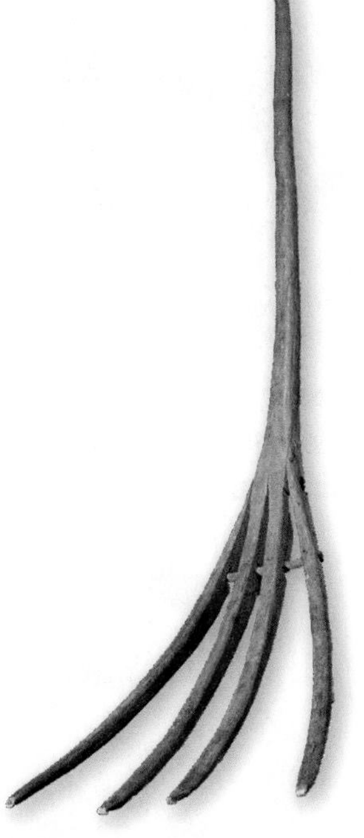

Una horquilla de los pioneros

Los niños en la historia

Escuelas de los pioneros

Los niños de los pioneros iban a la escuela todos los días menos el domingo. En el siglo XIX, los niños se quedaban en casa en verano para ayudar a sus padres a sembrar y cosechar. Las escuelas tenían un solo salón. Había muy pocos libros en los primeros salones y muchas veces, los niños tenían que memorizar las lecciones. La maestra enseñaba en el mismo salón a los niños de los ocho grados. Las materias eran matemáticas, lectura, ortografía y geografía. Después del almuerzo, los estudiantes podían jugar afuera. ¡Tenían toda una pradera como patio de juegos!

Aplícalo **¿En qué se parece tu escuela a la escuela de los pioneros?**

La Guerra Civil

En 1861, comenzó la Guerra Civil estadounidense entre los estados del Norte y los del Sur. En una **guerra civil**, los ciudadanos de un país luchan unos contra otros.

Los dos bandos tenían opiniones diferentes sobre muchas cosas, entre ellas la esclavitud. Muchas personas del Norte pensaban que la esclavitud era mala. Querían una ley que dijera que nadie podía tener esclavos en el país. Muchos en el Sur no estaban de acuerdo: su forma de vida se basaba en el trabajo gratuito de los esclavos en las plantaciones, o granjas muy grandes.

Harriet Tubman ayudó a los esclavos a escapar a la libertad.

Frederick Douglass escribió y habló contra la esclavitud.

Destreza con mapas **Regiones** **Los estados del Norte se llamaban los Estados de la Unión. Los estados fronterizos eran parte de la Unión pero todavía tenían esclavos. ¿Dónde estaban los estados fronterizos?**

Los estados durante la Guerra Civil

CLAVE DEL MAPA
- Estado de la Unión
- Estado fronterizo
- Estado confederado
- Territorio

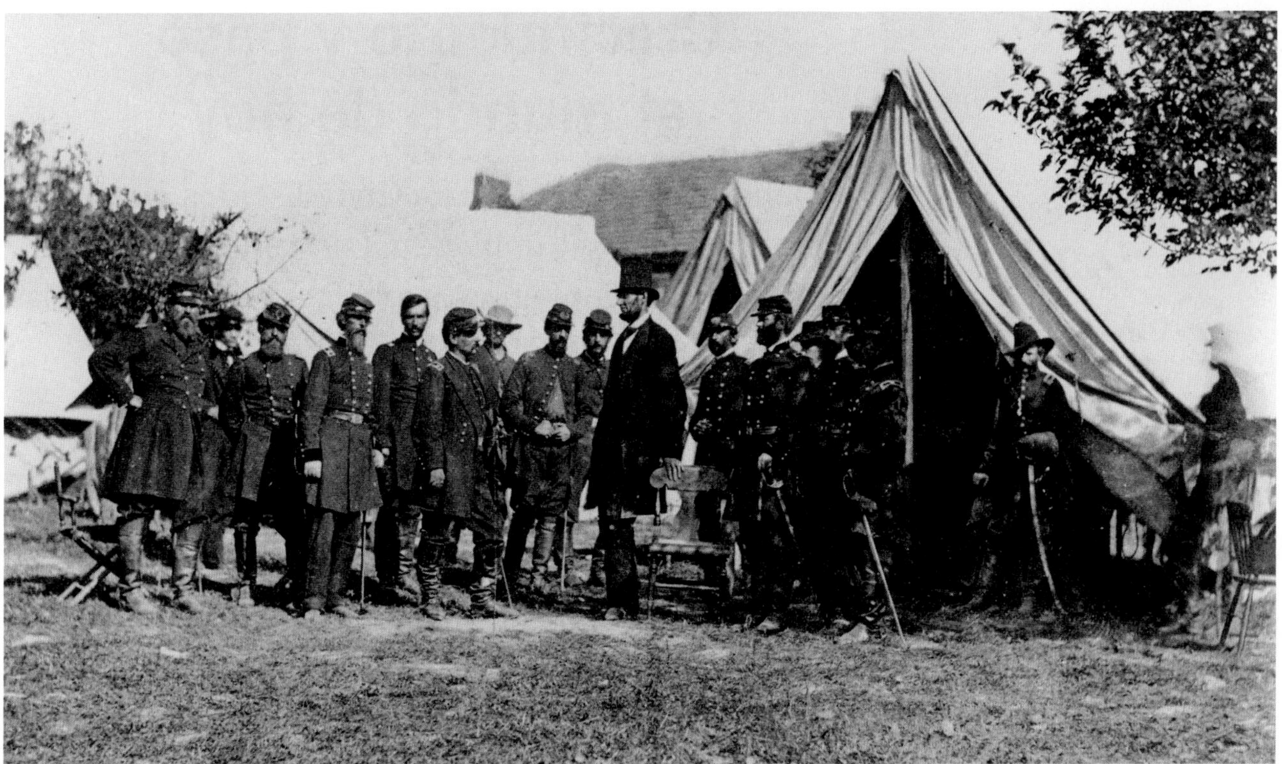

➤ Abraham Lincoln (centro) se reúne con las tropas del Norte durante la Guerra Civil.

Abraham Lincoln

Los estados del Sur comenzaron su propio país, los Estados Confederados de América. Abraham Lincoln, el presidente de Estados Unidos, creía firmemente que el país tenía que seguir unido.

Lincoln también pensaba que no se debía permitir la esclavitud en los territorios nuevos. Un **territorio** es tierra que pertenece a un gobierno, pero que no es un estado ni una colonia. En 1863, Lincoln firmó la Proclamación de Emancipación. Esta ordenaba que muchos esclavos en los Estados Confederados quedaban libres.

La Guerra Civil terminó en 1865. Poco después, se aprobó la enmienda número 13 de la Constitución. Una **enmienda** es un cambio que se hace a algo que ya está escrito. Esta enmienda declaró ilegal a la esclavitud.

Repaso de la lectura **Causa y efecto**
¿Cuál fue uno de los efectos de la Guerra Civil?

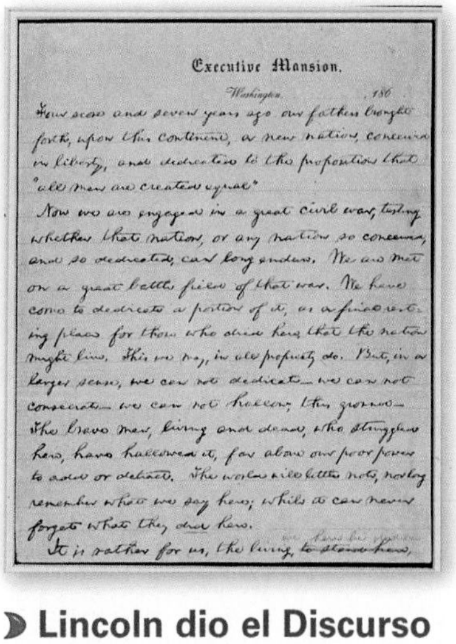

Executive Mansion.

Washington, , 186

Four score and seven years ago our fathers brought forth, upon this continent, a new nation, conceived in liberty, and dedicated to the proposition that "all men are created equal"

Now we are engaged in a great civil war, testing whether that nation, or any nation so conceived, and so dedicated, can long endure. We are met on a great battle field of that war. We have come to dedicate a portion of it, as a final resting place for those who died here, that the nation might live. This we may, in all propriety do. But, in a larger sense, we can not dedicate—we can not consecrate—we can not hallow, this ground—The brave men, living and dead, who struggled here, have hallowed it, far above our poor power to add or detract. The world will little note, nor long remember what we say here; while it can never forget what they did here.

It is rather for us, the living, ~~to stand here,~~

➤ Lincoln dio el Discurso de Gettysburg para honrar a los soldados que habían muerto en una batalla famosa.

Crecimiento y paso al mundo de hoy

Cuando terminó la Guerra Civil, Estados Unidos siguió creciendo y cambiando. Los cambios en el transporte, la tecnología y la población afectaron a las comunidades.

De un océano a otro

En 1869, las vías ferroviarias que comenzaban en la costa este se habían conectado con las que comenzaban en la costa oeste. En todo el país, se construían rutas nuevas para viajar. Gracias a estos cambios, se podían establecer comunidades nuevas en otras áreas.

Los barcos traían más inmigrantes a Estados Unidos. Los **inmigrantes** llegan a vivir a un país desde otra parte del mundo. Hoy, siguen viniendo inmigrantes a Estados Unidos.

Para 1959, Hawaii y Alaska se habían convertido en estados. En menos de 200 años, Estados Unidos pasó de ser una pequeña nación de 13 estados a ser una nación grande con 50 estados.

Un avión vuela sobre San Diego, California.

La exploración espacial

En la década de 1960, algunas personas de Estados Unidos comenzaron a explorar otra área nueva: el espacio. En 1969, los astronautas Neil Armstrong y Edwin Aldrin caminaron en la Luna. Hoy, las naciones trabajan juntas para explorar el espacio.

Repaso de la lectura **Resumir**
¿Qué cambios ocurrieron después de la Guerra Civil?

Resumen Los asentamientos en el Oeste y la Guerra Civil cambiaron a Estados Unidos. Los cambios continúan en el presente.

La Estación Espacial Internacional gira alrededor de la Tierra.

Repaso

1. **Reflexiona** ¿Cómo creció y cambió Estados Unidos?
2. **Vocabulario** Escribe una oración con el término **guerra civil**.
3. **Cultura** ¿En qué se diferenciaba la vida de los pioneros de la vida de aquellos que no viajaban al oeste?
4. **Razonamiento crítico** ¿Qué cosas serían distintas en Estados Unidos si no se hubiera hecho la Compra de Louisiana?
5. **Escribir una entrada en un diario de viaje** Imagina que eres un pionero. Escribe una entrada en tu diario de viaje y cuenta sobre tu viaje al oeste.
6. Destreza clave **Secuencia** En una hoja de papel, copia y completa el siguiente organizador gráfico.

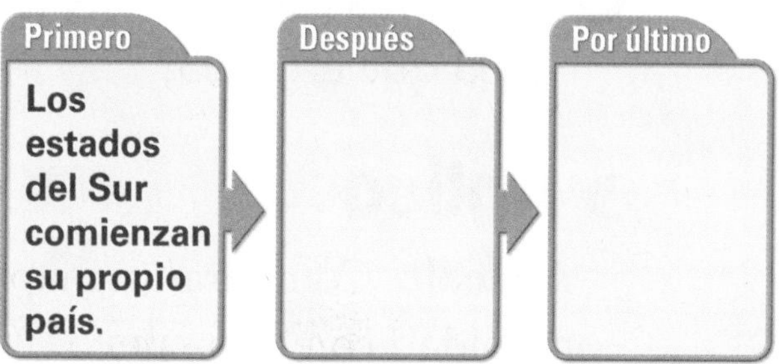

Comparar mapas históricos

Por qué es importante Comparando mapas que muestran la misma área en momentos diferentes de su historia, puedes ver cómo ha cambiado la zona. También puedes ver lo que sigue igual.

Aprende

Un **mapa histórico** muestra cómo se veía un lugar en el pasado. Los mapas de la página 221 muestran a Estados Unidos en dos momentos. El primero muestra a Estados Unidos justo antes de la compra de Louisiana en 1803. El segundo muestra a Estados Unidos en 1903.

Practica

Mira las claves de los mapas para saber qué representa cada color, línea o rótulo. Luego, consulta los mapas para responder a las siguientes preguntas.

1. ¿Qué río marcaba la frontera occidental de Estados Unidos antes de la Compra de Louisiana?
2. ¿Cuántos estados más tenía Estados Unidos en 1903 que en 1803?

Aplica

Aplícalo Compara un mapa antiguo de tu comunidad con uno nuevo. ¿Qué ha cambiado? ¿Qué ha seguido igual?

Este telescopio perteneció a Meriwether Lewis.

Estados Unidos en 1803

Estados Unidos en 1903

Fuentes primarias

El Cuerpo de Descubrimiento

Antecedentes En 1804, Lewis y Clark salieron de su campamento cerca de St. Louis, Missouri, para hacer un histórico viaje hacia el oeste. Su paso por las tierras de la Compra de Louisiana hasta llegar al océano Pacífico duró más de dos años.

PRD **Preguntas relacionadas con el documento** Estudia estas fuentes primarias y luego responde a las preguntas.

Mapa

Lewis y Clark dibujaron este mapa durante su viaje.

PRD 1 ¿Por qué hay pocos detalles en algunas áreas del mapa?

Costurero

El grupo de Lewis y Clark llevaba costureros para coser tiendas de campaña y sábanas, y para remendar la ropa.

PRD 2 ¿Por qué sería necesario un costurero en el viaje?

Un sombrero de los nootka

Lewis y Clark recibieron este sombrero de mimbre de los indígenas cerca del río Columbia.

PRQ ❸ ¿Por qué desearían los exploradores llevarse artesanías indígenas?

Medalla de la paz

Lewis y Clark daban medallas de la paz y otros regalos a los indígenas.

PRQ ❹ ¿Por qué la medalla de la paz tiene grabado el rostro de Thomas Jefferson?

Thomas Jefferson

Diario de viaje del capitán Clark

El capitán Clark escribía sus aventuras en un diario de viaje.

PRQ ❺ ¿Qué podrían decir las notas de Clark sobre las tierras que vio?

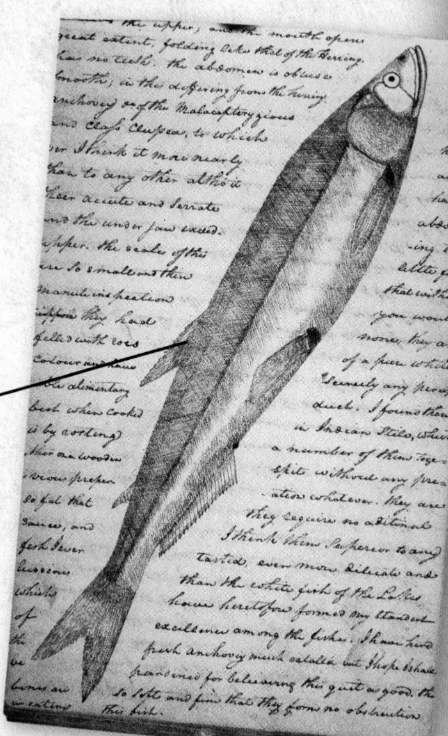

Clark ilustraba su diario de viaje con dibujos.

Escribe sobre el tema

¿Qué dicen del viaje estas fuentes primarias?

Visita **www.harcourtschool.com/ss1** para hallar más recursos en Internet.

Explora la historia de tu comunidad

En esta unidad, leíste sobre la historia de Estados Unidos y muchas de sus comunidades. También puedes explorar el pasado de tu propia comunidad. Los siguientes pasos te explican cómo responder a la siguiente pregunta.

¿Cómo era mi comunidad hace mucho tiempo?

Paso 1 Usa los recursos de tu comunidad, como Internet o los periódicos, para saber qué lugares históricos hay cerca de tu ciudad.

Paso 2 Haz una lista de los lugares históricos de tu comunidad.

Paso 3 Comenta qué tienen en común.

Paso 4 Elige el lugar histórico que más te interesa. Busca más información sobre él y luego comparte lo que encontraste con un compañero.

Usa los recursos de tu comunidad

Los recursos de tu comunidad

- Bibliotecas
- Museos
- Sociedades históricas
- Lugares históricos

Hacer una línea cronológica de la comunidad

Haz una línea cronológica ilustrada de tu comunidad. Comienza la línea con la fecha en que fue fundada. Debajo de la fecha, pon una fotografía del fundador de tu comunidad. Agrega otros sucesos importantes a tu línea cronológica e ilústralos.

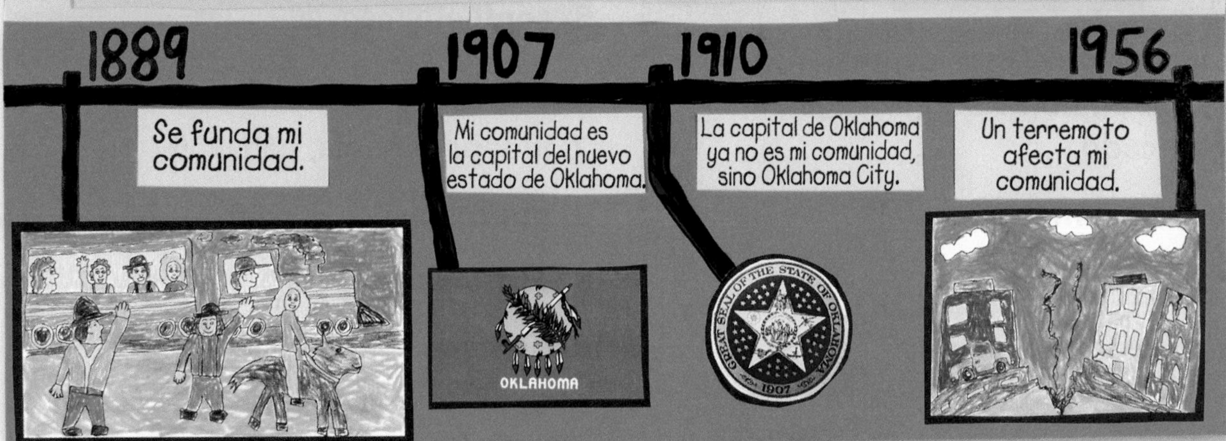

Tiempos

1400

1600

Resumen visual

1492 Cristóbal Colón llega a América del Norte.

1620 Los Peregrinos fundan Plymouth en Massachusetts.

Resume el capítulo

Secuencia Completa el siguiente organizador gráfico para mostrar que comprendes la secuencia de sucesos en el capítulo.

Primero	Después	Por último
Los indígenas formaron las primeras comunidades en América del Norte.		La Compra de Louisiana aumentó el tamaño de Estados Unidos a más del doble.

Vocabulario

Con cada palabra o expresión, escribe una oración que diga su significado.

1. **tradición oral**, pág. 190
2. **vivienda**, pág. 191
3. **explorador**, pág. 196
4. **asentamiento**, pág. 197
5. **conflicto**, pág. 200
6. **impuesto**, pág. 205
7. **independencia**, pág. 206
8. **guerra civil**, pág. 216
9. **territorio**, pág. 217
10. **inmigrante**, pág. 218

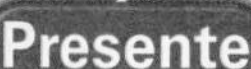

Preparación para la prueba

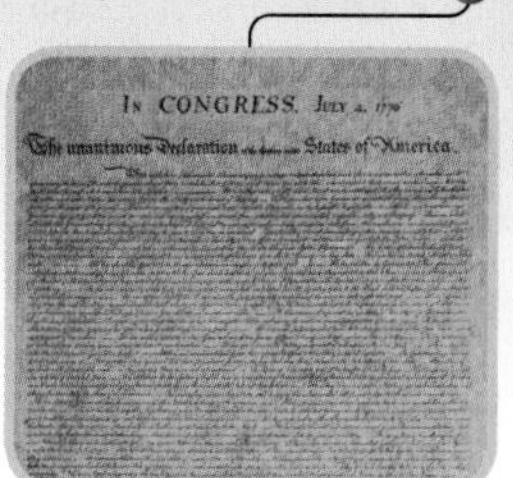

1776
Se aprueba la Declaración de Independencia.

1861
Comienza la Guerra Civil.

1969
Los astronautas Neil Armstrong y Edwin Aldrin caminan en la Luna.

Ideas principales y datos

Responde a las siguientes preguntas.

11. ¿Qué pasó durante el Motín del Té de Boston?

12. ¿Por qué se mudaron los pioneros al oeste en el siglo XIX?

13. ¿Qué fue la Proclamación de Emancipación?

Escribe la letra de la mejor opción.

14. ¿Quiénes fueron las primeras personas que vivieron en América del Norte?
A los españoles
B los franceses
C los Peregrinos
D los indígenas

15. ¿Cuál es el asentamiento europeo más antiguo que todavía existe donde hoy es Estados Unidos?
A Jamestown, Virginia
B St. Louis, Missouri
C St. Augustine, Florida
D Plymouth, Massachusetts

Razonamiento crítico

16. ¿Por qué crees que St. Louis, Missouri, creció entre 1763 y el siglo XIX?

17. **Aplícalo** ¿Cómo crees que sería nuestro país sin la Constitución?

Destrezas

Comparar mapas históricos
Consulta el mapa de la página 221 para responder a la siguiente pregunta.

18. En 1803, ¿qué país tomó posesión de la tierra que luego se convirtió en el Territorio de Arizona?

Redacción

Escribir un discurso Imagina que vives en una de las 13 colonias de Gran Bretaña. Escribe un discurso para convencer a otros colonos de que se unan a tu lucha por la libertad.

Escribir una entrada en un diario de viaje Imagina que eres Lewis o Clark. Escribe una entrada en un diario de viaje sobre un día de tu expedición.

Completa

¿Qué palabra es? Completa las letras que faltan.

Pista	Palabra
10 décadas	_ i _ l o
lo que tienen todos los ciudadanos	_ e r e_ h _ s
muy viejo	_ n t_ g _ o
le gusta construir cosas	i n _ e n _ e r o
hace la vida más fácil	_ e c _ o l o _ í a
el gobierno de la antigua Grecia	_ e _ o c r _c _a

¿Qué fue primero?

¿Qué objeto de cada par se inventó primero?

o

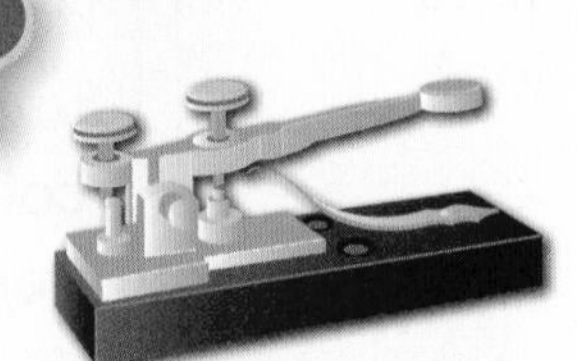

Ta-te-ti de personas

Juega al ta-te-ti de los exploradores e inventores. Encuentra tres exploradores o tres inventores que formen una hilera.

 Hermanos Wright	 William Clark	 Sacagawea
 Meriwether Lewis	 Neil Armstrong	 Elisha Otis
 Alexander Graham Bell	 Juan Ponce de León	 Henry Ford

Aventuras en línea

Eco está en una excursión en el museo del tiempo, pero algo está mal. ¡Se mezclaron todos los tiempos y lugares! Si tú y Eco no resuelven el misterio en este juego en línea, el pasado tal vez nunca vuelva a ser el mismo. Juega ahora mismo este juego en inglés en **www.harcourtschool.com/ss1**

Unidad 3

Preparación para la prueba 

La gran idea

Historia Cada comunidad tiene su propia historia. Con el paso del tiempo, algunas características de las comunidades cambian, mientras que otras siguen iguales.

Comprensión de la lectura y vocabulario

La historia de las comunidades

Cada comunidad tiene una historia distinta. La gente cambia a las comunidades al compartir ideas e inventos. Los inventos han cambiado el modo de vida de las personas. Ciertas ideas, como la democracia y los derechos civiles, también producen cambios en las comunidades.

Las primeras comunidades de nuestra nación estaban formadas por indígenas. Después, los exploradores y colonizadores europeos formaron comunidades nuevas en América del Norte. Más tarde, los colonos de las 13 colonias de Inglaterra lucharon por su libertad. Hoy, las comunidades de Estados Unidos siguen creciendo.

Lee el resumen anterior. Luego, responde a las siguientes preguntas.

1. ¿Cuál de los siguientes no ha cambiado a las comunidades?
- **A** los inventos
- **B** los automóviles
- **C** la continuidad
- **D** las ideas

2. ¿Qué son los derechos civiles?
- **A** ideas antiguas
- **B** trato igual bajo la ley
- **C** inventos
- **D** sucesos de la comunidad

3. ¿Qué es un explorador?
- **A** una persona que va a un lugar nuevo para investigarlo
- **B** un pionero
- **C** una persona que lucha por la independencia
- **D** un inventor

4. ¿Por qué pelearon los colonos en la Guerra de la Independencia?
- **A** por inventos nuevos
- **B** por la continuidad
- **C** por ideas nuevas
- **D** por la libertad

Ideas principales y datos

Responde a las siguientes preguntas.

5. ¿Qué inventos para el hogar nos cambiaron la forma de vida?
6. ¿Cómo conseguían alimentos los indígenas?
7. ¿Quién fue el presidente de Estados Unidos durante la Guerra Civil?

Escribe la letra de la mejor opción.

8. ¿Qué hizo George Stephenson que cambió las comunidades?
   A Luchó por los derechos civiles.
   B Votó a favor del sufragio femenino.
   C Escribió lemas.
   D Inventó una locomotora.
9. ¿Cómo ayudó John Smith a los pobladores de Jamestown?
   A No estaba de acuerdo con los indígenas.
   B Llevó esclavos a Jamestown.
   C Comerciaba con los indígenas para conseguir alimentos.
   D Estaba de acuerdo con John Rolfe.
10. ¿Cuál de las siguientes opciones describe a un soldado americano de la Guerra de Independencia?
    A bien entrenado
    B recibía suministros de Inglaterra
    C mal entrenado
    D no quería ayudar

Razonamiento crítico

11. ¿Qué podría haber pasado si Sacagawea no hubiera ayudado a Lewis y Clark?
12. **Aplícalo** ¿Cómo podría cambiar tu comunidad?

Destrezas

Comparar mapas históricos

Consulta los mapas de abajo para responder a la siguiente pregunta.

13. ¿Qué muestran estos mapas sobre cómo cambió Frankfort?

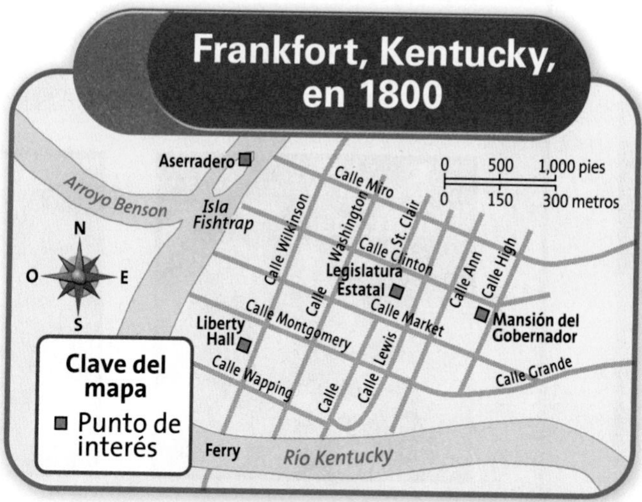

Unidad 3

Actividades

Muestra lo que sabes

Actividad de redacción

Escribir una entrada en un diario de viaje Imagina que visitas tu comunidad dentro de 100 años. Escribe una entrada en tu diario de viaje para describir tu experiencia.

- Explica qué cosas han cambiado.
- Menciona qué características de tu comunidad siguen iguales y por qué.

Proyecto de la unidad

Álbum histórico de la comunidad Haz un álbum histórico de tu comunidad.

- Investiga sobre tu comunidad.
- Escribe informes cortos sobre sucesos del pasado en tu comunidad.
- Pega las notas y los materiales visuales en un álbum.

Lecturas adicionales

- *Sara Morton's Day / A Day in the Life of a Pilgrim Girl,* por Kate Waters. Scholastic Paperbacks.

- *My brother Martin,* por Christine King Farris. Simon & Schuster Children's Publishing.

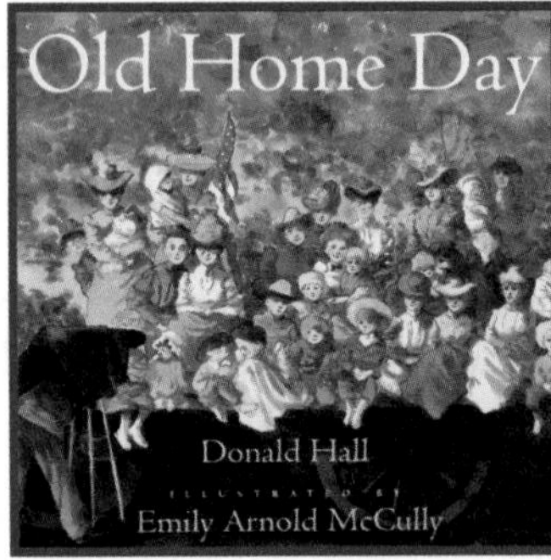

- *Old Home Day,* por Donald Hall. Browndeer Press.

Visita **www.harcourtschool.com/ss1** para hallar más recursos en Internet.

Unidad 4

Los ciudadanos y el gobierno

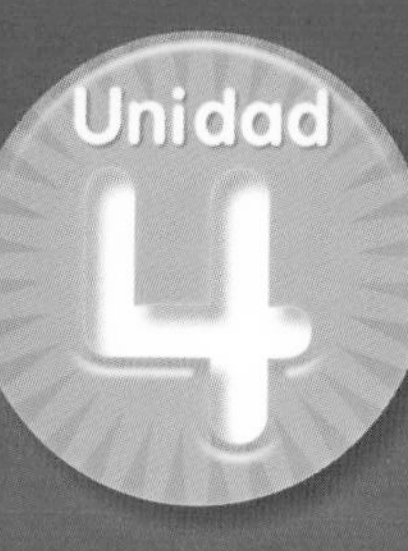

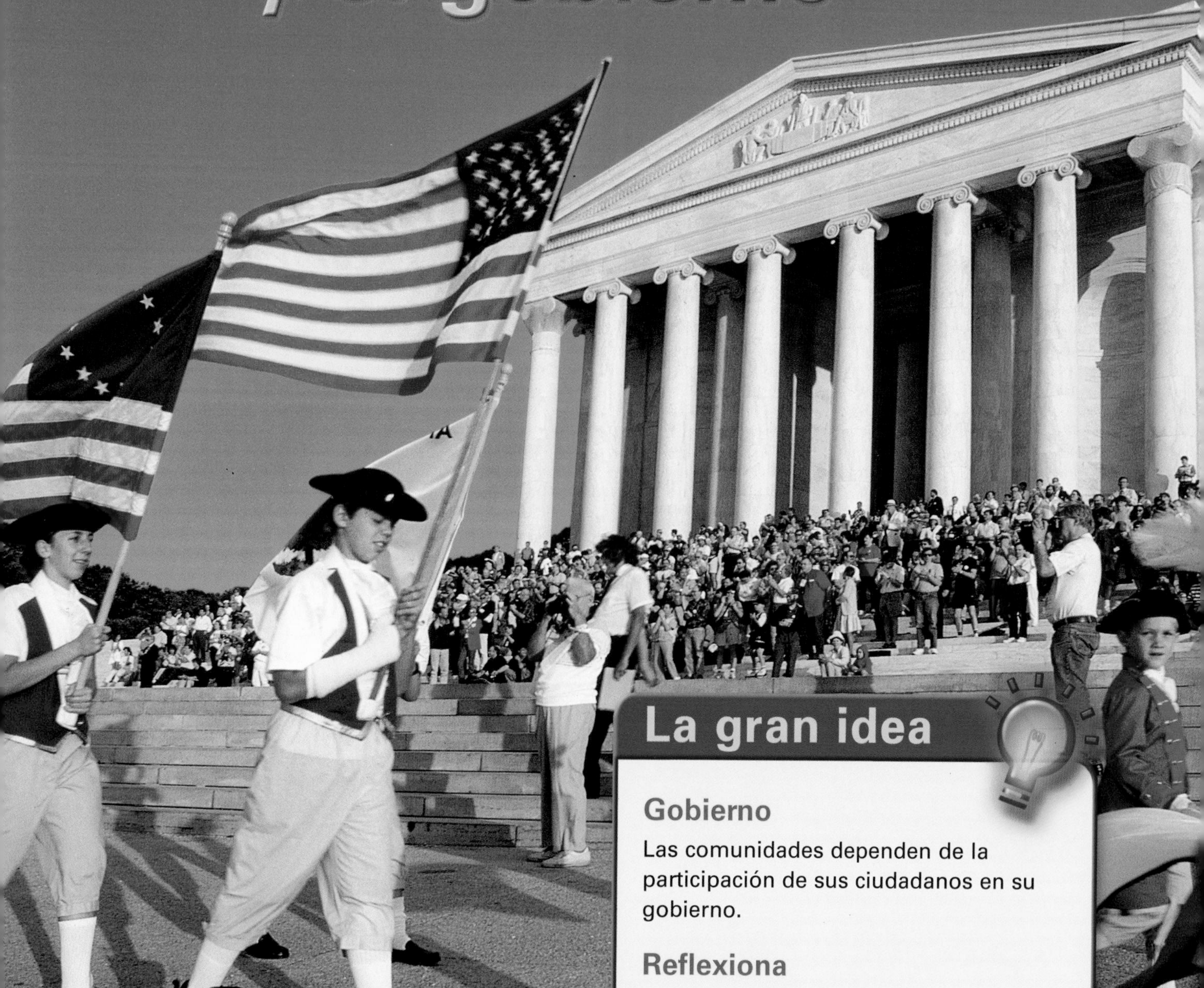

La gran idea

Gobierno

Las comunidades dependen de la participación de sus ciudadanos en su gobierno.

Reflexiona

- ¿Cuáles son nuestros derechos?
- ¿Cuáles son nuestras responsabilidades?
- ¿Cuáles son los tres poderes y los tres niveles de gobierno?
- ¿Cómo se gobiernan otras comunidades del mundo?

Habla sobre personas y gobierno

Francis Scott Key 1779–1843

Abogado americano que escribió *"The Star-Spangled Banner"* (La bandera adornada de estrellas)

Los ciudadanos y el gobierno

Rosa Parks
1913–2005
Líder de una comunidad que ayudó a los afroamericanos a adquirir sus derechos civiles

César Chávez
1927–1993
Fundador de un grupo que mejoró las condiciones de vida de muchos trabajadores del campo

Unidad 4

Presentación del vocabulario

elecciones El evento en que los ciudadanos votan. (página 246)

voluntario Una persona que decide trabajar sin que le paguen. (página 251)

servicio del gobierno Trabajo que hace el gobierno para todos los habitantes de una ciudad, un pueblo, un estado o un país. (página 267)

símbolo patriótico Algo que representa las ideas en las cuales cree la gente. (página 290)

monumento Algo que se construye para honrar a una persona o un suceso. (página 292)

Visita **www.harcourtschool.com/ss1** para hallar más recursos en Internet.

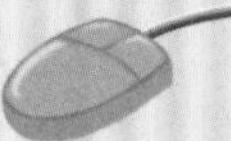

La lectura en los Estudios Sociales

Resumir

Por qué es importante Al resumir, puedes decir lo más importante de un pasaje en unas pocas oraciones.

Aprende

Cuando **resumes**, vuelves a decir la idea principal y los detalles de un pasaje con tus propias palabras.

Datos clave		Resumen
Idea importante de la lectura	→	**Información importante que leíste, acortada y escrita con tus propias palabras**
Idea importante de la lectura	→	

- Un resumen incluye solo las ideas principales y los detalles más importantes.
- Muchas veces, se puede resumir un párrafo, o incluso un pasaje completo, en una sola oración.

Practica

Lee el párrafo. Luego, resúmelo en una sola oración.

Dato clave

Indianapolis es la ciudad capital de Indiana. Como todas las capitales de un estado, esta es la sede del gobierno estatal, es decir, donde está ubicado. Muchos líderes de Indiana viven en la capital. Trabajan en los edificios del gobierno que están en la capital, pero sirven a todo el estado de Indiana.

Dato clave

Aplica

Lee los párrafos. Luego, responde a las preguntas.

Indianapolis: En el corazón de Indiana

En 1820, las autoridades estatales de Indiana querían una ciudad nueva para la capital del estado. En esa época, la capital era Corydon, en el sur del estado.

Los líderes de Indiana querían una ciudad capital más central, por lo que decidieron construir Indianapolis en el corazón de Indiana. En 1821, aprobaron una ley que convertía a Indianapolis en la nueva capital.

La ley nombraba a Alexander Ralston para proyectar la ciudad. Ralston había ayudado a proyectar Washington, D.C. Al igual que la capital de la nación, Indianapolis tiene muchas calles con los nombres de los 50 estados.

En el centro de la ciudad, Ralston diseñó un gran círculo de edificios del gobierno. También se construyó una casa para el líder del estado. Sin embargo, ningún líder ha vivido allí. ¡Nadie quería vivir en el centro de actividades de la ciudad!

Hoy, Indianapolis ha crecido y el círculo sigue siendo el centro de la ciudad. Entre los edificios del gobierno que lo rodean está el Congreso, donde se reúnen los legisladores. Indianapolis todavía es la sede del gobierno.

Resumir

1. ¿Cómo podrías resumir el pasaje?
2. ¿Qué datos clave te ayudaron a resumir?
3. Menciona algunos detalles que no son datos clave.

Se convirtió en ciudadano, ¡igual que yo!

relatado a Diane Hoyt-Goldsmith
por Shaddai Aguas Suarez
fotografías de Lawrence Migdale

Shaddai nació en Estados Unidos y por eso es ciudadana de este país. Esta es la historia de cómo el padre de Shaddai obtuvo la ciudadanía.

Por lo general, los adultos hacen las cosas primero. Pero aunque yo soy niña, me convertí en ciudadana de Estados Unidos mucho antes que mis padres. Ellos nacieron en Jalisco, México. Los dos vinieron como inmigrantes a Estados Unidos cuando eran jóvenes.

Mi papá era estudiante y quería ser abogado. Pero en ese momento, no tenía oportunidades en México. No tenía dinero para pagar la universidad ni para comprar libros. Mi padre decidió mudarse a Estados Unidos, donde podría convertir sus sueños en realidad.

Shaddai y su hermano ayudan a su madre a preparar la cena.

Al padre de Shaddai todavía le gusta pescar, como cuando era niño en México. Le gusta que Shaddai vaya con él.

El padre de Shaddai tiene su propio negocio de jardinería. Ayuda a sembrar flores y a cuidar el césped.

Mi madre es la mayor de once hermanos. Su madre se esforzaba por mantener la familia ella sola. Por eso, mi madre vino a Estados Unidos para conseguir un buen trabajo. Así, podría mandarle dinero a su familia en México.

Mi padre me contó que fue muy penoso dejar a su familia y mudarse a un país nuevo. Él fue a Santa Barbara, California, donde consiguió empleo. En el trabajo, mi padre aprendió a cultivar y cuidar rosas. Aunque muchas veces sentía tristeza y extrañaba su país, mi padre trabajó muy duro.

Cuando vino a Estados Unidos, mi padre hablaba solamente español. Sabía que debía aprender inglés para triunfar. Todas las noches, después del trabajo, iba a clases de ESL, que significa "inglés como segundo idioma". Estudió durante ocho meses. Finalmente aprendió lo necesario para empezar a hablar inglés.

Mis padres se conocieron en Santa Barbara y poco después se casaron. Mi hermano llegó primero y yo nací unos años después. Cuando yo empecé a ir a la escuela, mi padre decidió hacerse ciudadano.

Para él, convertirse en ciudadano costó mucho trabajo. Tuvo que estudiar la historia de Estados Unidos. Tuvo que aprender sobre la Constitución y la Declaración de Derechos. También tuvo que aprender a recitar el Juramento a la Bandera. Cuando lo aprendió, se sintió muy orgulloso.

Pronto, llegó el momento de presentar el Examen de Ciudadanía. Todos estaban seguros de que lo aprobaría, y así fue.

Luego, vino una ceremonia especial. En ese día feliz, junto con más de mil inmigrantes, mi padre prestó juramento como ciudadano de Estados Unidos. Todos recibieron un certificado de naturalización especial.

Después de estudiar durante meses, el padre de Shaddai estaba preparado para presentar el Examen de Ciudadanía.

Una amiga ayudó al padre de Shaddai a estudiar para el Examen de Ciudadanía.

Al padre de Shaddai le gusta jugar fútbol los fines de semana y toda la familia va a verlo.

Todos los años, el 17 de septiembre, mi familia celebra el Día de la Ciudadanía. Mi padre sabe que ese día, en 1787, se firmó la Constitución.

Él nos recuerda que tenemos motivos para estar agradecidos. Mi padre dice: "Este país nos dio todo lo que tenemos: nuestro hogar, nuestro trabajo y la posibilidad de vivir una vida mejor. En este país, todos tienen la oportunidad de triunfar, cualquiera sea su raza, religión u origen".

Responde

1. Destreza clave **Resumir** ¿Cómo se convirtió el padre de Shaddai en ciudadano de Estados Unidos?
2. **Aplícalo** Describe cómo ayudan en tu escuela a los estudiantes nuevos de otros países. ¿Cómo has ayudado tú a tus nuevos amigos?

Destrezas de estudio

USAR UNA TABLA DE S-QS-A

Una tabla de S-QS-A te ayuda a identificar lo que ya sabes sobre un tema y lo que quieres aprender.

- **Usa la columna S para anotar lo que sabes sobre un tema.**
- **Usa la columna QS para anotar lo que quieres saber.**
- **Usa la columna A para anotar lo que aprendiste después de leer.**

Civismo		
Sé	Quiero saber	Aprendí
Las comunidades tienen reglas y leyes.	¿Cómo ayudan las leyes a los ciudadanos? ¿Por qué es importante obedecer las leyes?	

PRESENTACIÓN DEL VOCABULARIO

responsabilidad pág. 248

jurado pág. 248

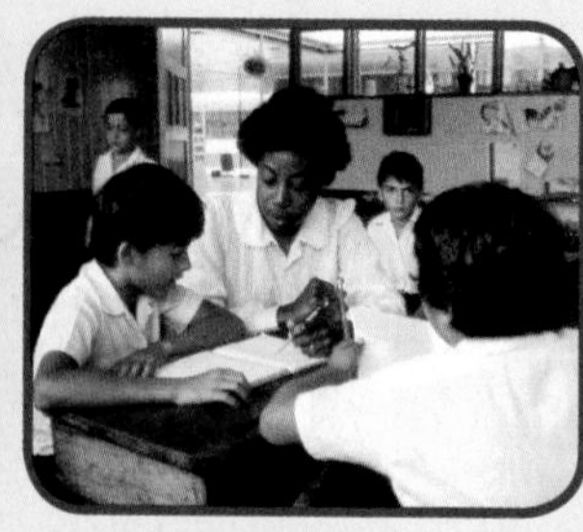

héroe pág. 257

CAPÍTULO

Civismo 7

Estos estudiantes sostienen una bandera americana de 15 estrellas y estudian la historia de Fort McHenry, Maryland.

Lección 1

Los derechos de los ciudadanos

Reflexiona ¿Cuáles son nuestros derechos?

Vocabulario

elegir pág. 246

elecciones pág. 246

boleta electoral pág. 246

gobierno por mayoría pág. 247

derechos de la minoría pág. 247

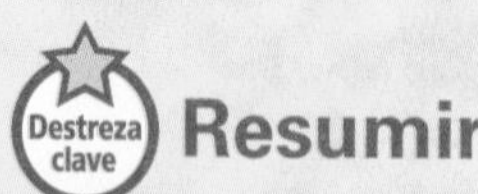

Resumir

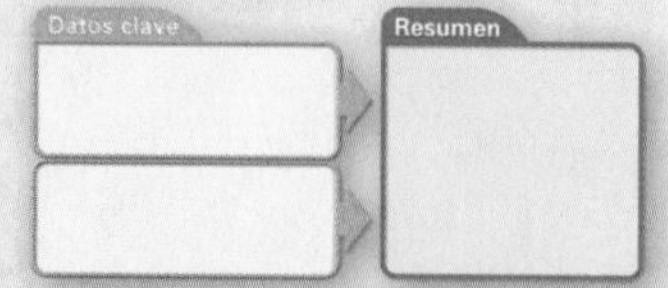

Todos los ciudadanos de Estados Unidos tienen ciertos derechos o libertades. Algunos de esos derechos aparecen en las primeras diez enmiendas de la Constitución. Estas diez enmiendas se conocen como la Declaración de Derechos. La Declaración de Derechos se agregó a la Constitución para proteger los derechos de los ciudadanos.

La Declaración de Derechos

En la Declaración de Derechos, se dan los derechos fundamentales que tienen todos los ciudadanos de Estados Unidos. El gobierno no puede quitar esos derechos. El respeto por los derechos de otros es un aspecto importante de ser un buen ciudadano.

Se puede observar la Constitución en Washington, D.C.

Algunos derechos fundamentales

La libertad de expresión es uno de nuestros derechos fundamentales. Gracias a esta libertad, los ciudadanos pueden hablar en público sobre sus ideas y creencias. Este derecho protege a aquellos que dicen cosas buenas o malas sobre el gobierno.

Otro derecho es la libertad de reunirse en paz, que se llama libertad de reunión. Quienes comparten una misma opinión tienen derecho a reunirse.

Los ciudadanos pueden expresar sus opiniones en los medios de comunicación. Entre estos medios se incluyen los periódicos, la radio, la televisión y el cine. Gracias a la libertad de prensa, los ciudadanos pueden escribir, leer y mirar lo que desean.

Además, los ciudadanos son libres de practicar cualquier religión. Esto se llama libertad de cultos.

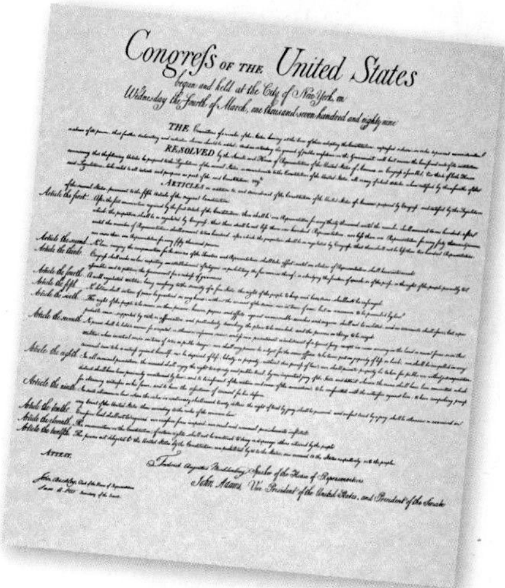

La Declaración de Derechos

Repaso de la lectura **Resumir**

Menciona algunos derechos fundamentales de las personas en Estados Unidos.

Diagrama **¿Gracias a qué derecho podemos leer lo que queremos?**

Los ciudadanos deciden

Los ciudadanos también tienen el derecho de votar por sus líderes. Al votar, están ayudando a tomar decisiones en el gobierno. Para votar, hay que tener por lo menos 18 años de edad. También hay que cumplir los demás requisitos del estado.

Con el voto, los ciudadanos ayudan a **elegir**, o escoger, a los líderes de su gobierno. El día de elecciones, muchos votan en lugares especiales. Las **elecciones** son un evento que se organiza para que los ciudadanos voten. Los votantes marcan su opción en una boleta electoral de papel o en un máquina de votación. La **boleta electoral** muestra todas las opciones posibles en una elección.

El voto de cada ciudadano es secreto. Solo se anuncian los resultados de las elecciones. De esa manera, las personas pueden votar sin preocuparse por lo que pensarán los demás de su elección.

Los electores deben inscribirse para votar.

En las cabinas de votación, los ciudadanos pueden elegir sin que nadie vea su voto.

El gobierno por mayoría y los derechos de la minoría

Si más de la mitad de los votantes votan por lo mismo, son la mayoría. En el **gobierno por mayoría**, estas personas son las que gobiernan o consiguen lo que desean.

Los ciudadanos que no votaron por la opción ganadora son la minoría. Sin embargo, la Constitución protege los derechos de los que están en minoría. Esa idea se conoce como los **derechos de la minoría** y ayuda a que no se abuse de nadie.

Los votantes no escriben su nombre en la boleta electoral.

Repaso de la lectura **Resumir**

¿Cómo eligen los ciudadanos a sus líderes de gobierno?

Resumen Los ciudadanos de Estados Unidos tienen derechos. Algunos derechos aparecen en la Declaración de Derechos. Los ciudadanos ejercen su derecho de votar para elegir a los líderes de su gobierno.

Repaso

1. **Reflexiona** ¿Cuáles son nuestros derechos?
2. **Vocabulario** Escribe una oración sobre las **elecciones** con la expresión **boleta electoral**.
3. **Civismo y gobierno** ¿Cuándo usarían los ciudadanos su libertad de reunión?
4. **Razonamiento crítico** Aplícalo ¿Cómo se puede usar la libertad de expresión? ¿Qué significa para ti la libertad de expresión?
5. **Escribir un discurso** Escribe un discurso sobre los derechos de los ciudadanos de Estados Unidos.
6. Destreza clave **Resumir** En una hoja de papel, copia y completa el siguiente organizador gráfico.

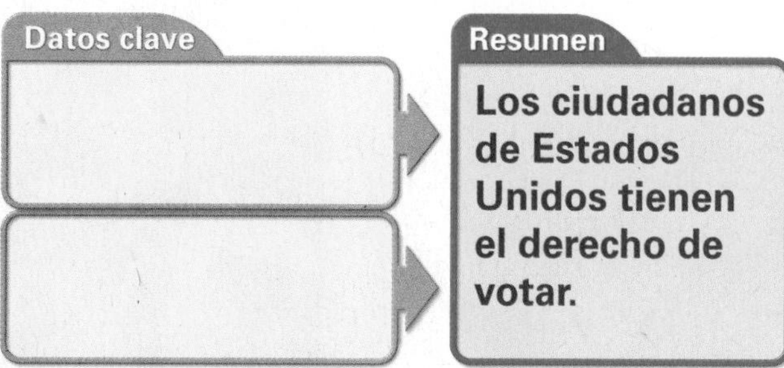

Lección 2 Los deberes de los ciudadanos

Reflexiona ¿Qué responsabilidades tienen los ciudadanos?

Vocabulario

responsabilidad pág. 248

jurado pág. 248

consecuencia pág. 249

bien común pág. 250

voluntario pág. 251

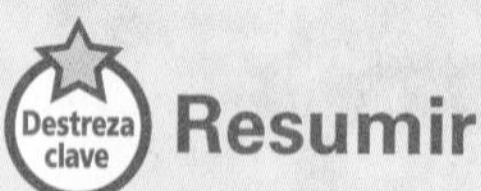

Resumir

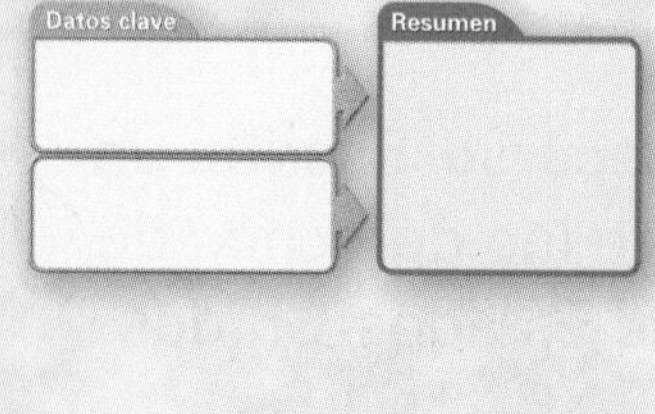

Por cada derecho, hay una responsabilidad. Una **responsabilidad** es un deber, o algo que la persona debe hacer porque es necesario o importante. Por ejemplo, votar es un derecho y también es una responsabilidad.

Nuestras responsabilidades

Los ciudadanos de Estados Unidos tienen muchas responsabilidades. Tienen la responsabilidad de obedecer las leyes y resolver sus diferencias de manera pacífica. También tienen que pagar impuestos y servir como miembros de un jurado. Un **jurado** es un grupo de personas que se reúnen para decidir si alguien ha desobedecido una ley.

Los votantes tienen la responsabilidad de informarse sobre las personas que quieren ser elegidas.

Un jurado tiene la responsabilidad de pensar bien las decisiones que toma.

Desobedecer la ley tiene consecuencias. Una **consecuencia** es lo que ocurre debido a lo que hizo alguien.

Si alguien desobedece una ley de tránsito, una consecuencia puede ser un accidente. El que desobedece una ley quizá deba pagar una multa o ir a la cárcel.

Conocer los límites

Los ciudadanos necesitan conocer los límites de sus derechos. Por ejemplo, tenemos derecho a reunirnos, pero debemos hacerlo de manera pacífica. Tenemos derecho a compartir nuestras opiniones, pero también debemos respetar las opiniones de los demás.

Repaso de la lectura **Resumir**
¿Cuáles son algunas responsabilidades de los ciudadanos?

Una consecuencia de desobedecer las leyes de tránsito es pagar una multa.

Servir a tu comunidad

Algunas responsabilidades, como pagar impuestos o participar en un jurado, son leyes. Otras responsabilidades no son exigidas por ley, pero también son importantes. Una de las responsabilidades del ciudadano es trabajar por el **bien común**, es decir, el bien de toda la comunidad.

Wheaton, Illinois

En una comunidad, la gente se ayuda todos los días. Ayudar a otros es una manera de trabajar por el bien común.

La comunidad de Wheaton, Illinois, ayudó a uno de sus ciudadanos. Joel Gomez fue herido al pelear en la guerra de Irak. Ya no podía moverse y tenía que andar en silla de ruedas.

Estos voluntarios ayudaron a construir una casa para Joel Gomez en Wheaton, Illinois.

Un grupo de voluntarios colaboraron para construir una casa nueva para Joel Gomez. Los **voluntarios** son personas que deciden trabajar sin que les paguen. La casa nueva de Gomez tenía tecnología que le ayudaría a vivir mejor.

Los voluntarios de más de 50 grupos de Wheaton ayudaron de otras maneras. Los grupos de estudiantes y los bomberos organizaron eventos para reunir dinero para Gomez. Un ciudadano le compró una camioneta especial.

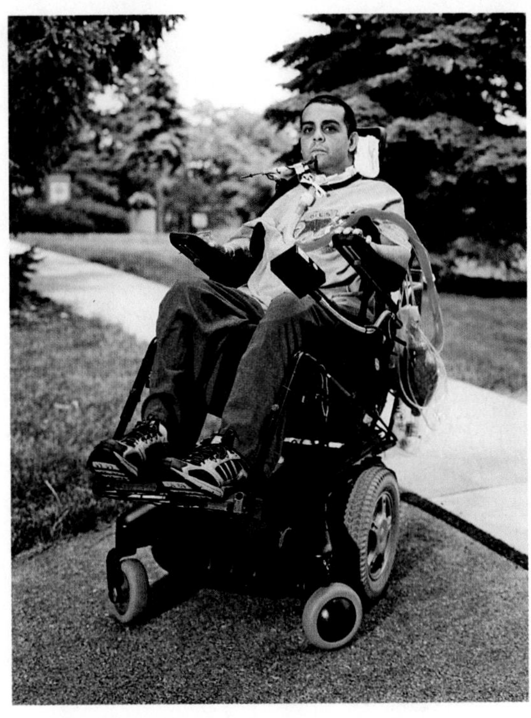

Joel Gomez

Repaso de la lectura **Resumir**

¿Cómo pueden los ciudadanos trabajar por el bien común?

Resumen Los ciudadanos tienen muchas responsabilidades. Algunas son pagar impuestos, cumplir las leyes y ayudar a los demás.

Repaso

1. **Reflexiona** ¿Qué responsabilidades tienen los ciudadanos?
2. **Vocabulario** Escribe una oración con las palabras **responsabilidad** y **jurado**.
3. **Civismo y gobierno** ¿Qué responsabilidades tienen los votantes?
4. **Razonamiento crítico** Aplícalo ¿Qué responsabilidades tienes en tu comunidad?
5. **Escribir un informe** Escribe un informe corto en el que explicas cómo ser un ciudadano responsable.
6. Destreza clave **Resumir** En una hoja de papel, copia y completa el siguiente organizador gráfico.

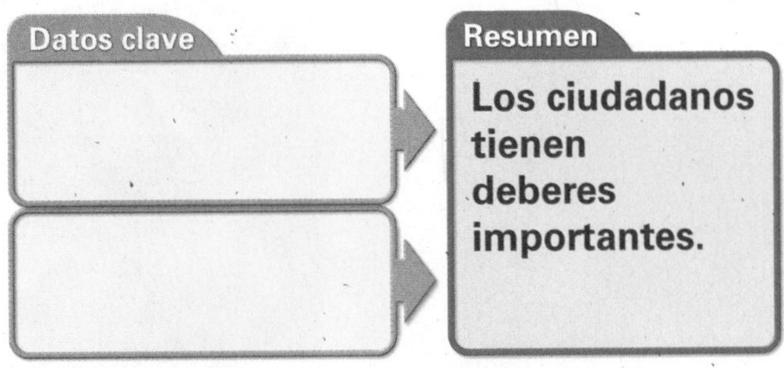

Lección 3 Ser un buen ciudadano

Reflexiona ¿Qué cualidades tiene un buen ciudadano?

Vocabulario

cooperar pág. 252

rasgo de personalidad pág. 253

justicia pág. 253

boicot pág. 255

héroe pág. 257

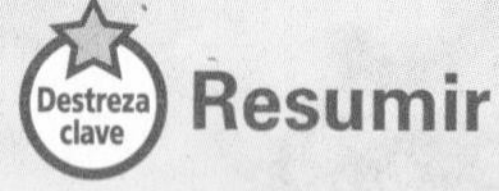

Resumir

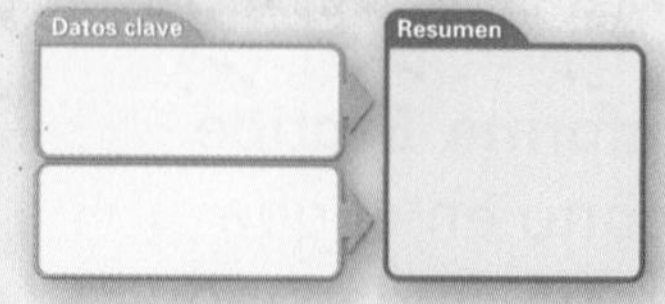

¿Qué se necesita para ser un buen ciudadano? Los buenos ciudadanos son activos. **Cooperan**, o sea que trabajan juntos, por el bien de la comunidad. Tratan de mejorar la comunidad para todos.

¿Qué es un buen ciudadano?

Los buenos ciudadanos cumplen las leyes de la nación, el estado y la comunidad. Protestan contra las leyes que consideran injustas. Pagan impuestos y participan en el gobierno con su voto. Los buenos ciudadanos se respetan a sí mismos y a los demás.

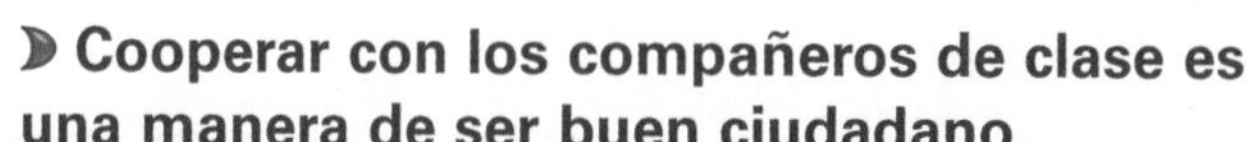

Cooperar con los compañeros de clase es una manera de ser buen ciudadano.

Estudiantes de Kentucky hicieron estos carteles para apoyar el programa "Adopta una carretera" *(Adopt-a-Highway)* de Kentucky.

Ser buenos ciudadanos

Los estudiantes son buenos ciudadanos cuando respetan a sus compañeros y maestros. Siguen las reglas, trabajan lo mejor que pueden y participan en las actividades de la clase.

Los buenos ciudadanos tienen rasgos de personalidad positivos. Un **rasgo de personalidad** es una cualidad que tiene una persona, como responsabilidad, integridad, respeto, equidad, patriotismo y solidaridad. Los rasgos de personalidad positivos generalmente son también buenos rasgos de civismo.

Algunos ciudadanos llegan a ser líderes y producen cambios en nuestra vida. Otros trabajan con sus vecinos para solucionar problemas. Creen en la **justicia**, o equidad, para todos.

Repaso de la lectura **Resumir**
¿Cómo describirías a un buen ciudadano?

Jimmy Carter y su esposa, Rosalynn, ayudan a construir hogares para la organización Hábitat para la Humanidad.

Jimmy Carter recibió el Premio Nobel de la Paz en 2002.

Jimmy Carter

Jimmy Carter fue presidente de Estados Unidos. Ahora, trabaja por la paz en otros países. Ayuda a las naciones que tienen desacuerdos a solucionar sus problemas de manera pacífica. En 2002, Carter recibió el Premio Nobel de la Paz por su trabajo.

Carter también es voluntario de Hábitat para la Humanidad. Este es un grupo que construye hogares para aquellos que no los pueden pagar. Los voluntarios como Jimmy Carter donan su tiempo y trabajan gratis. Sienten la responsabilidad de ayudar a los demás.

Repaso de la lectura **Resumir**

¿Por qué es un buen ciudadano Jimmy Carter?

Rosa Parks

Rosa Parks quería cambiar ciertas leyes que eran injustas para los afroamericanos. En algunos lugares, en la década de 1950, los afroamericanos tenían que sentarse en la parte de atrás de los autobuses. Se podían sentar en el medio solamente si no había personas blancas que ocuparan esos asientos.

En 1955, Parks viajaba sentada en un asiento del medio en un autobús de Montgomery, Alabama. Cuando el autobús se llenó de pasajeros, Parks se negó a ceder su asiento. El conductor llamó a la policía y la arrestaron.

Parks y otros afroamericanos de Montgomery habían estado organizando un boicot a los autobuses. En un **boicot**, la gente no compra ni usa algo. Después del arresto de Parks, muchos se negaron a viajar en autobús. La compañía de autobuses perdió dinero por el boicot. Casi un año después, se cambió la ley.

Repaso de la lectura **Resumir**

¿Qué hizo Rosa Parks para ayudar a su comunidad?

Rosa Parks trabajó por la justicia.

El autobús donde Rosa Parks se negó a ceder su asiento está ahora en un museo.

➤ Dolores Huerta trabajó con César Chávez para fundar la Asociación Nacional de Trabajadores Agrícolas.

Dolores Huerta

En su trabajo como maestra, Dolores Huerta veía que los estudiantes iban a la escuela con hambre y mal vestidos. Decidió ayudarlos ayudando a sus padres. La mayoría de los padres eran trabajadores agrícolas, es decir, de granjas, que venían de México y de otros países. Las familias andaban por todo Estados Unidos para conseguir trabajo recogiendo frutas y verduras.

Como muchos de los trabajadores agrícolas no eran ciudadanos de Estados Unidos, no tenían muchos derechos. Huerta empezó a dar clases para enseñar a los trabajadores cómo convertirse en ciudadanos y cómo votar. Después, los ayudó a ganar más dinero para que pudieran comprar la comida y la ropa que necesitaban.

Repaso de la lectura **Resumir**

¿Cómo ayudó Dolores Huerta a los trabajadores agrícolas?

Héroes de todos los días

En una comunidad, muchas personas demuestran que se preocupan por los demás y son héroes de todos los días. Un **héroe** es una persona que hace algo importante y es un ejemplo para los demás. Algunos héroes de tu comunidad pueden ser padres, bomberos, policías, maestros o voluntarios.

Repaso de la lectura **Resumir**
¿Qué es un héroe de todos los días?

Datos breves

Cuando tenía seis años, Ryan Hreljac supo que algunas personas no tenían agua limpia. Ese año, Ryan reunió $70 para hacer un pozo en África. Siguió trabajando y hasta ahora ha reunido más de 1 millón de dólares. Aquí vemos a Ryan con su hermano adoptivo, Jimmy.

Resumen Los buenos ciudadanos son responsables, bondadosos y justos. Ayudan a los de su comunidad. Pueden ser líderes de la comunidad o pueden ser héroes de todos los días.

Repaso

1. **Reflexiona** ¿Qué cualidades tiene un buen ciudadano?
2. **Vocabulario** Escribe una descripción breve de algún **rasgo de personalidad**.
3. **Tu comunidad** Menciona algunos héroes cotidianos de tu comunidad.
4. **Razonamiento crítico Aplícalo** ¿Cómo puedes ser un buen ciudadano?
5. **Hacer un cartel** Haz un cartel sobre la justicia y el respeto.
6. Destreza clave **Resumir** En una hoja de papel, copia y completa el siguiente organizador gráfico.

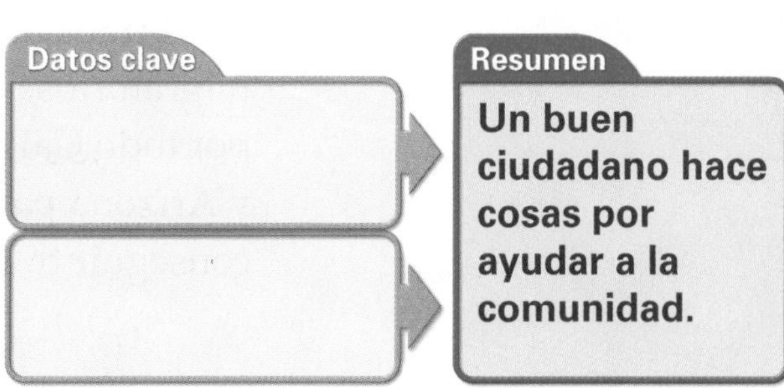

César Chávez

"Mi motivación viene de mi vida personal, de ver todo lo que mi padre y mi madre sufrieron cuando yo era niño."

— César Chávez, 1984

La importancia del carácter

¿Qué hizo César Chávez en favor de la equidad para los trabajadores agrícolas migratorios?

Cuando César Chávez nació en 1927, su familia pasaba por dificultades. Los miembros de su familia eran trabajadores migratorios, es decir, trabajadores viajeros. Por lo general, trabajaban con otros mexicano-americanos recolectando uvas, guisantes o chícharos, zanahorias y lechuga.

El trabajo en el campo varía según la estación. Los trabajadores son necesarios solamente en ciertas épocas y lugares. La familia Chávez, como otros trabajadores migratorios, viajaba por todo California y Arizona para conseguir trabajo.

César Chávez

César Chávez habla a los trabajadores agrícolas en Salinas, California.

Los seguidores de Chávez usaban botones e insignias como estos.

De adulto, Chávez no se olvidó de las dificultades de su familia. En 1958, se convirtió en el director nacional de la Organización de Servicio a la Comunidad. El objetivo de este grupo era obtener derechos civiles para los hispanoamericanos. En 1962, Chávez ayudó a fundar la Asociación Nacional de Trabajadores Agrícolas, que trataba de conseguir mejores salarios y condiciones de trabajo para los trabajadores agrícolas migratorios.

Chávez no creía en la violencia. Organizó acciones pacíficas para ayudar a los trabajadores. Hizo huelgas de hambre públicas, en las cuales pasaba varios días sin comer. Gracias a estas huelgas de hambre, la vida de los trabajadores captó la atención de la gente.

César Chávez murió en 1993. Más de 50,000 personas fueron a su funeral. En 1994, el ex presidente Bill Clinton honró a Chávez con la Medalla de la Libertad.

Visita **www.harcourtschool.com/ss1** para hallar más recursos en Internet.

Tiempos

1927 Nace

1993 Muere

1942 Deja la escuela para ganar dinero y ayudar a su familia.

1958 Se convierte en director de la Organización de Servicio a la Comunidad.

1962 Funda la Asociación Nacional de Trabajadores Agrícolas.

Tomar una decisión bien pensada

Por qué es importante Si piensas en las consecuencias, esto te ayuda a tomar la mejor decisión.

Aprende

Elegir una opción es tomar una **decisión**. Sigue estos pasos para tomar una decisión bien pensada.

Paso 1 Haz una lista de las opciones.

Paso 2 Reúne toda la información que necesitas.

Paso 3 Piensa en las consecuencias de cada opción.

Paso 4 Decide qué opción tendría las mejores consecuencias.

Paso 5 Elige una opción y actúa.

Practica

Miguel hace una tabla que lo ayude a decidir qué hacer con su tiempo libre. Quiere ser voluntario en un refugio de animales, pero también quiere jugar con sus amigos. Miguel sigue los pasos que aparecen en esta lección para tomar una decisión bien pensada.

1. ¿Qué opciones tiene Miguel?
2. ¿Qué información necesita?
3. ¿Qué consecuencias tendrá cada opción?
4. ¿Qué opción debe elegir Miguel?

Aplica

Aplícalo Piensa en una decisión que has tomado hace poco. Haz una tabla como la de Miguel para mostrar las opciones y las consecuencias que consideraste.

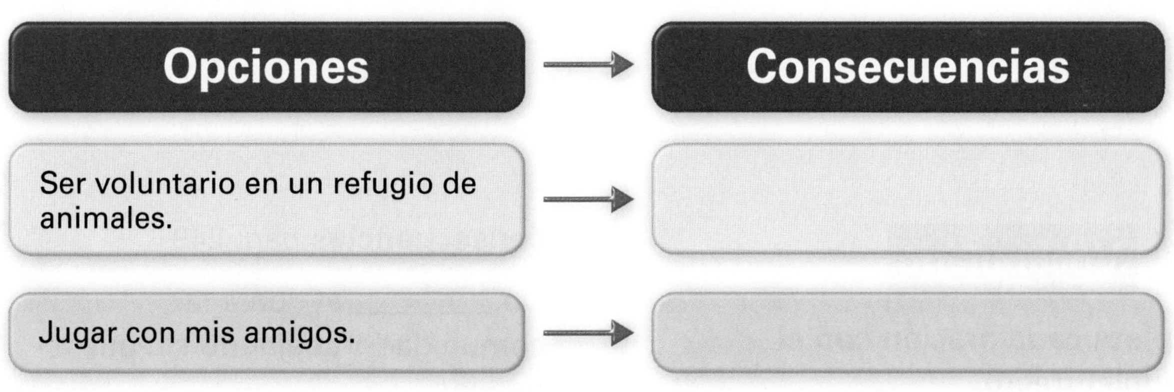

Opciones	Consecuencias
Ser voluntario en un refugio de animales.	
Jugar con mis amigos.	

Destrezas de razonamiento crítico

Resumen visual

Los ciudadanos de Estados Unidos tienen derechos.

Resume el capítulo

Resumir Completa el organizador gráfico para mostrar lo que aprendiste sobre el civismo.

Datos clave

Los ciudadanos tienen derechos, como la libertad de cultos y el derecho de votar.

Algunas responsabilidades son votar y obedecer las leyes.

Resumen

Completa cada oración con el término correcto.

1. Las personas eligen a su líder en las ________.

   elecciones pág. 246

   boletas electorales pág. 246

2. Cuando alguien desobedece una ley, hay ______.

   responsabilidades pág. 248

   consecuencias pág. 249

3. Un ________ ayuda a la comunidad trabajando sin que le paguen.

   bien común pág. 250

   voluntario pág. 251

4. El respeto es un ________.

   rasgo de personalidad pág. 253

   héroe pág. 257

Los ciudadanos de Estados Unidos tienen responsabilidades.

Los buenos ciudadanos tratan de mejorar su comunidad.

Ideas principales y datos

Responde a las siguientes preguntas.

5. ¿Qué pueden hacer los ciudadanos gracias a la libertad de expresión?
6. ¿Por qué se considera que el voto es una responsabilidad?
7. ¿Cómo pueden los estudiantes ser buenos ciudadanos?

Escribe la letra de la mejor opción.

8. ¿Cuál de estas responsabilidades se exige por ley?
   - **A** trabajar por el bien común
   - **B** votar en las elecciones
   - **C** pagar impuestos
   - **D** ser voluntario
9. ¿Qué hizo Dolores Huerta por el bien común?
   - **A** Solucionó conflictos en otras naciones.
   - **B** Ayudó a los trabajadores agrícolas a convertirse en ciudadanos.
   - **C** Hizo un boicot a los autobuses.
   - **D** Fue presidente de Estados Unidos.

Razonamiento crítico

10. **Aplícalo** ¿Cómo puedes mostrar en tu vida diaria que crees en la justicia?
11. ¿Por qué es importante saber los límites de tus derechos?

Destrezas

Tomar una decisión bien pensada
Sigue los pasos de la página 260 para responder a la siguiente pregunta.

12. ¿Qué se hace después de decidir qué opción tendrá las mejores consecuencias?

Redacción

Escribir un artículo Escribe un artículo y compara tus responsabilidades en el hogar, la escuela y la comunidad.

Escribir un folleto Prepara un folleto para informar a la gente sobre su libertad de prensa, reunión, expresión y cultos.

Destrezas de estudio

OJEAR E IDENTIFICAR

Ojear e identificar son dos maneras de aprender de lo que lees.

- **Para ojear, lee los títulos de la lección y de las secciones para identificar las ideas principales. Mira las ilustraciones y lee las leyendas.**
- **Para identificar, busca palabras o datos clave.**

Ojear	Identificar
Lección: Funcionamiento del gobierno	**Palabras y datos clave** • Hay tres niveles de gobierno: local, estatal y nacional. • ____________ • ____________
Idea principal: Los ciudadanos eligen líderes para los tres niveles de gobierno.	
Títulos/Encabezados: • Los niveles de gobierno • ____________	

PRESENTACIÓN DEL VOCABULARIO

concejo pág. 273

alcalde pág. 273

corte pág. 275

CAPÍTULO

El gobierno

8

El capitolio estatal en Oklahoma City, Oklahoma

Lección 1

Estructura del gobierno

Reflexiona ¿Cuáles son los tres niveles y los tres poderes de nuestro gobierno?

Vocabulario

autoridad pág. 266

servicio del gobierno pág. 267

legislativo pág. 268

ejecutivo pág. 268

judicial pág. 268

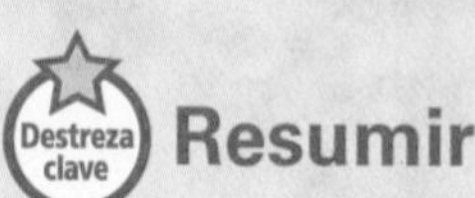

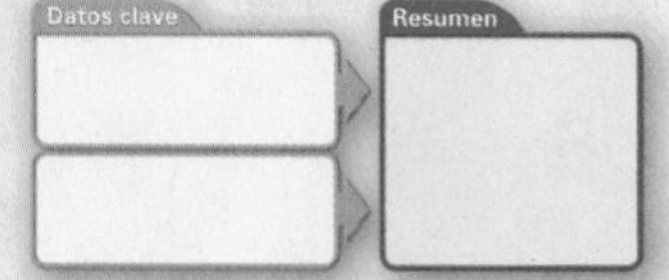

La Constitución es el plan de gobierno de Estados Unidos. Es un plan basado en la idea de que el gobierno recibe su **autoridad**, o poder, del pueblo. Al votar, los ciudadanos dan a sus líderes la autoridad para tomar decisiones y actuar por ellos.

En Estados Unidos, los ciudadanos eligen líderes para manejar tres niveles de gobierno: el local, el estatal y el nacional. Esos tres niveles se ocupan de distintos tipos de problemas en áreas que son de diferente tamaño.

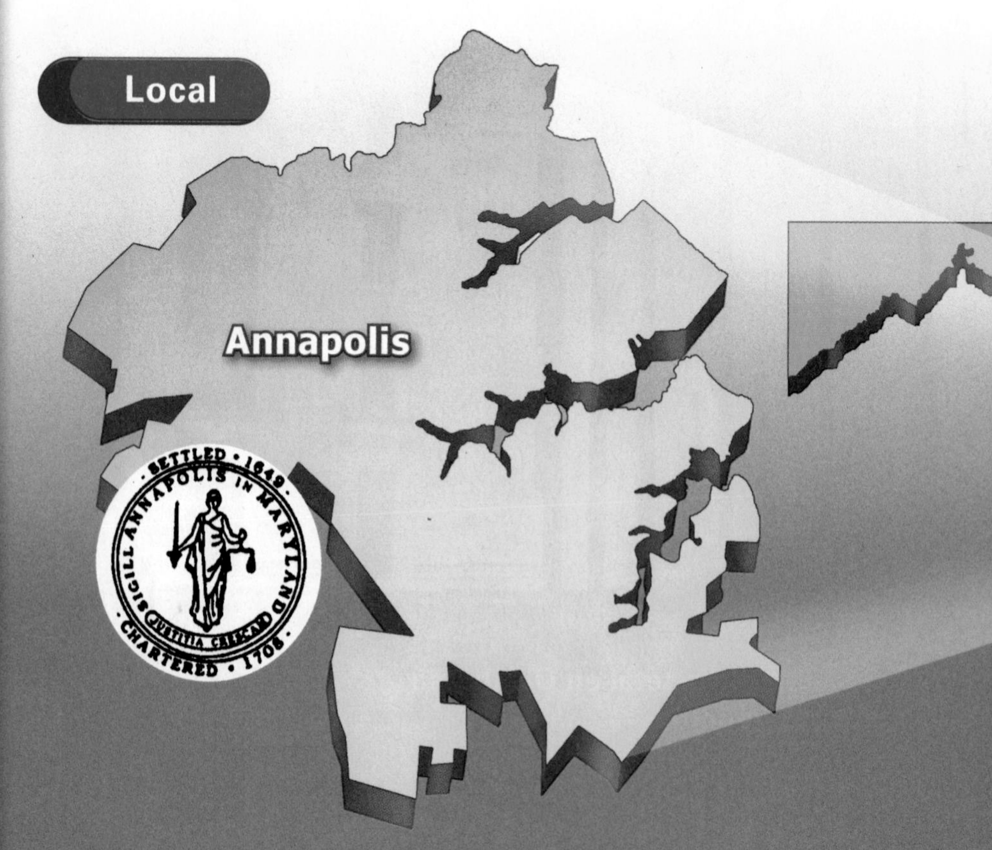

Los niveles de gobierno

El gobierno local gobierna a una sola comunidad, como una ciudad o un pueblo. Cada uno de los 50 estados está manejado por un gobierno estatal. El gobierno nacional también se llama gobierno federal. Es el que hace las leyes para toda la nación. Todos los niveles de gobierno deben respetar la Constitución.

Las tareas del gobierno

Los tres niveles de gobierno hacen leyes para proteger a las personas, sus derechos y su propiedad. Sin embargo, cada nivel de gobierno tiene sus propias responsabilidades o tareas. Cada nivel presta distintos servicios del gobierno. Un **servicio del gobierno** es un trabajo que hace el gobierno para los habitantes de su área. Se paga por esos servicios con impuestos.

Repaso de la lectura **Resumir**
¿Cuáles son los tres niveles de gobierno?

Niveles de gobierno

Diagrama Este diagrama muestra los niveles de gobierno. ¿Qué nivel gobierna la ciudad de Annapolis?

Poderes del gobierno nacional

Poder Legislativo	Poder Ejecutivo	Poder Judicial
Hace las leyes	Hace obedecer las leyes	Decide si las leyes son equitativas
El Capitolio de Estados Unidos	La Casa Blanca	El edificio de la Corte Suprema

Cuadro ¿Cuál de los tres poderes del gobierno de Estados Unidos hace las leyes?

Los poderes del gobierno

▶ El presidente de Estados Unidos, George W. Bush, es el jefe del poder ejecutivo.

La Constitución divide el gobierno nacional en tres poderes o partes. Estos son el poder legislativo, el ejecutivo y el judicial. Estos poderes son como las ramas de un árbol: están separados pero conectados entre sí.

Cada poder del gobierno tiene una tarea diferente. El poder **legislativo** hace las leyes. El poder **ejecutivo** hace cumplir las leyes. El poder **judicial** decide si las leyes son equitativas y si están de acuerdo con la Constitución. El poder judicial también resuelve conflictos entre ciudadanos y negocios.

Los gobiernos estatales y la mayoría de los gobiernos locales también están divididos en tres poderes. Los poderes de los gobiernos estatal y local también hacen leyes, las hacen cumplir y deciden si las leyes son equitativas.

Repaso de la lectura **Resumir**
¿Cuáles son los tres poderes del gobierno de Estados Unidos?

Los miembros del gobierno estatal de Kentucky hablan de las leyes.

Resumen Los tres niveles de gobierno son: local, estatal y nacional. Cada nivel presta servicios a los habitantes de su área. Además, cada uno de los niveles de gobierno tiene tres poderes. Cada poder del gobierno tiene una tarea diferente.

Repaso

1. **Reflexiona** ¿Cuáles son los tres niveles y los tres poderes de nuestro gobierno?
2. **Vocabulario** ¿Qué crees que significan las palabras "servicio" y "gobierno" en la expresión **servicios del gobierno**?
3. **Civismo y gobierno** ¿En qué documento está el plan de gobierno de nuestro país?
4. **Razonamiento crítico** ¿Qué pasaría si no se pagaran impuestos?
5. **Hacer una tabla** Haz una tabla que muestre la tarea principal de cada poder del gobierno nacional.
6. **Destreza clave** En una hoja de papel, copia y completa el siguiente organizador gráfico.

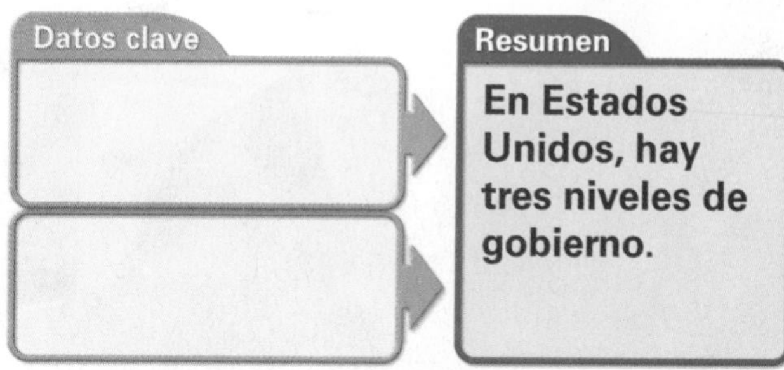

Civismo

El Día de la Constitución

"[La Constitución de Estados Unidos] no fue [...] la obra de un solo cerebro. Debe considerarse como el trabajo de muchos cerebros y muchas manos."

— James Madison

La Constitución de Estados Unidos se aprobó como ley el 17 de septiembre de 1787. En esta fecha, hoy se celebra el Día de la Constitución. La idea de este día comenzó con Louise Leigh, una ciudadana de California. Leigh tomó una clase sobre la Constitución y quiso que los habitantes de todo el país conocieran la Constitución y la celebraran.

James Madison, el autor principal de la Constitución

En el Día de la Constitución, estos estudiantes recitan el Juramento a la Bandera.

Examina: Los principios constitucionales

El presidente George W. Bush estuvo de acuerdo en que hubiera un día para recordar los principios de la Constitución. El Presidente aprobó una ley que declaraba oficialmente que el 17 de septiembre era el Día de la Constitución. Todos los años, la gente se reúne ese día para recitar, o leer en voz alta, el Preámbulo. El Preámbulo es la primera parte de la Constitución y cita los principios de la Constitución, como la libertad y la justicia.

Los habitantes de todo el país recitan el Preámbulo al mismo tiempo. Después, en cada estado hacen sonar campanas. Las campanadas se oyen en todo el país.

La Constitución de Estados Unidos

Aplícalo ¿Cómo vas a celebrar el Día de la Constitución este año?

Un concierto por el Día de la Constitución

Lección 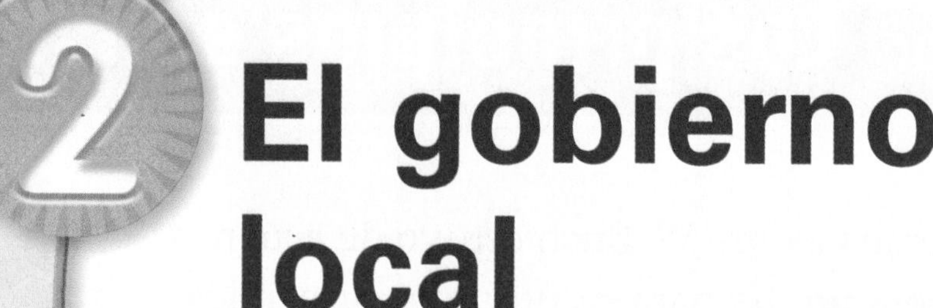

El gobierno local

Reflexiona ¿Qué son los gobiernos locales?

Vocabulario

condado pág. 272
concejo pág. 273
alcalde pág. 273
capital del condado pág. 274
corte pág. 275
recreación pág. 276
obras públicas pág. 277

Resumir

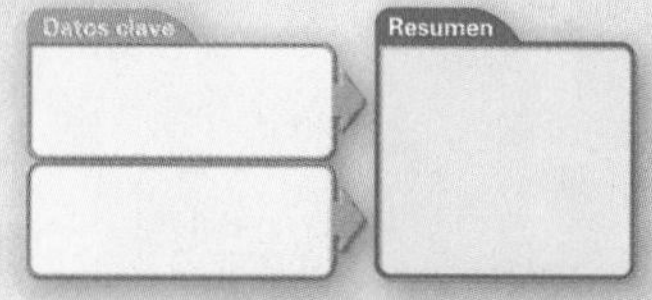

Los gobiernos locales prestan servicios a las comunidades, como un pueblo o una ciudad, y a los condados. Un **condado** es una parte de un estado. Por lo general, hay varias ciudades o pueblos dentro de las fronteras de un condado.

El gobierno de ciudades y pueblos

En un condado, cada ciudad y pueblo tiene su propio gobierno local. En el gobierno de una comunidad, todos los ciudadanos toman decisiones en un cabildo, o reunión de ciudadanos. En otras comunidades, los líderes elegidos por el pueblo son los que se reúnen para tomar las decisiones.

El Ayuntamiento de Columbus, Ohio, es donde se reúnen los miembros del gobierno de esa ciudad.

Reunión del Concejo de la ciudad de Columbus, Ohio

Distintas formas de gobierno local

Hay dos formas principales de gobierno de una ciudad. En ambas hay un **concejo**, es decir, un grupo de personas que se reúnen para hacer leyes. El concejo es el poder legislativo dentro del gobierno local.

En la forma de gobierno de alcalde y concejo, los votantes de la ciudad eligen al alcalde y a los miembros del concejo. El **alcalde** es el jefe del gobierno de la comunidad. Dirige el poder ejecutivo y hace cumplir las leyes de la ciudad. El concejo hace las leyes y recoge los impuestos.

En la forma de gobierno de concejo y administrador, los votantes también eligen a los miembros del concejo. Luego, el concejo elige a uno de sus miembros como alcalde. Además, contrata a un administrador municipal para ayudar a manejar la ciudad. El administrador contrata personas para dirigir los departamentos de bomberos, policía y otros.

El alcalde de Columbus, Michael Coleman

Repaso de la lectura **Resumir**

¿Cuáles son las dos formas principales de gobierno de una ciudad?

Condados de New Jersey

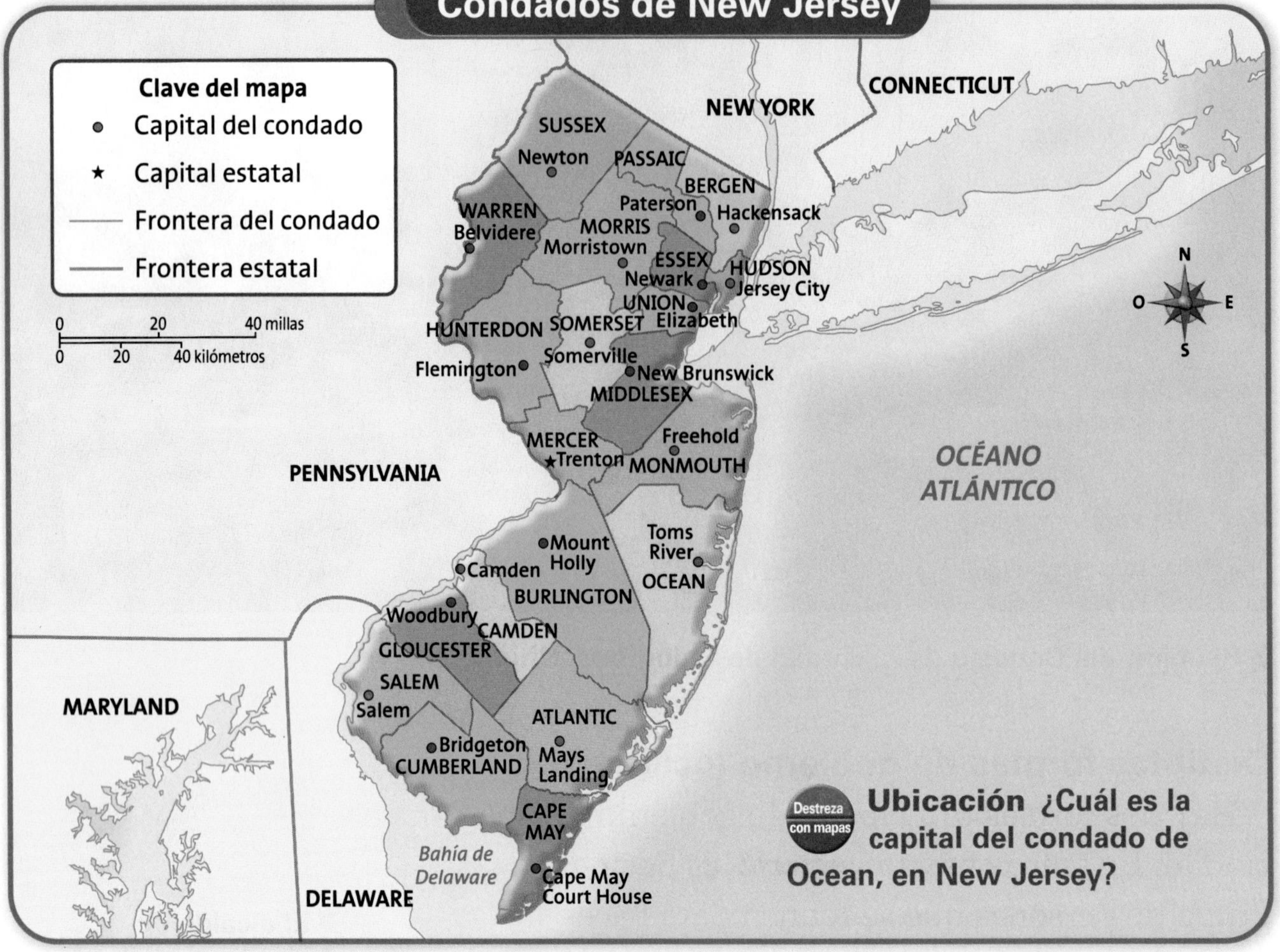

Clave del mapa
- ● Capital del condado
- ★ Capital estatal
- Frontera del condado
- Frontera estatal

0 20 40 millas
0 20 40 kilómetros

Destreza con mapas **Ubicación ¿Cuál es la capital del condado de Ocean, en New Jersey?**

El gobierno del condado

Los miembros de la junta del condado se reúnen en Warren, New Jersey

La mayoría de los estados están divididos en condados. Por ejemplo, New Jersey tiene 21 condados. Cada condado tiene su propio gobierno local.

La junta de gobierno del condado

En New Jersey, los ciudadanos eligen a un grupo de personas para formar la junta de gobierno del condado. Los miembros de la junta hablan de los problemas que hay en el condado y hacen leyes para resolverlos. Estas leyes se aplican solamente a los habitantes y al área del condado.

Los miembros de la junta se reúnen en la capital del condado. La **capital del condado** es la ciudad o el pueblo donde están las oficinas principales del gobierno del condado.

Las cortes del condado

Muchos gobiernos de condado tienen sus propias cortes. Una **corte** es el lugar donde se decide si una persona ha desobedecido una ley. Las cortes del condado representan el poder judicial del gobierno del condado.

Los jueces son las personas elegidas para dirigir las cortes. Por lo general, los jueces son abogados. Los jueces deciden, dentro de ciertos límites, las consecuencias de violar una ley.

Las ciudades más grandes también tienen sus propias cortes. Esas cortes se encargan de los problemas de tránsito, estacionamiento y otros asuntos importantes para la comunidad. Pero la mayoría de las decisiones sobre leyes se toman en las cortes del condado.

Repaso de la lectura **Resumir**

¿Cuáles son las partes del gobierno del condado?

El juzgado del condado de Essex, New Jersey

Muchas comunidades tienen parques y centros donde la gente puede reunirse y divertirse.

Servicios para la comunidad

Los bomberos protegen a la comunidad.

El gobierno de una comunidad presta servicios a los habitantes de esa ciudad o pueblo. El departamento de bomberos apaga incendios y rescata a personas enfermas o heridas. El departamento de policía hace cumplir las leyes de tránsito, entre otras.

La educación también es un servicio del gobierno. En algunas comunidades hay grupos de ciudadanos que trabajan en las juntas escolares. Esos ciudadanos toman decisiones acerca de las escuelas de la comunidad.

Los gobiernos locales también construyen lugares como parques, piscinas o albercas y campos de deporte para la recreación. La **recreación** es cualquier actividad que se hace por simple diversión.

El departamento de obras públicas

El departamento de **obras públicas** presta servicios para satisfacer las necesidades diarias de los ciudadanos. Reparas calles, recoge basura y controla que la comunidad tenga agua potable. También se encarga de las aguas usadas. Estas aguas van por una cañería hasta las plantas de tratamiento de aguas. Allí se limpia el agua antes de devolverla a los ríos y lagos.

Repaso de la lectura **Resumir**
¿Qué tipo de servicios prestan los gobiernos locales?

Resumen Los gobiernos locales son los gobiernos de los pueblos, las ciudades y los condados. El gobierno de la ciudad maneja una ciudad o pueblo. El gobierno del condado maneja un condado.

Este centro de tratamiento de aguas en Christmas, Florida, es al mismo tiempo un parque de pantanos.

Repaso

1. **Reflexiona** ¿Qué son los gobiernos locales?
2. **Vocabulario** Escribe una oración y explica qué es un **concejo**.
3. **Tu comunidad** ¿Vives en un condado? ¿Cuál es la capital de tu condado?
4. **Razonamiento crítico** ¿Cómo pueden los ciudadanos de una comunidad participar en el gobierno local?
5. **Hacer un diagrama** Dibuja un diagrama de Venn para comparar la forma de gobierno de alcalde y concejo con la forma de gobierno de concejo y administrador.
6. **Resumir** (Destreza clave) En una hoja de papel, copia y completa el siguiente organizador gráfico.

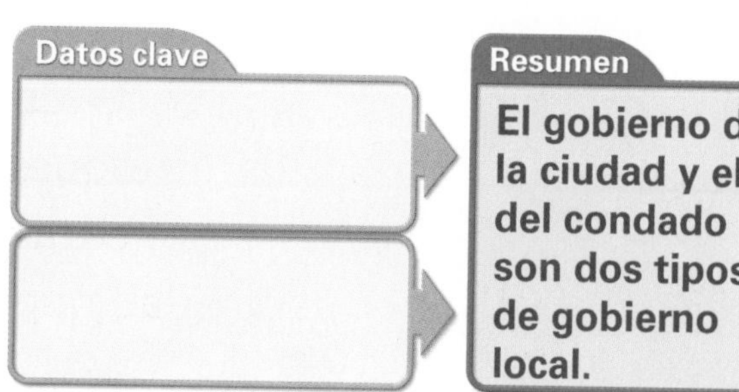

Leer un mapa de calles

Por qué es importante Un mapa de calles te ayuda a ubicar lugares en una comunidad y a saber cómo llegar a ellos.

Aprende

Un **mapa de calles** muestra las calles y otras características de una comunidad. Sigue estos pasos para leer un mapa de calles.

Paso 1 Busca las calles. Las calles aparecen como líneas continuas. Las líneas más gruesas son las calles principales.

Paso 2 Busca lugares de interés u otras características locales, como parques, escuelas o vías del ferrocarril. Esas características tendrán un rótulo.

Paso 3 Sigue un camino con el dedo. Sigue las líneas continuas desde donde estás hasta el lugar adonde quieres ir.

Visita **www.harcourtschool.com/ss1** para hallar actividades en Internet.

Centro de Fayetteville, Arkansas

Clave del mapa
■ Punto de interés
Ferrocarril

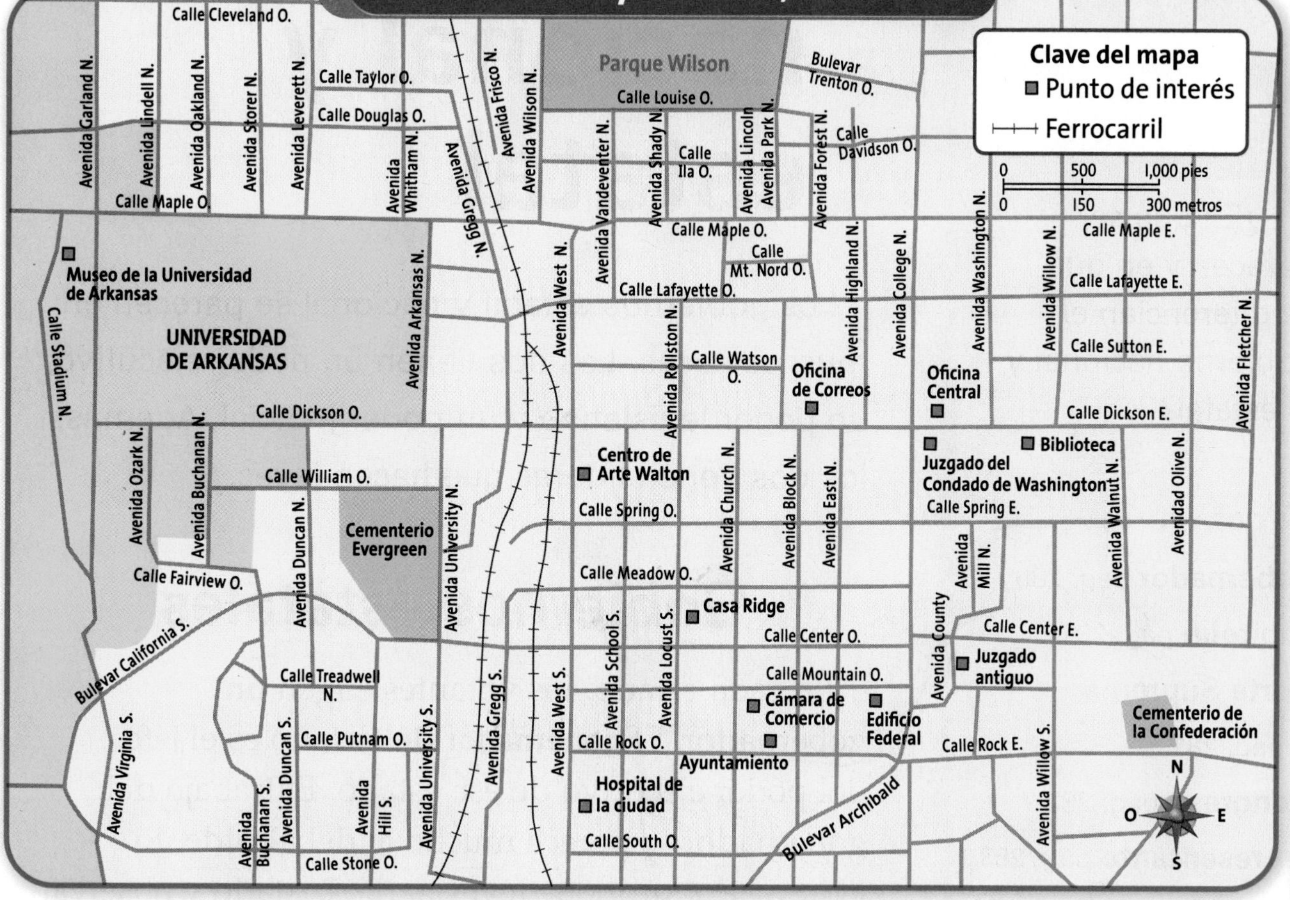

Practica

Consulta el mapa del centro de la ciudad de Fayetteville, Arkansas, para responder a estas preguntas.

1. ¿Cuáles son algunas características locales que se ven en el mapa?
2. Para llegar al parque Wilson, ¿tomarías la avenida Lincoln o la calle Maple?

Aplica

Aplícalo Busca un mapa de calles de tu comunidad. Sigue con el dedo el camino de tu casa a la escuela. Haz una lista de las calles que debes tomar para llegar allí.

Lección 3

Los gobiernos nacional y estatal

Reflexiona ¿En qué se parecen y en qué se diferencian el gobierno nacional y el estatal?

Vocabulario

gobernador pág. 280

capitolio pág. 281

Corte Suprema pág. 281

Congreso pág. 283

representante pág. 283

nombrado pág. 284

Destreza clave **Resumir**

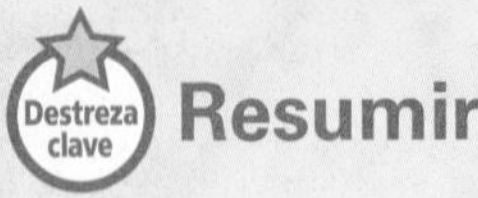

Los gobiernos estatal y nacional se parecen en muchas cosas. Los dos tienen un poder ejecutivo, un poder legislativo y un poder judicial. Además, los dos tienen líderes que hacen leyes.

Gobiernos estatales

En cada estado, los votantes eligen un gobernador. El **gobernador** del estado es el jefe del poder ejecutivo de ese estado. El trabajo del gobernador se parece mucho al del alcalde. El gobernador propone leyes para el estado y observa que se cumplan las leyes.

Jennifer Granholm es la gobernadora de Michigan.

Los estados y sus capitales

Clave del mapa
- ⊛ Capital nacional
- ★ Capital estatal
- Frontera nacional
- Frontera estatal

Ubicación ¿Cuál es la capital de tu estado?

Los legisladores estatales

Cada estado tiene su propia constitución. El poder legislativo hace leyes estatales que todos los condados y comunidades del estado deben cumplir. Los legisladores se reúnen en un edificio llamado el **capitolio**, en la ciudad capital del estado.

Los jueces estatales

La **corte suprema** de un estado es la corte más importante de ese estado. Las cortes y los jueces forman el poder judicial del estado.

Repaso de la lectura **Resumir**
¿Cuáles son los tres poderes del gobierno estatal?

El capitolio estatal en Lansing, Michigan

El Ala Oeste

Sala del gabinete

Salón Roosevelt

Sala de prensa

Oficina Oval

La Casa Blanca

Avenida Pennsylvania

Avenida Executive O.

Avenida Executive E.

Casa Blanca

Ala oeste

Ala este

Ilustración El presidente trabaja en la Oficina Oval, que está en el ala oeste de la Casa Blanca. En el ala oeste, hay muchas otras oficinas para el personal del presidente. ¿Dónde crees que el presidente se reúne y habla con los periodistas de los diarios y la televisión?

El gobierno nacional

Muchas veces, el presidente George W. Bush trabaja junto con miembros del poder legislativo y con líderes de otras naciones.

El gobierno de Estados Unidos es nuestro gobierno nacional o federal. Está ubicado en la capital de nuestra nación, Washington, D.C.

El presidente

El presidente es elegido por los votantes de todo el país. Es el jefe del poder ejecutivo del gobierno federal y dirige las fuerzas armadas. El presidente también observa que se cumplan las leyes y propone leyes nuevas.

El presidente vive y trabaja en la Casa Blanca, en Washington, D.C. Este famoso edificio tiene habitaciones donde viven él y su familia. También hay oficinas en el ala oeste, es decir, en la parte oeste del edificio.

El Congreso

El **Congreso** es el poder legislativo del gobierno nacional. El Congreso tiene dos partes: la Cámara de Representantes y el Senado.

Un **representante** es una persona elegida por un grupo de personas para que actúe o hable por ellas. El número de representantes que tiene cada estado en la Cámara de Representantes depende de la población del estado. Cada estado tiene dos miembros en el Senado.

Los miembros del Congreso son elegidos por los votantes de cada estado. Los congresistas hablan de los problemas de la nación y votan sobre cómo resolverlos. Redactan leyes nuevas y deciden cómo se debe gastar el dinero de los impuestos. Los senadores y los representantes deben estar de acuerdo para que pase una ley. Después, la ley va al presidente para que la apruebe. Las leyes que aprueba el gobierno nacional se deben cumplir en los 50 estados.

Repaso de la lectura **Idea principal y detalles**
¿Cuáles son las partes del Congreso?

Elizabeth Dole y Richard Burr, senadores de Estados Unidos por North Carolina

Los miembros del Senado y de la Cámara de Representantes se reúnen para ocasiones especiales.

Esta foto muestra los jueces de la Corte Suprema de Estados Unidos en 2006. DE PIE: Stephen G. Breyer, Clarence Thomas, Ruth Bader Ginsburg y Samuel Anthony Alito Jr. SENTADOS: Anthony M. Kennedy, John Paul Stephens, el presidente de la Corte John Roberts, Antonin Scalia y David Hackett Souter.

La Corte Suprema

La Corte Suprema usa el Gran Sello de Estados Unidos.

Las cortes federales forman el poder judicial del gobierno nacional. La Corte Suprema es la corte más importante de Estados Unidos. Nueve jueces, llamados también magistrados, componen la Corte Suprema. Ellos deciden si las leyes están de acuerdo con la Constitución.

Los jueces de la Corte Suprema no se eligen, sino que son **nombrados**, o elegidos, por el presidente. El Senado puede aprobar o rechazar la propuesta del presidente. Una vez aprobado, el magistrado sigue en su cargo por el resto de la vida o hasta que decida retirarse.

Repaso de la lectura **Resumir**
¿Qué es la Corte Suprema y qué hace?

Servicios nacionales y estatales

Los gobiernos estatal y nacional también prestan servicios importantes. Un servicio nacional es mantener la seguridad del país. Otros servicios nacionales nos facilitan la vida. Por ejemplo, enviamos correo gracias al Servicio Postal de Estados Unidos. Algunos servicios estatales son la construcción de carreteras y el cuidado de los parques estatales.

Además, el gobierno nacional y los gobiernos estatales producen bienes. Por ejemplo, algunos libros son publicados por el gobierno nacional.

Repaso de la lectura **Resumir**
Menciona algunos servicios estatales y nacionales.

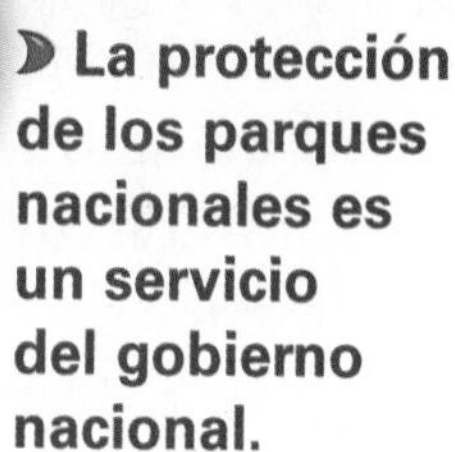

La protección de los parques nacionales es un servicio del gobierno nacional.

Resumen Tanto el gobierno estatal como el nacional están divididos en tres poderes. Cada nivel tiene distintos tipos de líderes y presta diversos servicios.

Repaso

1. **Reflexiona** ¿En qué se parecen y en qué se diferencian el gobierno nacional y el estatal?
2. **Vocabulario** ¿Qué pista puedes usar para recordar el significado de **representante**?
3. **Civismo y gobierno** ¿Cuáles son los tres poderes del gobierno estatal y el gobierno nacional?
4. **Razonamiento crítico Aplícalo** ¿Quién es el gobernador de tu estado? ¿Dónde vive?
5. **Escribir una carta** Escribe una carta a un representante de tu estado. Dile tus ideas sobre un tema importante para el estado.
6. Destreza clave **Resumir** En una hoja de papel, copia y completa el siguiente organizador gráfico.

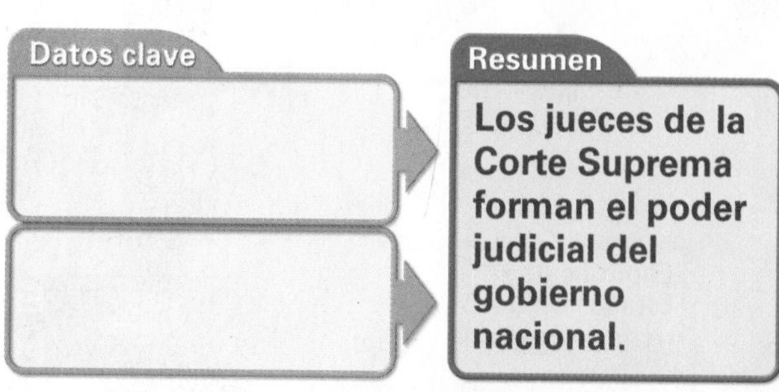

El Capitolio de Estados Unidos

DESCÚBRELO

En el Capitolio de Estados Unidos, en Washington, D.C., se reúne el Congreso para hacer leyes. El edificio se construyó en 1793, cuando George Washington era presidente. Desde entonces, se ha incendiado, fue reconstruido y también se ha ampliado. Hoy, tiene 540 habitaciones, 658 ventanas y 850 puertas.

La hermosa Rotonda es un salón famoso. Este salón circular, de 96 pies, se encuentra debajo de la cúpula de hierro. Conecta las alas o secciones que corresponden a la Cámara y al Senado. El Senado se reúne en el ala norte. La Cámara de Representantes se reúne en el ala sur.

UBÍCALO

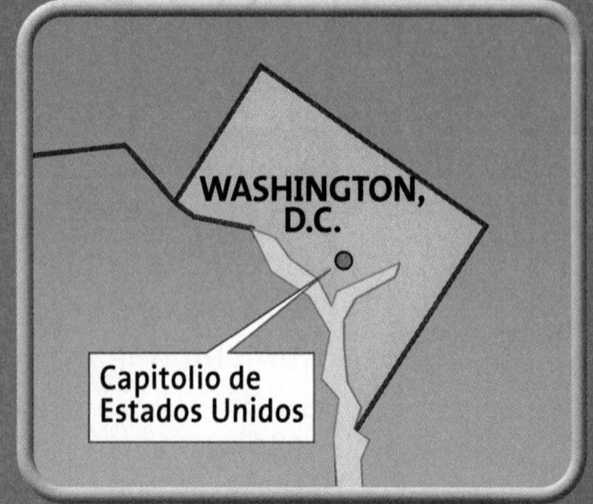

En la Rotonda, los visitantes pueden ver cuadros históricos.

El Salón de las Estatuas

La estatua *Libertad* en la cúpula del Capitolio.

La cúpula de hierro de la Rotonda

La sala de reunión del Senado

Los miembros de la Cámara de Representantes reunidos

UN PASEO VIRTUAL

APRENDE en línea

Visita **www.harcourtschool.com/ss1** para hallar más recursos en Internet.

Resolver conflictos

Por qué es importante Puede ser que las personas tengan ideas diferentes sobre un tema. Eso puede causar un conflicto. Saber resolver, o solucionar, un conflicto es importante.

Aprende

Sigue estos pasos para resolver un conflicto con alguien.

Paso 1 *Aléjate.* Espera hasta que los dos estén más calmados para hablar del conflicto.

Paso 2 *Sonríe.* Es más fácil resolver un conflicto amigablemente.

Paso 3 *Transige.* Para llegar a un **acuerdo**, ambas personas ceden algo de lo que quieren.

Paso 4 *Pide ayuda.* Un **mediador** es alguien que ayuda a los demás a solucionar sus conflictos.

Practica

Con un compañero, representen cómo resolverían un conflicto. Expliquen lo que pasa a medida que cumplen cada uno de los pasos.

1. ¿Qué pasa cuando una persona sonríe?
2. ¿Qué pasa cuando una persona está dispuesta a ceder?
3. ¿Qué pasa cuando una persona pide ayuda a un mediador?

Aplica

Aplícalo Piensa en algún conflicto que has visto en la escuela. ¿Cómo se resolvió? Escribe un párrafo y compara la manera como se resolvió ese conflicto con los pasos que se dan en esta lección.

Lección

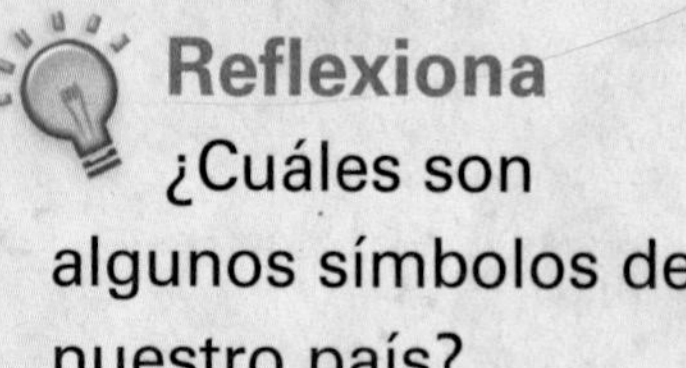

Los símbolos de nuestra nación

Reflexiona ¿Cuáles son algunos símbolos de nuestro país?

Vocabulario

símbolo patriótico pág. 290

monumento pág. 292

monumento conmemorativo pág. 292

himno pág. 294

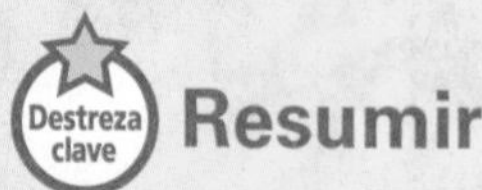

Resumir

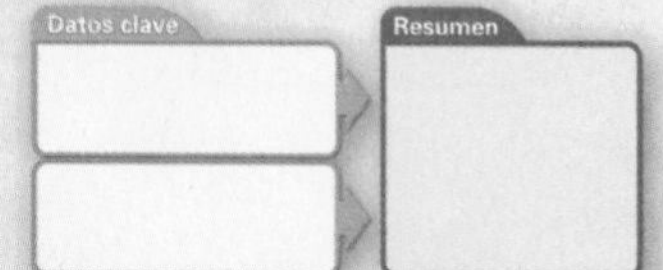

En todo el mundo, se siente patriotismo por el país. Una manera de mostrar ese sentimiento es con los símbolos patrióticos. Un **símbolo patriótico**, como la bandera, representa las ideas en las que cree la gente.

Nuestros símbolos nacionales

La bandera de Estados Unidos es el símbolo de la historia de nuestro país y sus ideales. La bandera tiene 13 franjas y 50 estrellas. Las franjas representan las 13 colonias originales. Cada estrella representa uno de los 50 estados actuales.

Una tropa de niños exploradores lleva la bandera de Estados Unidos en un desfile. La bandera de Estados Unidos es un símbolo de la unidad de nuestro país.

Conducta ante la bandera

Saludo a la bandera

- Ponte de pie y mira la bandera. Ponte la mano derecha sobre el corazón.
- Si llevas puesto un sombrero o una gorra, quítatelo y tenlo en la mano que está sobre el corazón.

Exhibición de la bandera

- La bandera de Estados Unidos debe ondear encima de cualquier otra bandera que haya en la misma asta. Es la primera en izarse y la última en bajarse.
- La bandera a media asta es señal de duelo, es decir, tristeza por una muerte. Se debe izar la bandera hasta la punta del asta y luego bajarla hasta la mitad. Al anochecer, se vuelve a izar hasta arriba antes de bajarla.

El águila calva

El águila cabeciblanca americana es el ave nacional de Estados Unidos. Vive solamente en América del Norte. El presidente John F. Kennedy dijo: "La fiera belleza y la orgullosa independencia de esta espléndida ave simbolizan a la perfección la fuerza y la libertad de Estados Unidos".

El águila cabeciblanca es un símbolo de la fuerza y la libertad de Estados Unidos.

La Campana de la Libertad

La Campana de la Libertad que está en la ciudad de Philadelphia, Pennsylvania, es otro símbolo patriótico. Se hizo sonar después de la primera lectura en público de la Declaración de Independencia. Muchos piensan en la Campana de la Libertad cuando oyen la expresión "¡Que suene la libertad!".

Repaso de la lectura **Resumir**

¿Qué representan las estrellas y las franjas de nuestra bandera?

La Campana de la Libertad es un símbolo de independencia.

➤ **El Mall Nacional de Washington, D.C., es un paseo ancho con muchos monumentos.**

Una ciudad de monumentos

En Washington, D.C., hay muchos símbolos patrióticos. Algunos son monumentos. Un **monumento** es algo que se construye para honrar a una persona o un suceso histórico. Puede ser una escultura, una fuente, un edificio o algún otro punto de referencia duradero. El Monumento a Washington es una columna de piedra enorme construida en homenaje al primer presidente de nuestro país.

Hay monumentos que son conmemorativos. Un **monumento conmemorativo** mantiene vivo el recuerdo de una persona o un suceso. Al ver el Monumento a Lincoln, uno recuerda al presidente Lincoln.

Monumento Conmemorativo de los Veteranos de la Guerra de Corea

Monumento Conmemorativo de Franklin Delano Roosevelt

Monumentos conmemorativos de guerra

Algunos monumentos son recuerdos de quienes murieron en la guerra. El Monumento Conmemorativo de los Veteranos de Vietnam y el Monumento Conmemorativo de la Guerra de Corea honran a los ciudadanos que lucharon en Vietnam y Corea.

El Monumento Nacional Conmemorativo de la Segunda Guerra Mundial honra a los soldados que pelearon en la Segunda Guerra Mundial, en la década de 1940. Se construyó en 2004 y está entre el Monumento a Washington y el Monumento a Lincoln.

Repaso de la lectura **Resumir**

¿Cuál es el objeto de los monumentos?

Monumento Nacional Conmemorativo de la Segunda Guerra Mundial

Francis Scott Key

Palabras de patriotismo

Muchas veces, se expresa patriotismo con palabras. Francis Scott Key expresó su sentimiento patriótico en un poema titulado *"The Star-Spangled Banner"* ("La bandera adornada de estrellas"). Ese poema se convirtió en el **himno** o canción patriótica nacional.

La historia de la canción

Key escribió el poema durante la guerra de 1812. Observaba desde un barco mientras los británicos atacaban un fuerte de Baltimore, Maryland. La batalla duró hasta la noche. Cuando terminó la lucha, estaba tan oscuro que Key no sabía quién había ganado.

Por la mañana siguiente, Key vio que la bandera estadounidense seguía ondeando sobre el fuerte. Entonces supo que Estados Unidos había ganado la batalla.

Los niños EN LA HISTORIA

La viviente bandera estadounidense

En mayo, los estudiantes de Baltimore, Maryland, celebran el Día de la Bandera. Se visten de rojo, blanco para azul y forman una inmensa "bandera viviente". Esta tradición empezó en 1914 para celebrar los 100 años de la batalla en la cual se defendió a Baltimore.

También querían que se recordara cómo se escribió "La bandera adornada de estrellas". Para formar la primera "bandera humana", 6,500 estudiantes de Baltimore vistieron sacos de colores y agitaron pañuelos del mismo color. ¡Parecía que la bandera ondeaba al viento!

Aplícalo ¿Cómo participas en las ceremonias patrióticas?

El Juramento a la Bandera

El Juramento a la Bandera es la promesa que hacemos de ser leales, es decir, fieles a Estados Unidos. Mientras recitamos las palabras, debemos pararnos firmes y colocar la mano derecha sobre el corazón.

Repaso de la lectura **Resumir**

¿Para qué se recita el Juramento a la Bandera?

Estos estudiantes recitan el Juramento a la Bandera en su escuela de Maryland.

Resumen Se muestra patriotismo con símbolos. Los monumentos y los objetos conmemorativos son símbolos que honran y recuerdan a una persona o un suceso. Las palabras patrióticas expresan lo que siente alguien por su país.

Repaso

1. **Reflexiona** ¿Cuáles son algunos símbolos de nuestro país?
2. **Vocabulario** ¿Por qué decimos que "La bandera adornada de estrellas" es un **himno**?
3. **Historia** La Campana de Libertad, ¿por qué es un símbolo de la libertad?
4. **Razonamiento crítico** Aplícalo ¿Hay algún monumento en tu comunidad? ¿Cómo honra un monumento a una persona o un suceso?
5. **Dibujar un símbolo** Haz un dibujo de un símbolo patriótico. Escribe una oración para explicar qué representa ese símbolo.
6. Destreza clave **Resumir** En una hoja de papel, copia y completa el siguiente organizador gráfico.

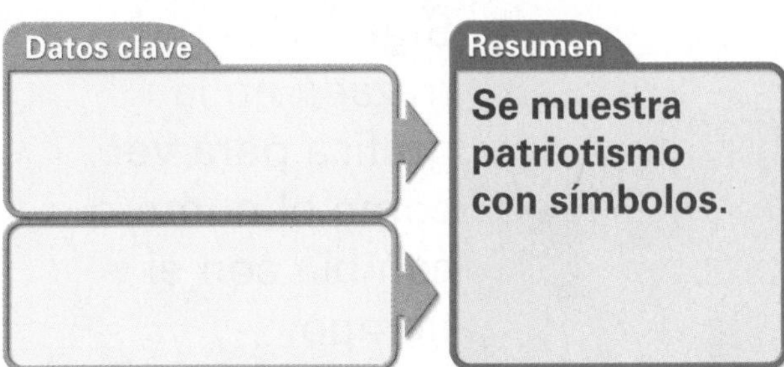

Usar una gráfica lineal

Por qué es importante Cuando necesitamos ver cómo fueron cambiando las cosas con el tiempo, podemos usar una gráfica lineal.

Aprende

La **gráfica lineal** usa una línea para mostrar los cambios que ocurren con el tiempo. Mira la gráfica de la página 297, que muestra cómo ha aumentado el número de parejas de águilas cabeciblancas. Hace un tiempo, había tan pocas que el gobierno hizo un plan para protegerlas. Sigue estos pasos para leer la gráfica.

Paso 1 Lee el título para saber qué muestra la gráfica.

Paso 2 Lee los rótulos a la izquierda y abajo de la gráfica. Dicen qué representan los números.

Paso 3 Mira los puntos marcados en la cuadrícula y los números que corren a la izquierda y abajo de la gráfica, para hallar el número que cada punto representa.

Paso 4 Sigue la línea trazada en la gráfica para ver cómo el número cambia con el tiempo.

Una pareja de águilas cabeciblancas son dos águilas que anidan juntas.

Visita **www.harcourtschool.com/ss1** para hallar actividades en Internet.

Practica

Consulta la gráfica lineal para responder a estas preguntas.

1. ¿Qué información se muestra debajo de la gráfica? ¿Y por el lado?
2. ¿Entre qué años se produjo el mayor cambio en la población de águilas cabeciblancas?

Aplica

Aplícalo Haz una gráfica lineal y muestra cómo cambió la población de tu comunidad con el tiempo.

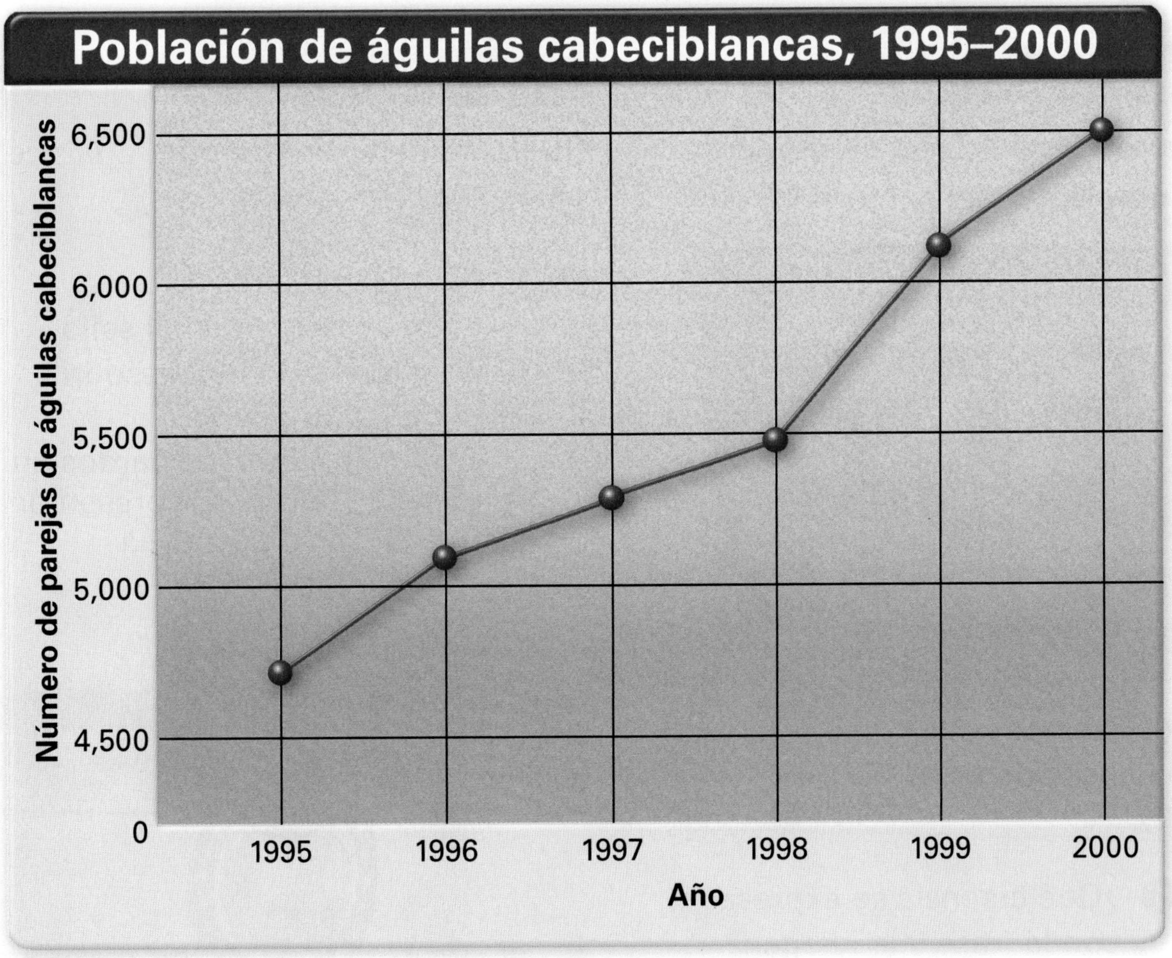

Población de águilas cabeciblancas, 1995–2000

Número de parejas de águilas cabeciblancas

6,500
6,000
5,500
5,000
4,500
0

1995 1996 1997 1998 1999 2000

Año

Destrezas con tablas y gráficas

Fuentes primarias

Los símbolos estatales

Antecedentes Los estados tienen símbolos que nos cuentan cómo es la vida en esos estados o cuáles son los valores importantes para sus ciudadanos. La bandera de un estado puede expresar el sentimiento de orgullo por ese estado. El sello del estado en los edificios públicos y en documentos es un signo de autoridad.

PRD **Preguntas relacionadas con el documento** Observa estas fuentes primarias y responde a las siguientes preguntas.

Bandera del Estado de Kentucky

En esta bandera, se ve a un pionero y a un empleado del gobierno.

"Unidos nos sostenemos, divididos caemos" es el lema del estado de Kentucky.

PRD **1** ¿Qué creencia se expresa con la frase y la imagen?

Bandera del Estado de Missouri

En la bandera de Missouri, aparece el sello estatal de Missouri.

PRD **2** ¿Qué valores se representan en el sello del estado de Missouri?

Los osos pardos en el sello representan la fuerza y la valentía.

Sello del estado de Missouri

Sello del Estado de Ohio

En el sello del estado de Ohio, hay un atado de trigo y otro de flechas.

PRQ ❸ ¿Por qué hay un atado de trigo en el sello?

Bandera del Estado de Ohlahoma

La bandera del estado de Oklahoma se adoptó en 1925. El escudo va decorado con símbolos de paz.

PRQ ❺ ¿Qué te dice la bandera de Oklahoma acerca de quiénes pueden haber vivido en ese estado?

Sello del Estado de New Jersey

En el sello del estado de New Jersey, se ven dos mujeres.

PRQ ❹ ¿Cuáles son los valores más importantes para el estado de New Jersey?

La *Libertad* sostiene el gorro de la libertad en su báculo.

La *Abundancia* lleva un recipiente lleno de comida.

"Libertad y prosperidad" es el lema del estado.

Escribe sobre el tema

Escribe un párrafo sobre la bandera y el sello de tu estado.

APRENDE en línea

Visita **www.harcourtschool.com/ss1** para hallar más recursos en Internet.

Lección 5

Los gobiernos del mundo

Reflexiona ¿Cómo es el gobierno de otros países?

Vocabulario

Parlamento pág. 301

primer ministro pág. 301

monarquía constitucional pág. 302

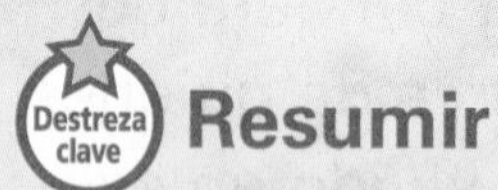

Resumir

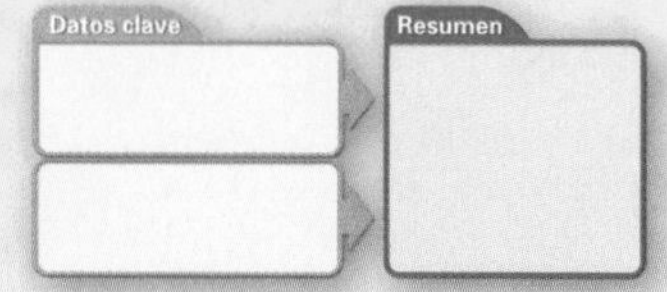

Los países de todo el mundo tienen gobiernos diferentes. Unos países, como Estados Unidos, son democracias. Otros tienen gobiernos en que los líderes no son elegidos por los ciudadanos.

Los gobiernos vecinos

El gobierno de México se parece al de Estados Unidos. Ambos gobiernos tienen un poder ejecutivo, uno legislativo y uno judicial. En ambos países, el presidente es el jefe del poder ejecutivo.

Los líderes del gobierno de distintos países se reúnen con frecuencia.

Miembros del gobierno de Estados Unidos y México se reúnen para hablar de negocios.

El gobierno de Canadá también se parece al de Estados Unidos en algunos sentidos. El poder legislativo de Canadá es el **Parlamento**. El Parlamento trabaja con otro grupo, llamado el gabinete ministerial. Este grupo está dirigido por el **primer ministro**, jefe del poder ejecutivo.

Colaboración

Como son vecinos, Estados Unidos, México y Canadá están muy relacionados. A menudo, los tres gobiernos trabajan juntos. Además, los tres países hacen negocios juntos. Por ejemplo, México exporta la mayor parte de sus bienes a Estados Unidos.

Repaso de la lectura **Resumir**
¿En qué se parecen los gobiernos de México y Canadá al de Estados Unidos?

Ubicación **¿Qué país comparte la frontera norte de Estados Unidos?**

Datos breves

El rey Jigme Singye Wangchuck se convirtió en el rey de Bután cuando tenía 17 años de edad.

El gobierno de Bután

El gobierno de Bután es diferente del gobierno de Estados Unidos. Bután es un país de Asia. En lugar de presidente, Bután tiene un monarca o rey. Jigme Singye Wangchuck es el rey de Bután. Al igual que otros reyes, nació en una familia real. Su padre y su abuelo también fueron reyes.

Una monarquía constitucional

El gobierno de Bután está cambiando: se está convirtiendo en una monarquía constitucional. En una **monarquía constitucional**, hay un monarca y también un gobierno elegido por el pueblo. El rey Wangchuck renunció a parte de su poder para que se pudiera hacer este cambio en Bután.

Bután

CHINA
NEPAL
BUTÁN
Thimphu
BANGLADESH
INDIA
MYANMAR

La cordillera de los Himalayas en Bután

El poder legislativo de Bután es la Asamblea Nacional. Algunos de sus miembros son elegidos por votación; otros son nombrados por el rey y por grupos religiosos. Wangchuck ha cedido la mayor parte de sus poderes a la Asamblea Nacional.

El poder ejecutivo es el Concejo de Ministros. Sus miembros son elegidos por el rey, pero la Asamblea Nacional debe aprobarlos.

Repaso de la lectura **Resumir**

¿En qué se diferencia el gobierno de Bután del gobierno de Estados Unidos?

Miembros del gobierno de Bután

Resumen Los países de todo el mundo tienen formas de gobierno diferentes. Estados Unidos, México, Canadá y Bután gobiernan a su pueblo de distinta manera.

Repaso

1. **Reflexiona** ¿Cómo se gobiernan los pueblos de otros países?
2. **Vocabulario** Escribe una descripción de una **monarquía constitucional**.
3. **Civismo y gobierno** Por lo general, ¿cómo llega una persona a ser un monarca?
4. **Razonamiento crítico** ¿En qué se parecen un presidente y un monarca? ¿En qué se diferencian?
5. **Escribir un párrafo** Escribe un párrafo y compara las formas de gobierno que aprendiste en esta lección.
6. Destreza clave **Resumir** En una hoja de papel, copia y completa el siguiente organizador gráfico.

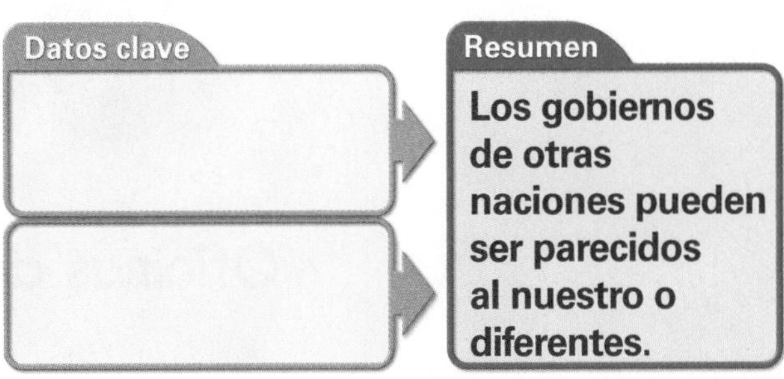

Explora el gobierno de tu comunidad

En esta unidad, leíste sobre los diferentes niveles de gobierno y los tres poderes. Puedes aprender sobre el gobierno de tu comunidad con los siguientes recursos.

Recursos de tu comunidad

Periódicos

Oficinas del gobierno

Páginas web de tu comunidad

Investiga tu comunidad

- ¿Qué tipo de gobierno local tiene tu comunidad?
- ¿Quiénes son algunos líderes de tu comunidad?
- ¿Dónde y cuándo se reúnen los líderes de tu comunidad?
- ¿Qué servicios del gobierno se prestan en tu comunidad?

Hacer una página web de tu comunidad

Haz una página web para los ciudadanos de tu comunidad. Incluye información importante sobre el gobierno de la comunidad, como el nombre de sus líderes, las oficinas del gobierno local y los horarios de las reuniones. Explica qué servicios del gobierno presta tu comunidad a sus ciudadanos.

Resumen visual

En Estados Unidos, hay tres niveles de gobierno.

Resume el capítulo

Resumir Completa el organizador gráfico para mostrar lo que aprendiste sobre el gobierno de tu nación.

Datos clave

Resumen

En Estados Unidos, hay tres niveles de gobierno. En cada nivel, hay tres poderes.

Vocabulario

Escribe una definición para cada término.

1. **servicio del gobierno**, pág. 267
2. **judicial**, pág. 268
3. **condado**, pág. 272
4. **obras públicas**, pág. 277
5. **gobernador**, pág. 280
6. **Congreso**, pág. 283
7. **representante**, pág. 283
8. **monumento**, pág. 292
9. **himno**, pág. 294
10. **primer ministro**, pág. 301

Preparación para la prueba

Los tres poderes del gobierno son el ejecutivo, el legislativo y el judicial.

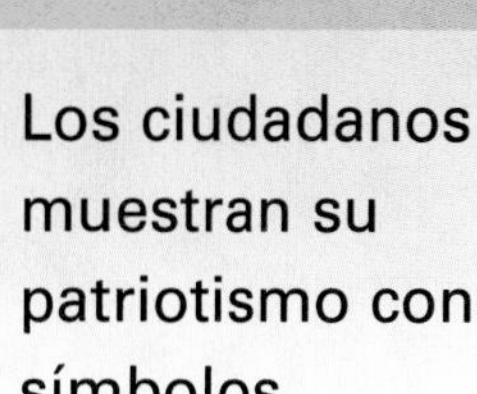

Los ciudadanos muestran su patriotismo con símbolos.

Ideas principales y datos

Responde a las siguientes preguntas.

11. ¿Quién les da autoridad a los líderes de nuestro país?

12. ¿Cuáles son los tres poderes del gobierno nacional y del gobierno estatal?

13. ¿A quién honra el Monumento Conmemorativo de los Veteranos de Vietnam?

Escribe la letra de la mejor opción.

14. ¿Cuál es la mejor descripción de un gobierno de alcalde y concejo?
- **A** Los votantes eligen al alcalde y a los miembros del concejo.
- **B** Los ciudadanos contratan un juez.
- **C** El concejo contrata un administrador municipal.
- **D** El concejo elige un alcalde.

15. ¿Cuál de estos países está gobernado por una monarquía constitucional?
- **A** Canadá
- **B** Estados Unidos
- **C** México
- **D** Bután

Razonamiento crítico

16. ¿Por qué necesitamos un gobierno?

17. **Aplícalo** ¿Qué servicios del gobierno se prestan en tu comunidad?

Destrezas

Leer un mapa de calles
Consulta el mapa de la página 279 para responder a la pregunta.

18. ¿Qué calle pasa por el extremo sur de Wilson Park?

Resolver conflictos
Sigue los pasos de la página 288 para responder a la pregunta.

19. En un conflicto, ¿qué sucede cuando una persona se aleja?

Redacción

Escribir un párrafo Escribe un párrafo sobre el presidente de Estados Unidos.

Escribir una canción Imagina que viste un suceso histórico importante. Escribe una canción patriótica sobre ese suceso.

Pistas dibujadas

Vocabulario

Este crucigrama está completo, pero ¿cuál es la pista dibujada que corresponde a cada palabra? Ya tienes una resuelta.

1. SIMBOLOPATRIOTICO
2. VOLUNTARIO
3. BOLETA
4. HEROE
5. HIMNO
6. MONUMENTO
7. RECREACION
8. ALCALDE

HORIZONTALES

1. 2. 3. 4. 5.

VERTICALES

6. 7. 8.

Buenos ciudadanos

Estos son cuatro ciudadanos que hicieron algo valioso. ¿Cómo se llama cada uno?

Yo gané el Premio Nobel de la Paz en 2002. Ahora, ayudo a construir casas para personas necesitadas.

Yo no cedí mi asiento en el autobús y fui a la cárcel. Eso ayudó a cambiar leyes injustas.

Yo escribí un poema y después le pusieron música. Ahora, muchos cantan lo que escribí.

Yo ayudé a los trabajadores agrícolas y a sus familias.

Aventuras en línea

APRENDE en línea

HARCOURT

ECO

En este juego en línea en inglés, irás al Ayuntamiento el día de las elecciones. Alguien quiere impedir que los ciudadanos voten. Para salvar las elecciones, tendrás que resolver todos los desafíos y atrapar al responsable. ¿Podrás resolver la situación a tiempo para salvar las elecciones? Juega ya en **www.harcourtschool.com/ss1**

Preparación para la prueba 

 La gran idea

Gobierno Las comunidades dependen de la participación de sus ciudadanos en su gobierno.

Comprensión de la lectura y vocabulario

Los ciudadanos y el gobierno

Como ciudadanos de Estados Unidos, tenemos derechos, pero también tenemos responsabilidades. Por ejemplo, tenemos la responsabilidad de cumplir las leyes. Para ser buenos ciudadanos, debemos cooperar por el bien de la comunidad.

Nuestro gobierno tiene tres niveles: local, estatal y nacional. Cada nivel presta servicios diferentes y tiene distintos tipos de líderes. Por ejemplo, el alcalde es el líder del gobierno de una comunidad.

El gobierno nacional, los gobiernos estatales y la mayoría de los gobiernos locales tienen tres poderes y cada poder cumple tareas diferentes. Esos tres poderes son el ejecutivo, el legislativo y el judicial.

Lee el resumen anterior. Luego, responde a las siguientes preguntas.

1. ¿Cuál de estas es una responsabilidad de los ciudadanos?
   A practicar una religión
   B compartir sus creencias
   C obedecer las leyes
   D trabajar

2. ¿Qué ofrecen los tres niveles de gobierno?
   A servicios del gobierno
   B una buena comunidad
   C derechos
   D responsabilidades

3. ¿Qué hace un alcalde?
   A Dirige el gobierno estatal.
   B Dirige el gobierno de una comunidad.
   C Dirige el gobierno de un condado.
   D Dirige el gobierno nacional.

4. ¿En cuántos poderes están divididos el gobierno nacional, los gobiernos estatales y la mayoría de los gobiernos locales?
   A 2
   B 4
   C 5
   D 3

Ideas principales y datos

Responde a las siguientes preguntas.

5. ¿Qué derecho es también una responsabilidad?
6. ¿Cuáles son las dos clases de gobierno local?
7. ¿Cuáles son las dos partes del Congreso?

Escribe la letra de la mejor opción.

8. ¿Qué hizo Jimmy Carter para ser un buen ciudadano?
   A Se negó a ceder su asiento en el autobús.
   B Ayudó a las naciones a resolver conflictos de forma pacífica.
   C Organizó clases para trabajadores agrícolas pobres.
   D Ayudó a planear un boicot a los autobuses.
9. ¿Qué es el Juramento a la Bandera?
   A nuestro himno nacional
   B una promesa de ser leal a Estados Unidos
   C un monumento conmemorativo de guerra
   D la Constitución
10. ¿Cómo se convirtió en monarca el rey de Bután?
    A Nació en la familia real.
    B Fue elegido.
    C Fue nombrado.
    D Lo contrató la Asamblea Nacional.

Razonamiento crítico

11. **Aplícalo** ¿En qué te afecta a ti la Constitución de Estados Unidos?
12. Un estado, ¿por qué necesita tener un gobierno?

Destrezas

Leer un mapa de calles

Consulta el mapa para responder a las siguientes preguntas.

13. ¿Cuáles son algunas características que se ven en el mapa?
14. ¿Qué calle tomarías para llegar al parque Waterworks: la avenida Forest o la calle Montgomery?

Unidad 4

Actividades

Muestra lo que sabes

Actividad de redacción

Escribir un resumen Describe la relación entre los ciudadanos y el gobierno.

- Nombra algunos derechos y responsabilidades de los ciudadanos.
- Explica cómo el gobierno trabaja para los ciudadanos y los protege.

Proyecto de la unidad

Manual del gobierno Haz un manual que hable del gobierno.

- Investiga sobre las personas y los empleos que hay en el gobierno local, estatal y nacional.
- Describe cómo funciona cada nivel.

Lecturas adicionales

- ***The Train of States,*** **por Peter Sís. Greenwillow.**

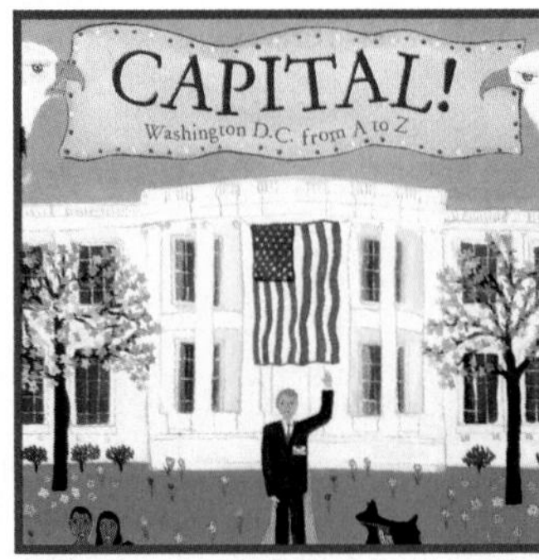

- ***Capital! Washington D.C. From A to Z,*** **por Laura Krauss Melmed. HarperCollins.**

- ***The Flag Maker,*** **por Susan Campbell Bartoletti. Houghton Mifflin.**

Visita **www.harcourtschool.com/ss1** para hallar más recursos en Internet.

Unidad 5

Las personas en las comunidades

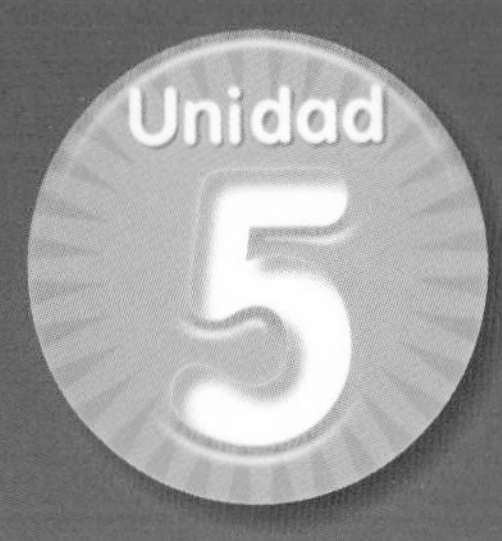

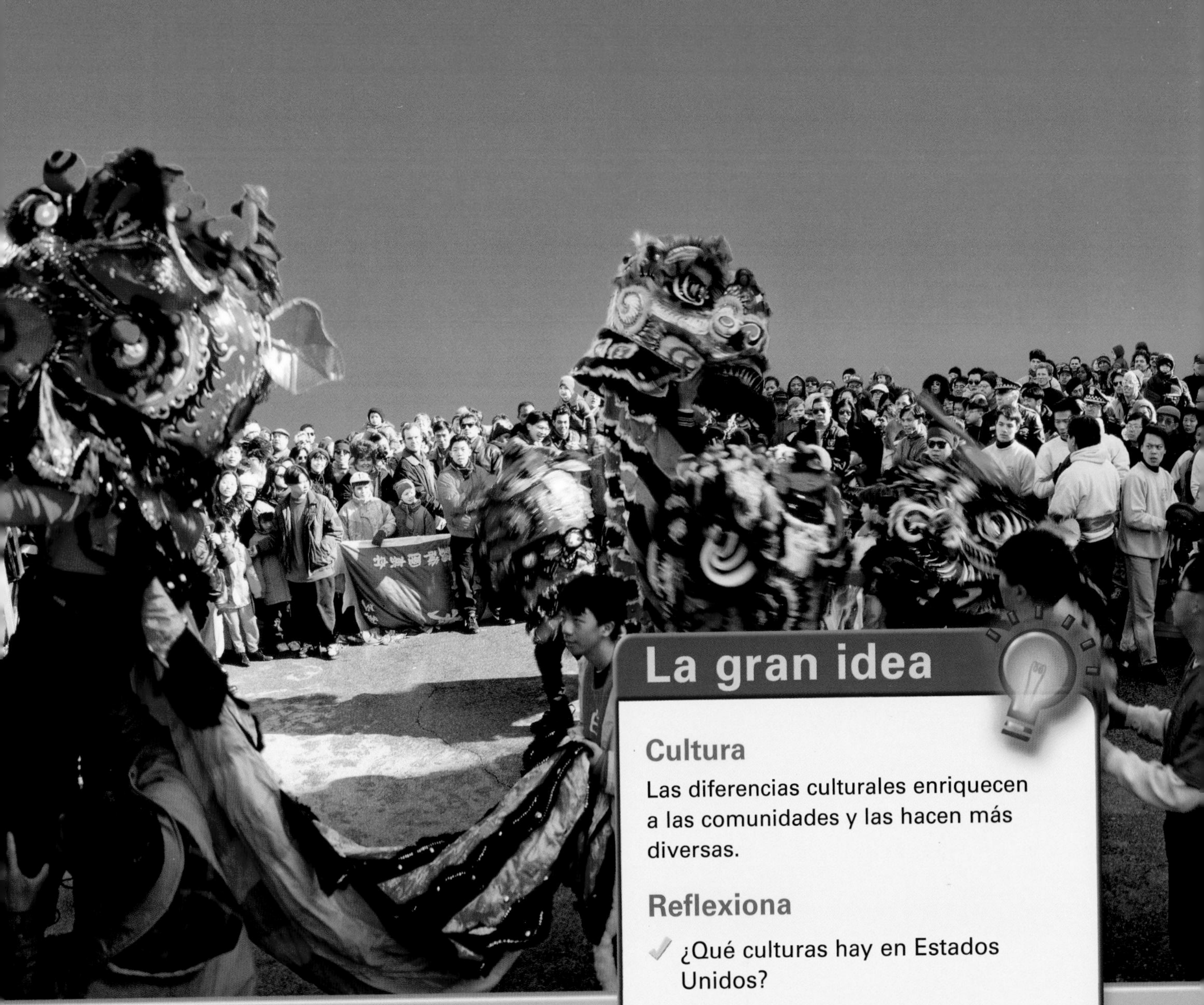

La gran idea

Cultura

Las diferencias culturales enriquecen a las comunidades y las hacen más diversas.

Reflexiona

- ¿Qué culturas hay en Estados Unidos?
- ¿Cómo está formado nuestro patrimonio cultural?
- ¿Cómo se puede expresar la cultura?
- ¿En qué son diferentes las costumbres de todo el mundo?

Unidad 5

Personas

Habla sobre

personas y cultura

John Chapman
1774–1845
Pionero americano conocido como *Johnny Appleseed*

Las personas en las comunidades

Emma Lazarus
1849–1887
Poeta americana cuyo poema "El nuevo coloso" se grabó en la Estatua de la Libertad

Maya Lin
1959–Actualidad
Artista que diseñó el Monumento Conmemorativo de los Veteranos de Vietnam en Washington, D.C.

Unidad 5

Presentación del vocabulario

diverso Lo que tiene variedad y diferencias, por ejemplo, con respecto a idiomas o creencias. (página 332)

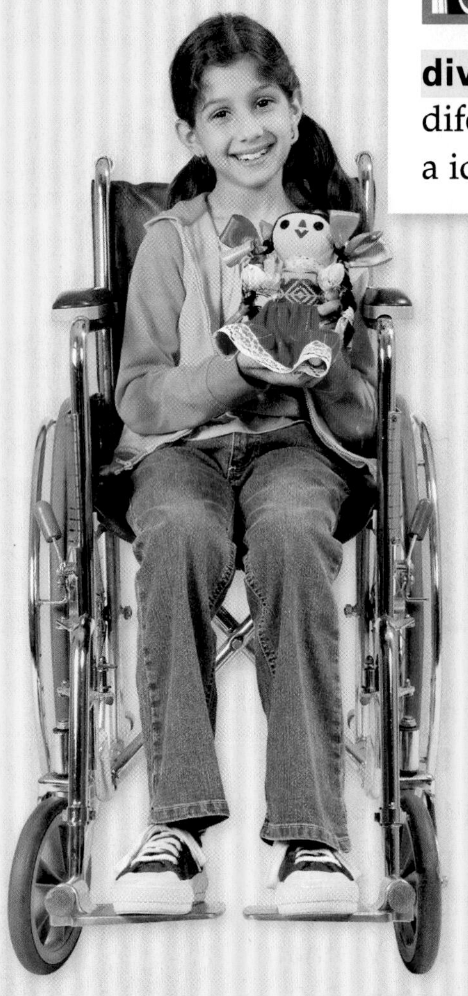

tradición Una costumbre o una manera de hacer las cosas que se transmite a otros. (página 335)

costumbre Una manera de hacer las cosas. (página 332)

lugar histórico Una obra humana o una característica natural importante que marca un lugar. (página 338)

festival Una reunión alegre para celebrar algo. (página 359)

Visita **www.harcourtschool.com/ss1** para hallar más recursos en Internet.

La lectura en los Estudios Sociales

Destreza clave

Causa y efecto

Por qué es importante Al comprender las causas y los efectos, puedes entender mejor por qué ocurren las cosas.

Aprende

Una **causa** es lo que hace que suceda otra cosa. Un **efecto** es lo que sucede como resultado de una causa.

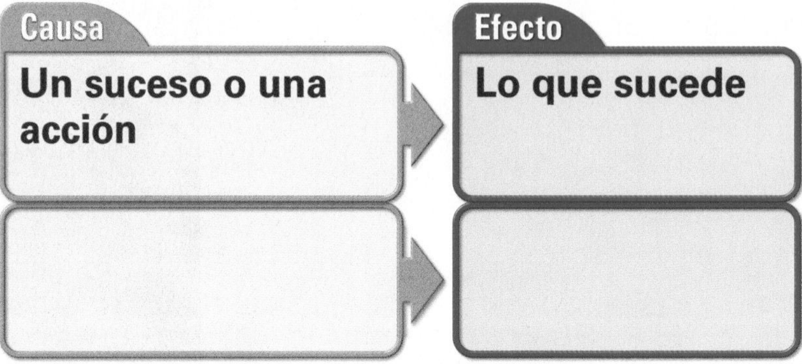

- Ciertas palabras y frases, como *porque, como resultado, debido a* o *por lo tanto*, te ayudan a identificar por qué sucede algo.
- Un efecto también puede convertirse en causa de otro suceso.

Practica

Lee el párrafo. Busca una causa y un efecto.

Causa

Efecto

Hace muchos años, los habitantes de los montes Apalaches no viajaban lejos de su hogar. Las altas montañas hacían difícil viajar y visitar otras comunidades, donde se podían conocer otros estilos de vida. Como resultado, la región de los Apalaches tuvo una cultura diferente del resto del país.

Aplica

Lee los párrafos. Luego, responde a las preguntas.

La música de los Apalaches

La región de los Apalaches es conocida por su música tradicional, es decir, la música popular que las personas aprenden unas de otras. Los primeros europeos que vivieron en esa área venían de muchas culturas. Entre ellos, había colonizadores ingleses, escoceses, irlandeses, alemanes y franceses. También se establecieron en la región afroamericanos e indígenas. Como resultado, la música tradicional de los Apalaches es una mezcla de estilos de todo el mundo. Con el tiempo, esa mezcla se convirtió en el sonido único, es decir, especial de la montaña.

Los colonizadores ingleses trajeron su amor por las baladas, que son canciones que cuentan una historia. Los colonizadores alemanes tocaban el dulcémele, un instrumento de cuerdas que se toca apoyado sobre las piernas. Un violinista escocés empezó a tocar el violín de otra manera, con un arco corto. En la región también se tocaban la guitarra, el banjo y la mandolina. Cada estilo musical y cada instrumento ayudó a crear el sonido de la música apalache.

Destreza clave: Causa y efecto

1. La música folclórica de los Apalaches, ¿por qué está formada por muchos estilos?
2. ¿Qué efecto tuvieron los alemanes en la música de los Apalaches?
3. ¿Qué grupo trajo las baladas a la música apalache?

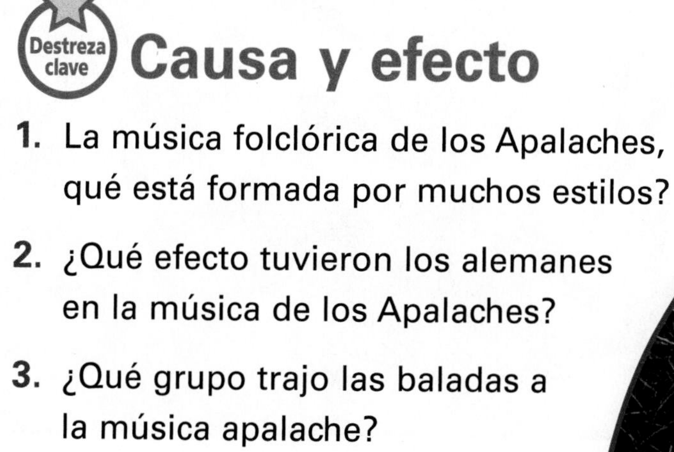

Soñaba con Estados Unidos

Una historia de la isla Ellis

por Eve Bunting — ilustrado por Ben F. Stahl

Annie Moore y sus dos hermanos, Anthony y Phillip, vinieron a Estados Unidos desde Irlanda. Los padres de Annie habían venido antes para trabajar y ahorrar dinero. El 1 de enero de 1892, Annie llegó a la isla Ellis, adonde iban los inmigrantes antes de recibir permiso para entrar en el país. Este cuento narra lo que habría pasado cuando Annie bajó del barco.

Con un chirrido y un crujido, bajó la plancha del barco.

El señor Viktor le dio un empujoncito a Annie.

—Sé la primera, Annie. Ser la primera te traerá suerte.

El buque *Nevada* trajo inmigrantes europeos a Estados Unidos entre 1869 y 1894.

El primer centro de inmigración de la isla Ellis se terminó de construir en 1891.

Annie bajó del barco con Anthony y Phillip detrás. Los gritos de alegría eran como un trueno. Se agitaban banderitas estadounidenses. Sombreros y gorras volaban por el aire. El aire salado olía bien: el aroma de América.

Dos caballeros de traje que parecían importantes la tomaron de la mano.

—Bienvenida. Eres la primera inmigrante que llega a nuestro país por la isla Ellis —dijo uno de los señores.

"Ser la primera trae suerte", le había dicho el señor Viktor. Seguro que se refería a esto. ¡Por eso había una gran celebración!

—Soy el coronel Weber —dijo el otro caballero—. ¿Cómo te llamas?

Annie trató de no tartamudear.

—Soy Annie Moore, de Cork, Irlanda. Estos son mis hermanos, Anthony y Phillip—. Se quedó allí, indecisa e incómoda porque sabía que todos los estaban mirando. Había cientos de personas que empujaban detrás de las barricadas. Annie miró de un lado a otro. ¡Si tan solo lograra ver a sus padres!

—Deseamos que aceptes esta moneda de oro de diez dólares para recordar este día importante en la historia —le dijo el coronel Weber.

—Y también es el cumpleaños de Annie —dijo el pequeño Phillip.

Un día importante para la historia, ¡y ella era parte del acontecimiento! Annie se quedó mirando la moneda de oro. Parecía flotar en su mano, brillante como el sol. ¿Diez dólares? ¡Eso sería una fortuna!

—La voy a guardar siempre. Siempre —murmuró.

—Ahora, si tú y tus hermanos nos acompañan, vamos a inscribirlos . . .

Fue entonces cuando Annie oyó los gritos, tan exaltados que sonaban por encima del ruido.

—¡Son Annie y los pequeños Anthony y Phillip!

—¡Papá! —gritó Annie—. ¡Papá!—. Habría reconocido esa voz en cualquier parte.

Y ahí estaba su madre, empujando entre el gentío para llegar adelante. Tenía la cara encendida de entusiasmo y el sombrero y el cabello en desorden.

—¡Aquí estamos, niños, aquí estamos! —gritaba.

—¿Qué se siente al estar en Estados Unidos? —le preguntó un hombre con una libreta.

—Grandioso —respondió Annie. Se miró el anillo con las dos piedras rojas más preciosas que rubíes. Los dos corazones: Irlanda y Estados Unidos. ¿Habría pensado en eso su tía cuando se lo regaló?

Soy Annie Moore, de Cork, Irlanda, pensó. Y soy Annie Moore de América.

Esta es una foto de la verdadera Annie Moore con su primera hija, Mary Catherine.

Responde

1. **Causa y efecto** (Destreza clave) ¿Por qué el coronel Weber dio a Annie una moneda de oro de diez dólares?
2. **Aplícalo** ¿Por qué crees que algunas personas de otras comunidades se mudarían a tu comunidad?

Destrezas de estudio

USAR UNA GUÍA DE PREPARACIÓN

Con una guía de preparación, puedes prever, o sea predecir, lo que vas a leer.

- **Mira el título de la lección y de las secciones. Son pistas que señalan lo que vas a leer.**
- **Lee las preguntas del Repaso de la lectura. Aplica lo que sabes sobre el tema para predecir las respuestas.**
- **Lee para ver si tus predicciones fueron correctas.**

Inmigración y emigración		
Repaso de la lectura	Predicción	¿Correcta?
¿Por qué han venido inmigrantes a Estados Unidos?	La gente se va a otros lugares para buscar nuevas oportunidades.	✓

PRESENTACIÓN DEL VOCABULARIO

oportunidad pág. 324

multicultural pág. 333

día de fiesta pág. 340

CAPÍTULO

Nuestra cultura estadounidense

Celebración de indígenas en Los Angeles, California

Lección 1

Irse a otros lugares

Reflexiona ¿Por qué se va la gente a otros lugares?

Vocabulario

oportunidad pág. 324

prejuicio pág. 325

emigrar pág. 328

Causa y efecto

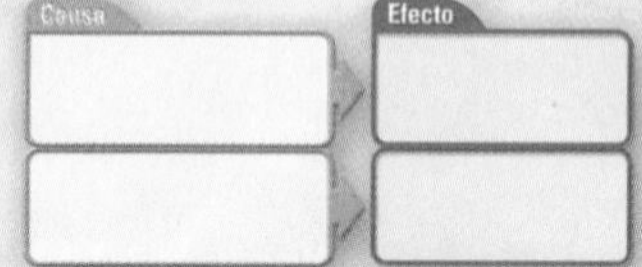

No siempre se vive en el mismo lugar toda la vida. A veces, uno se va a otra comunidad o incluso a otro país.

Una nación de inmigrantes

A Estados Unidos han venido inmigrantes desde hace cientos de años. Muchos vinieron buscando nuevas oportunidades. Una **oportunidad** es la posibilidad de tener una vida mejor. Unos vinieron a este país con la esperanza de tener más libertades. Otros vinieron para buscar una educación o un empleo mejor. Y otros querían escapar de los peligros que había en su propio país.

Niños inmigrantes que llegaron en la década de 1930 saludan la Estatua de la Libertad.

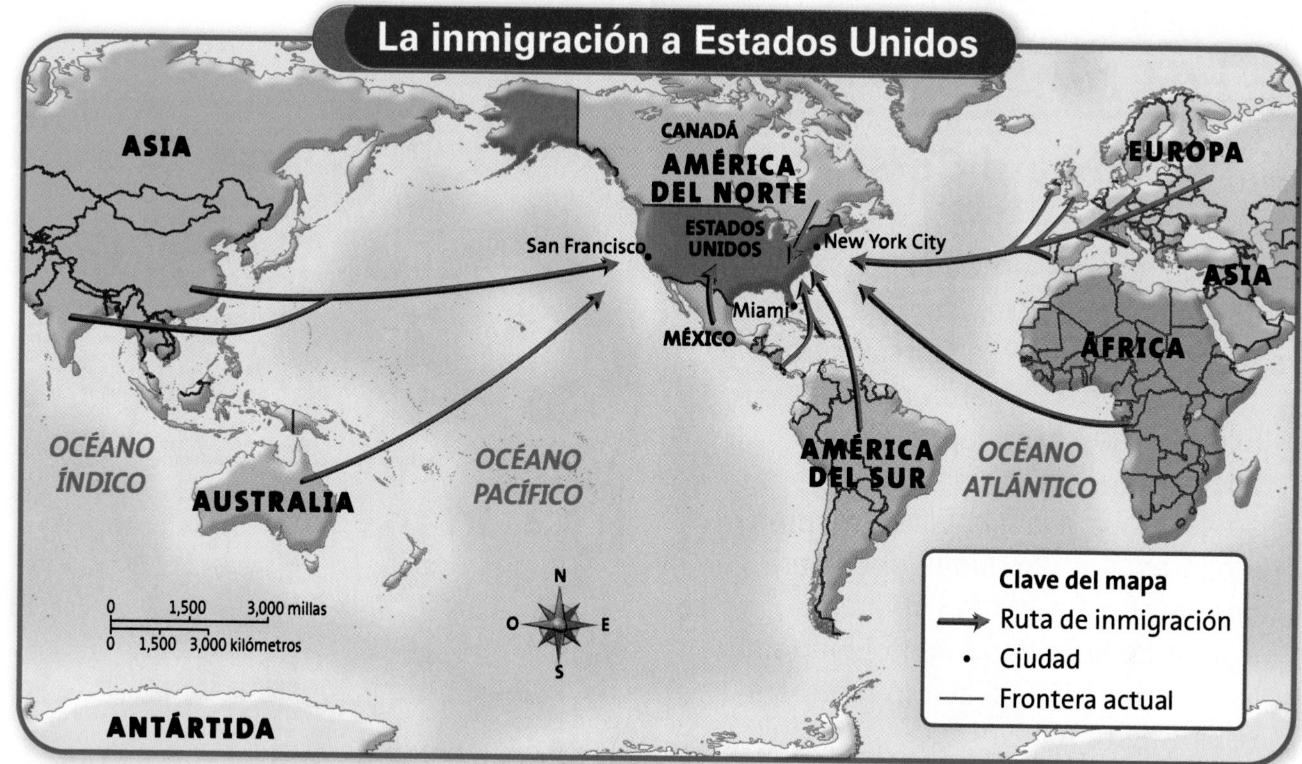

Ruta La mayoría de los inmigrantes que venían de Europa, ¿a qué parte de Estados Unidos llegaban primero?

Los inmigrantes enfrentan nuevos problemas

En el pasado, los inmigrantes que llegaban a Estados Unidos tenían muchos problemas. Muchos tenían que vivir amontonados en apartamentos muy pequeños en la parte antigua de las grandes ciudades. Además, tenían muy poco dinero para comer.

Algunos inmigrantes también sufrían por el prejuicio de otros. Un **prejuicio** es el sentimiento injusto de odio o disgusto hacia personas de cierto grupo, raza o religión. Los inmigrantes solían ganar menos dinero que otros trabajadores por hacer el mismo trabajo. Además, tenían menos oportunidades de conseguir un buen empleo.

Repaso de la lectura **Causa y efecto**
¿Por qué han venido inmigrantes a Estados Unidos?

Pasaporte de un inmigrante ruso

Los niños EN LA HISTORIA

Edward Corsi

Edward Corsi tenía diez años cuando él y su familia vinieron de Italia a Estados Unidos. Tras un largo viaje, la familia Corsi y otros 1,600 italianos llegaron a la isla Ellis en 1907. Más tarde, Corsi escribió que a medida que el barco se acercaba a la isla Ellis, "madres y padres alzaban a los bebés para que también pudieran ver, a su izquierda, la Estatua de la Libertad". Ya de adulto, Corsi ayudó a otros a venir a Estados Unidos.

Estos niños, al igual que Corsi, eran inmigrantes que venían de Europa.

Más de 20 millones de inmigrantes pasaron por la isla Ellis.

Comienza una vida nueva

Entre 1880 y 1920, llegaron millones de inmigrantes a Estados Unidos. La mayoría viajaba en barcos llenos de gente. Querían tener la posibilidad de convertirse en ciudadanos de Estados Unidos.

Cuando llegaban, los inmigrantes tenían que formar filas largas y esperar. Debían responder a muchas preguntas de las autoridades de inmigración. Luego, tenían que pasar por los médicos. Solamente podían entrar a Estados Unidos si pasaban todas las pruebas.

La mayoría de los inmigrantes que venían de Europa llegaban a la isla Ellis, en el puerto de New York. Ese era el centro de inmigración más grande del país.

La mayoría de los inmigrantes que venían de Asia llegaban a la isla Angel, en la costa occidental. La isla Angel está en la bahía de San Francisco, en California.

Se forman comunidades

Muchos inmigrantes se establecieron en ciudades o pueblos cerca de la isla Ellis o la isla Angel. Allí consiguieron empleo y conocieron a personas que venían de su mismo país.

Otros inmigrantes se fueron a diferentes lugares del país. Algunos fundaron nuevas comunidades. Muchas veces, ponían a estas comunidades un nombre que les recordaba su país natal. Germantown, en Tennessee, recibió ese nombre de los primeros habitantes alemanes.

La inmigración hoy

Hoy llegan inmigrantes de todo el mundo. La mayoría viene de países de Asia y América latina. El gobierno de Estados Unidos limita el número de inmigrantes que pueden entrar en el país cada año.

Repaso de la lectura **Generalizar**
¿Por qué se establecieron los inmigrantes en ciudades cerca de la isla Ellis o la isla Angel?

Inmigrantes de cada país

País	Número de inmigrantes
México	173,664
India	65,472
Filipinas	54,632
China	45,942
Vietnam	30,064
República Dominicana	30,049

Tabla Muchos de los inmigrantes que llegaron a Estados Unidos en 2004 venían de estos países. ¿Cuántas personas vinieron de Vietnam?

Un grupo de inmigrantes prestan juramento como ciudadanos de Estados Unidos.

Esta familia de afroamericanos migró a Chicago desde el área rural del Sur.

Emigraciones dentro de Estados Unidos

Las personas también **emigran**, o cambian de lugar, dentro de su propio país. Como los inmigrantes, muchos de ellos buscan mejores oportunidades.

La Gran Migración

Aun después del fin de la esclavitud, las leyes limitaban las libertades de los afroamericanos. A principios de 1900, muchos de ellos se fueron de las áreas rurales del Sur. Emigraron hacia las áreas urbanas del Norte y el Oeste. Tenían la esperanza de encontrar empleo, un hogar e igualdad de derechos. Este movimiento se llamó la Gran Migración. La población de afroamericanos creció en ciudades como Detroit, Cleveland, Chicago y New York.

Un cuadro de la serie *La Migración*, de Jacob Lawrence

La migración continúa

Hay personas que siguen yéndose hacia las áreas urbanas para buscar trabajo y mejores oportunidades. Otros se van de las áreas urbanas a zonas suburbanas o rurales. Muchos buscan lugares donde hay menos gente o donde es menos costoso vivir.

A partir de la década de 1970, muchas personas del norte de Estados Unidos se han mudado al "Cinturón del Sol" (*Sun Belt*). Esta amplia región del sur del país tiene un clima moderado.

Una familia que acaba de irse a otra comunidad deshace las maletas.

Repaso de la lectura **Causa y efecto**
Menciona uno de los efectos de la Gran Migración.

Resumen Los inmigrantes vienen a Estados Unidos buscando oportunidades. A veces, las personas que viven en el país emigran a otras áreas.

Repaso

1. **Reflexiona** ¿Por qué uno cambia de ciudad o lugar?
2. **Vocabulario** Escribe una oración sobre la inmigración con la palabra **oportunidad**.
3. **Geografía** ¿A qué regiones se fueron los afroamericanos durante la Gran Migración?
4. **Razonamiento crítico** ¿Por qué los inmigrantes que formaron comunidades nuevas solían ponerle el nombre de su país de origen?
5. **Escribir en tu diario** Imagina que eres uno de los primeros inmigrantes que llegaron a Estados Unidos. Escribe una entrada en tu diario personal. Incluye detalles sobre las dificultades que enfrentas.
6. Destreza clave **Causa y efecto** En una hoja de papel, copia y completa el siguiente organizador gráfico.

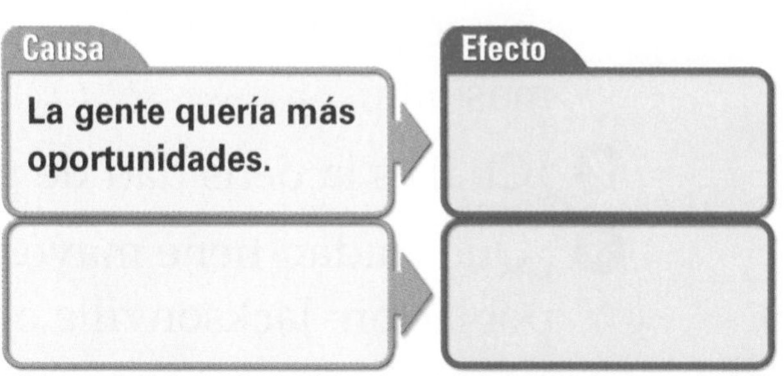

Leer un mapa de población

Por qué es importante A medida que las comunidades cambian, las poblaciones también cambian. Un mapa de población te muestra dónde viven la mayoría de las personas.

Aprende

La población de la Tierra no está distribuida de manera uniforme. Cada área tiene una densidad de población distinta. La **densidad de población** es el número de personas que viven en un área de cierto tamaño, por ejemplo, 1 milla cuadrada. Una milla cuadrada es un terreno cuadrado que mide 1 milla de ancho por 1 milla de largo. Los lugares con densidad de población más alta son áreas más pobladas, es decir, con menos espacio para cada persona. Por lo general, las ciudades tienen la densidad de población más alta.

Practica

Consulta el mapa de población de Illinois de la página 331 para responder a las siguientes preguntas.

1. La clave del mapa muestra cuatro densidades de población. ¿Qué color se usó para la densidad de población más alta?
2. ¿Cuál es la densidad de población de Princeton?
3. ¿Qué ciudad tiene mayor densidad de población: Jacksonville o Springfield?

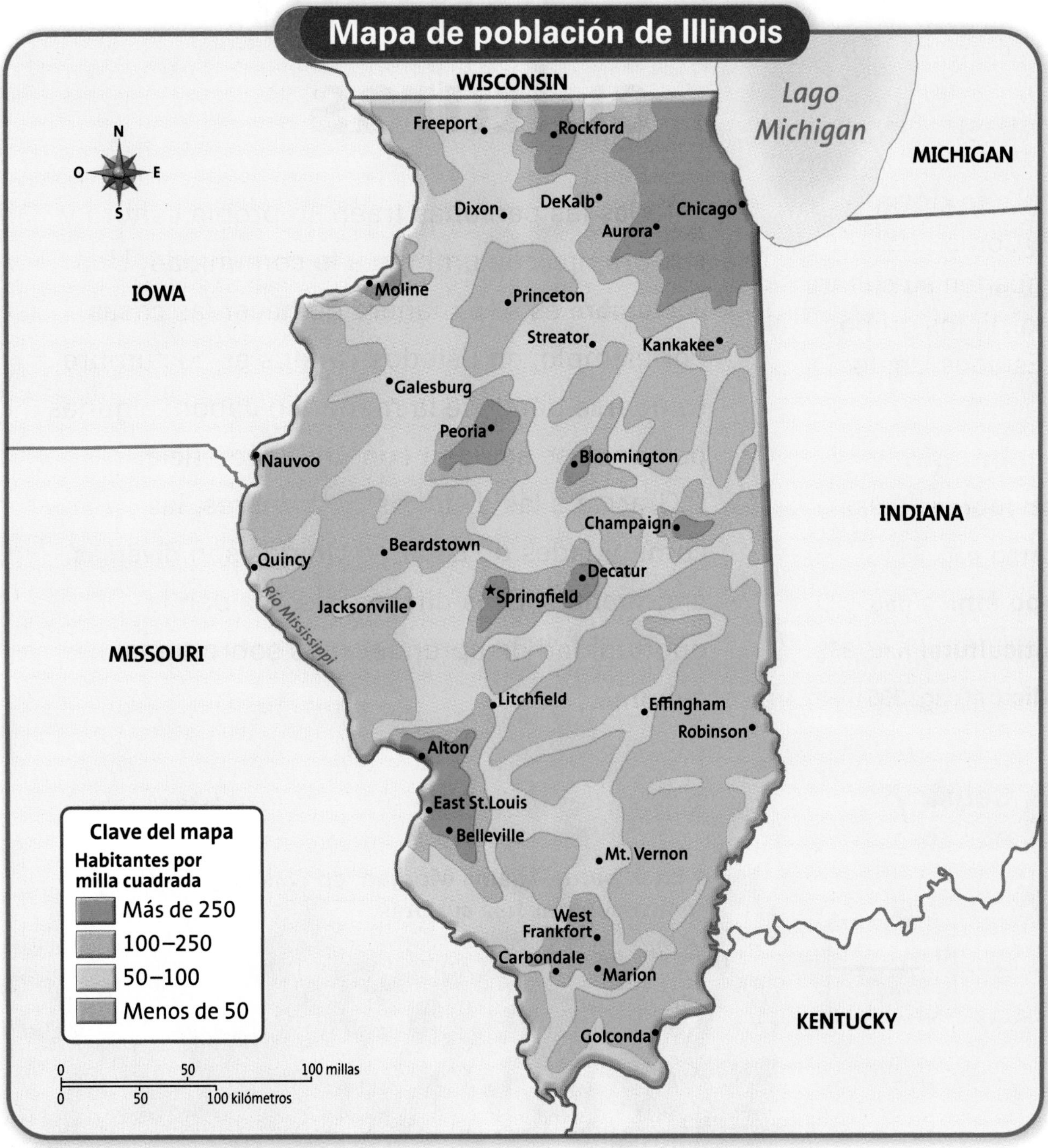

Visita **www.harcourtschool.com/ss1** para hallar actividades en Internet.

Mapa de población de Illinois

WISCONSIN
Lago Michigan
MICHIGAN
IOWA
INDIANA
MISSOURI
KENTUCKY
Río Mississippi

N
O
E
S

Freeport
Rockford
Dixon
DeKalb
Aurora
Chicago
Moline
Princeton
Streator
Kankakee
Galesburg
Peoria
Nauvoo
Bloomington
Champaign
Quincy
Beardstown
Decatur
Springfield
Jacksonville
Litchfield
Effingham
Robinson
Alton
East St.Louis
Belleville
Mt. Vernon
West Frankfort
Carbondale
Marion
Golconda

Clave del mapa
Habitantes por milla cuadrada
- Más de 250
- 100–250
- 50–100
- Menos de 50

0 50 100 millas
0 50 100 kilómetros

Aplica

Aplícalo Busca en una enciclopedia o en Internet un mapa de población de tu estado. ¿En qué parte del estado hay mayor densidad de población? ¿En qué parte hay menor densidad?

Lección 2 Compartir culturas

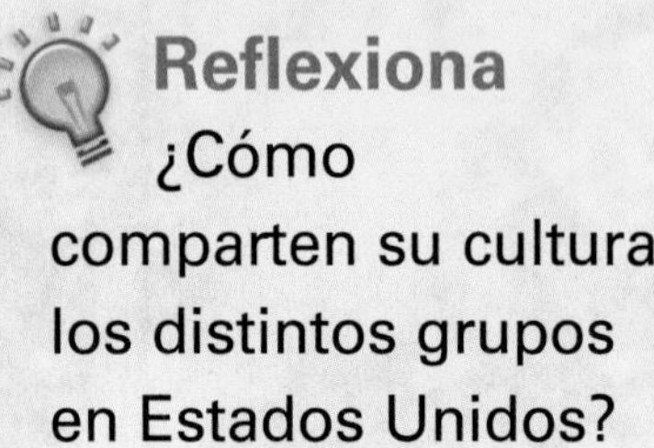

Reflexiona ¿Cómo comparten su cultura los distintos grupos en Estados Unidos?

Vocabulario

costumbre pág. 332

diverso pág. 332

grupo étnico pág. 333

multicultural pág. 333

tradición pág. 335

Destreza clave **Causa y efecto**

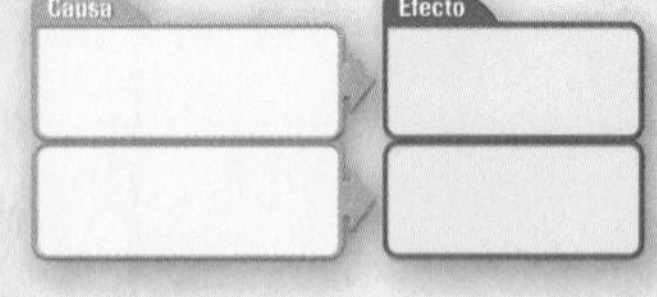

Todas las personas traen su propia cultura y sus propias costumbres a la comunidad. Una **costumbre** es una manera de hacer las cosas. Por ejemplo, en Estados Unidos es costumbre saludarse dándose la mano. En Japón, algunas personas se saludan con una reverencia.

Gracias a las distintas costumbres, las comunidades de Estados Unidos son **diversas**, o diferentes. Esas diferencias nos dan la oportunidad de aprender más sobre otras culturas.

En el barrio Adams Morgan, en Washington, D.C., se comparten muchas culturas.

El Arco de la Amistad en Washington, D.C., muestra la cultura china de la ciudad.

Washington, D.C.

Como la mayoría de las grandes ciudades, Washington, D.C., tiene muchos grupos étnicos. Un **grupo étnico** son personas que tienen el mismo idioma, cultura y forma de vida. Cada grupo étnico aporta algo de su cultura a la comunidad.

Hay barrios que están formados principalmente por un mismo grupo étnico. Chinatown, de Washington, D.C., comenzó cuando los inmigrantes chinos llegaron allí en el siglo XIX. Hay muchos restaurantes y negocios chinos.

Otros viven en barrios que son más multiculturales. Un barrio **multicultural** tiene muchas culturas diferentes. En Adams Morgan, un barrio de Washington, D.C., viven muchos latinoamericanos, caribeños, africanos y asiáticos.

Repaso de la lectura **Causa y efecto**
¿Cómo influyen los grupos étnicos en una comunidad?

El Jardín Hebreo, uno de los Jardines Culturales de Cleveland

Inauguración del Jardín Hebreo, en los Jardines Culturales de Cleveland

Cleveland, Ohio

Cleveland es otra comunidad con varias culturas. Está ubicada en el norte de Ohio, sobre el lago Erie. Los afroamericanos son uno de los grupos étnicos más grandes en esa comunidad. Muchas familias afroamericanas llegaron a Cleveland durante la Gran Migración. La ciudad también tiene grupos grandes de italianos, checos, irlandeses y polacos, entre muchos otros grupos.

En los Jardines Culturales de Cleveland se ve el multiculturalismo de la ciudad. Estos jardines honran a más de 20 grupos étnicos. Entre todos, los jardines muestran la diversidad étnica de Cleveland.

Los afroamericanos son uno de los muchos grupos que celebran su cultura en el desfile de la Celebración *"Parade the Circle"* (Desfilar por el Circuito), en Cleveland.

Una ciudad de tradiciones

Cada grupo étnico tiene sus propias creencias y tradiciones. Una **tradición** es una costumbre que se transmite a otros. Los visitantes del barrio Little Italy (Pequeña Italia), en Cleveland, pueden probar comidas italianas tradicionales. Pueden ver la actuación de los músicos italianos y bailarines tradicionales en las celebraciones organizadas por el barrio.

En el barrio de Hough de Cleveland, los visitantes pueden apreciar las tradiciones afroamericanas. Pueden ir al Museo Afroamericano para conocer mejor su arte tradicional, su cultura y su historia.

Estas cocineras preparan comidas tradicionales en Little Italy, Cleveland.

Repaso de la lectura **Resumir**
Menciona algunos tipos de tradiciones culturales.

Chamblee, Georgia

Chamblee es un pueblo pequeño de Georgia donde viven unas 10,000 personas. Al igual que Cleveland, Chamblee tiene distintos barrios étnicos. Los grupos étnicos más grandes son los hispanos y los inmigrantes del sureste asiático.

Una ciudad internacional

Los que visitan Chamblee tienen muchas oportunidades de apreciar la diversidad cultural de la ciudad. Hay unos 100 negocios que son de inmigrantes. Muchos son restaurantes que sirven comida tradicional de otros países. Hay restaurantes mexicanos, vietnamitas, griegos y tailandeses, entre otros. También hay librerías chinas y una tienda de música mexicana.

En este mercado de Chamblee, se venden productos de muchos países.

Los grupos de inmigrantes han traído muchos cambios a Chamblee. Gracias a ellos, la comunidad crece. Con sus negocios, traen dinero a la comunidad. Además, al compartir sus costumbres y tradiciones, siguen ayudando a formar una comunidad diversa.

Repaso de la lectura **Causa y efecto**
¿Qué efectos han tenido los inmigrantes en el pueblo de Chamblee?

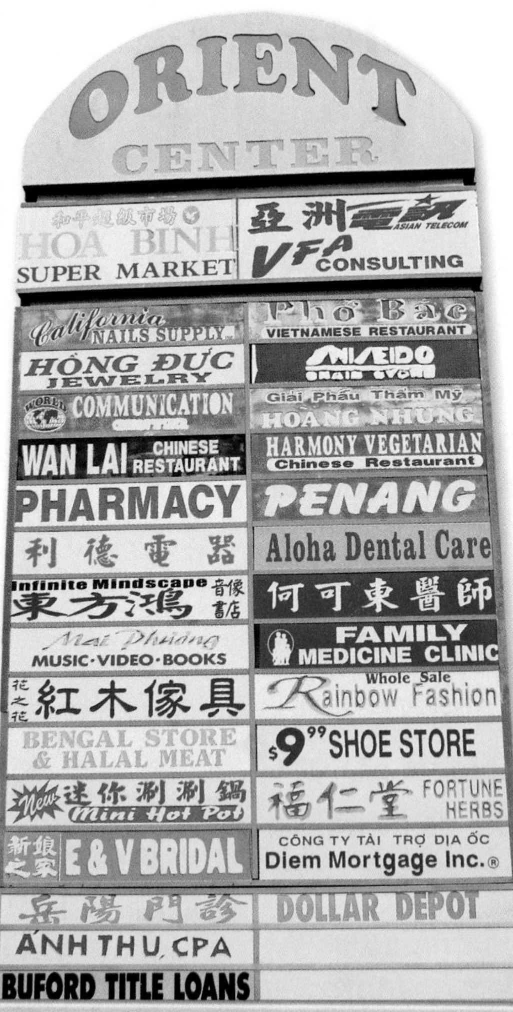

Resumen Las comunidades de Estados Unidos están formadas por personas de muchos grupos étnicos. Comparten sus tradiciones culturales donde viven.

En este cartel, se ven algunos de los negocios de Chamblee que demuestran su diversidad étnica.

Repaso

1. **Reflexiona** Los distintos grupos en Estados Unidos, ¿cómo comparten su cultura?
2. **Vocabulario** Explica el significado de la palabra **tradición** en una oración.
3. **Tu comunidad** ¿Qué ejemplos de culturas diferentes hay en tu comunidad?
4. **Razonamiento crítico Aplícalo** ¿Qué tradiciones culturales se comparten en tu comunidad?
5. **Hacer un tablero de anuncios** Haz un tablero de anuncios con las diferentes culturas de tu comunidad o tu estado.
6. Destreza clave **Causa y efecto** En una hoja de papel, copia y completa el siguiente organizador gráfico.

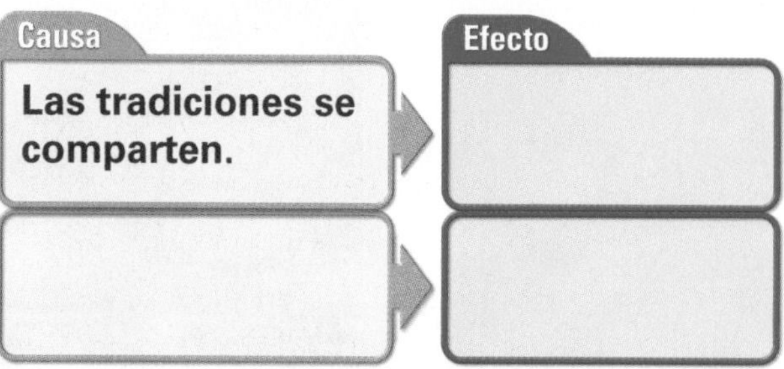

Lección 3 Nuestro patrimonio cultural

Reflexiona ¿Cómo está formado nuestro patrimonio cultural estadounidense?

Vocabulario

lugar histórico pág. 338

estatua pág. 338

día de fiesta pág. 340

Causa y efecto

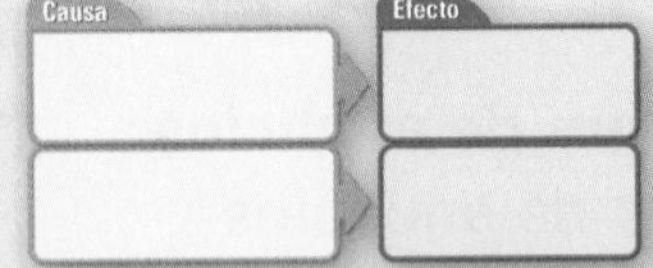

Personas de diferentes culturas se unen al pertenecer a la misma comunidad. En Estados Unidos, se comparte un mismo patrimonio cultural, o conjunto de creencias y costumbres.

Lugares históricos de Estados Unidos

Ciertos lugares históricos estadounidenses son parte de nuestro patrimonio cultural nacional. Un **lugar histórico** es una obra humana o una característica natural importante que marca un lugar. La Estatua de la Libertad es un monumento muy conocido. Una **estatua** es un monumento construido para honrar o recordar a una persona, una idea o un suceso.

La Estatua de la Libertad

1876

1878

La Estatua de la Libertad está en una isla en el puerto de New York. Francia regaló la estatua a Estados Unidos en 1885, en señal de amistad.

Pronto, la Estatua de la Libertad se convirtió en símbolo de la libertad. En la base de la estatua, hay un poema de Emma Lazarus que dice: "Dadme vuestros pobres y cansados, vuestras masas agobiadas que anhelan libertad".

El monte Rushmore

El monte Rushmore es otro lugar histórico importante de Estados Unidos. Es una escultura de cuatro presidentes de nuestro país: George Washington, Thomas Jefferson, Theodore Roosevelt y Abraham Lincoln. Sus caras están talladas en un acantilado de South Dakota.

Repaso de la lectura **Causa y efecto**
¿Por qué le regaló Francia la Estatua de la Libertad a Estados Unidos?

Datos breves

Más de 400 obreros se necesitaron entre 1927 y 1941 para terminar las esculturas de 60 pies de alto, que representan a los presidentes en el monte Rushmore.

1884 — Hoy

Línea cronológica La Estatua de la Libertad se hizo en ocho años. ¿Por qué crees que se tardó tanto tiempo?

Un veterano de la Segunda Guerra Mundial desfila en el Día de los Veteranos en New York City.

Días de fiesta nacional

Los estadounidenses festejamos nuestro patrimonio cultural en los días de fiesta nacional. Un **día de fiesta** es un día que se reserva para festejar o recordar a una persona, una idea o un suceso.

Festejar a las personas

En enero, celebramos el nacimiento del Dr. Martin Luther King, Jr. Ese día de fiesta honra su lucha pacífica por los derechos civiles.

En febrero, celebramos el Día de los Presidentes. Hace mucho tiempo, ese día se celebraba el nacimiento de George Washington. Hoy, honramos a todos los presidentes de Estados Unidos en ese día.

En noviembre, celebramos el Día de los Veteranos. Ese día honramos a los ciudadanos que pelearon en las fuerzas armadas en todas las guerras de nuestro país.

Un grupo de manifestantes de St. Paul, Minnesota, celebran el día del Dr. Martin Luther King, Jr.

Festejar nuestra historia

En los días de fiesta nacional, también se festejan sucesos importantes de la historia. La Declaración de la Independencia de nuestro país se firmó el 4 de julio de 1776. Todos los años, el Cuatro de Julio, celebramos el Día de la Independencia. En todo el país, los ciudadanos se reúnen para ver fuegos artificiales y mostrar la bandera estadounidense. También muestran su orgullo por Estados Unidos vistiendo los colores de la bandera: rojo, blanco y azul.

Repaso de la lectura **Generalizar**
¿Por qué celebramos días de fiesta nacional?

Unos estudiantes celebran el Día de la Independencia.

Resumen Los lugares históricos de Estados Unidos nos recuerdan nuestro patrimonio cultural común. Los días de fiesta nos hacen recordar a las personas y sucesos que forman nuestro patrimonio cultural estadounidense.

Repaso

1. **Reflexiona** ¿Cómo está formado nuestro patrimonio cultural estadounidense?
2. **Vocabulario** ¿Qué pistas puedes usar para recordar el significado del término **lugar histórico**?
3. **Tu comunidad** ¿Cómo celebran los días de fiesta nacional en tu comunidad?
4. **Razonamiento crítico** Aplícalo Los días de fiesta nacional, ¿cómo nos ayudan a pensar en nuestro patrimonio cultural?
5. **Dibujar un lugar histórico** Haz un dibujo de un lugar histórico de tu comunidad o estado.
6. Destreza clave **Causa y efecto** En una hoja de papel, copia y completa el siguiente organizador gráfico.

Maya Lin

"[El muro] es como un hilo de vida."

— Maya Lin, 2002

Cuando tenía solo 21 años de edad, Maya Lin ganó un concurso para diseñar el Monumento de los Veteranos de Vietnam. Ella era estudiante de arquitectura en la Universidad de Yale. La arquitectura es el arte de diseñar edificios y otras estructuras.

Maya Lin nació en Athens, Ohio. Sus padres habían venido a Estados Unidos desde China. Su padre también era artista. Lin hacía esculturas de arcilla con su papá.

El Monumento de los Veteranos de Vietnam que Lin diseñó en Washington, D.C., está formado por dos muros de granito negro. Los nombres de los soldados que murieron en la Guerra de Vietnam están grabados en la piedra. Millones de personas visitan el monumento todos los años.

La importancia del carácter

¿Cómo muestra el trabajo de Maya Lin su respeto por su patrimonio cultural estadounidense?

Maya Lin

En el Monumento de los Veteranos de Vietnam, muchos buscan los nombres de las personas que conocían.

En 1989, Maya Lin diseñó el Monumento a los Derechos Civiles, en Montgomery, Alabama. Este monumento conmemorativo muestra respeto por los que formaron parte del movimiento por los derechos civiles.

En 1998, Lin creó un jardín de esculturas al aire libre para la Biblioteca Pública de Cleveland, en Ohio. Se llama *Lectura de un jardín* y en él hay poesía escrita por su hermano Tan Lin. El jardín se describe como un "paisaje de palabras".

Hoy, Maya Lin vive en New York. Trabaja de arquitecta y artista.

El agua corre sobre los nombres de 40 personas grabados en la base del Monumento a los Derechos Civiles.

APRENDE en línea

Visita **www.harcourtschool.com/ss1** para hallar más recursos en Internet.

Tiempos

1959 Nace

Presente

1982 Se abre al público el Monumento de los Veteranos de Vietnam de Washington, D.C.

1989 Diseña el Monumento a los Derechos Civiles, en Montgomery, Alabama.

1998 Crea un jardín de esculturas al aire libre para la Biblioteca Pública de Cleveland, Ohio.

Resumen visual

La gente cambia de ciudad o lugar porque busca nuevas oportunidades.

Resume el capítulo

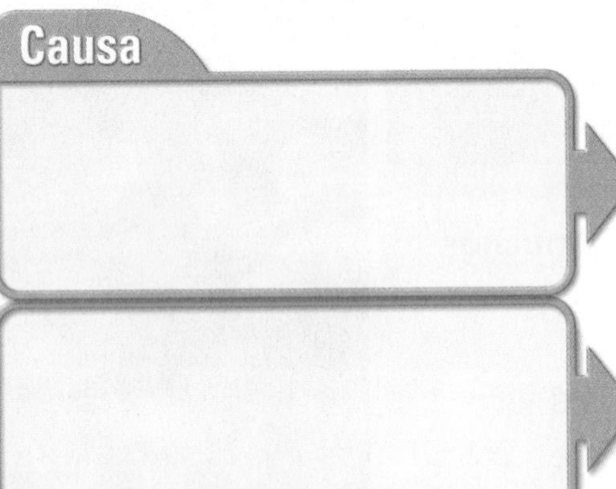

Causa y efecto Completa el organizador gráfico para mostrar que comprendes las causas y los efectos de los movimientos de población en Estados Unidos.

Causa	Efecto
	Personas de otros países vinieron a Estados Unidos.
	Los afroamericanos se fueron de áreas rurales a áreas urbanas.

Vocabulario

Escribe un cuento con todos estos términos. Demuestra que comprendes el significado de cada uno.

1. **oportunidad**, pág. 324
2. **emigrar**, pág. 328
3. **grupo étnico**, pág. 333
4. **multicultural**, pág. 333
5. **tradición**, pág. 335
6. **lugar histórico**, pág. 338
7. **día de fiesta**, pág. 340

Las personas comparten sus costumbres y traen diversidad a las comunidades.

Los habitantes de Estados Unidos tienen un patrimonio cultural en común.

Ideas principales y datos

Responde a las siguientes preguntas.

8. ¿Qué problemas enfrentaron algunos inmigrantes en Estados Unidos debido a los prejuicios?
9. ¿Por qué se considera que el barrio Adams Morgan, de Washington, D.C., es una comunidad multicultural?
10. ¿Por qué celebramos el Día de los Presidentes?

Escribe la letra de la mejor opción.

11. ¿Adónde se fueron los afroamericanos durante la Gran Migración?
    A a las áreas rurales
    B a las áreas urbanas
    C al Sur
    D a las áreas suburbanas
12. ¿Qué lugar de Cleveland, Ohio, honra a distintos grupos étnicos?
    A el Arco de la Amistad
    B Chamblee
    C los Jardines Culturales
    D el Museo Afroamericano

Razonamiento crítico

13. **Aplícalo** ¿Qué símbolos del patrimonio cultural estadounidense hay en tu comunidad?
14. ¿Por qué crees que los inmigrantes vienen a Estados Unidos hoy?

Destrezas

Leer un mapa de población
Consulta el mapa de población de la página 331 para responder a la siguiente pregunta.

15. En la clave del mapa, ¿con qué color se indica la densidad de población más baja?

Redacción

Escribir una entrevista Imagina que vas a entrevistar a un inmigrante. Escribe las preguntas que le quieres hacer a esa persona.

Escribir un poema Imagina que eres Emma Lazarus. Escribe otro poema para la Estatua de la Libertad.

Destrezas de estudio

ESCRIBIR PARA APRENDER

Si escribes algo sobre lo que lees, esto te ayuda a entender y recordar la información.

- **Lleva un diario de aprendizaje para anotar tus respuestas al texto.**
- **Tus respuestas pueden ser creativas y personales. Así, el texto será más comprensible para ti.**

Las culturas del mundo	
Lo que aprendí	Mi respuesta
La cultura se expresa mediante los cuentos y el arte.	Puedo contar un cuento o hacer una obra de arte para expresar mi cultura.

PRESENTACIÓN DEL VOCABULARIO

cuento tradicional pág. 349 **canción tradicional pág. 350** **rendir culto pág. 352**

CAPÍTULO

Las culturas del mundo 10

Estas personas celebran la Fiesta de San Francisco en Teotihuacan, México.

Lección 1 Expresiones de la cultura

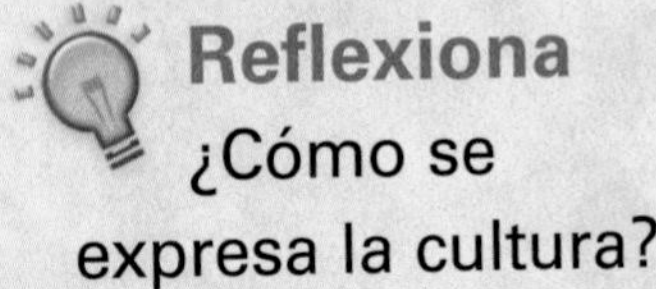

Reflexiona ¿Cómo se expresa la cultura?

Vocabulario

literatura pág. 348

mito pág. 348

fábula pág. 348

cuento tradicional pág. 349

leyenda pág. 349

canción tradicional pág. 350

rendir culto pág. 352

Destreza clave Causa y efecto

En el mundo, hay muchas culturas diferentes. A veces, grupos distintos expresan, o comparten, su cultura de manera parecida.

Tradiciones escritas y orales

Podemos compartir nuestra cultura por medio de la literatura. Dentro de la **literatura**, están los cuentos y los poemas que la gente usa para compartir sus ideas. Un **mito** es un cuento inventado para explicar el mundo que nos rodea. Los niños de África occidental escuchan mitos sobre cómo la araña Anansi creó el Sol, la Luna y las estrellas.

Una **fábula** es un cuento en que los animales hablan y actúan como humanos. A la gente le gustan las fábulas de Esopo, un cuentista griego.

Un cuentista narra cuentos tradicionales en una biblioteca pública de New York.

Estas personas actúan en una obra de teatro. Una obra de teatro es un cuento que se representa frente al público.

Un grupo de estudiantes de tercer grado escuchan cuentos en su escuela en Hawaii.

Cuentos tradicionales y leyendas

Los cuentos tradicionales ayudan a mantener vivas las tradiciones de una cultura. Un **cuento tradicional** es un cuento que pasa de una generación a otra. Uno de los cuentos tradicionales japoneses más populares es el de un hombre llamado Urashima Taro. Cuando está pescando, Taro rescata una tortuga y es recompensado con una visita al Palacio del Dragón.

Las leyendas se comparten en una cultura. Una **leyenda** es un cuento inventado sobre una persona o suceso real. Hay una leyenda de John Chapman, que sembraba manzanos en Estados Unidos y por eso lo apodaron *Johnny Appleseed*.

Repaso de la lectura **Causa y efecto**
¿Por qué le decían *Johnny Appleseed* a Chapman?

La industria de Detroit, mural de Diego Rivera

Las artes

Contar cuentos es solo una de las maneras de expresar la cultura. Los artistas, los músicos, los bailarines y los constructores también expresan su cultura con su talento artístico.

La gente baila al ritmo de canciones tradicionales.

El arte y la música

Los artistas dibujan, pintan o esculpen obras de arte. Diego Rivera expresó su cultura mexicana con murales coloridos. Un mural es un cuadro grande pintado en una pared.

Los músicos usan sonidos y crean música, otra parte de la cultura. En muchas culturas africanas, los tambores marcan el ritmo de la música. En Nigeria, se toca el *kalungu*, o "tambor que habla". Su sonido puede ser alto o bajo, como la voz humana.

Las **canciones tradicionales** expresan la cultura de un grupo. En Europa oriental, se tocan canciones tradicionales con el acordeón y otros instrumentos.

El baile

Los bailarines expresan su cultura con ropa tradicional, música y movimiento. En África occidental, hay un baile de bienvenida llamado *Yabara*. Se llama así por el nombre de los sonajeros con cuentas que llevan los bailarines. Los sonajeros se tiran al aire y se vuelven a tomar, sin perder el ritmo.

La arquitectura

La arquitectura es el arte de diseñar edificios. La antigua ciudad de Tikal, en Guatemala, fue un centro de la cultura maya. Las grandes pirámides escalonadas que construyeron los mayas todavía están allí. Las pirámides muestran el poder y la habilidad de los antiguos mayas.

Repaso de la lectura **Resumir**
¿Cómo se puede expresar la cultura por medio de las artes?

Estas mujeres bailan una danza africana.

Datos breves

En Tikal, se pueden ver las ruinas de varias pirámides escalonadas y un palacio real. También hay canchas donde los antiguos mayas jugaban un juego de pelota.

Iglesia

Mezquita

Templo budista

Sinagoga

Las religiones

Las tradiciones religiosas también son una parte importante de la cultura. En Estados Unidos, tenemos derecho de elegir nuestra religión o de no practicar ninguna. Algunos elegimos seguir las enseñanzas del cristianismo o el judaísmo. Otros seguimos las enseñanzas del islam, el hinduismo o el budismo.

Lugares de culto

Las comunidades tienen lugares especiales donde todos pueden **rendir culto**, es decir, orar, juntos. Los cristianos rinden culto en las iglesias. Los seguidores del islam oran en una mezquita o *masjid*. Los que practican la religión judía se reúnen en una sinagoga o templo. Los budistas y los hindúes van a los templos para meditar.

La gente se reúne en los lugares de culto para compartir tradiciones religiosas. Allí se encuentran con otras personas que comparten las mismas creencias. Algunos de esos lugares ofrecen programas para ayudar a la comunidad. Otros lugares de culto tienen escuelas donde los estudiantes aprenden sobre la religión y sus creencias y valores. Allí también se pueden enseñar las materias de la escuela.

Repaso de la lectura **Resumir**
Menciona algunos lugares de culto.

Resumen Todos expresamos nuestra cultura. Contamos cuentos y creamos obras de arte. Algunos expresan su cultura mediante tradiciones religiosas.

Seguidores de cinco religiones en Estados Unidos

Religión	Número de seguidores
Budismo	1,082,000
Cristianismo	159,030,000
Hinduismo	766,000
Islam	1,104,000
Judaísmo	2,831,000

Tabla Esta tabla muestra cuántas personas siguen las cinco religiones más grandes en Estados Unidos. ¿Qué religión tiene más seguidores?

Repaso

1. **Reflexiona** ¿Cómo se expresa la cultura?
2. **Vocabulario** Explica la diferencia que hay entre un **mito** y una **leyenda**.
3. **Cultura** Menciona algunos tipos de literatura que sirven para compartir nuestra cultura.
4. **Razonamiento crítico** ¿Por qué crees que se va a los lugares de culto?
5. **Escribir un cuento tradicional** Escribe un cuento tradicional común de tu comunidad.
6. Destreza clave **Causa y efecto** En una hoja de papel, copia y completa el siguiente organizador gráfico.

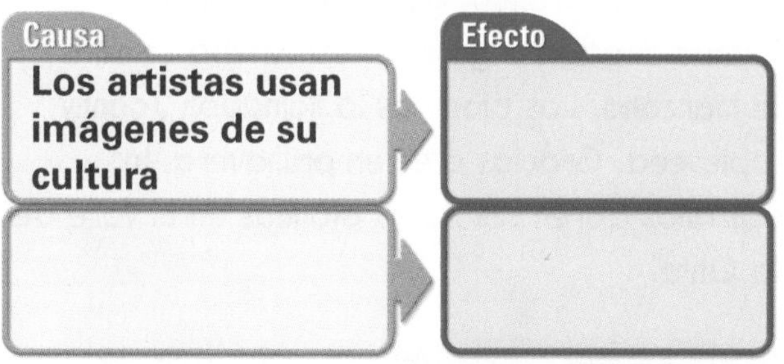

Distinguir entre hecho y ficción

Por qué es importante Cuando estás leyendo, es importante saber si lo que lees es realidad o ficción.

Aprende

Los **hechos** son afirmaciones que puedes probar. Dan nombres, lugares y fechas que puedes comprobar. Puedes buscarlos en fuentes de referencia, como enciclopedias.

En la **ficción**, la historia es inventada. Las personas y los sucesos pueden parecer reales, pero son imaginarios. Unas obras de ficción, como las leyendas y la ficción histórica, hablan de personas y sucesos reales; sin embargo, muchos detalles son inventados para dar más interés.

Johnny Appleseed

Hace mucho tiempo, un hombre llamado Johnny decidió sembrar semillas de manzana para los pobladores del valle del río Ohio. Salió de su casa llevando solo una bolsa y una olla para cocinar. En la bolsa, llevaba tantas semillas de manzana que no había lugar para la olla, ¡así que se la puso toda en la cabeza como un sombrero!

Durante su viaje, Johnny dormía al aire libre. Una vez, en medio de una tormenta de nieve, durmió dentro de un tronco, acurrucado a un oso. Cuando llegaba a granjas, sembraba semillas de manzana. Los pioneros lo llamaban Johnny Appleseed. Gracias a él, en primavera, los manzanos abren sus flores blancas en el valle del río Ohio.

Practica

Lee estas dos selecciones sobre Johnny Appleseed. Luego, responde a las siguientes preguntas.

1. ¿Qué selección es principalmente ficción? ¿Qué selección contiene más hechos? ¿Cómo lo sabes?
2. ¿Qué fuentes podrías consultar para confirmar los hechos?

Aplica

Aplícalo Escribe una leyenda sobre alguien que conoces o sobre quien has leído. Incluye tanto hechos como ficción.

John Chapman
(1774–1845)

John Chapman fue un pionero estadounidense nacido en Massachusetts. Por más de 40 años, anduvo por Ohio, Indiana e Illinois vendiendo o regalando semillas de manzana a las personas que encontraba. Ayudó a cientos de pobladores a sembrar huertas de manzanos. Los pobladores empezaron a contar cuentos sobre él y le dieron el apodo de *Johnny Appleseed*. Chapman se convirtió en una leyenda en vida. Se transformó en un símbolo del espíritu pionero de Estados Unidos.

Destrezas de razonamiento crítico

DESCÚBRELO

El Festival Nacional de Cuentistas

Los buenos cuentistas nos hacen sentir que somos parte del cuento. Jimmy Neil Smith ha escuchado a muchos grandes cuentistas contar sus relatos. Esos cuentos lo llevaron a crear el primer Festival Nacional de Cuentistas en 1973. Este festival se hace en octubre de cada año en Jonesborough, Tennessee.

Cada año, miles visitan Jonesborough para escuchar cuentos del pasado. Durante el fin de semana del festival, los cuentistas ocupan el escenario. Sus cuentos traen mensajes sobre las esperanzas y los sueños en todo el mundo.

Un cartel del Festival Nacional de Cuentistas

Este indígena cuenta un cuento.

Una actuación de teatro en el festival

El público se ríe con un cuento.

UN PASEO VIRTUAL

APRENDE en línea

Visita **www.harcourtschool.com/ss1** para hallar más recursos en Internet.

Lección 2

Días de fiesta y tradiciones

Reflexiona ¿Puedes mencionar algunos días de fiesta y tradiciones que se celebran?

Vocabulario

festival pág. 359

Destreza clave Causa y efecto

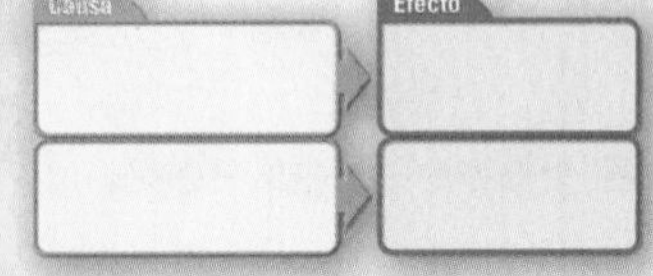

En todo el mundo, se expresa la cultura con días de fiesta y celebraciones. Muchos de esos días de fiesta también se celebran en Estados Unidos.

Días de fiesta culturales

Algunos días de fiesta vienen de otras culturas, pero muchos estadounidenses también los celebran.

El Día de San Patricio

El 17 de marzo, los irlandeses celebran el Día de San Patricio. Ese día comenzó como una fiesta religiosa, pero con el tiempo, se convirtió en una celebración de la cultura irlandesa.

En muchas ciudades y pueblos de Estados Unidos, se hacen desfiles en el Día de San Patricio.

El Cinco de Mayo se celebra con bailes y música tradicionales de México.

El Cinco de Mayo y la independencia mexicana

El Cinco de Mayo se celebra en México, pero también en muchas comunidades de Estados Unidos. El 5 de mayo de 1862, un pequeño ejército mexicano ganó una batalla importante contra Francia.

El 16 de septiembre, los habitantes de México también celebran su independencia de España. Muchos mexicano-americanos que viven en Estados Unidos también la celebran. Decoran sus casas con luces y festejan con comidas, música y fuegos artificiales.

Kwanzaa

Kwanzaa es una fiesta que dura una semana, a fines de diciembre. Festeja la importancia de la familia y la comunidad en las culturas afroamericanas. En muchas ciudades y pueblos, se celebra Kwanzaa con un **festival**, que es una reunión alegre para celebrar.

Repaso de la lectura **Causa y efecto**
¿Por qué se celebra Kwanzaa?

En cada día de Kwanzaa, se honra un valor, o principio, de la comunidad.

Año Nuevo

El día de Año Nuevo es el comienzo de un nuevo año calendario. Los países de todo el mundo celebran el año nuevo de maneras diferentes. La noche del 31 de diciembre, los habitantes de New York City se reúnen en Times Square. Ven bajar una esfera gigante de cristal justo antes de que comience el nuevo año. Los niños de Bélgica escriben mensajes en papel decorado para que sus padres los lean el día de Año Nuevo.

Festividades de Año Nuevo en Times Square, New York

Año Nuevo chino

El Año Nuevo chino cae en una fecha diferente cada año. Esa fecha puede estar entre el 21 de enero y el 20 de febrero. El Año Nuevo chino se celebra en China y en todo el mundo. Las familias chinas se reúnen para una cena especial en la víspera de Año Nuevo. Los niños reciben paquetes rojos con dinero para la buena suerte.

En China, la gente se reúne el día de Año Nuevo para ver los bailes tradicionales del dragón.

El Año Nuevo tailandés

En Tailandia, el Año Nuevo se llama Songkran. *Songkran* es una palabra tailandesa que significa "mudarse" o "cambiar de lugar". Se celebra en abril, que en Tailandia es un mes caluroso. La gente festeja el año nuevo echándose agua fría unos a otros. Van por la calle con tazones llenos de agua y hasta con mangueras. Cualquiera que pase ¡es probable que se moje!

Repaso de la lectura **Idea principal y detalles**
¿Cómo se celebra el Año Nuevo en Tailandia?

Resumen Se expresa la cultura celebrando días de fiesta. En las distintas culturas, se celebra el año nuevo con tradiciones diferentes.

Niños tailandeses en un festival de Songkran

Repaso

1. **Reflexiona** ¿Qué días de fiesta y tradiciones se celebran?
2. **Vocabulario** ¿Qué significa la palabra **festival**?
3. **Geografía** Menciona algunos lugares donde se festeja el año nuevo.
4. **Razonamiento crítico Aplícalo** ¿Cómo se celebra el Año Nuevo en tu comunidad?
5. **Escribir una descripción** Escribe sobre un día de fiesta que se celebre en tu comunidad. Describe las tradiciones de esa fiesta.
6. Destreza clave **Causa y efecto** En una hoja de papel, copia y completa el siguiente organizador gráfico.

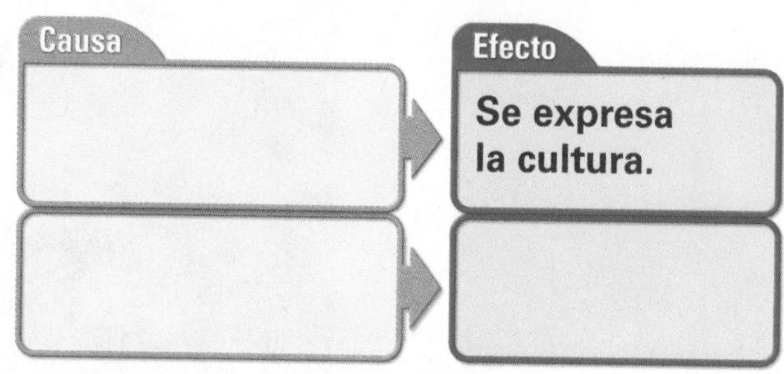

Lección 3

Culturas del mundo

Reflexiona ¿En qué se parecen y en qué se diferencian las culturas del mundo?

Vocabulario

identidad cultural

pág. 364

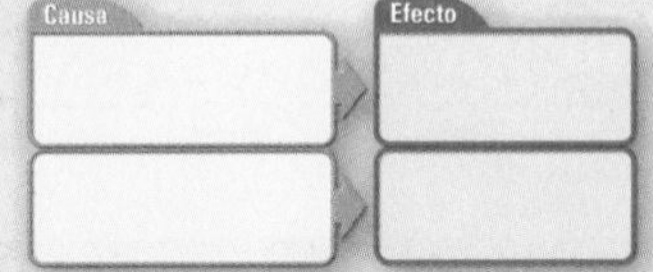

Los grupos culturales de todo el mundo tienen estilos de vida parecidos y diferentes. Esas costumbres influyen en la familia, la escuela, el lenguaje, la comida y otros aspectos de la vida.

Estilos de vida

En el mundo, hay muchas culturas diferentes. África y Europa son dos continentes. En cada continente, viven unos 700 millones de personas. Los habitantes de cada continente forman cientos de grupos culturales. Los miembros de esos grupos hablan diferentes idiomas y tienen diferentes comidas.

Tamboreros y cantantes en el festival de Timkat en Etiopía

Un mercado en España

La vida en Etiopía

En África, hay más de 50 países. Se hablan cientos de idiomas, como el árabe y el somalí. Los estudiantes en Etiopía aprenden distintos idiomas en la escuela. En casa, las familias comen verduras y carne servidas sobre un pan chato y esponjoso llamado *injera*.

Una mujer etíope hace un *injera*.

La vida en España

Europa está formada por más de 40 países. Allí se hablan más de 40 idiomas. En España, el idioma oficial es el español. También se hablan otros idiomas, como el vasco y el catalán. Las familias en España hacen la comida principal del día por la tarde.

Repaso de la lectura **Causa y efecto**

¿Por qué se hablan varios idiomas en cada continente?

Los pueblos del mundo

Los pueblos de todas partes se sienten orgullosos de su propia cultura. Una manera de mostrar la identidad cultural es con la ropa. La **identidad cultural** es un conjunto de características que se ven en un grupo.

Este mapa muestra niños de algunas culturas del mundo. Unos tienen la ropa tradicional que todavía se usa en días especiales. Otros llevan ropa de todos los días.

Repaso de la lectura **Idea principal y detalles**
Menciona una de las maneras en que los pueblos muestran su identidad cultural.

Los pueblos del mundo

Destreza con mapas **Interacciones de los seres humanos y su ambiente** La ropa depende mucho del ambiente. ¿Qué te dice la ropa de estos niños sobre cómo se adaptan al ambiente?

Expresiones de la cultura en el mundo

En todo el mundo, la cultura se expresa de diferentes maneras. La arquitectura, la música y el baile también ayudan a crear la identidad cultural de un grupo.

Una habitación de una casa japonesa

Arquitectura japonesa

Muchos edificios históricos de Japón comparten las mismas características tradicionales. Fueron diseñados para estar cerca del ambiente natural. La mayoría de los edificios antiguos son de madera. Algunos tienen muchas aberturas para que el aire pueda circular fácilmente por las habitaciones. En Japón, vivir en contacto con la naturaleza es un valor importante.

En la isla de Itsukushima, en Japón, hay un santuario, que es un lugar sagrado.

La música y el baile de Brasil

En Brasil, la música y el baile son maneras importantes de expresar la cultura. La samba tiene un ritmo muy alegre. Viene de tradiciones portuguesas, africanas e indígenas. Los bailarines y los músicos practican todo el año para participar en los concursos que se hacen durante un festival llamado Carnaval.

Bailarines de samba en Río de Janeiro, Brasil

Repaso de la lectura **Causa y efecto**
¿Por qué se construyeron los edificios de Japón pensando en la naturaleza?

Resumen En todo el mundo, hay costumbres y estilos de vida parecidos y diferentes. La cultura se expresa de muchas maneras distintas.

Repaso

1. **Reflexiona** ¿En qué se parecen y en qué se diferencian las culturas del mundo?
2. **Vocabulario** Explica el significado de la palabra **identidad cultural**.
3. **Cultura** ¿Qué culturas reflejan los brasileños cuando bailan samba?
4. **Razonamiento crítico** **Aplícalo** ¿Qué culturas de otras partes del mundo se expresan en tu comunidad?
5. **Hacer una lista** Haz una lista de las diferentes expresiones culturales que estudiaste en esta lección. Nombra los países de donde vienen y busca esos lugares en un mapa del mundo.
6. Destreza clave **Causa y efecto** En una hoja de papel, copia y completa el siguiente organizador gráfico.

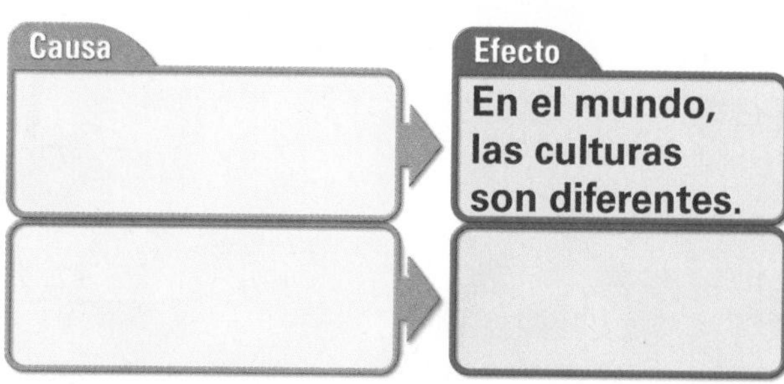

Explora la cultura de tu comunidad

En esta unidad, aprendiste sobre distintas culturas y cómo compartimos nuestra cultura con otros. También puedes explorar las culturas que hay en tu propia comunidad.

- ¿Qué grupos étnicos viven en tu comunidad?
- ¿Cómo expresan su cultura las personas de tu comunidad?
- ¿Qué días de fiesta o festivales culturales se celebran en tu comunidad?

Usa los recursos de tu comunidad

Diseñar una guía cultural

Diseña una guía para los festivales y otros eventos culturales en tu comunidad. Haz una lista de esos eventos siguiendo el orden en que ocurren en el año. Incluye una fotografía o un dibujo para cada evento. Describe las costumbres, la comida, la música, bailes y obras de arte que caracterizan a cada uno.

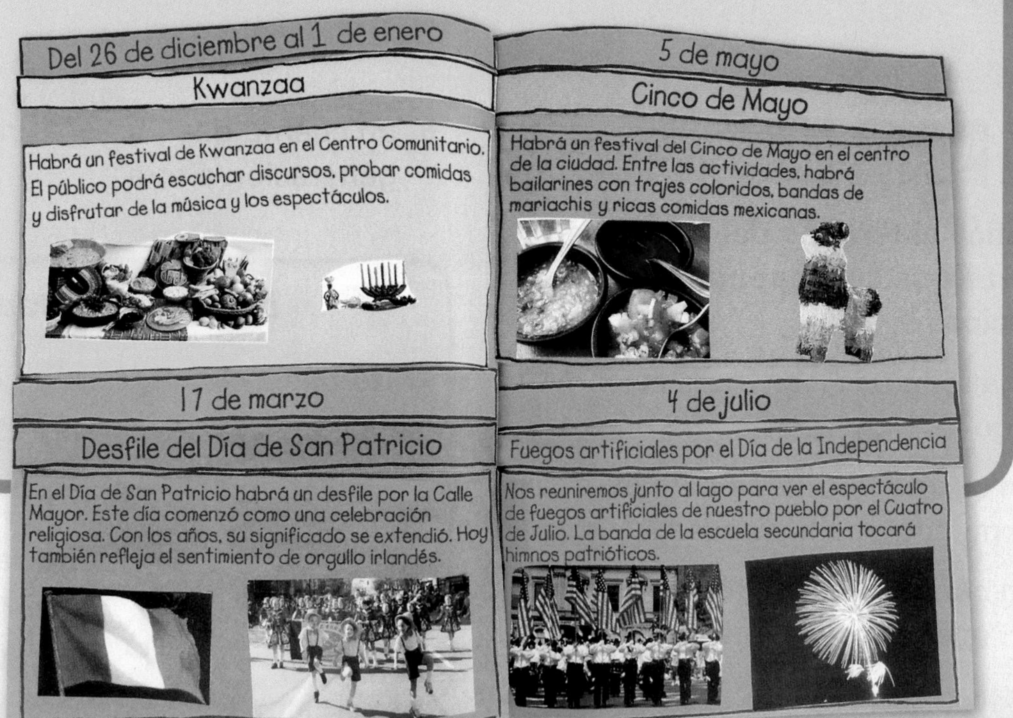

Resumen visual

La cultura se expresa de muchas maneras.

Resume el capítulo

Causa y efecto Completa el organizador gráfico para mostrar que comprendes las causas y los efectos de la expresión de la cultura.

Causa	Efecto
La gente desea expresar su cultura y compartirla con otros.	

Vocabulario

Identifica el término del banco de palabras que corresponde a cada definición.

1. una reunión alegre para celebrar algo
2. un cuento inventado para explicar el mundo que nos rodea
3. un conjunto de rasgos que se ven en miembros del mismo grupo
4. orar
5. un cuento que pasa de una generación a otra

Banco de palabras

mito pág. 348
cuento tradicional pág. 349
rendir culto pág. 352
festival pág. 359
identidad cultural pág. 364

Festejamos nuestra cultura con días de fiesta y tradiciones.

Los pueblos de todo el mundo tienen su propia cultura y tradiciones.

Ideas principales y datos

Responde a las siguientes preguntas.

6. Menciona algunas maneras en que se expresa la cultura.
7. ¿Cómo se celebra el Año Nuevo chino?
8. ¿Qué valor importante influye en la arquitectura japonesa?

Escribe la letra de la mejor opción.

9. ¿Cuál de estos días de fiesta es una celebración de la cultura irlandesa?
   A el Día de San Patricio
   B el día de Año Nuevo
   C Kwanzaa
   D el Cinco de Mayo
10. ¿Cuál de estos idiomas se habla en África?
   A español
   B catalán
   C árabe
   D vasco

Razonamiento crítico

11. ¿En qué se parecen las iglesias, las mezquitas, las sinagogas y los templos?
12. **Aplícalo** ¿Cómo puedes aprender más sobre tu propio patrimonio cultural?

Destrezas

Distinguir entre hecho y ficción
Consulta las selecciones de las páginas 354 y 355 para responder a la siguiente pregunta.

13. ¿Qué detalles de la selección que es principalmente ficción, te parecen inventados?

Redacción

Escribir una leyenda Escribe una leyenda sobre alguien de tu comunidad. Da a tu personaje un nombre que vaya bien con la leyenda.

Escribir un párrafo Haz una lista de las maneras en que expresas tu cultura. Escribe un párrafo con esta lista.

Diviértete con los Estudios Sociales

Manía de botones

Calvin colecciona botones. ¿Dónde consiguió cada uno?

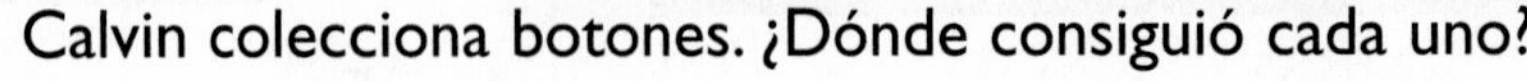

Adivinanza alfabética

Vocabulario

Escribe estas palabras en la cuadrícula, en orden alfabético. Lee en orden las letras de las casillas verdes para responder a la adivinanza.

tradición
cuento
fábula
festival
leyenda
canción

Adivinanza:
Es más alta que una loma y más baja que una montaña.

Aventuras en línea

Aprende en línea

¡La feria cultural llegó a la ciudad! Acompaña a Eco en este juego en línea en inglés y visita la feria. Allí podrás ver juegos, paseos y premios. Pero prepárate: para ganar, tendrás que recordar lo que aprendiste sobre la cultura. Juega ahora mismo en **www.harcourtschool.com/ss1**

Preparación para la prueba

La gran idea

Cultura Las diferencias culturales enriquecen a las comunidades y las hacen más diversas.

Comprensión de la lectura y vocabulario

Las personas en las comunidades

Los inmigrantes se van a Estados Unidos para buscar más oportunidades. Al compartir su cultura y costumbres, los distintos grupos étnicos hacen que nuestras comunidades sean más diversas.

Podemos compartir nuestra cultura mediante las tradiciones escritas y orales, como los mitos, las fábulas, los cuentos tradicionales y las leyendas. También podemos expresar nuestra cultura con el arte, la música, el baile, la arquitectura y la religión. En Estados Unidos, las personas de todas las culturas están unidas por un mismo patrimonio cultural estadounidense.

Lee el resumen anterior. Luego, responde a las siguientes preguntas.

1. ¿Por qué se van muchas personas a Estados Unidos?
   A para buscar más oportunidades
   B para celebrar días de fiesta
   C para honrar a alguien
   D para compartir su arte

2. ¿Qué significa diverso?
   A mejor
   B más grande
   C diferente
   D tradicional

3. ¿Cuál de estas es una de las tradiciones que comparten las personas?
   A los grupos étnicos
   B las oportunidades
   C los lugares históricos
   D los cuentos tradicionales

4. ¿Qué une a los miembros de todas las comunidades de nuestro país?
   A las tradiciones religiosas
   B los grupos étnicos
   C el patrimonio cultural en común
   D el arte y la música

Ideas principales y datos

Responde a las siguientes preguntas.

5. Hace muchos años, ¿adónde llegaban la mayoría de los inmigrantes que venían a Estados Unidos?
6. ¿Por qué Cleveland, Ohio, es multicultural?
7. Menciona algunas religiones.

Escribe la letra de la mejor opción.

8. ¿De dónde vienen la mayoría de los inmigrantes de Estados Unidos hoy?
   A Australia
   B Canadá y México
   C Europa
   D Asia y América latina
9. ¿Cuál de estos días de fiesta se incluye en nuestro patrimonio cultural estadounidense?
   A Cinco de Mayo
   B Día de San Patricio
   C Cuatro de Julio
   D Kwanzaa
10. ¿Cómo se celebra el Año Nuevo tailandés?
   A Se reúnen en Times Square.
   B Escriben mensajes en papeles decorados.
   C Se echan agua fría unos a otros.
   D Miran bailes tradicionales del dragón.

Razonamiento crítico

11. **Aplícalo** ¿Qué valores y creencias se enseñan en tus cuentos favoritos?
12. ¿Qué crees que significa el poema de Emma Lazarus grabado en la base de la Estatua de la Libertad?

Destrezas

Leer un mapa de población

Consulta el mapa para responder a las siguientes preguntas.

13. ¿Qué color se usa para la densidad de población más alta?
14. ¿Cuál es la densidad de población de Columbia?

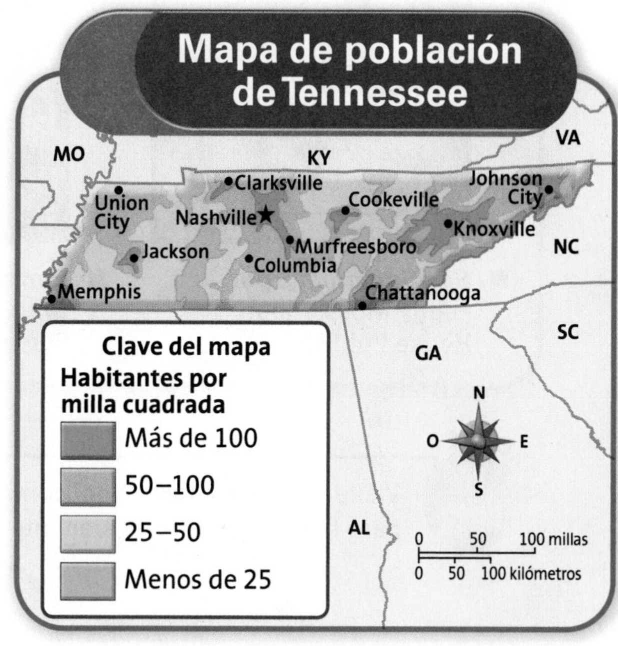

Unidad 5

Actividades

Muestra lo que sabes

Actividad de redacción

Escribir un poema Escribe un poema sobre las culturas de tu comunidad.

- Incluye detalles sobre las tradiciones culturales, como las comidas, la ropa y el arte.
- Explica por qué la comunidad es un mejor lugar para vivir gracias a esas culturas.

Proyecto de la unidad

Feria cultural Crea una exposición de la cultura.

- Investiga una de las culturas de Estados Unidos.
- Haz un cartel para ilustrar las costumbres de esa cultura.

Lecturas adicionales

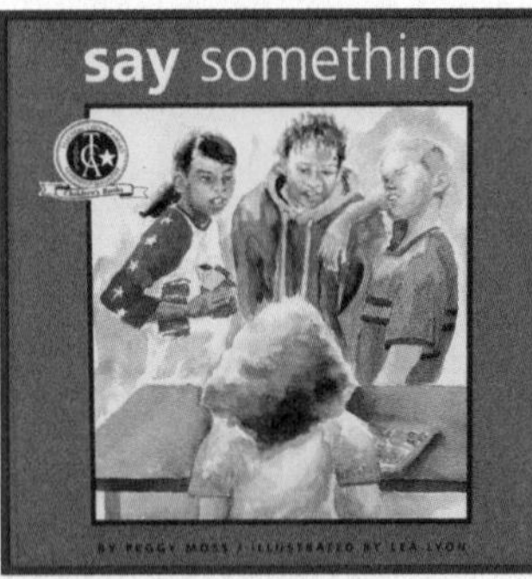

- *Say Something,* por Peggy Moss. Tilbury House Publishers.

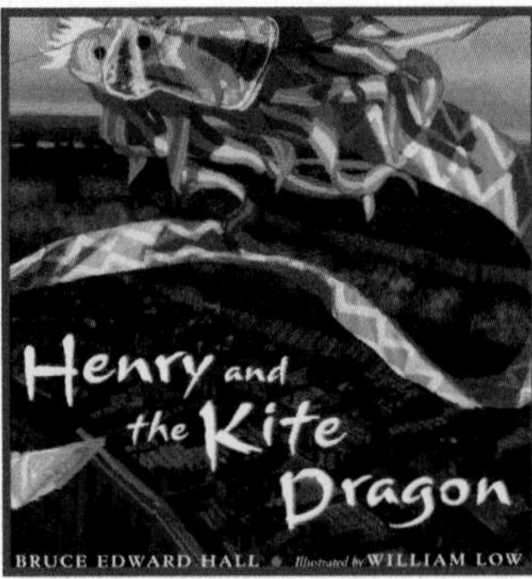

- *Henry and the Kite Dragon,* por Bruce Edward Hall. Philomel.

- *Going North,* por Janice N. Harrington. Farrar, Straus and Giroux.

Visita **www.harcourtschool.com/ss1** para hallar más recursos en Internet.

El trabajo en la comunidad

Unidad 6

La gran idea

Economía

Las personas dependen unas de otras para producir, comprar y vender bienes y servicios. Cuando se toman buenas decisiones, se beneficia la economía de una familia o de una comunidad.

Reflexiona

- ✓ Los miembros de una comunidad, ¿cómo dependen unos de otros?
- ✓ Las personas y los países, ¿por qué comercian entre sí?
- ✓ ¿Cómo ganan, gastan y ahorran dinero las familias?
- ✓ ¿Cómo ganan dinero los negocios en otras partes del mundo?

Unidad 6

Personas

Habla sobre

personas y economía

Madame C. J. Walker
1867–1919

Una mujer de negocios que mejoró las oportunidades económicas de los afroamericanos

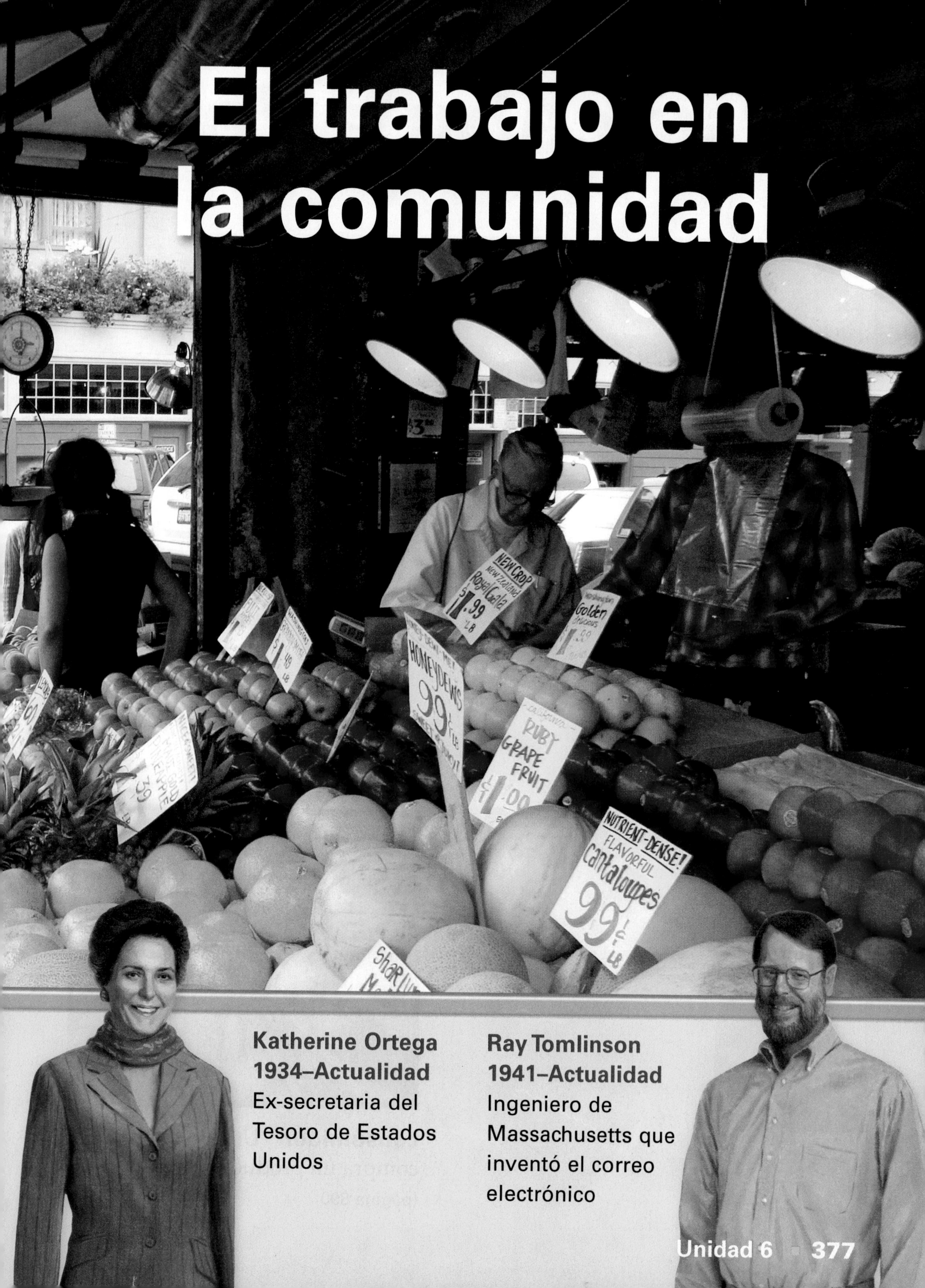

El trabajo en la comunidad

Katherine Ortega
1934–Actualidad
Ex-secretaria del Tesoro de Estados Unidos

Ray Tomlinson
1941–Actualidad
Ingeniero de Massachusetts que inventó el correo electrónico

Presentación del vocabulario

productor Alguien que hace un producto o da un servicio.
(página 389)

consumidor Una persona que compra un producto o servicio.
(página 390)

trueque Intercambio de productos sin usar dinero. (página 418)

oferta Los bienes o servicios que ofrecen los negocios. (página 424)

demanda El interés de los consumidores en comprar un bien o servicio. (página 424)

Visita **www.harcourtschool.com/ss1** para hallar más recursos en Internet.

La lectura en los Estudios Sociales

Generalizar

Por qué es importante Si sabes generalizar, puedes comprender y recordar mejor lo que lees.

Aprende

Generalizar es hacer una afirmación amplia basada en lo que sabes sobre un grupo de ideas.

Datos

Información dada	Información dada	Información dada

Generalización

Afirmación general sobre esa información

- Una generalización debe basarse en datos.
- Para generalizar, piensa qué tienen en común los datos.

Practica

Lee el párrafo. Luego, generaliza.

Dato: Hace diez años, la ciudad rural de Alliance, Nebraska, tenía problemas. La industria agrícola iba mal y la compañía de ferrocarriles disminuía su tamaño. Los miembros de la comunidad temían que su ciudad empobreciera. Dato: Se pusieron en acción y comenzaron negocios nuevos de turismo. Los negocios de turismo ofrecen bienes y servicios para los visitantes.

Aplica

Lee los párrafos. Luego, responde a las preguntas.

El turismo en Alliance, Nebraska

Los habitantes de Alliance, Nebraska, convirtieron el turismo en una parte importante de su economía. Los visitantes, o turistas, vienen a ver cosas como la enorme escultura Carhenge. Para crearla, el artista Jim Reinders tomó como modelo Stonehenge, un monumento antiguo en Inglaterra. Toda su familia esculpió 38 autos para imitar las formas de Stonehenge.

Reinders le regaló la obra a la ciudad y ahora un grupo de la comunidad administra Carhenge. Todos los años, vienen más de 80,000 turistas a ver la escultura. Entre otros atractivos turísticos de la ciudad, hay varios museos y un centro de bellas artes.

Los turistas traen dinero a Alliance. Pagan por alojarse en hoteles. También compran comida en los restaurantes y compran bienes en las tiendas de la ciudad. Además, el turismo crea empleos nuevos en la ciudad. Unos habitantes trabajan en los hoteles y restaurantes. Otros se encargan de que los lugares turísticos estén limpios y sean seguros para los turistas.

Destreza clave Generalizar

1. ¿Qué generalización puedes hacer sobre la selección?
2. ¿Cómo benefició Jim Reinders la economía de Alliance?
3. ¿Cómo contribuyen los turistas a la economía de Alliance?

Alex y el increíble puesto de limonada

por Liz y Jay Scott
ilustrado por Pam Howard

Alexandra, o "Alex", Scott era un bebé cuando su familia se enteró de que tenía cáncer. A los ocho años, Alex quiso juntar dinero para luchar contra el cáncer. Decidió abrir su propio negocio de venta de limonada. Dio el dinero que ganó a los médicos porque quería ayudar a encontrar una cura para el cáncer infantil.

Alex era inteligente. Hizo un plan:
vender limonada era su afán.
El dinero que ganara, no se lo iba a quedar,
sino que lo daría a un hospital
para ayudar con la cura que se pudiera encontrar.

Cuando llegó el verano, Alex dijo a su mamá
que un puesto de limonada
iba a instalar. El trabajo era duro
pero nada aburrido, tuvieron muchas
ventas y un progreso sostenido.

El día de la venta llegó por fin.
Había personas esperando en el jardín,
y la fila que hicieron ¡no tenía fin!
Muchos habían oído sobre Alex y su plan,
sobre la pequeña Alex y su gran afán.

Viejos y jóvenes esperaron en fila
por un vaso de su limonada
muy dulce y bien fría.

Al final del día, Alex, feliz y sorprendida
vio cuánto dinero ganó con su bebida.
Aprendió también algo
que debemos recordar:
Si hay niños enfermos, ¡otros quieren ayudar!

Admiraron en Alex su determinación.
Y encontraron en ella una inspiración.
Le enviaron cartas y muchos cariños.
Les gustó lo que hacía
por el bien de los niños.
Y cuando el año siguiente llegó,
Alex con su plan continuó.

Un día soleado volvió a comenzar,
su rica bebida volvió a preparar.
Y de lejos y cerca las personas llegaban
pues sabían de Alex, la Estrella de la
Limonada.

Viejos y jóvenes esperaron en fila
por un vaso de su limonada
muy dulce y bien fría.

Este año fue mejor, la fila se alargaba,
y todos le deseaban muy buena suerte...

...y la decisión de buscar una
cura se hizo más fuerte.
Otra vez dio el dinero al hospital
y lo envió por correo postal.

Decía:

Por favor,
ayuden
a los niños
a mejorar
-alex

Más y más personas se enteraban de las cosas buenas que lograba esa niña Alex con su Limonada.

El año siguiente, Alex tuvo otro plan:

¡Ahora con mi limonada quiero llegar
a todo el país, a cada lugar!
Si más niños ayudan, ¡qué bueno el resultado!
Habrá puestos de limonada
en cada estado.
¡Cuánto dinero podríamos juntar
para ayudar a los niños enfermos a sanar!
Una cura se puede encontrar,
¡y tal vez pronto se pueda aplicar!

Otros niños escucharon,
hicieron limonada y se sumaron
a la pequeña Alex y a su plan.

Responde

1. **Generalizar** ¿Por qué tantas personas hacían fila para comprar limonada?
2. **Aplícalo** ¿Crees que podrías abrir un negocio para ganar dinero y ayudar a otros? ¿De qué sería el negocio? ¿A quién donarías el dinero?

Destrezas de estudio

RELACIONAR IDEAS

Puedes usar un organizador gráfico en forma de red para mostrar cómo se relacionan distintas ideas.

- **Escribe el título del capítulo en el óvalo grande de arriba.**
- **Agrega óvalos medianos con las ideas principales que apoyan el tema.**
- **Agrega círculos más pequeños con datos y detalles.**

El trabajo en nuestra comunidad

Las personas trabajan.

Las personas trabajan juntas.

Las personas hacen y compran cosas.

para comprar bienes

PRESENTACIÓN DEL VOCABULARIO

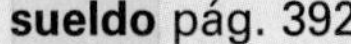

sueldo pág. 392

recurso humano pág. 395

recurso de capital pág. 395

CAPÍTULO 11

El trabajo en nuestra comunidad

En este mercado de Cleveland, Ohio, hay muchos puestos donde se venden comidas típicas de distintos países.

Lección 1 Trabajadores y consumidores

Reflexiona Los miembros de una comunidad, ¿cómo dependen unos de otros?

Vocabulario

producto pág. 388
productor pág. 389
empresario pág. 389
consumidor pág. 390
interdependencia pág. 391
sueldo pág. 392
ingreso pág. 392

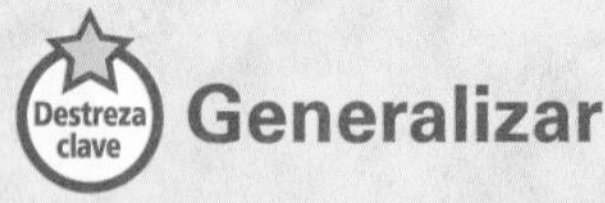

Generalizar

En una comunidad, algunas personas cultivan o hacen productos para vender. Un **producto** es un bien. Otros trabajadores prestan servicios, como cortar el cabello o lavar autos.

Se trabaja en equipo

Piensa en lo ocupado que estarías si tuvieras que hacer tú mismo todas las cosas que usas a diario. Tendrías que cultivar tus propios vegetales y, si quisieras carne, huevos o leche, tendrías que criar animales.

Los primeros colonizadores tenían que hacer ellos mismos muchas de las cosas que necesitaban. Pero los pueblos crecieron, y el trabajo se fue compartiendo con otros en la comunidad.

Los miembros de una comunidad del pasado trabajan en equipo para construir un granero.

La fábrica de lápices de Oscar Weissenborn, hace mucho tiempo y ahora.

Todos dependemos de los productores

Los miembros de una comunidad dependen de los productores, es decir, los necesitan para sus bienes y servicios. Un **productor** es alguien que hace un producto o presta un servicio.

Oscar Weissenborn aprendió a hacer lápices con grafito y arcilla. En 1889, empezó a hacer lápices en su casa de New Jersey. En esa época, la mayoría de los lápices se hacían en otros países.

Sus lápices comenzaron a venderse, y Weissenborn tuvo que contratar más personas. Pasó su negocio a un edificio más grande.

Oscar Weissenborn era un **empresario**, es decir, alguien que abre un negocio y lo dirige. Los empresarios hacen bienes o prestan servicios y crean empleos para los trabajadores.

Repaso de la lectura **Generalizar**

¿Por qué son importantes los productores para una comunidad?

Los consumidores pueden elegir entre muchos tipos de lápices.

Todos compramos cosas

Una persona que compra un producto o un servicio es un **consumidor**. Los consumidores compran lápices de todos los tamaños, formas y colores. Los estudiantes compran lápices para usar en la escuela. Algunos artistas compran lápices de colores para dibujar. Otros consumidores compran lápices para escribir en su casa o en el trabajo.

Los productores siempre tratan de hacer productos nuevos y mejores, ya sean automóviles, computadoras, televisores, juguetes, cereales u otras cosas. Como resultado, los consumidores siempre tienen más productos para elegir.

Repaso de la lectura **Generalizar**
¿Qué es un consumidor?

Nos ayudamos unos a otros

Los productores y los consumidores de una comunidad dependen unos de otros. Los productores esperan que los consumidores compren los productos que ellos hacen. Los consumidores esperan que los productores ofrezcan bienes y servicios para comprar. Cuando dependemos unos de otros se dice que hay **interdependencia**.

Los consumidores intercambian cosas por los productos que quieren conseguir. Normalmente, intercambian dinero por bienes o servicios.

Repaso de la lectura **Generalizar**
Los productores y los consumidores, ¿cómo dependen unos de otros?

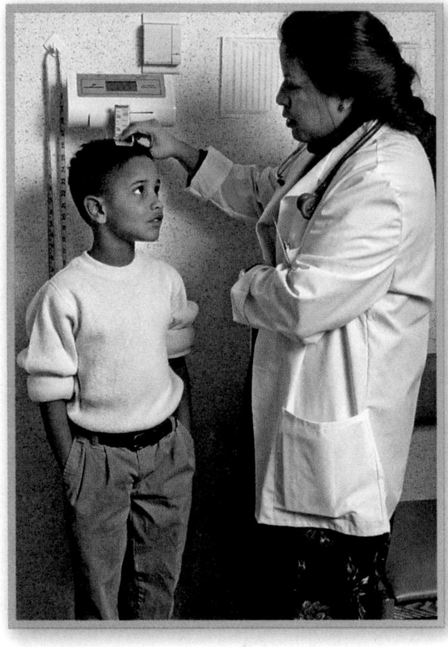

Necesitamos los servicios que prestan los médicos para estar sanos.

Los consumidores compran bienes en el mercado de este granjero.

Leticia Herrera

La gente abre negocios

Leticia Herrera administra un negocio que presta servicios de limpieza a otros negocios de Chicago. Además, sus trabajadores arreglan edificios viejos para que se puedan abrir negocios nuevos. Sus empleados, como todo el mundo, dependen de su empleo para ganar dinero.

El dinero que se gana por el trabajo se llama **sueldo**. También se puede llamar **ingreso**. En Estados Unidos, uno puede elegir el trabajo que va a hacer para ganar dinero.

Repaso de la lectura **Generalizar**
¿Por qué dependemos de nuestro trabajo?

Resumen Las personas dependen unas de otras para dar y comprar bienes y servicios. Obtienen un ingreso por el trabajo que hacen. Hay personas que abren sus propios negocios.

Repaso

1. **Reflexiona** Los miembros de una comunidad, ¿cómo dependen unos de otros?
2. **Vocabulario** Escribe una descripción de un **empresario**.
3. **Economía** ¿Cómo paga la gente por los bienes que necesita?
4. **Razonamiento crítico** Aplícalo Menciona algunos bienes y servicios que compras como consumidor.
5. **Escribir un anuncio de empleo** Imagina que eres el dueño de un negocio. Escribe un anuncio donde describes el empleo para el cual quieres contratar a alguien.
6. Destreza clave **Generalizar** En una hoja de papel, copia y completa el siguiente organizador gráfico.

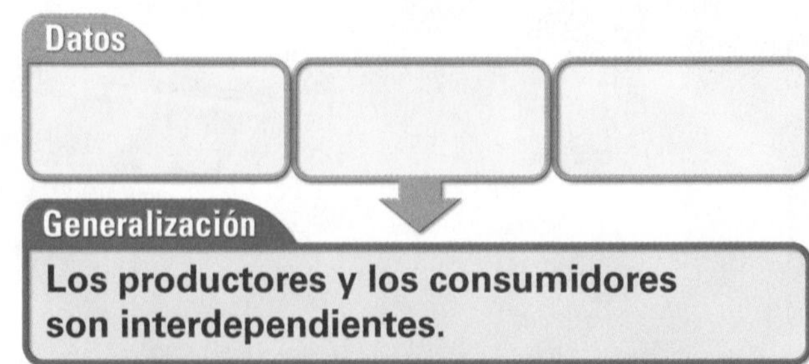

Biografía

Integridad
Respeto
Responsabilidad
Equidad
Bondad
Patriotismo

Madame C. J. Walker

"He construido mi propia fábrica en mi propio terreno".

— Madame C. J. Walker, 1912

Madame C. J. Walker fue una de las primeras mujeres en Estados Unidos que ganó millones de dólares por su cuenta. Convirtió su pequeño negocio de productos para el cabello, ubicado en Indianapolis, Indiana, en una empresa de gran éxito.

La Sra. Walker contrató a muchas mujeres afroamericanas y les enseñó a vender sus productos. También donó dinero para crear mejores oportunidades para los afroamericanos. En 1917, su negocio ya era más grande que el de cualquier otro empresario afroamericano en el país. Por su generosidad y su habilidad para los negocios se convirtió en una líder íntegra de la comunidad.

La importancia del carácter

¿Cómo demostró Madame C. J. Walker su integridad?

Visita **www.harcourtschool.com/ss1** para hallar más recursos en Internet.

Madame C. J. Walker

Tiempos

1867 Nace

1905 Se muda a Denver para vender sus productos para el cabello.

1910 Tiene más de 1,000 empleados.

1919 Muere

Lección 2

Cómo funcionan los negocios

Reflexiona ¿Qué tipos de recursos se usan en los negocios?

Vocabulario

capital pág. 394
materia prima pág. 394
recurso humano pág. 395
recurso de capital pág. 395
fábrica pág. 396
fabricar pág. 397

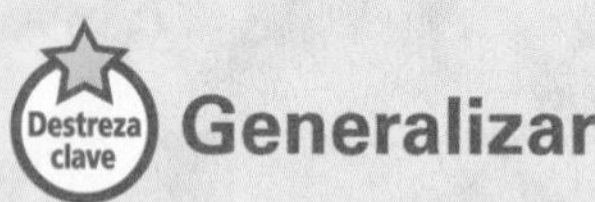

Destreza clave **Generalizar**

Para abrir un negocio, hace falta más que una buena idea. Todos los negocios usan **capital**, o dinero. También usan otros recursos.

Un negocio empieza con recursos

Los negocios usan distintos recursos para hacer productos y prestar servicios. Unos negocios empiezan con una **materia prima**, o sea un recurso natural que se usa para hacer un producto. Algunas de las materias primas que se usan en los negocios son los metales, la piedra, la madera y el agua.

Un negocio necesita recursos para su mantenimiento

Un negocio en Wilmore, Kentucky, usa el agua de manantiales naturales que brota en algunas partes del centro de Kentucky. La empresa embotella el agua para que se pueda beber y luego vende las botellas de agua al público.

Además de los recursos naturales, la empresa también necesita recursos humanos. Los **recursos humanos** son los trabajadores que producen los bienes y servicios. Los trabajadores de la empresa recogen, limpian y embotellan el agua. También venden y reparten las botellas.

El negocio también usa recursos de capital. Los **recursos de capital** son las herramientas y los edificios que un negocio necesita. Entre los recursos de capital están las máquinas que se usan para hacer y entregar los productos.

Repaso de la lectura **Generalizar**

Menciona los tres tipos de recursos que los negocios necesitan.

Recursos naturales

Recursos humanos

Recursos de capital

Los productos, como el agua embotellada, dependen de estos tres tipos de recursos.

El agua de manantial se encuentra en manantiales naturales por todo Estados Unidos.

Trabajamos con los recursos

Muchos negocios necesitan una fábrica que haga sus productos. Una **fábrica** es un edificio donde se hacen y se empacan productos. Una fábrica de yogur de Minster, Ohio, es el productor de yogur más grande del mundo.

La fábrica de yogur necesita muchos recursos para seguir funcionando. Usa leche como materia prima para hacer el yogur. También usa otros recursos de capital y recursos humanos para que manejen las máquinas de la fábrica.

Una fábrica de yogur

Ilustración Estos son los pasos que se siguen para fabricar el yogur.

1. La leche fresca llega de las granjas lecheras.
2. Se calienta la leche.
3. Se agregan cultivos de yogur a la leche tibia.
4. Las máquinas ponen el yogur en los envases.
5. El yogur está listo para que lo lleven a los mercados.

¿Qué hacen los trabajadores después de recibir la leche?

Las máquinas de las fábricas

La fábrica de yogur usa sus recursos para fabricar yogur. **Fabricar** es hacer algo con máquinas. Las máquinas calientan la leche y agregan los cultivos de yogur. También llenan los envases y los empacan para llevarlos a las tiendas. La fábrica paga las máquinas con capital. También usa capital para comprar la leche a los granjeros y para pagar a los empleados de la fábrica.

Repaso de la lectura **Generalizar**
Las fábricas, ¿cómo usan los recursos?

Un trabajador de la fábrica usa máquinas para hacer yogur.

Resumen Los negocios y las fábricas usan recursos para hacer y vender productos. Usan recursos naturales, humanos y de capital.

Repaso

1. **Reflexiona** ¿Qué tipos de recursos usan los negocios?
2. **Vocabulario** Explica la diferencia entre **recursos humanos** y **recursos de capital**.
3. **Tu comunidad** Menciona algunos de los negocios que hay en tu comunidad.
4. **Razonamiento crítico Aplícalo** Menciona algunas materias primas que podrías usar para abrir un negocio. ¿Cómo las usarías?
5. **Hacer una tabla** Elige uno de los negocios descritos en la lección. Haz una tabla para mostrar cómo usa los tres tipos de recursos.
6. **Generalizar** (Destreza clave) En una hoja de papel, copia y completa el siguiente organizador gráfico.

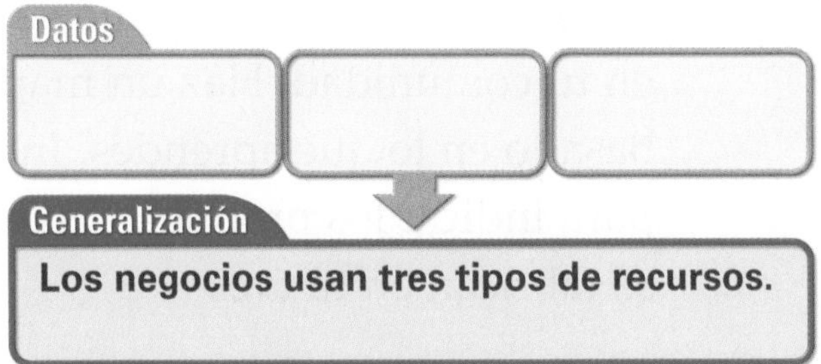

Leer un mapa de recursos

Por qué es importante Con un mapa de recursos, puedes aprender sobre la economía de una región.

Aprende

El mapa de la página 399 es un mapa de recursos. Los colores indican el uso de la tierra. El **uso de la tierra** es la manera en que se usa la mayor parte de la tierra de un área. La clave del mapa indica qué uso de la tierra está representado por cada color.

También se usan símbolos para indicar dónde se cultivan o dónde se fabrican los productos. La clave del mapa explica qué producto está representado por cada símbolo.

Practica

Consulta el mapa de la página 399 para responder a las siguientes preguntas.

1. ¿Qué color muestra las tierras de cultivo de Minnesota?
2. ¿Qué símbolo representa los productos lácteos de Minnesota?
3. ¿En qué tipo de tierra hay árboles?

Aplica

Aplícalo Investiga cómo se usa la tierra en tu comunidad. Haz un mapa de recursos basado en lo que aprendes. Incluye símbolos para indicar los productos que se cultivan o se fabrican en tu área.

Visita **www.harcourtschool.com/ss1** para hallar actividades en Internet.

Uso de la tierra y recursos de Minnesota

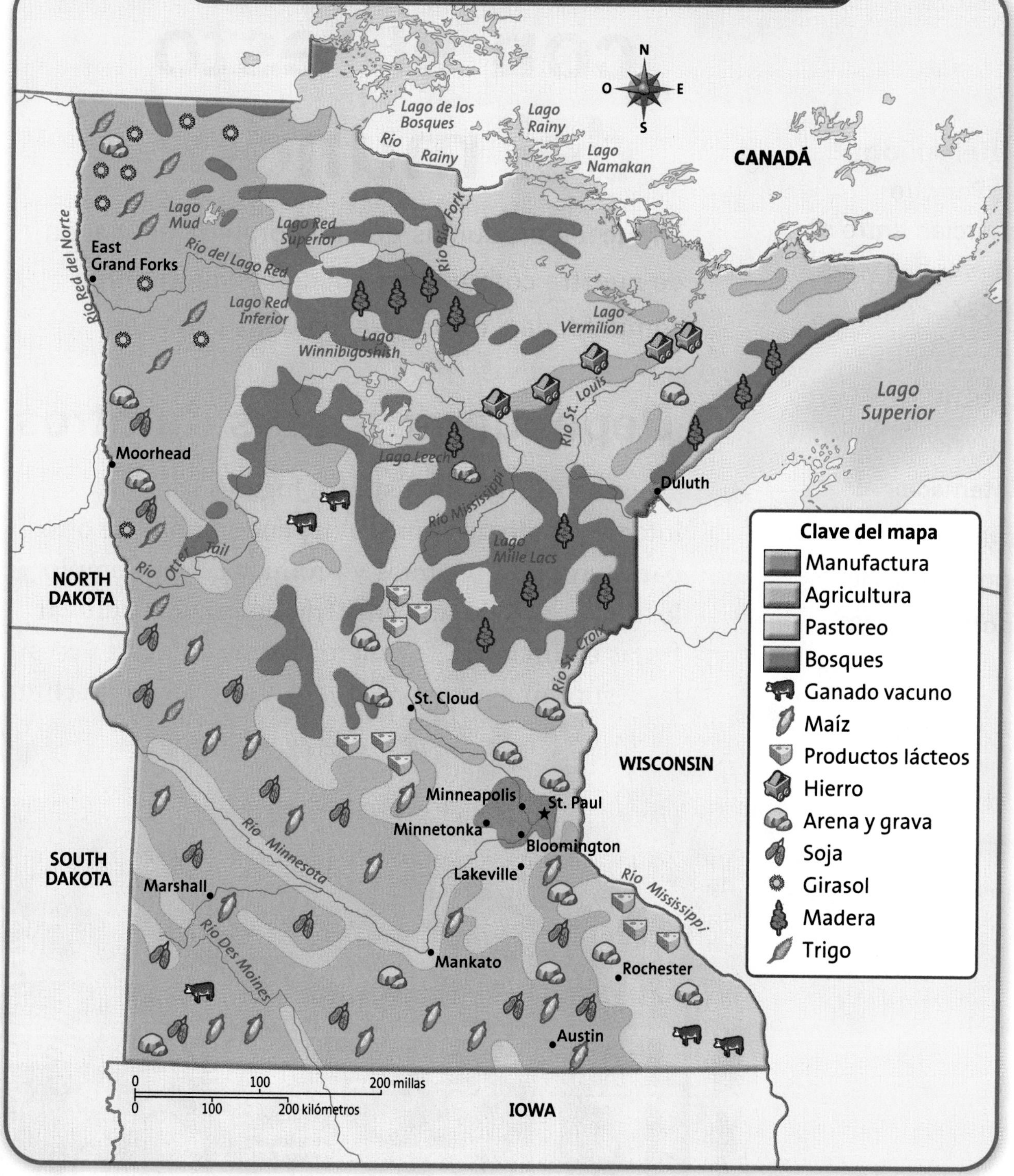

N
O
E
S

CANADÁ

Lago de los Bosques

Lago Rainy

Río Rainy

Lago Namakan

Lago Mud

Lago Red Superior

Río del Lago Red

Río Big Fork

Río Red del Norte

East Grand Forks

Lago Red Inferior

Lago Winnibigoshish

Lago Vermilion

Río St. Louis

Lago Superior

Moorhead

Lago Leech

Río Mississippi

Duluth

Lago Mille Lacs

Río Otter Tail

NORTH DAKOTA

Río St. Croix

St. Cloud

WISCONSIN

Minneapolis

St. Paul

Minnetonka

Bloomington

Lakeville

SOUTH DAKOTA

Río Minnesota

Marshall

Río Mississippi

Río Des Moines

Mankato

Rochester

Austin

0 100 200 millas

0 100 200 kilómetros

IOWA

Clave del mapa

- Manufactura
- Agricultura
- Pastoreo
- Bosques
- Ganado vacuno
- Maíz
- Productos lácteos
- Hierro
- Arena y grava
- Soja
- Girasol
- Madera
- Trigo

Lección 3

El comercio con el resto del mundo

Reflexiona ¿Por qué comercian entre sí las personas y los países?

Vocabulario

comercio internacional pág. 401

importar pág. 402

exportar pág. 402

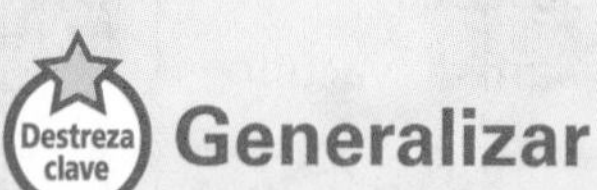

Generalizar

Muchos productos que compramos no vienen de nuestra comunidad. Pueden venir de otras comunidades, otros estados u otros países.

Dependemos unos de otros

Los habitantes de distintos lugares son interdependientes porque dependen unos de otros para conseguir recursos y productos. Por ejemplo, los habitantes de un clima frío no pueden cultivar frutas en invierno. Si quieren frutas, muchas veces las compran a personas que las cultivan en un clima más cálido.

El transporte de bienes

Los camiones, los barcos, los trenes y los aviones transportan bienes de un lugar a otro. En los ríos, muchas barcazas transportan bienes. Una barcaza es un bote grande y chato.

Gracias a las mejoras en el transporte, se puede comerciar más. Hoy, las frutas se pueden embarcar tan rápidamente, que llegan a su destino todavía frescas. Como los productos se pueden mantener refrigerados, también se pueden transportar más lejos.

Las mejoras en el transporte aumentaron el comercio internacional. El **comercio internacional** es la compra y venta de bienes entre países.

Repaso de la lectura **Generalizar**
¿Cómo compramos los productos que no podemos fabricar o cultivar en nuestra comunidad?

Estos trabajadores cargan bienes en un avión.

Un puerto donde llegan y salen bienes, en Seattle, Washington

Datos breves

Los barcos portacontenedores llevan contenedores. Los contenedores pueden medir 40 pies de largo, es decir, ¡casi tanto como un autobús escolar!

Algunas exportaciones mundiales importantes

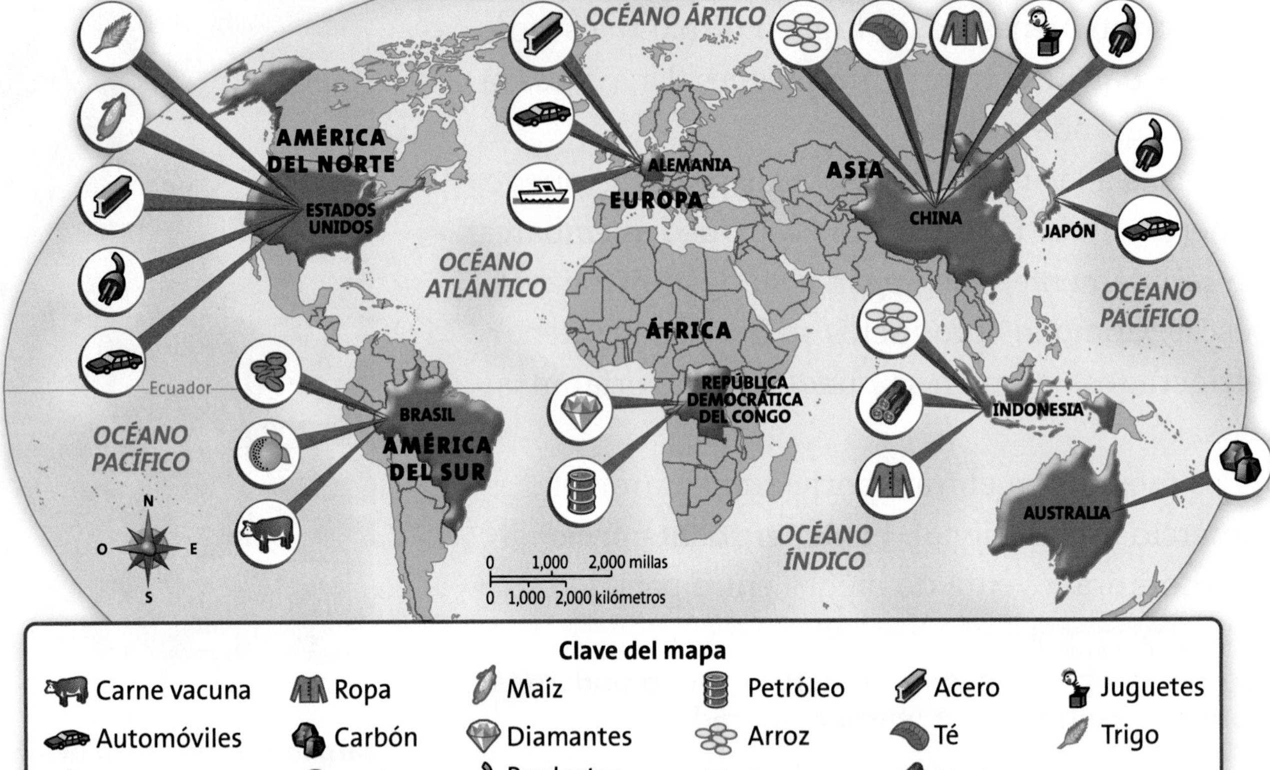

Destreza con mapas **Movimiento** **Este mapa muestra algunos de los bienes que se exportan en el mundo. Menciona dos países que exportan ropa.**

¿De dónde vienen los bienes?

Este juguete es importado de China.

Todos los días llegan a Estados Unidos bienes importados de todas partes del mundo. **Importar** es traer bienes de otros países para venderlos. Al igual que Estados Unidos, la mayoría de los países compran al menos algunos bienes de otros.

Estados Unidos también exporta bienes a otros países. **Exportar** es enviar un bien a otro país para venderlo. Muchos negocios ganan dinero exportando a otros países.

Los países importan y exportan muchos productos. Estados Unidos exporta computadoras a países de todo el mundo. Importa papel periódico de Canadá para hacer periódicos. Japón y otros países exportan automóviles. Estados Unidos importa muchos de esos automóviles y camiones.

Unos países son conocidos por exportar grandes cantidades de un producto. China es uno de los exportadores de té más grandes del mundo.

Repaso de la lectura **Idea principal y detalles**
Menciona un bien que exporta Estados Unidos.

Estos alimentos son importados de Suecia, Irlanda y Escocia.

Resumen Los países intercambian bienes entre sí. Los bienes se envían de un lugar a otro mediante el transporte.

Repaso

1. **Reflexiona** ¿Por qué comercian entre sí las personas y los países?
2. **Vocabulario** Explica la diferencia entre **importar** y **exportar**.
3. **Economía** ¿Por qué un mejor transporte es una ayuda para el comercio?
4. **Razonamiento crítico** **Aplícalo** ¿Qué alimentos consumes que sean importados de otros países?
5. **Crear un tablero de anuncios** Busca un objeto hecho en otro país y dibújalo. Rotula tu dibujo para indicar dónde se hizo el objeto.
6. Destreza clave **Generalizar** En una hoja de papel, copia y completa el siguiente organizador gráfico.

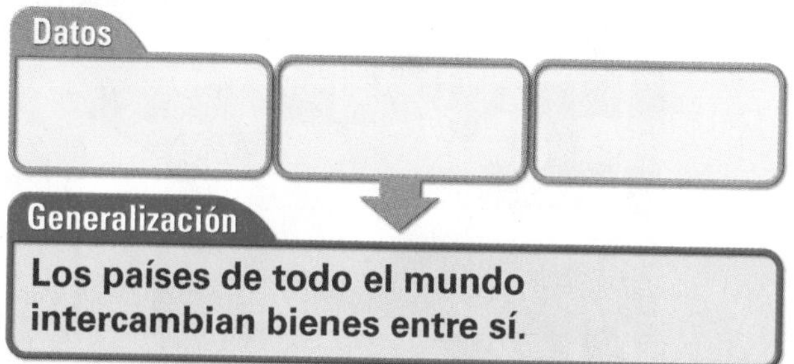

Civismo

El trabajo voluntario

"Al ver familias destrozadas por esta tragedia [desastre] [...] uno ve que [...] todos debemos ayudar a las víctimas del tsunami a contar con la bendición de una vida normal".

—Ex-presidente Bill Clinton pidiendo voluntarios para ayudar a las víctimas del tsunami de 2004

En todo el mundo, se hacen cosas para ayudar a otros. Los voluntarios donan su tiempo, dinero o habilidades para ayudar a personas necesitadas. Cuando un tsunami golpeó a Asia en diciembre de 2004, dejó muchos miles de personas muertas, heridas o sin hogar. Voluntarios de todo el mundo se ofrecieron a ayudar.

Estos voluntarios de la Cruz Roja ofrecen su ayuda después del huracán Katrina.

Examina: La participación ciudadana

Los voluntarios de la Cruz Roja repartieron cobijas, agua, comida y medicamentos. La Cruz Roja es una organización mundial que ayuda a las víctimas de desastres naturales.

En agosto de 2005, el huracán Katrina destruyó muchas comunidades de Louisiana, Mississippi y Alabama. La gente envió dinero, comida y otras provisiones a la costa del Golfo. Tailandia donó 15 toneladas de arroz, además de otros alimentos y cobijas. "Cuando nos afectó el tsunami, Estados Unidos [nos] ayudó inmediatamente [...] Sentimos la obligación de ayudar a Estados Unidos también", dijo Songsak Saicheua, el ministro consejero de Tailandia.

Estos voluntarios preparan comida para las víctimas del tsunami de 2004.

Aplícalo ¿Qué trabajos voluntarios hay en tu comunidad?

Una voluntaria del Ejército de Salvación empaca provisiones para enviar a los sobrevivientes del huracán.

Lección

Inventos nuevos

Reflexiona Las tecnologías nuevas, ¿cómo han cambiado los negocios?

Vocabulario

enlace de comunicación pág. 408

comercio electrónico pág. 408

anuncio pág. 409

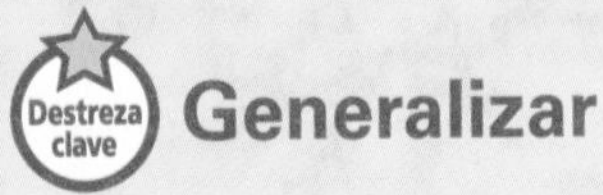

Generalizar

Los inventos nuevos cambian la manera en que hacemos negocios. Algunos inventos son formas nuevas de comunicarnos. Otros nos permiten comprar y vender productos de otra manera.

Transmitir información

Cuando se inventó el teléfono, se usaba solo para hablar. Ahora, también se usan las líneas telefónicas para enviar información escrita y visual. Las máquinas de fax entregan la información en papel. Se usan teléfonos celulares para hablar y para enviar fotografías, música y mensajes escritos o de video.

Podemos usar teléfonos celulares para comunicarnos desde casi cualquier lugar del mundo.

Un cibercafé presta servicios de Internet y cobra una tarifa.

Internet

A fines de la década de 1960, las computadoras de varias universidades de California estaban conectadas con cables. Esto les permitió "conversar" entre sí. Uno de los estudiantes universitarios que trabajó en este proyecto fue Vinton Cerf. Junto con muchos otros, Cerf ayudó a crear lo que ahora se conoce como Internet.

Ray Tomlinson, un ingeniero de Massachusetts, encontró una forma de usar Internet para enviar mensajes electrónicos. Se le ocurrió la idea de usar el símbolo arroba (@) en las direcciones de mensajes electrónicos. Explicó así su elección: "Pensé en otros símbolos, pero como la arroba [@] no aparecía en ningún nombre, quedaba perfecta".

El mensaje electrónico e Internet han cambiado nuestra forma de trabajar. Gracias a ellos, es más rápido y fácil enviar y recibir información.

Una de las primeras computadoras

Repaso de la lectura **Generalizar**

La tecnología, ¿cómo mejoró la comunicación?

El comercio electrónico

Internet es un **enlace de comunicación**, es decir, un tipo de tecnología que nos permite enviar información instantáneamente. Los enlaces de comunicación han cambiado la manera en que compramos y vendemos productos. Antes, había que encontrarse personalmente con alguien para comprar y vender bienes. Ahora, muchos negocios venden bienes y servicios en línea, o sea por Internet. Comprar y vender de este modo se llama **comercio electrónico**. La palabra *comercio* significa "negocio".

El teléfono es otro enlace de comunicación que usan los negocios. La gente hace pedidos por teléfono usando catálogos. Un catálogo es una revista con información sobre los bienes y servicios que se pueden comprar.

Diagrama Este organigrama muestra cómo un consumidor usa la computadora para pedir un libro por Internet. ¿En qué pasos del proceso se usa la computadora?

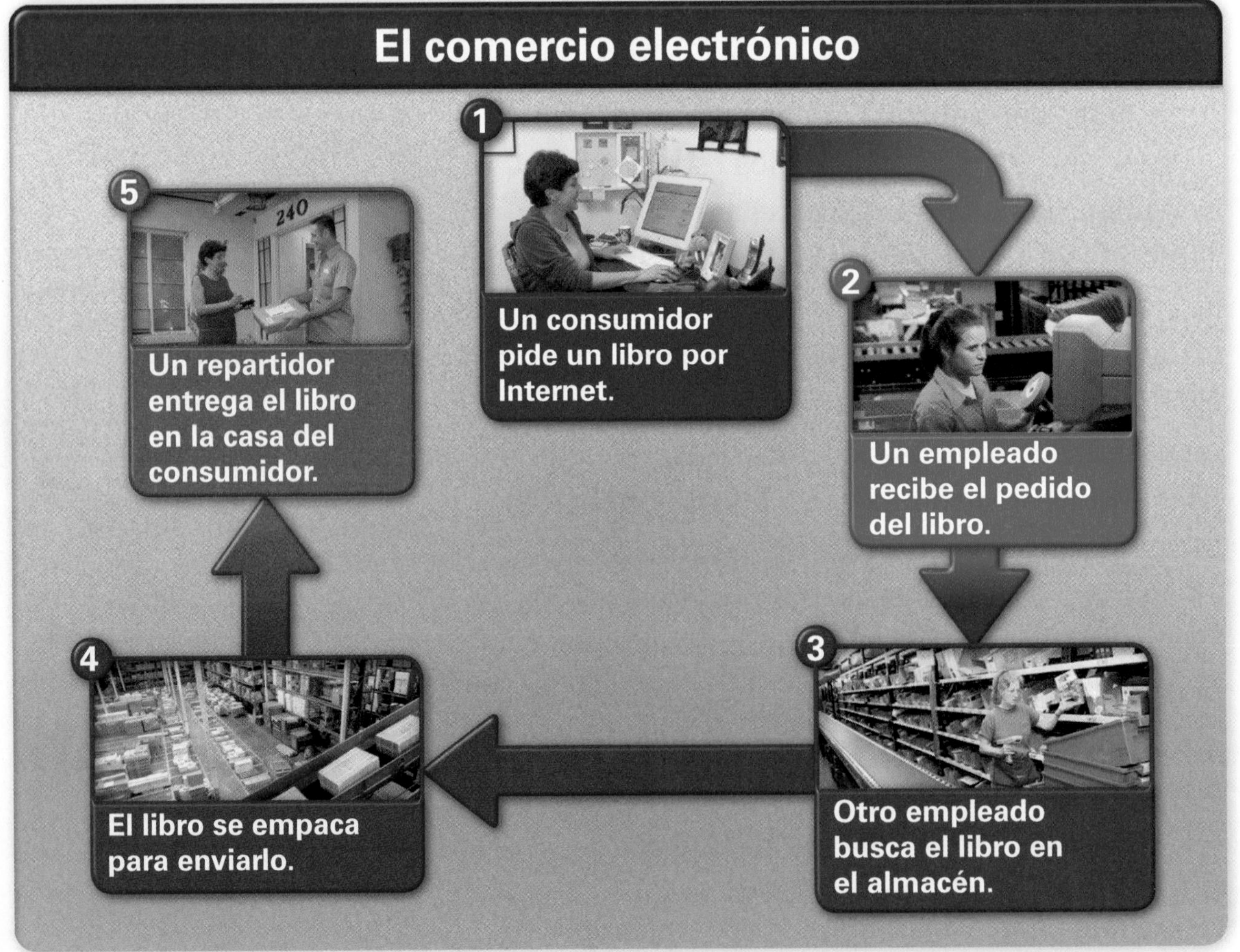

Publicidad en Internet

Muchos negocios crean sitios de Internet con anuncios sobre sus bienes y servicios. Un **anuncio** es un mensaje de que algo está en venta. Los consumidores de todo el mundo ven estos anuncios y pueden pedir lo que deseen desde cualquier computadora conectada a Internet.

Repaso de la lectura **Generalizar**
Los enlaces de comunicación, ¿cómo cambiaron los negocios?

Un consumidor compra productos por Internet.

Resumen La tecnología ha cambiado la forma de hacer negocios. Los nuevos inventos crean otras formas de comunicarnos. También crean otras formas de comprar y vender productos.

Repaso

1. **Reflexiona** Las tecnologías nuevas, ¿cómo han cambiado los negocios?
2. **Vocabulario** Escribe una oración con la palabra **enlace de comunicación**.
3. **Economía** ¿Por qué es posible que un negocio quiera vender productos por Internet?
4. **Razonamiento crítico** Aplícalo ¿Qué tecnología usas para comunicarte?
5. **Escribir un mensaje electrónico** Escribe un mensaje al dueño de un negocio de tu comunidad. Pregunta cómo los cambios en la tecnología afectaron su negocio.
6. Destreza clave **Generalizar** En una hoja de papel, copia y completa el siguiente organizador gráfico.

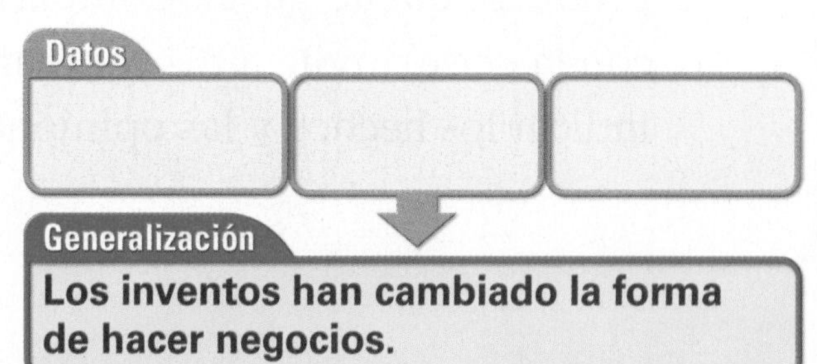

Distinguir entre hecho y opinión

Por qué es importante Para tomar una buena decisión, necesitas saber cuándo un mensaje te está informando sobre los hechos.

Aprende

Mucha publicidad muestra hechos y también opiniones. Un hecho es algo que se puede probar. Una opinión es lo que una persona cree. Las opiniones pueden apoyarse en hechos pero no se pueden probar.

Practica

Analiza el anuncio de la página siguiente. Lee cada mensaje y pregúntate: *¿Se puede probar esta afirmación?* Luego, responde a las siguientes preguntas.

1. ¿Qué afirmaciones son hechos?
2. ¿Qué afirmaciones son opiniones?
3. ¿Por qué compraría la gente este producto?

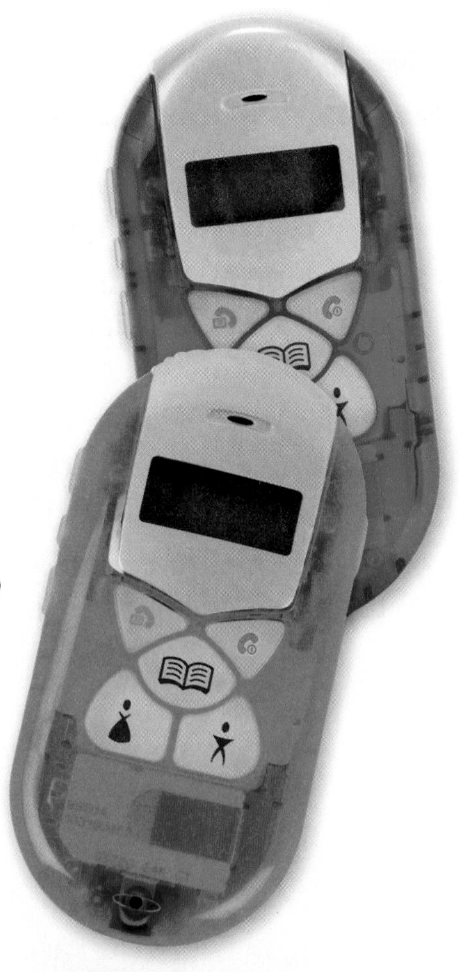

Aplica

Aplícalo Haz un anuncio para un producto que te gusta. Comparte tu anuncio con la clase. Invita a tus compañeros a indicar los hechos y las opiniones.

Ejemplo de un anuncio

Fuentes primarias

Las computadoras, antes y ahora

Antecedentes En 1974, se inventó la primera computadora personal en California. Las computadoras son máquinas que guardan información. También sirven para resolver problemas, para comunicarse y para jugar. La tecnología de las computadoras se ha mejorado muchas veces.

PRD **Preguntas relacionadas con el documento** Analiza las siguientes fuentes primarias y luego responde a las preguntas.

La primera computadora personal

Esta fue la primera computadora personal hecha para el público.

PRD 1 ¿En qué se diferencia esta computadora de las que se usan hoy?

Para ingresar los comandos, se usaba un tablero de interruptores.

Computadora de la década de 1980

Esta computadora se usaba en muchos hogares en la década de 1980. Los juegos contribuyeron a su éxito.

PRD 2 ¿Por qué crees que este modelo de computadora se vendió más que la primera computadora personal?

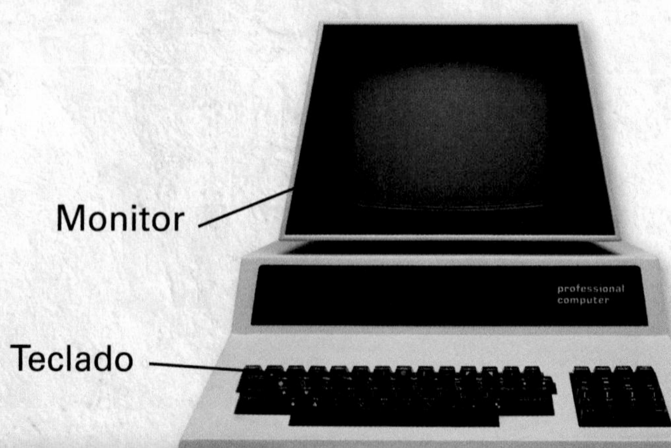

Computadora con módem

Esta fue una de las primeras computadoras personales que venían con un módem. El módem es un componente que lee la información compartida a través de Internet.

En esta computadora había íconos, o imágenes, donde se hacía clic con un ratón.

PRQ ❸ ¿Por qué crees que el ratón gustó tanto?

Computadora actual

Las computadoras de hoy pueden guardar más información y trabajar más rápidamente que las computadoras de antes.

PRQ ❹ ¿Qué características tiene esta computadora que no tenían las computadoras de la página 412?

Escribe sobre el tema

Escribe un párrafo sobre cómo han cambiado las computadoras.

APRENDE en línea

Visita **www.harcourtschool.com/ss1** para hallar más recursos en Internet.

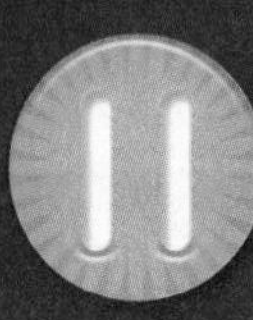

Resumen visual

Los productores y los consumidores dependen unos de otros.

Resume el capítulo

Generalizar Completa el siguiente organizador gráfico con una generalización sobre lo que necesitan los negocios.

Datos

Las personas dependen unas de otras.	Los negocios usan distintos recursos.	Las personas y los países comercian entre sí.

Generalización

Vocabulario

Identifica el término del banco de palabras que completa cada oración.

1. Eres un ________ cuando compras un producto o un servicio.
2. Estados Unidos ________ productos a otros países.
3. Un ________ es un mensaje de que algo está en venta.
4. Una persona que abre un negocio y lo dirige es un ________.
5. Todos los negocios necesitan ________, o sea dinero.

Banco de palabras

empresario pág. 389
consumidor pág. 390
capital pág. 394
exporta pág. 402
anuncio pág. 409

Se intercambian bienes y servicios con personas de otros lugares.

Las nuevas tecnologías ayudan a los negocios a encontrar clientes nuevos.

Ideas principales y datos

Responde a las siguientes preguntas.

6. ¿Por qué se necesita un ingreso?
7. ¿Cómo se transportan los bienes de un lugar a otro?
8. Los mensajes electrónicos e Internet, ¿cómo cambiaron nuestra forma de trabajar?

Escribe la letra de la mejor opción.

9. ¿Cuál de los siguientes es un ejemplo de materia prima?
   A el capital
   B los trabajadores
   C las máquinas
   D el agua
10. ¿Qué fue posible gracias a las mejoras en el transporte?
   A el comercio internacional
   B los empresarios
   C las fábricas
   D los anuncios

Razonamiento crítico

11. **Aplícalo** Menciona algunos enlaces de comunicación que hay en tu casa.
12. ¿Por qué para algunos negocios es mejor ofrecer un solo tipo de producto o servicio?

Destrezas

Leer un mapa de recursos
Consulta el mapa de recursos de la página 399 para responder a la pregunta.

13. ¿Cuáles son algunos cultivos que se producen en Minnesota?

Redacción

Escribir un plan de negocios Imagina que eres un empresario. Describe lo que necesitas para abrir y dirigir tu propio negocio.

Escribir un mensaje electrónico Escribe un mensaje electrónico a un negocio. Explícales a los dueños tu opinión sobre cómo pueden mejorar su producto o servicio.

Destrezas de estudio

ORGANIZAR LA INFORMACIÓN

Un organizador gráfico te ayuda a comprender los datos que lees.

- **Las redes, los cuadros y las tablas son organizadores gráficos donde se muestran ideas principales y detalles.**
- **Usa un organizador gráfico para clasificar y categorizar la información.**

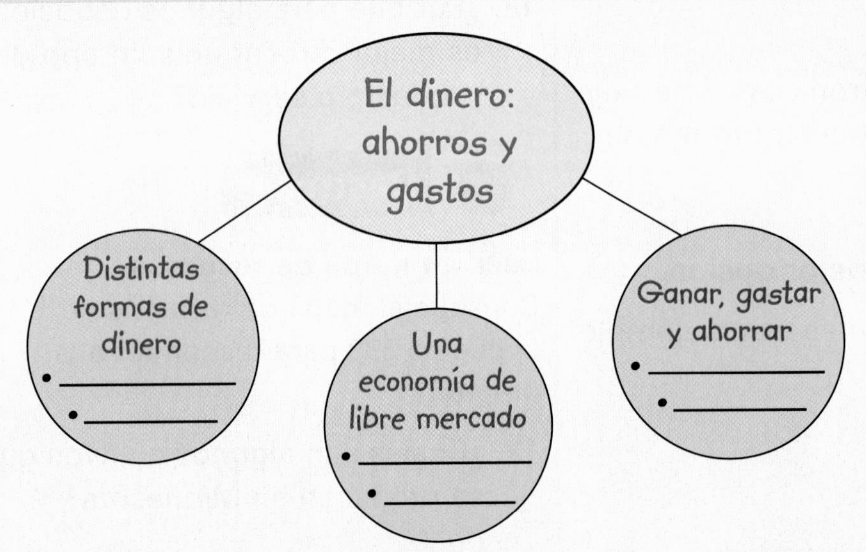

PRESENTACIÓN DEL VOCABULARIO

ahorros pág. 429

depositar pág. 429

presupuesto pág. 430

CAPÍTULO 12

El dinero: ahorros y gastos

Estos billetes nuevos de $100 se hacen en la Oficina de Grabado e Impresión, en Washington, D.C.

Lección 1

Distintas formas de dinero

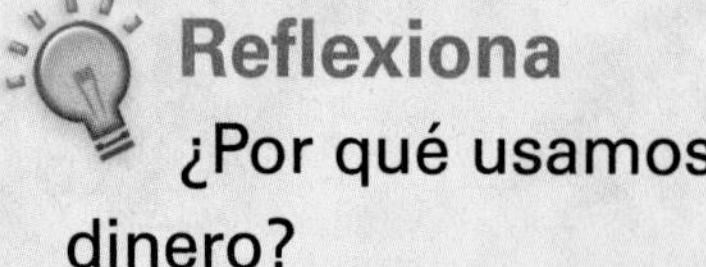

Reflexiona ¿Por qué usamos dinero?

Vocabulario

trueque pág. 418

casa de la moneda pág. 421

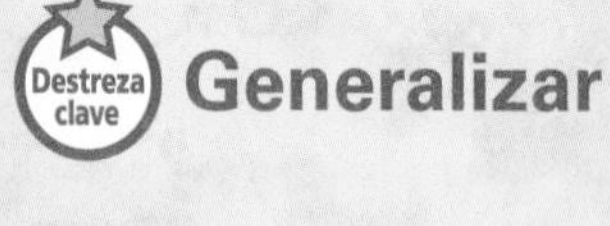

Generalizar

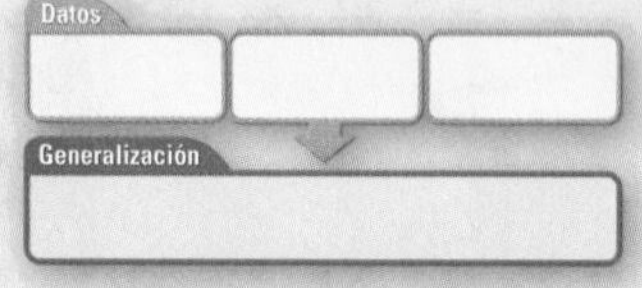

El dinero se usa para comprar lo que uno desea. El dinero en sus distintas formas se intercambia por bienes y servicios.

Intercambio y trueque

Para obtener bienes o servicios, tenemos que intercambiar. Antes, los intercambios se hacían en forma de trueque. Hacer un **trueque** es intercambiar productos sin usar dinero. Por ejemplo, un granjero podía intercambiar huevos por telas. Pero el trueque no siempre es posible porque tal vez nadie quiera dar algo a cambio de tu producto o servicio.

Con algunas cosas, como las estampas, se sigue usando el trueque.

Intercambios con dinero

Hoy, mucha gente intercambia dinero por bienes y servicios. El dinero facilita el intercambio. Las monedas y los billetes son pequeños y livianos y se pueden llevar con facilidad.

Los cheques también se pueden intercambiar por bienes y servicios. El comprador escribe en un cheque la cantidad de dinero que pagará. El banco saca el dinero de la cuenta de la persona y se lo entrega al vendedor.

Muchos consumidores usan tarjetas de crédito. Con las tarjetas de crédito, se pueden comprar bienes y servicios y pagarlos después. Los bancos reciben la información sobre la tarjeta de crédito por computadora.

Repaso de la lectura **Generalizar**

¿Por qué el dinero facilita el intercambio?

La mayoría de los bienes se pueden pagar con dinero.

Para hacer pagos grandes, generalmente se usa un cheque.

Este hombre compra gasolina con su tarjeta de crédito.

Fuentes primarias

La historia del dinero

Antecedentes El dinero se ha usado desde hace miles de años. Pero el dinero no siempre fue como las monedas y los billetes de papel que usamos hoy.

En una época, se usaban conchas marinas de cauri como dinero en la India, Tailandia y países de África.

Algunos indígenas usaban cinturones de wampum como dinero.

Hoy, el euro es el dinero de los países de la Unión Europea.

Las monedas turcas fueron las primeras monedas que se usaron en el mundo.

PRQ **Pregunta relacionada con el documento** ¿En qué se diferencia el euro de las conchas de cauri?

El dinero de Estados Unidos

La Casa de la Moneda de Estados Unidos empezó a hacer monedas en Philadelphia en 1792. Una **casa de la moneda** es un lugar donde se fabrican monedas. Se ponen tiras de metal en máquinas que cortan las formas de las monedas. Luego, se estampan diseños en ambos lados de las monedas nuevas. La Oficina de Grabado e Impresión de Estados Unidos, en Washington, D.C., y en Fort Worth, Texas, imprime nuestros billetes.

Katherine Ortega fue secretaria del Tesoro de Estados Unidos. Cada billete de dólar tiene la firma del secretario del Tesoro.

Repaso de la lectura **Idea principal y detalles**
¿Dónde se hacen las monedas de Estados Unidos?

Resumen Se intercambia dinero por bienes y servicios. El dinero tiene muchas formas diferentes y ha cambiado con el tiempo.

Repaso

1. **Reflexiona** ¿Por qué usamos dinero?
2. **Vocabulario** Escribe una oración con la palabra **trueque**.
3. **Historia** ¿Cuándo se hicieron las primeras monedas en Estados Unidos?
4. **Razonamiento crítico** **Aplícalo** ¿Qué bienes o servicios podrías usar para un trueque?
5. **Hacer un muestrario de monedas** Dibuja varias monedas. Rotula cada una con su valor.
6. Destreza clave **Generalizar** En una hoja de papel, copia y completa el siguiente organizador gráfico.

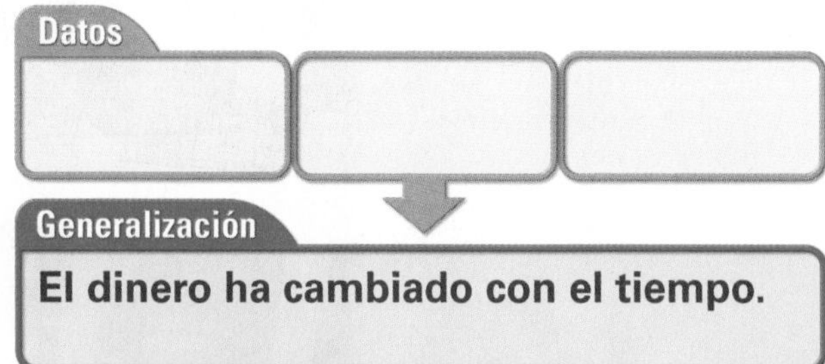

Lección 2

La economía de libre mercado

Reflexiona ¿Cómo funciona una economía de libre mercado?

Vocabulario

ganancia pág. 422
libre mercado pág. 422
competencia pág. 423
demanda pág. 424
oferta pág. 424
escasez pág. 425

Generalizar

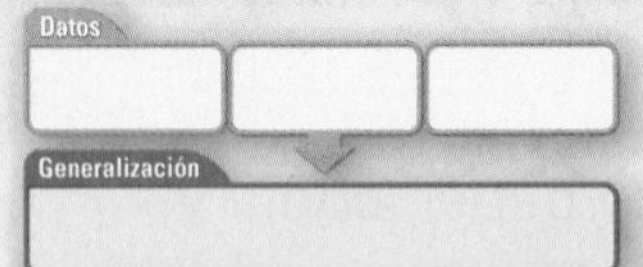

Los habitantes de Estados Unidos tienen libertad para abrir negocios nuevos. Cuando alguien abre un negocio, espera obtener una ganancia. La **ganancia** es la cantidad de dinero que queda después de pagar los costos de manejar un negocio.

Una economía de libre mercado

Estados Unidos tiene una economía de libre mercado. En una economía de **libre mercado**, se puede fabricar y vender cualquier producto o servicio que la ley permita. El gobierno no les dice a los negocios lo que tienen que fabricar o vender.

El centro comercial Mall of America en Minneapolis, Minnesota.

Los niños EN LA HISTORIA

Kid Blink, un vendedor de diarios famoso

En el siglo XIX, New York tenía muchos periódicos. Los jóvenes los vendían para ganarse la vida. Los compraban a un precio bajo y los vendían más caros para ganar dinero.

Cuando las empresas que hacían los periódicos subían los precios, los vendedores no ganaban suficiente dinero. Un niño, Kid Blink, quiso solucionar el problema. Él y otros vendedores se negaron a vender periódicos. A las dos semanas, las empresas de periódicos bajaron sus precios. ¡Los vendedores habían ganado!

Aplícalo **¿Qué haces para ganar dinero?**

La competencia en un libre mercado

Para obtener una ganancia, los dueños de los negocios tienen que ofrecer bienes y servicios que se quieran comprar. Muchos negocios compiten entre sí. La **competencia** es el esfuerzo de los negocios por vender más que los otros. Por ejemplo, los dueños de las librerías compiten entre sí: cada uno trata de vender más libros que los demás.

La competencia afecta los precios de los bienes y servicios. Los precios deben ser lo bastante bajos para atraer a los consumidores de modo que no vayan a otros negocios a buscar esos bienes o servicios. Pero, al mismo tiempo, los precios deben ser lo bastante altos para que el negocio dé una ganancia.

Repaso de la lectura **Generalizar**
La competencia, ¿cómo afecta los precios?

Las librerías y otros negocios compiten entre sí para ser el que más vende esos productos o servicios.

Datos breves

El aro de hula-hula llegó a las tiendas en 1958. La demanda por el juguete nuevo fue tan grande, que el negocio que lo fabricaba vendió más de 100 millones de aros en dos años.

La oferta y la demanda

Los dueños de negocios escuchan a los consumidores para decidir qué fabricar y qué vender. Los deseos de los consumidores crean una **demanda** de ciertos bienes y servicios, es decir, un interés por comprar esos productos. Los productos y servicios que los negocios ofrecen son la **oferta**.

Cuando la demanda de un producto o servicio es alta, los negocios ofrecen más de ese producto o servicio para satisfacer la demanda. Por ejemplo, si en una comunidad hay muchas mascotas, habrá demanda de productos y servicios para el cuidado de mascotas. La demanda de esos bienes y servicios afectará su precio.

Tabla **Esta tabla muestra cómo cambian la oferta, la demanda y el precio. ¿Qué pasa con los precios cuando hay mucha oferta?**

La oferta y la demanda afectan los precios

Consumidores y productores	Oferta y demanda	Precios corrientes
Los consumidores desean más	Mucha demanda	Precios más altos
Los consumidores desean menos	Poca demanda	Precios más bajos
Los negocios producen más	Mucha oferta	Precios más bajos
Los negocios producen menos	Poca oferta	Precios más altos

La demanda por el servicio de pasear perros mantiene ocupado a este hombre.

Escasez de productos

Los precios también varían por la escasez de un producto. **Escasez** significa que la oferta de un producto no es suficiente para satisfacer la demanda de ese producto. Imagina que una sequía, o sea falta de lluvia, destruye todos los cultivos de trigo. Entonces, el trigo se vuelve escaso y su precio sube.

Plantas de algodón durante una sequía en North Carolina

Repaso de la lectura **Generalizar**
Los consumidores, ¿cómo afectan los precios de los bienes y servicios?

Resumen Estados Unidos tiene una economía de libre mercado. La competencia entre los negocios ayuda a mantener los precios bajos. La oferta y la demanda afectan los precios de los productos. La escasez también afecta a los precios.

Repaso

1. **Reflexiona** ¿Cómo funciona una economía de libre mercado?
2. **Vocabulario** Explica cómo la **escasez** afecta a los precios.
3. **Tu comunidad** ¿Cómo compiten los negocios de tu comunidad para satisfacer las necesidades de los habitantes?
4. **Razonamiento crítico** Aplícalo Nombra un producto que te gustaría tener pero que es escaso.
5. **Escribir un párrafo** Elige un negocio local. Escribe un párrafo que explique cómo influyen los consumidores en lo que ese negocio vende.
6. Destreza clave **Generalizar** En una hoja de papel, copia y completa el siguiente organizador gráfico.

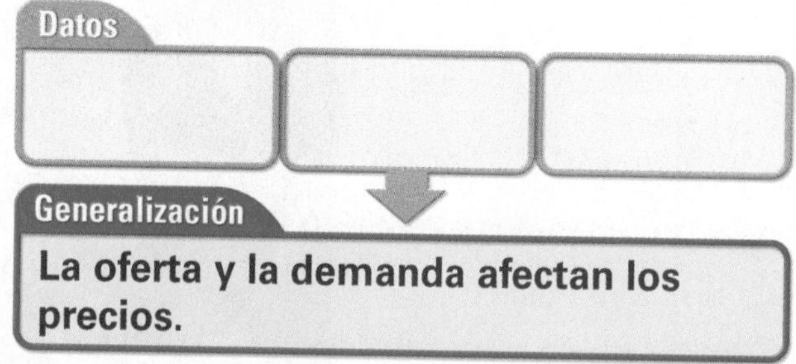

Lección 3

Ganar, gastar y ahorrar

Reflexiona ¿Cómo ganan, gastan y ahorran dinero las familias?

Vocabulario

ahorros pág. 429

depositar pág. 429

interés pág. 429

invertir pág. 429

presupuesto pág. 430

Destreza clave **Generalizar**

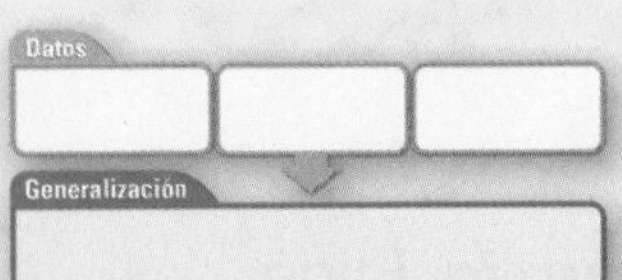

Todos tenemos que tomar decisiones sobre cómo ganar, gastar y ahorrar dinero. Las decisiones que tomamos pueden tener consecuencias importantes. Las familias toman decisiones económicas todos los días.

La familia obtiene un ingreso

Todos los miembros de la familia Wright obtienen un ingreso. James, el más pequeño, hace trabajos de jardinería. Le gusta ganar su propio dinero. También se alegra de poder ayudar a los miembros de su comunidad.

Regar plantas es una forma en que James gana dinero.

Bonnie toma fotos de niños para su negocio de fotografía.

La mamá de James, Bonnie, tiene su propio negocio de fotografía. Toma fotografías de personas en eventos especiales, como bodas. Se le paga por su servicio, y ese dinero es su ingreso.

El papá de James, Ed, trabajó más de 10 años en una fábrica de repuestos para autos. Controlaba que cada repuesto estuviera bien hecho. Cuando la fábrica cerró, decidió aprender una destreza nueva. Tomó clases en una universidad local para aprender a dirigir una fábrica. Cuando terminó, consiguió trabajo como gerente en una fábrica de acero. Ahora tiene un ingreso más alto.

Repaso de la lectura **Generalizar**

¿Qué hacen los miembros de la familia Wright para obtener un ingreso?

Ed estudia para un examen.

Los Wright usan parte de su ingreso para comprar comida.

La familia gasta y ahorra

Los Wright toman decisiones sobre el dinero como familia. Deciden cómo gastar y cómo ahorrar su ingreso.

Los gastos

Como muchas familias, los Wright usan parte de su ingreso para pagar las cosas que usan todos los días. Usan gran parte de su ingreso para comprar comida y pagar su casa. También compran ropa.

Además, la familia Wright compra otras cosas con el dinero que le queda. Gasta dinero en lecciones de karate para James. Muchas veces, James paga entradas de cine y compra discos compactos con su propio dinero.

Los Wright no gastan todo su dinero en cosas para ellos, sino que comparten con otros. Dan algo de dinero a grupos que ayudan a los miembros de su comunidad y de otras partes del mundo. También deciden ahorrar parte de su dinero.

La familia Wright gasta en las lecciones de karate de James.

El ahorro

El dinero que los Wright guardan son sus **ahorros**. Ellos **depositan** sus ahorros, es decir, los guardan en un banco.

Una cuenta de ahorros en un banco genera un interés. El **interés** es el dinero que un banco le paga a la gente por guardar su dinero allí. También es lo que uno paga por recibir dinero prestado.

Los bancos prestan a otras personas una parte del dinero depositado en las cuentas de ahorros. Muchas personas piden dinero prestado para abrir negocios o para comprar casas. Luego, pagan intereses al banco hasta que terminan de devolver todo el dinero.

La familia Wright también invierte una parte de su dinero. **Invertir** es comprar algo que aumentará de valor. Un tipo de inversión es comprar una pequeña parte del negocio de otra persona. La familia Wright espera ganar más dinero cuando esos negocios crezcan.

El banco guarda el dinero de sus clientes en una bóveda, que es una caja fuerte del tamaño de un cuarto, con paredes gruesas de acero.

Repaso de la lectura **Generalizar**
¿Cómo ahorra dinero la familia Wright?

Bonnie Wright deposita en el banco una parte del dinero que gana.

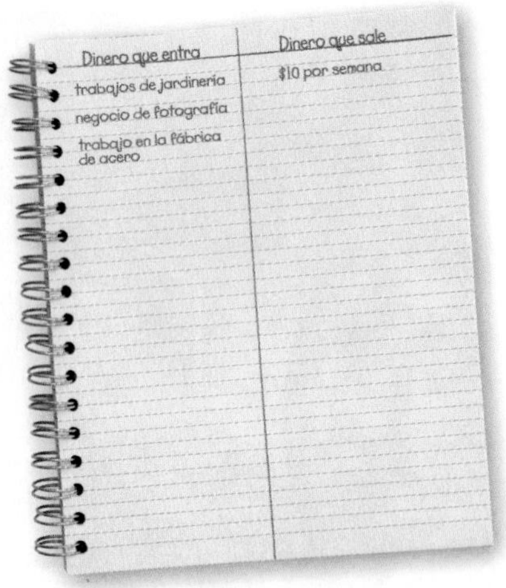

La familia hace un presupuesto

Los Wright hacen su presupuesto en un cuaderno.

La familia Wright hace un **presupuesto**, o sea un plan de cómo gastar y ahorrar su dinero.

Para hacer el presupuesto, los Wright primero hacen una lista de las maneras en que ganan dinero. Anotan el trabajo de cada miembro de la familia y, junto a cada trabajo, escriben el ingreso que gana por él. Esta parte del presupuesto les dice cuánto dinero tienen para gastar o ahorrar.

Después, hacen una lista de cómo gastan el dinero. Organizan su lista en cinco grupos: vivienda, comida y ropa, diversión, donaciones y ahorros. Suman las cantidades de dinero que gastan en distintas cosas. Luego, anotan el total de cada grupo.

Con su presupuesto, los Wright pueden ver cómo gastan su dinero. También pueden hacer planes para alcanzar objetivos económicos.

La familia Wright decide su presupuesto.

Los objetivos económicos

Los Wright quieren salir a acampar. Tendrán que comprar una tienda de campaña y otras cosas antes de viajar. Su presupuesto les muestra cuánto dinero pueden ahorrar por semana. Eso les permite saber cuándo tendrán dinero suficiente para comprar las cosas para el campamento. Si la familia Wright se ajusta a su presupuesto, alcanzará su objetivo.

Repaso de la lectura **Idea principal y detalles**
¿Cómo ayuda el presupuesto a ahorrar dinero?

James ahorra dinero para comprar recuerdos cuando vayan a acampar.

Resumen Las familias ganan, gastan y ahorran dinero. Con sus ingresos, compran bienes y servicios. Un presupuesto les ayuda a gastar y ahorrar con prudencia.

Repaso

1. **Reflexiona** ¿Cómo ganan, gastan y ahorran dinero las familias?
2. **Vocabulario** Escribe una oración con las palabras **ahorros** e **interés**.
3. **Economía** ¿Por qué guardaría alguien dinero en un banco?
4. **Razonamiento crítico** **Aplícalo** Nombra un producto que quieres comprar y para el cual te gustaría ahorrar.
5. **Hacer un presupuesto** Haz un presupuesto que te ayude a alcanzar un objetivo económico. Toma nota de cuánto tiempo tendrás que ahorrar para alcanzar tu objetivo.
6. Destreza clave **Generalizar** En una hoja de papel, copia y completa el siguiente organizador gráfico.

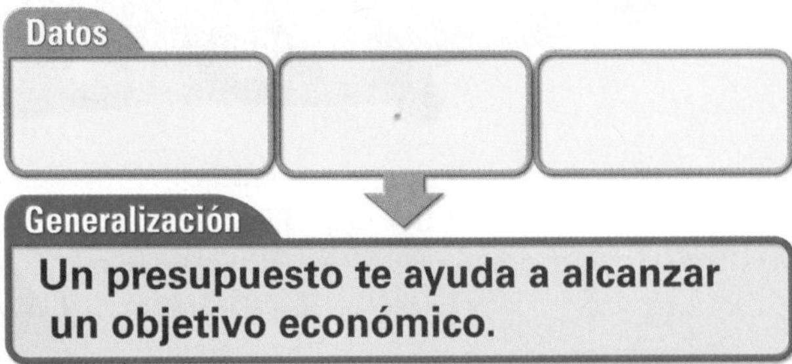

Tomar una decisión económica

Por qué es importante Si sabes tomar buenas decisiones económicas, puedes gastar tu dinero con prudencia.

Aprende

La próxima vez que necesites tomar una decisión económica, sigue estos pasos.

Paso 1 Piensa en el **intercambio de beneficios**. Cuando decides comprar un producto o un servicio, tienes que renunciar a la oportunidad de comprar otro producto o servicio.

Paso 2 Piensa en el **costo de oportunidad**. Esto es la concesión que haces para obtener lo que deseas.

Tienda A

Tienda B

Practica

La familia Wright tiene un presupuesto de $120 para comprar cosas para el campamento. La Tienda A cuesta $100. Es grande y tiene dos ventanas. La Tienda B cuesta $80. Tiene menos espacio y una sola ventana.

1. ¿Qué intercambio de beneficios tienen que hacer los Wright si compran la Tienda A?
2. ¿Qué intercambio de beneficios tienen que hacer si eligen la Tienda B?
3. ¿Cuál es el costo de oportunidad para cada tienda?
4. ¿Qué tienda piensas que deben comprar? ¿Por qué?

Aplica

Aplícalo Piensa en un producto o servicio que compraste hace poco. ¿Qué intercambio de beneficios tuviste que hacer? ¿Cuál fue el costo de oportunidad? ¿Crees que tomaste una buena decisión económica? Explica.

¿Qué deberías hacer con tu dinero?

Todos sabemos que es importante tomar buenas decisiones en cuanto al dinero. Unos piensan que lo mejor es ahorrar. Otros piensan que también es importante compartir el dinero con los que menos tienen.

Lynnette Khalfani

Lynnette Khalfani es autora de varios libros sobre cómo hacer presupuestos y ahorrar dinero. Enseña a administrar bien el dinero.

"... Bien puedes gastar dinero en las cosas que necesitas. ... Pero vive de acuerdo con lo que ganas."

Richard H. Moore

Richard H. Moore es el secretario del Tesoro del estado de North Carolina. Considera que North Carolina debe ahorrar dinero para el futuro.

"El estado debe invertir en proyectos para fortalecer nuestras comunidades, como escuelas y vías."

Benjamin S. Carson

Benjamin S. Carson es médico y uno de los especialistas del cerebro más importantes del país. Aunque su familia era pobre, su madre lo animó a estudiar mucho para salir adelante. El Dr. Carson dedica tiempo a hablar con los jóvenes sobre la importancia de dar a los demás.

“La felicidad no viene de lo que tenemos sino de lo que damos.”

Andrew Carnegie

Andrew Carnegie creía que las personas ricas como él debían compartir su dinero. Donó más de $300 millones para mejorar el mundo.

“Decidí dejar de acumular [juntar] y comencé la tarea infinitamente [muchísimo] más digna y difícil de distribuir [repartir] sensatamente.”

Es tu turno

Comparar puntos de vista Resume cada punto de vista. Luego, responde a las siguientes preguntas.

1. ¿Quién habla de gastar dinero para satisfacer necesidades?
2. ¿Qué piensa Richard H. Moore del ahorro y la inversión del dinero?
3. ¿Qué semejanzas hay entre la opinión de Benjamin S. Carson y la de Andrew Carnegie?

Aplícalo ¿Con qué ideas sobre cómo gastar, ahorrar o compartir el dinero estás más de acuerdo? Explica tus razones.

Lección 4 Los negocios en el mundo

Reflexiona ¿Cómo ganan dinero los negocios en otras partes del mundo?

Vocabulario

sociedad cooperativa

pág. 438

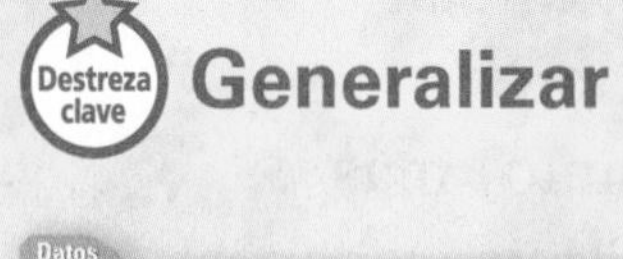

Generalizar

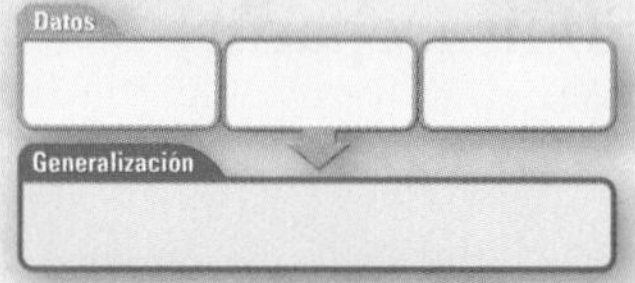

En todo el mundo, las familias dependen de los negocios. Al igual que en Estados Unidos, los negocios de otros países ofrecen bienes y servicios y dan empleo. Unos venden bienes a otros países, y otros venden bienes principalmente en los mercados locales.

Un distrito comercial

En Japón, la ciudad de Tokio es el distrito comercial más importante. Muchos negocios japoneses tienen su oficina principal, o sede, en Tokio. Hay empresas con sede en otro país que también tienen oficinas en Tokio.

Los negocios dependen unos de otros

Los negocios de Tokio, como en la mayoría de las ciudades, trabajan en equipo. Los trabajadores usan tecnología para comunicarse entre sí por teléfono, fax o mensajes electrónicos.

Muchos negocios de Tokio hacen bienes para exportar a otros países. Algunos negocios de alta tecnología fabrican computadoras, televisores de pantalla plana y teléfonos celulares. Estos negocios dependen de otros que fabrican algunas piezas que ellos usan. También dependen de las compañías de transporte para enviar los productos terminados. Por último, dependen de las tiendas para vender sus productos.

Repaso de la lectura **Generalizar**

Los negocios de Tokio, ¿cómo dependen unos de otros?

En Tokio, estos hombres de negocios se comunican por teléfono celular.

Tokio tiene más de 800,000 negocios y 8 millones de trabajadores.

Una sociedad cooperativa comunitaria

Manica es una comunidad rural del este de Mozambique. El clima ahí es cálido, ideal para la agricultura y la cría de animales. Algunos habitantes de Manica crían pollos.

Algunas familias de Manica forman parte de una sociedad cooperativa agropecuaria. Una **sociedad cooperativa** es un grupo de trabajadores que son dueños de un negocio. Cada trabajador puede votar cuando el grupo toma decisiones sobre el negocio.

Una sociedad cooperativa agropecuaria depende de los recursos naturales para sobrevivir. Los granjeros cultivan girasol, que usan para alimentar a los pollos. Cuando los pollos crecen, se venden.

En Manica, los granjeros crían pollos.

Las sociedades cooperativas ayudan a la comunidad

El dinero que ganan con la venta de los pollos ayuda a la economía de la sociedad cooperativa. Parte del dinero se usa para pagar los costos del negocio. El resto del dinero se usa para hacer cosas que ayudan a la comunidad.

Repaso de la lectura **Idea principal y detalles**
¿Cómo ayudan las sociedades cooperativas a sus comunidades?

Estos granjeros cultivan girasol, maíz y arroz, además de criar pollos.

Resumen Los negocios en todo el mundo ganan dinero de distintas maneras. Muchas empresas de Tokio venden sus bienes a todo el mundo. Una sociedad cooperativa de Mozambique vende su producto a los mercados locales.

Repaso

1. **Reflexiona** ¿Cómo ganan dinero los negocios en otras partes del mundo?
2. **Vocabulario** ¿Qué pistas te ayudan a recordar el significado de **sociedad cooperativa**?
3. **Tu comunidad** ¿En tu comunidad hay negocios como los de esta lección? Si hay, explica en qué se parecen.
4. **Razonamiento crítico** Los negocios en Tokio, ¿cómo usan la tecnología?
5. **Hacer un diagrama** Haz un diagrama de Venn para comparar y contrastar las maneras que tienen los negocios de esta lección de ganar dinero.
6. **Generalizar** En una hoja de papel, copia y completa el siguiente organizador gráfico.

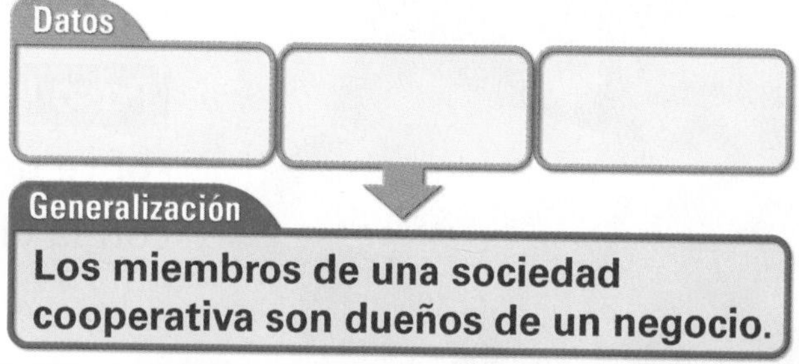

Explora la economía de tu comunidad

En esta unidad, estudiaste la economía de comunidades en distintas partes del mundo. También puedes explorar la economía de tu propia comunidad. Estos pasos explican cómo responder a las siguientes preguntas.

¿Qué negocios forman la economía de mi comunidad?

Paso 1 Usa los recursos de tu comunidad, como los periódicos o Internet, para investigar qué tipos de negocios hay en tu ciudad.

Paso 2 Haz una lista de los negocios de tu comunidad.

Paso 3 Categoriza los negocios según si producen bienes o prestan servicios.

Paso 4 Luego, busca más información sobre un negocio que te interesa. Compártela con la clase.

Usa los recursos de tu comunidad

Hacer un anuncio

Haz un anuncio sobre un producto o servicio que se ofrece en tu comunidad. Tu anuncio debe nombrar el producto o servicio e incluir su costo. Ilustra tu anuncio y exhíbelo junto con los anuncios de tus compañeros de clase.

Resumen visual

Usamos dinero para comprar bienes y servicios.

Resume el capítulo

Generalizar Completa el siguiente organizador gráfico agregando datos a la generalización sobre cómo se gasta y ahorra el dinero.

Datos

Generalización

La gente gasta y ahorra el dinero que gana.

Vocabulario

Escribe un párrafo sobre cómo se gana y gasta el dinero. Usa todas estas palabras de vocabulario en tu párrafo. Muestra que comprendes el significado de cada una.

1. **ahorros**, pág. 429
2. **depositar**, pág. 429
3. **interés**, pág. 429
4. **invertir**, pág. 429
5. **presupuesto**, pág. 430

La competencia, la oferta y la demanda afectan los precios en una economía de libre mercado.

Las familias toman decisiones sobre cómo ganar, gastar y ahorrar dinero.

Ideas principales y datos

Responde a las siguientes preguntas.

6. ¿Por qué la gente usa tarjetas de crédito?
7. ¿Qué hacen los negocios si hay mucha demanda de un producto o servicio?
8. ¿Por qué invierten algunas personas en negocios?

Escribe la letra de la mejor opción.

9. ¿Cuál de los siguientes se usa en los bancos para sacar dinero de la cuenta de una persona y pagarle al vendedor?
   A billetes
   B monedas
   C cuentas de wampum
   D cheques
10. Los negocios de Tokio, Japón, ¿por qué dependen de las tiendas?
   A para comprar piezas
   B para enviar bienes
   C para vender sus productos
   D para producir computadoras

Razonamiento crítico

11. **Aplícalo** ¿Cómo cambiaría tu vida si no vivieras en una economía de libre mercado?
12. **Aplícalo** ¿Qué puedes hacer si un producto que usas se vuelve escaso?

Destrezas

Tomar una decisión económica
Consulta la información de las páginas 432 y 433 para responder a la pregunta.

13. Si la familia Wright compra la Tienda B, ¿cuánto puede gastar en otras cosas para el campamento?

Redacción

Escribir un artículo Entrevista a un adulto sobre sus objetivos económicos. En un artículo, explica cómo alcanzar esos objetivos.

Escribir un párrafo Escribe un párrafo para explicar cómo la competencia afecta a los productores y los consumidores en una economía de libre mercado.

Diviértete con los Estudios Sociales

¡Perritos al agua!

Vocabulario

Vas a convertirte en empresario ¡abriendo un negocio para bañar perros! Juega con un compañero y sé el primero en recorrer el camino desde la SALIDA hasta la LLEGADA.

SALIDA

Haz un presupuesto. Tira de nuevo.

Pide prestados $20 a tu papá para comprar champú y cepillos. Pierdes un turno.

Hay demanda de tu servicio. Avanza dos espacios.

Necesitas más recursos humanos. Contrata a tu hermano menor para que te ayude. Retrocede dos espacios.

¡Tu ganancia mensual es $150! Tira de nuevo.

Deposita tu ganancia en una caja de ahorros. Ve a la LLEGADA.

LLEGADA

Le devuelves a tu papá sus $20. Retrocede un espacio.

Haz un trueque con tu hermana mayor por su esmalte de uñas. Tira de nuevo.

Lleva mucho tiempo pintarle las uñas a un caniche. Pierdes un turno.

Necesitas un anuncio para tu negocio. Haz una página web. Avanza un espacio.

Diles a tus clientes que pueden hacer citas por medio de tu página web. Avanza dos espacios.

¡El comercio electrónico tiene ventajas! Consigues 5 clientes nuevos. Tira dos veces más.

Tómate dos días de vacaciones. Pierdes un turno.

Aumenta la demanda de tu servicio. Avanza dos espacios.

Aventuras en línea

¿Crees que con lo que aprendiste puedes manejar un negocio? En este juego en línea en inglés, tú y Eco tendrán que abrir dos negocios. En uno, vas a cultivar vegetales en una granja. En el otro, vas a exprimir jugo y venderlo en la ciudad. Juega ahora mismo en **www.harcourtschool.com/ss1**

HARCOURT

ECO

Preparación para la prueba 

La gran idea

Economía Las personas dependen unas de otras para producir, comprar y vender bienes y servicios. Cuando se toman buenas decisiones, se beneficia la economía de una familia o de una comunidad.

Comprensión de la lectura y vocabulario

El trabajo en la comunidad

Los negocios y los consumidores son interdependientes. Las personas ganan un sueldo por su trabajo. Luego, gastan su dinero en bienes y servicios. Los negocios no obtendrían una ganancia sin los consumidores. Los productores también dependen de los recursos. La competencia, la oferta, la demanda y la escasez afectan a los precios que los negocios fijan.

Las personas usan su ingreso de muchas maneras. Intercambian dinero por bienes y servicios. También ahorran dinero. Algunos invierten su dinero en negocios o hacen donaciones para ayudar a los demás.

Lee el resumen anterior. Luego, responde a las siguientes preguntas.

1. ¿Por qué son interdependientes los negocios y los consumidores?
   - **A** Porque les gusta obtener una ganancia.
   - **B** Porque los dos son recursos humanos.
   - **C** Porque dependen unos de otros.
   - **D** Porque importan productos.

2. ¿Qué necesitan los negocios para obtener una ganancia?
   - **A** escasez de productos
   - **B** ahorros
   - **C** competencia
   - **D** consumidores

3. ¿Cuál de los siguientes afecta a los precios en una economía de libre mercado?
   - **A** la forma de ganar dinero
   - **B** la cantidad de ganancias
   - **C** el ingreso
   - **D** la competencia

4. ¿Qué significa ingreso?
   - **A** algo que se obtiene mediante el trueque
   - **B** el dinero que se gana
   - **C** un plan de gastos
   - **D** bienes o servicios

Ideas principales y datos

Responde a las siguientes preguntas.

5. ¿Cómo dependen los negocios de los recursos naturales, humanos y de capital?
6. ¿Cuándo no es posible hacer un trueque?
7. Las personas que viven en una economía de libre mercado, ¿qué productos pueden fabricar y vender?

Escribe la letra de la mejor opción.

8. ¿Qué es lo que siempre intentan hacer los productores?
   A abrir su propio negocio
   B hacer productos mejores
   C comprar productos
   D ayudarse unos a otros
9. China es famosa por exportar ¿qué producto?
   A computadoras
   B automóviles
   C ropa
   D té
10. ¿Qué se usaba como dinero en los tiempos antiguos?
   A estampas
   B billetes
   C cuentas y conchas
   D cheques

Razonamiento crítico

11. **Aplícalo** ¿Qué negocios de tu comunidad compiten entre sí?
12. ¿Cómo cambiaría nuestra economía si no hubiera bancos?

Destrezas

Leer un mapa de recursos

Consulta el siguiente mapa para responder a las siguientes preguntas.

13. ¿Qué color indica las áreas de bosques de New Jersey?
14. ¿Qué símbolo representa los productos lácteos de New Jersey?

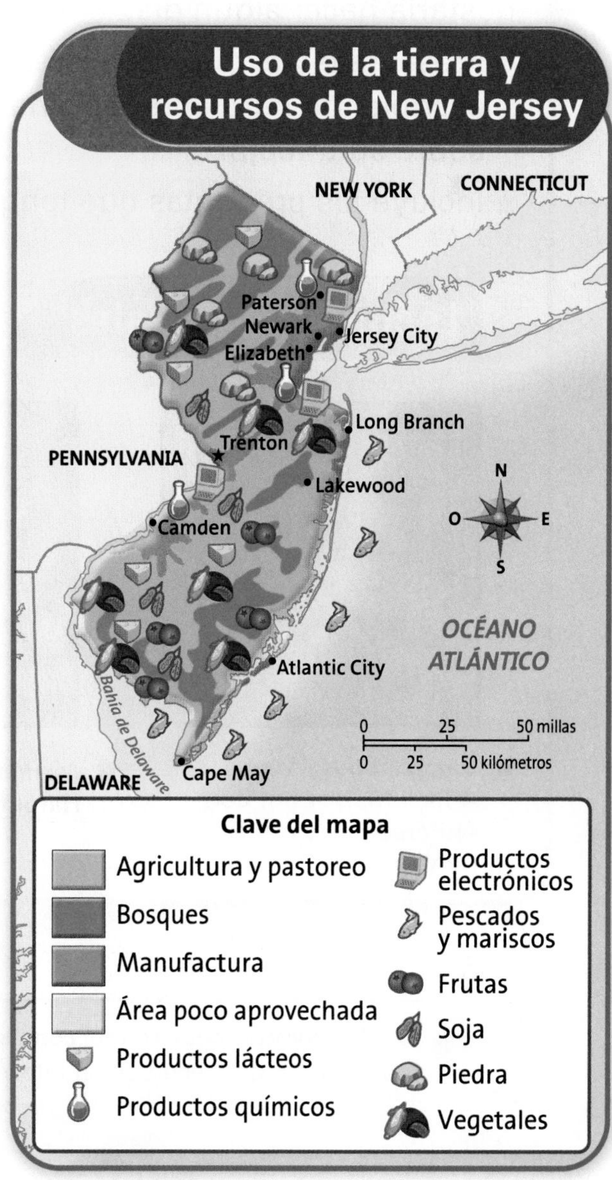

Unidad 6

Actividades

Muestra lo que sabes

Actividad de redacción

Escribir una carta Escribe una carta a alguien que tiene un trabajo que te gustaría hacer algún día.

- Preséntate y explica que le estás escribiendo para aprender más sobre su trabajo.
- Incluye las preguntas que tengas.

Proyecto de la unidad

Periódico de la comunidad Haz un periódico para tu comunidad.

- Investiga datos sobre la economía local para pensar temas.
- Escribe e ilustra los artículos.
- Completa el periódico con artículos e ilustraciones.

Lecturas adicionales

- ***Smart About Money: A Rich History*** **por Jon Anderson. Grosset & Dunlap**

- ***Market!*** **por Ted Lewin. Harper Collins.**

- ***Hard Hat Area*** **por Susan L. Roth. Bloomsbury. USA Children's Books.**

Visita **www.harcourtschool.com/ss1** para hallar más recursos en Internet.

Para tu referencia

Para tu referencia

El mundo: Mapa político

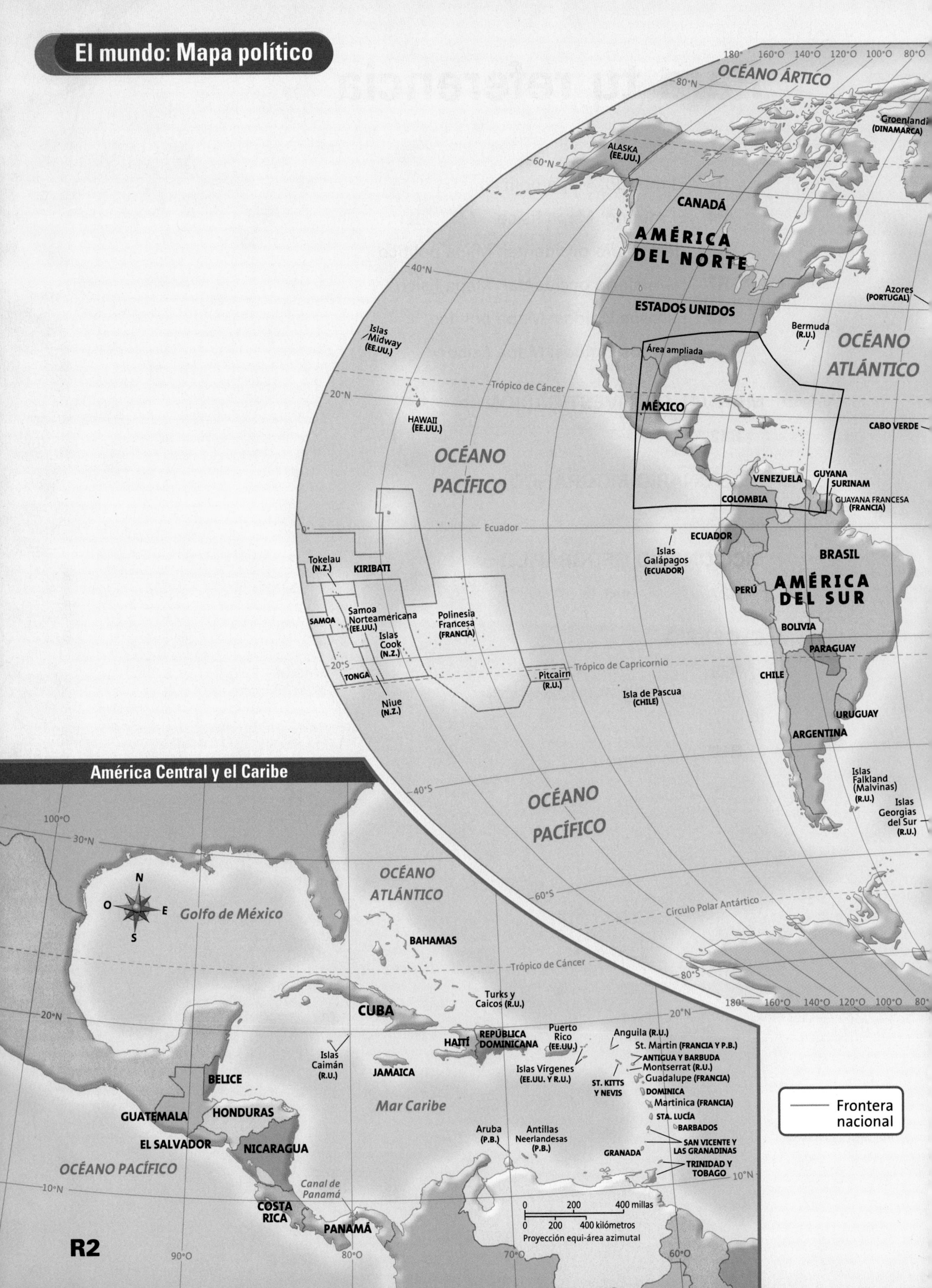

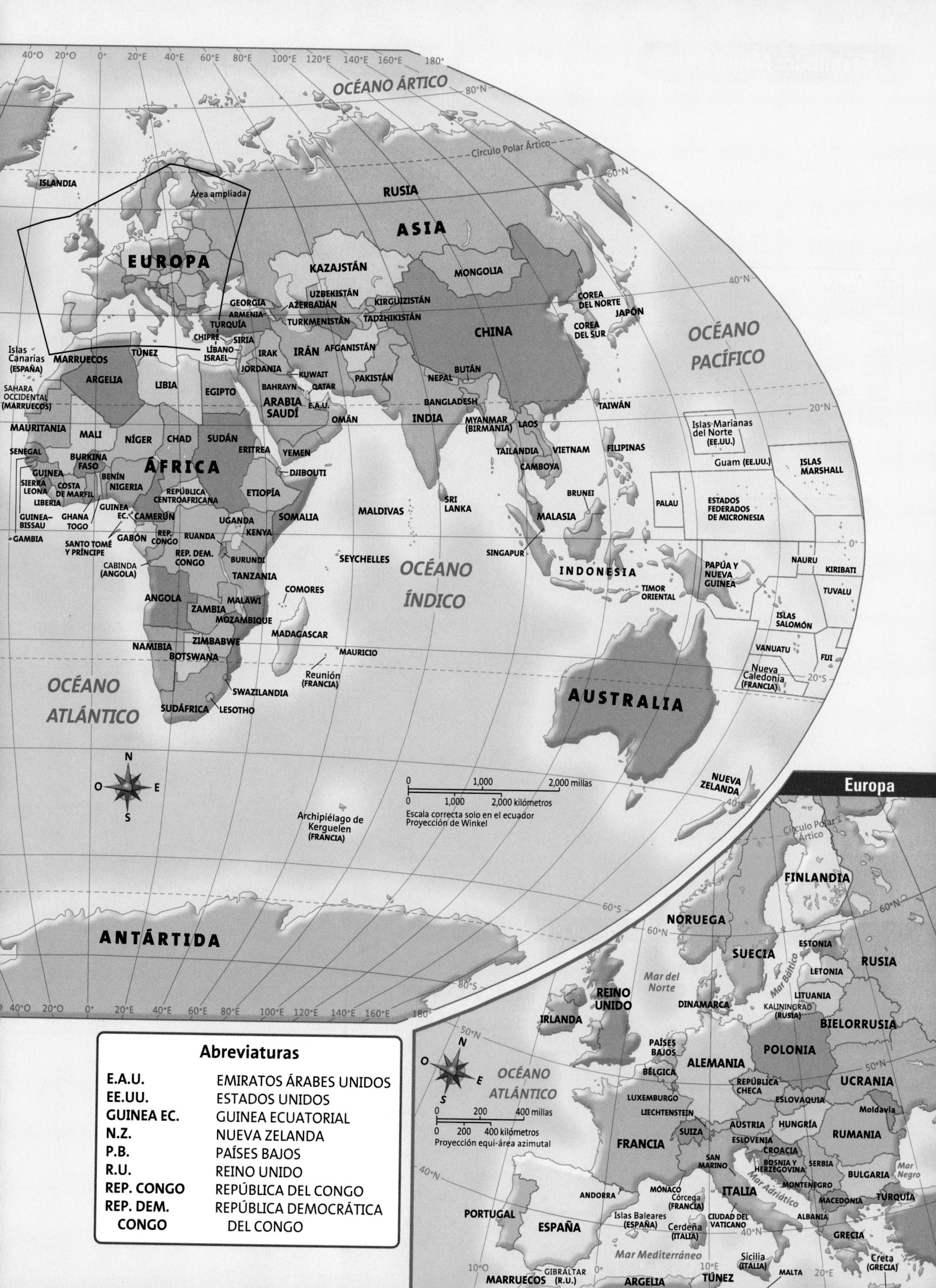

OCÉANO ÁRTICO
Círculo Polar Ártico
ISLANDIA
Área ampliada
RUSIA
ASIA
EUROPA
KAZAJSTÁN
MONGOLIA
UZBEKISTÁN
GEORGIA
ARMENIA
AZERBAIYÁN
KIRGUIZISTÁN
TURKMENISTÁN
TADZHIKISTÁN
TURQUÍA
CHIPRE
SIRIA
LÍBANO
ISRAEL
IRAK
IRÁN
AFGANISTÁN
JORDANIA
KUWAIT
BAHRAYN
QATAR
ARABIA SAUDÍ
E.A.U.
OMÁN
YEMEN
PAKISTÁN
NEPAL
BUTÁN
BANGLADESH
INDIA
CHINA
COREA DEL NORTE
COREA DEL SUR
JAPÓN
TAIWÁN
MYANMAR (BIRMANIA)
LAOS
TAILANDIA
VIETNAM
CAMBOYA
FILIPINAS
SRI LANKA
MALDIVAS
BRUNEI
MALASIA
SINGAPUR
INDONESIA
TIMOR ORIENTAL
PAPÚA Y NUEVA GUINEA
OCÉANO PACÍFICO
Islas Marianas del Norte (EE.UU.)
Guam (EE.UU.)
ISLAS MARSHALL
PALAU
ESTADOS FEDERADOS DE MICRONESIA
NAURU
KIRIBATI
TUVALU
ISLAS SALOMÓN
VANUATU
FIJI
Nueva Caledonia (FRANCIA)
AUSTRALIA
NUEVA ZELANDA
Islas Canarias (ESPAÑA)
MARRUECOS
TÚNEZ
SAHARA OCCIDENTAL (MARRUECOS)
ARGELIA
LIBIA
EGIPTO
MAURITANIA
MALI
NÍGER
CHAD
SUDÁN
ERITREA
DJIBOUTI
ÁFRICA
SENEGAL
BURKINA FASO
GUINEA
SIERRA LEONA
COSTA DE MARFIL
LIBERIA
BENÍN
NIGERIA
REPÚBLICA CENTROAFRICANA
ETIOPÍA
GUINEA-BISSAU
GHANA
TOGO
GUINEA EC.
CAMERÚN
UGANDA
SOMALIA
KENYA
GAMBIA
SANTO TOMÉ Y PRÍNCIPE
GABÓN
REP. CONGO
RUANDA
REP. DEM. CONGO
BURUNDI
CABINDA (ANGOLA)
TANZANIA
SEYCHELLES
COMORES
OCÉANO ÍNDICO
ANGOLA
MALAWI
ZAMBIA
MOZAMBIQUE
MADAGASCAR
NAMIBIA
ZIMBABWE
BOTSWANA
MAURICIO
Reunión (FRANCIA)
SWAZILANDIA
SUDÁFRICA
LESOTHO
OCÉANO ATLÁNTICO
N
O
E
S
0 1,000 2,000 millas
0 1,000 2,000 kilómetros
Escala correcta solo en el ecuador
Proyección de Winkel
Archipiélago de Kerguelen (FRANCIA)
ANTÁRTIDA
40°O 20°O 0° 20°E 40°E 60°E 80°E 100°E 120°E 140°E 160°E 180°
80°N 60°N 40°N 20°N 0° 20°S 40°S 60°S 80°S
Abreviaturas
E.A.U. EMIRATOS ÁRABES UNIDOS
EE.UU. ESTADOS UNIDOS
GUINEA EC. GUINEA ECUATORIAL
N.Z. NUEVA ZELANDA
P.B. PAÍSES BAJOS
R.U. REINO UNIDO
REP. CONGO REPÚBLICA DEL CONGO
REP. DEM. CONGO REPÚBLICA DEMOCRÁTICA DEL CONGO
Europa
Círculo Polar Ártico
FINLANDIA
NORUEGA
60°N
SUECIA
ESTONIA
RUSIA
Mar del Norte
Mar Báltico
LETONIA
LITUANIA
REINO UNIDO
DINAMARCA
KALININGRAD (RUSIA)
IRLANDA
BIELORRUSIA
50°N
PAÍSES BAJOS
POLONIA
BÉLGICA
ALEMANIA
OCÉANO ATLÁNTICO
REPÚBLICA CHECA
UCRANIA
LUXEMBURGO
ESLOVAQUIA
0 200 400 millas
0 200 400 kilómetros
Proyección equi-área azimutal
LIECHTENSTEIN
Moldavia
SUIZA
AUSTRIA
HUNGRÍA
RUMANIA
FRANCIA
ESLOVENIA
CROACIA
SAN MARINO
BOSNIA Y HERZEGOVINA
SERBIA
Mar Negro
BULGARIA
MONTENEGRO
Mar Adriático
ANDORRA
MÓNACO
Córcega (FRANCIA)
ITALIA
MACEDONIA
TURQUÍA
ALBANIA
PORTUGAL
ESPAÑA
Islas Baleares (ESPAÑA)
Cerdeña (ITALIA)
CIUDAD DEL VATICANO
40°N
GRECIA
Mar Mediterráneo
Sicilia (ITALIA)
10°O
MARRUECOS
GIBRALTAR (R.U.)
0°
ARGELIA
10°E
TÚNEZ
MALTA
20°E
Creta (GRECIA)

El mundo: Mapa físico

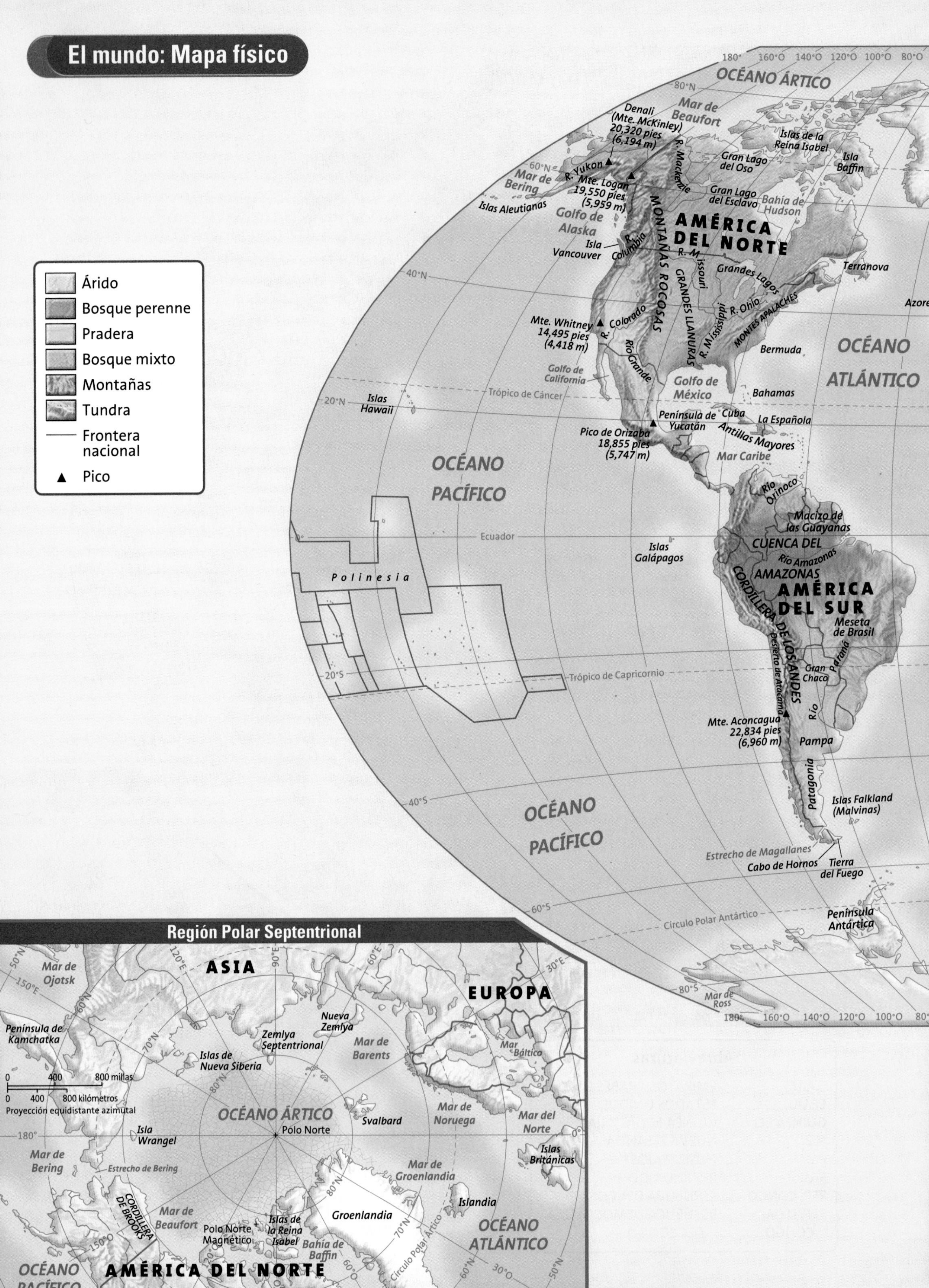

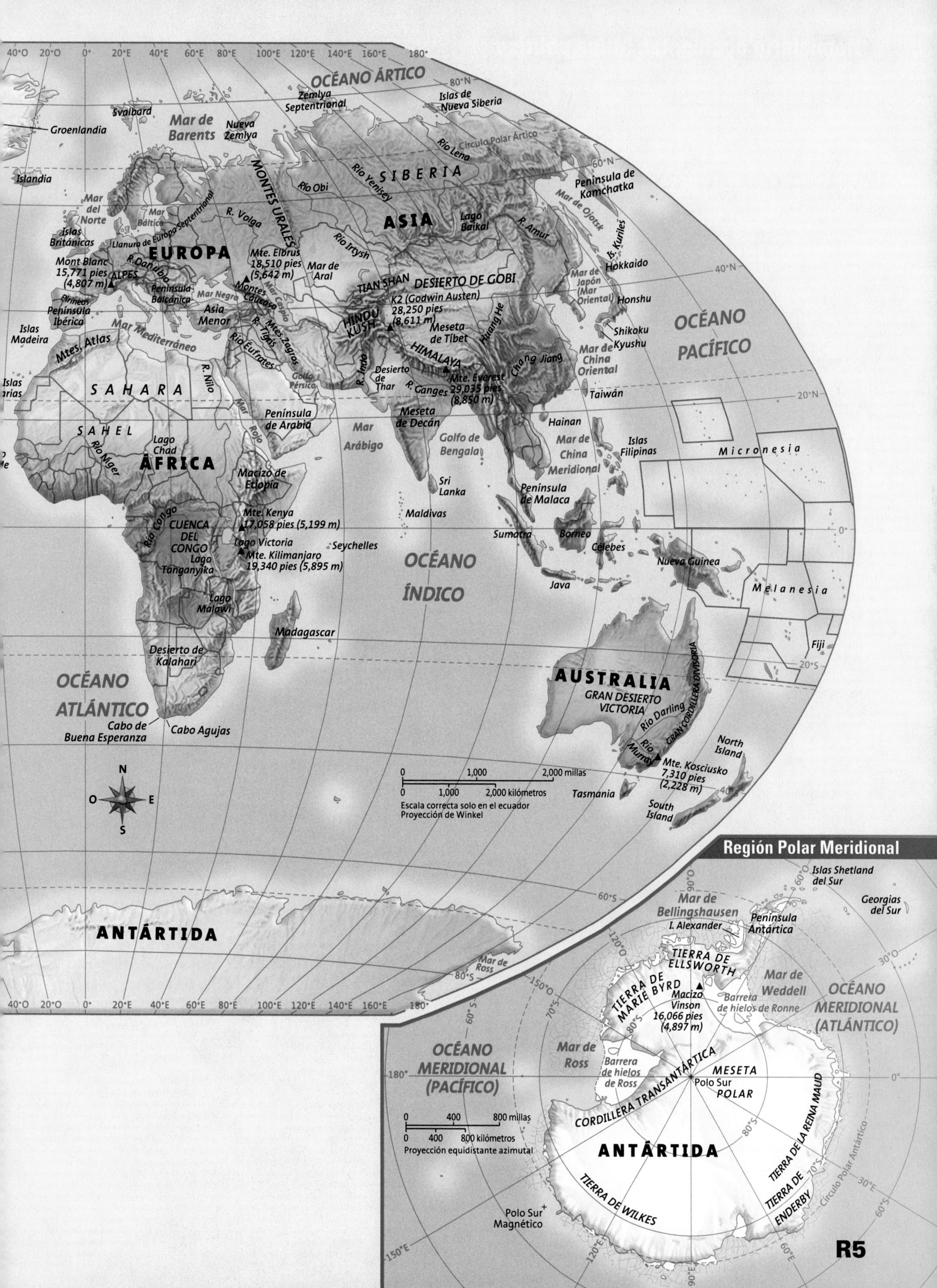
OCÉANO ÁRTICO
Zemlya Septentrional
Islas de Nueva Siberia
Svalbard
Mar de Barents
Nueva Zemlya
Groenlandia
Círculo Polar Ártico
Río Lena
Islandia
SIBERIA
Río Yenisey
Península de Kamchatka
Río Obi
MONTES URALES
Mar del Norte
Mar Báltico
Llanura de Europa Septentrional
R. Volga
ASIA
Lago Baikal
Mar de Ojotsk
R. Amur
Islas Británicas
EUROPA
Is. Kuriles
Hokkaido
Mont Blanc 15,771 pies (4,807 m)
ALPES
R. Danubio
Mte. Elbrus 18,510 pies (5,642 m)
Río Irtysh
Mar de Aral
TIAN SHAN
DESIERTO DE GOBI
Mar de Japón (Mar Oriental)
Honshu
Pirineos
Península Ibérica
Península Balcánica
Mar Negro
Montes Cáucaso
Mar Caspio
K2 (Godwin Austen) 28,250 pies (8,611 m)
Asia Menor
HINDU KUSH
Meseta de Tíbet
Huang He
Shikoku
Kyushu
OCÉANO PACÍFICO
Islas Madeira
Mar Mediterráneo
R. Tigris
Mtes. Zagros
Río Éufrates
Mtes. Atlas
HIMALAYA
Mar de China Oriental
Chang Jiang
Golfo Pérsico
R. Indo
Desierto de Thar
R. Ganges
Mte. Everest 29,035 pies (8,850 m)
R. Nilo
SAHARA
Taiwán
Península de Arabia
Meseta de Decán
Mar Rojo
Hainan
SAHEL
Lago Chad
Mar Arábigo
Golfo de Bengala
Mar de China Meridional
Islas Filipinas
Micronesia
Río Níger
ÁFRICA
Macizo de Etiopía
Sri Lanka
Península de Malaca
Mte. Kenya 17,058 pies (5,199 m)
Maldivas
Río Congo
CUENCA DEL CONGO
Lago Victoria
Seychelles
Sumatra
Borneo
Célebes
Mte. Kilimanjaro 19,340 pies (5,895 m)
Lago Tanganyika
OCÉANO ÍNDICO
Nueva Guinea
Java
Melanesia
Lago Malawi
Madagascar
Desierto de Kalahari
Fiji
AUSTRALIA
GRAN DESIERTO VICTORIA
GRAN CORDILLERA DIVISORIA
Río Darling
OCÉANO ATLÁNTICO
Cabo de Buena Esperanza
Cabo Agujas
Río Murray
North Island
Mte. Kosciusko 7,310 pies (2,228 m)
Tasmania
South Island
N
O
E
S
0 1,000 2,000 millas
0 1,000 2,000 kilómetros
Escala correcta solo en el ecuador
Proyección de Winkel
ANTÁRTIDA
Mar de Ross
40°O 20°O 0° 20°E 40°E 60°E 80°E 100°E 120°E 140°E 160°E 180°
80°N
60°N
40°N
20°N
0°
20°S
40°S
60°S
80°S
Región Polar Meridional
Islas Shetland del Sur
Georgias del Sur
Mar de Bellingshausen
Península Antártica
I. Alexander
TIERRA DE ELLSWORTH
Mar de Weddell
OCÉANO MERIDIONAL (ATLÁNTICO)
TIERRA DE MARIE BYRD
Macizo Vinson 16,066 pies (4,897 m)
Barrera de hielos de Ronne
OCÉANO MERIDIONAL (PACÍFICO)
Mar de Ross
Barrera de hielos de Ross
CORDILLERA TRANSANTÁRTICA
MESETA POLAR
Polo Sur
TIERRA DE LA REINA MAUD
0 400 800 millas
0 400 800 kilómetros
Proyección equidistante azimutal
ANTÁRTIDA
Círculo Polar Antártico
TIERRA DE WILKES
TIERRA DE ENDERBY
Polo Sur Magnético

Hemisferio occidental: Mapa político

Hemisferio occidental: Mapa físico

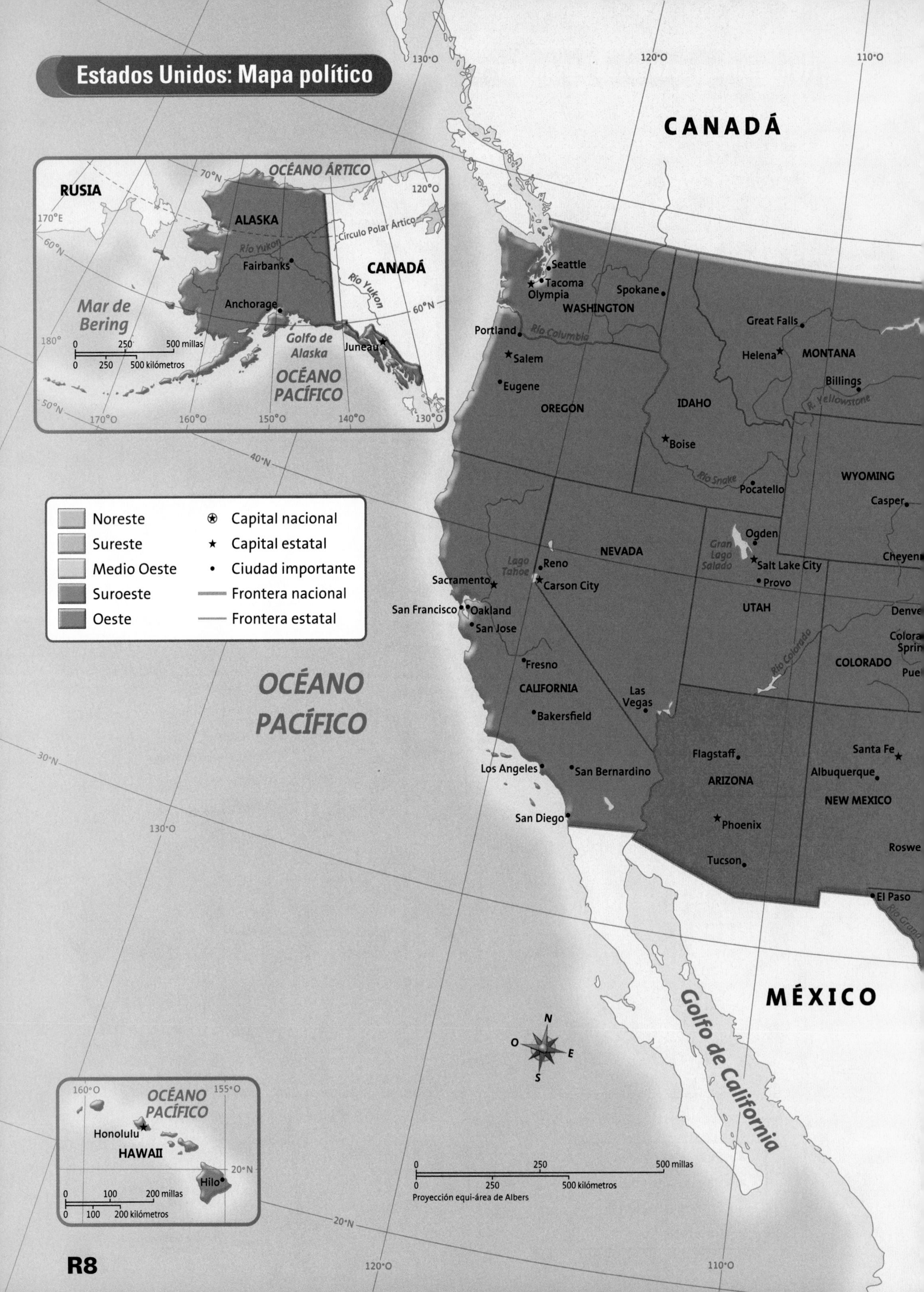
Estados Unidos: Mapa político
CANADÁ
MÉXICO
OCÉANO PACÍFICO
Golfo de California
Noreste
Sureste
Medio Oeste
Suroeste
Oeste
Capital nacional
Capital estatal
Ciudad importante
Frontera nacional
Frontera estatal
RUSIA
ALASKA
OCÉANO ÁRTICO
Círculo Polar Ártico
Río Yukon
Fairbanks
Anchorage
Juneau
Mar de Bering
Golfo de Alaska
WASHINGTON
Seattle
Tacoma
Olympia
Spokane
Portland
Río Columbia
Salem
Eugene
OREGON
IDAHO
Boise
Río Snake
Pocatello
MONTANA
Great Falls
Helena
Billings
R. Yellowstone
WYOMING
Casper
Cheyen
NEVADA
Reno
Carson City
Lago Tahoe
Las Vegas
Gran Lago Salado
Ogden
Salt Lake City
Provo
UTAH
Río Colorado
COLORADO
Denve
Colora Sprin
Pue
CALIFORNIA
Sacramento
San Francisco
Oakland
San Jose
Fresno
Bakersfield
Los Angeles
San Bernardino
San Diego
ARIZONA
Flagstaff
Phoenix
Tucson
NEW MEXICO
Santa Fe
Albuquerque
Roswe
El Paso
Río Grande
HAWAII
Honolulu
Hilo
N
S
E
O
0 250 500 millas
0 250 500 kilómetros
0 100 200 millas
0 100 200 kilómetros
Proyección equi-área de Albers

CANADÁ
OCÉANO ATLÁNTICO
Golfo de México
BAHAMAS
CUBA
NORTH DAKOTA
SOUTH DAKOTA
NEBRASKA
KANSAS
OKLAHOMA
TEXAS
MINNESOTA
IOWA
MISSOURI
ARKANSAS
LOUISIANA
WISCONSIN
ILLINOIS
MICHIGAN
INDIANA
OHIO
KENTUCKY
TENNESSEE
MISSISSIPPI
ALABAMA
GEORGIA
FLORIDA
SOUTH CAROLINA
NORTH CAROLINA
VIRGINIA
WEST VIRGINIA
MARYLAND
DELAWARE
NEW JERSEY
PENNSYLVANIA
NEW YORK
CONNECTICUT
RHODE ISLAND
MASSACHUSETTS
VERMONT
NEW HAMPSHIRE
MAINE
Lago de los Bosques
Lago Superior
Lago Michigan
Lago Huron
Lago St. Clair
Lago Erie
Lago Ontario
Lago Champlain
Río San Lorenzo
Río Mississippi
Río Missouri
Río Platte
Río Arkansas
Río Red
Lago Texoma
Río Ohio
Río Tennessee
Río Grande
Bahía de Chesapeake
Lago Okeechobee
Grand Forks
Bismarck
Fargo
Duluth
Sault Sainte Marie
Pierre
Rapid City
St. Paul
Minneapolis
Sioux Falls
Sioux City
Green Bay
Madison
Milwaukee
Grand Rapids
Lansing
Flint
Detroit
Toledo
Cleveland
Akron
Buffalo
Rochester
Syracuse
Albany
Burlington
Montpelier
Augusta
Portland
Concord
Manchester
Boston
Worcester
Providence
Hartford
Bridgeport
New York City
Newark
Trenton
Philadelphia
Harrisburg
Pittsburgh
Wilmington
Baltimore
Dover
Annapolis
Washington, D.C.
Wheeling
Columbus
Dayton
Cincinnati
Indianapolis
Rockford
Chicago
Gary
South Bend
Cedar Rapids
Davenport
Des Moines
Omaha
Lincoln
Peoria
Decatur
Springfield
Topeka
Kansas City
Jefferson City
St. Louis
Wichita
Springfield
Louisville
Frankfort
Lexington
Evansville
Charleston
Richmond
Newport News
Norfolk
Virginia Beach
Roanoke
Greensboro
Winston-Salem
Raleigh
Charlotte
Knoxville
Nashville
Chattanooga
Memphis
Tulsa
Oklahoma City
Amarillo
Lubbock
Fort Smith
Little Rock
Huntsville
Birmingham
Atlanta
Columbia
Charleston
Macon
Savannah
Columbus
Montgomery
Meridian
Jackson
Shreveport
Fort Worth
Dallas
Abilene
Odessa
Biloxi
Mobile
Tallahassee
Jacksonville
Baton Rouge
New Orleans
Beaumont
Austin
Houston
San Antonio
Laredo
Corpus Christi
Orlando
Tampa
St. Petersburg
West Palm Beach
Miami
100°O
90°O
80°O
70°O
50°N
40°N
30°N

Estados Unidos: Mapa físico

CANADÁ
OCÉANO ATLÁNTICO
Golfo de México
BAHAMAS
CUBA
GRANDES LLANURAS
LLANURAS DEL INTERIOR
LLANURAS CENTRALES
MONTES APALACHES
PIEDMONT
LLANURA COSTERA
Meseta Ozark
Montes Ouachita
Meseta Edwards
Llano Estacado
Smoky Hills
Red Hills
Sand Hills
ND
SD
NE
KS
OK
TX
MN
IA
MO
AR
LA
WI
IL
MI
IN
OH
KY
TN
MS
AL
GA
FL
SC
NC
VA
WV
MD
DE
PA
NJ
NY
CT
RI
MA
VT
NH
ME
Lago de los Bosques
Lago Red Superior
Lago Red Inferior
Lago Sakakawea
Cordillera de Mesabi
Lago Leech
Lago Mille Lacs
Isla Royale
Lago Superior
Península Keweenaw
Alta Península
Baja Península
Lago Michigan
Lago Huron
Lago Ontario
Lago Erie
Lago St. Clair
Lago Winnebago
Lago Oahe
Río Missouri
Río Mississippi
Río Wisconsin
Río Illinois
Río Wabash
Río Ohio
Río Platte
North Platte
South Platte
Río Arkansas
Río Canadian
Río Red
Lago Texoma
Lago Ozark
Embalse Harry S. Truman
Lago Barkley
Paso de Cumberland
Mte. Mitchell 6,684 pies (2,037 m)
R. Cumberland
R. Tennessee
Mte. Stone
Lago Clark Hill
Río Savannah
R. Ocmulgee
R. Oconee
R. Altamaha
R. Chattahoochee
R. Alabama
R. Tombigbee
Río Sabine
Embalse Toledo Bend
Río Brazos
Río Colorado
Río Pecos
Río Grande
Embalse Sam Rayburn
Lago Maurepas
Lago Pontchartrain
Delta del Mississippi
Bahía de Mobile
Bahía de Galveston
Pantano Okefenokee
Río St. Johns
Cabo Cañaveral
Bahía de Tampa
Lago Okeechobee
Everglades
Cabo Sable
Cayos de Florida
Estrecho de Florida
Cabo Fear
Río del Cabo Fear
Cabo Hatteras
Estrecho Albemarle
R. Roanoke
R. James
Bahía de Chesapeake
Cabo Charles
R. Potomac
Bahía de Delaware
Mtes. Allegheny
Long Island
R. Hudson
Lagos Finger
Cataratas del Niágara
Montes Adirondack
Lago Champlain
Río San Lorenzo
Mtes. Green
Mtes. White
R. Connecticut
Mte. Washington 6,288 pies (1,917 m)
Lago Moosehead
Mte. Katahdin 5,269 pies (1,606 m)
Cabo Ann
Cabo Cod
Black Hills
100°O
90°O
80°O
70°O
50°N
40°N
30°N
70°O

Manual de investigación

Antes de escribir un reporte o completar un proyecto, debes reunir información sobre el tema. Puedes encontrar información en distintas fuentes, como mapas, fotografías, ilustraciones y objetos del pasado. También puedes encontrar información en tu libro de texto. Otras fuentes de información son los recursos tecnológicos, los recursos impresos y los recursos de la comunidad.

Recursos tecnológicos

- Internet
- Disco de computadora
- Televisión o radio

Recursos impresos

- Almanaque
- Atlas
- Diccionario
- Enciclopedia
- Libro de no ficción
- Publicación periódica
- Diccionario de sinónimos

Recursos de la comunidad

- Maestro
- Conservador de museo
- Líder de la comunidad
- Ciudadano mayor

Recursos tecnológicos

Los principales recursos tecnológicos que puedes usar para buscar información son Internet y los discos de computadora. La biblioteca de tu escuela o ciudad puede tener CD-ROM o DVD con información sobre tu tema. La televisión y la radio también son buenas fuentes de información.

Cómo usar Internet

Internet contiene mucha información. Si te conectas a Internet con una computadora, puedes leer cartas y documentos. Puedes ver imágenes y obras de arte. Puedes escuchar música o hacer un paseo virtual.

Ten en cuenta que algunos sitios de Internet tienen errores o información incorrecta. Para obtener información correcta, visita solo sitios confiables, como los sitios de los museos y del gobierno.

Planifica tu búsqueda

- Identifica el tema.
- Haz una lista de preguntas que quieres investigar.
- Haz una lista de palabras o de grupos de palabras clave que podrías usar para escribir o hablar del tema.
- Busca buenos recursos en línea donde puedas encontrar respuestas a tus preguntas.
- Decide si la información se aplica a tu tema.

Usar un motor de búsqueda

Un motor de búsqueda es un conjunto de sitios web en Internet. Puedes llegar a los que te interesan escribiendo una palabra o un grupo de palabras clave. Pídele a un bibliotecario, a un maestro o a uno de tus padres que te sugiera qué motor de búsqueda usar.

Búsqueda por tema Para buscar por tema, usa un motor de búsqueda. Elige de la lista de palabras clave que hiciste cuando planificaste la búsqueda. Escribe una palabra o un grupo de palabras clave en la barra del motor de búsqueda de la pantalla. Luego, haz clic en BUSCAR (SEARCH) o IR (GO). Verás una lista de sitios web relacionados con tu tema. Haz clic en el sitio o los sitios que te parezcan más útiles.

Búsqueda por dirección Cada sitio web tiene su propia dirección, llamada localizador uniforme de recursos, o URL (*Uniform Resource Locator*). Para llegar a un sitio web por su URL, simplemente escribe la dirección en la casilla UBICACIÓN o IR A (LOCATION o GO TO) de la pantalla, y presiona ENTER o haz clic en IR (GO).

Usar marcadores La lista de marcadores es una herramienta de Internet para guardar y organizar direcciones URL. Si encuentras un sitio web que te parece útil, puedes guardar su URL. De esta manera, podrás regresar rápidamente a ese sitio más tarde. Haz clic en MARCADORES o FAVORITOS (BOOKMARKS o FAVORITES) en la parte de arriba de la pantalla y elige AGREGAR (ADD). La computadora copiará el URL y lo guardará.

Recursos impresos

Los libros en las bibliotecas se ordenan por un sistema de números. Cada libro tiene su título y su propio número de catálogo. El número de catálogo indica el lugar de la biblioteca donde se encuentra el libro. Luego, puedes encontrar información dentro del libro usando la tabla de contenido, la portada y el índice. También puedes mirar las ilustraciones para aprender más sobre el tema que estás investigando.

Ciertos libros de referencia, como las enciclopedias, se guardan en una sección especial de la biblioteca. Cada libro de esa sección tiene una R o REF (de *referencia*) en el lomo.

Almanaque

Un almanaque es un libro o un recurso electrónico que tiene datos sobre varios temas. Los temas están ordenados alfabéticamente en un índice.

Atlas

Un atlas es un libro de mapas. Contiene información sobre diferentes lugares. Hay distintas clases de atlas en los que se muestran distintos lugares en diferentes épocas. El maestro o el bibliotecario puede ayudarte a encontrar el tipo de atlas que necesitas para tu investigación.

Diccionario

Un diccionario da la ortografía de las palabras y su definición o significado. En inglés, los diccionarios también indican cómo pronunciar las palabras, o sea, cómo se dicen en voz alta.

Enciclopedia

Una enciclopedia es un libro o un juego de libros que trae información sobre muchos temas distintos ordenados alfabéticamente. Una enciclopdia es una buena fuente para usar cuando estás comenzando tu investigación.

Libros de no ficción

Un libro de no ficción tiene datos sobre personas, lugares y cosas reales. Todos los libros de no ficción en una biblioteca están colocados en orden y por categoría según el número de catálogo. Para encontrar el número de catálogo de un libro, usa el archivo de tarjetas o el catálogo computarizado. Puedes buscar un libro en el catálogo por tema, por autor o por título.

Publicaciones periódicas

Una publicación periódica aparece todos los días, una vez por semana o una vez por mes. Es un buen recurso para buscar información actual que todavía no figura en los libros.

Diccionario de sinónimos

Un diccionario de sinónimos trae palabras que significan lo mismo o casi lo mismo que otra palabra. También incluye palabras que significan lo contrario. Un diccionario de sinónimos te sirve para encontrar palabras que describen mejor tu tema y que le dan más interés a lo que escribes.

Recursos de la comunidad

Quizá haya personas de tu comunidad que puedan contarte historias o darte información sobre el tema que estás investigando. Antes de hablar con alguien, pídele siempre permiso a un maestro o a uno de tus padres.

Escuchar para obtener información

Cuando vas a hablar con alguien como parte de tu investigación, es importante que planifiques por adelantado.

Antes

- Investiga más sobre el tema del que quieres hablar.
- Haz una lista de las personas con las que deseas hablar.
- Haz una lista de las preguntas que quieres hacer.

Durante

- Habla alto y claro cuando haces las preguntas.
- Escucha con atención. Asegúrate de que estás obteniendo la información que necesitas.
- Sé cortés. No interrumpas a la otra persona cuando está hablando.
- Toma apuntes para recordar las ideas importantes.
- Escribe las palabras exactas de la persona si crees que las vas a usar en tu reporte. Si puedes, usa una grabadora. No olvides pedirle permiso al entrevistado por adelantado.

Después

- Dale las gracias a la persona con quien hablaste.
- Más tarde, escríbele una nota de agradecimiento.

Escribir para obtener información

Otra posibilidad es escribirles a personas de tu comunidad para pedir información. Puedes enviarles un mensaje electrónico o una carta. Ten en cuenta las siguientes ideas cuando les escribas:

- Escribe con letra clara o usa una computadora.
- Explica quién eres y por qué le estás escribiendo. Corrige la ortografía y la puntuación.
- Si escribes una carta, incluye siempre un sobre con tu dirección y una estampilla para que la persona te envíe la respuesta.
- Dale las gracias a la persona.

Escribir reportes

Reportes escritos

Tu maestro puede pedirte que escribas un reporte sobre la información que obtuviste. Si sabes hacer un reporte, podrás aprovechar bien la información. Estos consejos te ayudarán a escribir el reporte.

Antes de escribir

- Elige un tema o idea principal.
- Piensa en preguntas sobre el tema.
- Recoge información de más de una fuente.
- Toma apuntes sobre la información que obtuviste.
- Revisa tus apuntes para estar seguro de que tienes la información que necesitas. Escribe ideas para incluir en el reporte.
- Usa tus apuntes para hacer un esquema de la información que obtuviste.

Citar fuentes

Una parte importante de la investigación y de la redacción es citar, o mencionar, las fuentes. Cuando citas una fuente, escribes de dónde obtuviste la información. La lista de fuentes forma la bibliografía. Una bibliografía es una lista de los libros y otras fuentes que usaste para encontrar la información en tu reporte.

Tarjeta bibliográfica

Wyatt, Adam. *The History of Arkansas.* Philadelphia, Pennsylvania: Scenic River Publishing, 2003, página 25.

En 1820, Little Rock se convirtió en la capital del Territorio de Arkansas.

Escribir un borrador

- Usa tus apuntes y el esquema para escribir un borrador de tu reporte. Recuerda que tu propósito es dar información.
- Escribe por párrafos. Desarrolla el tema con datos, detalles y explicaciones. Cada párrafo debe concentrarse en una idea.
- Escribe todas tus ideas.

Revisar

- Lee el borrador. ¿Tiene un principio, una parte central y un final?
- Vuelve a escribir las oraciones que no estén claras o que estén mal expresadas. Mueve las oraciones que parecen fuera de lugar.
- Agrega detalles para apoyar tus ideas.
- Si hay muchas oraciones parecidas, acorta o alarga algunas.
- Revisa todas las citas para comprobar que sean las palabras exactas de la persona que las dijo, y verifica que hayas puesto la fuente correctamente.

Corregir y editar

- Revisa tu reporte para detectar posibles errores.
- Corrige los errores de ortografía, uso de mayúsculas y puntuación.

Publicar

- Haz una copia limpia y clara de tu reporte.
- Incluye pictogramas, gráficas de barras, mapas u otros dibujos que ayuden a explicar el tema.

Marcas de corrección: sus significados

Marca	Significado
∧	Insertar palabra.
∧ ,	Insertar coma.
¶	Empezar un párrafo nuevo.
≡ (cap)	Usar letra mayúscula.
⌇	Eliminar.
(lc)	Usar letra minúscula.

Marta Berzina
Estudios Sociales

Historia de Little Rock, Arkansas

Little Rock es la capital del estado de Arkansas. Esta ciudad tiene una historia muy interesante. En 1722, un cazador francés exploró el lugar donde esá Little Rock. Le dio al área el nombre de Little Rock (roca pequeña) por una formación de rocas que vio allí. Unos 100 años después, en 1820, Little Rock se convirtió en la capital del Territorio de Arkansas.

Durante la Guerra Civil, Arkansas era uno de los estados de la Confederación. En 1881, las tropas confederadas tomaron un arsenal de la Unión que estaba en Little Rock. La Unión tomó esa ciudad en 1883.

Después de la Guerra Civil, la economía de Little Rock creció. En la década de 1880, los ferrocarriles empezaron a conectar las industrias de Little Rock con los recursos naturales de todo Arkansas. En especial, la madera y el carbón eran recursos naturales importates par Little Rock. Además, los granjeros de todo el estado de Arkansas vendían sus productos en los mercados de Little Rock. En 1969, una red de canales y presas unió Little Rock con el río Mississippi, y esto trajo más comercio a la ciudad .

Little Rock también es famosa por algo que ocurrió durante el movimiento por los derechos civiles. Después de la Guerra Civil, Arkansas, como la mayoría de los estados del Sur, era un estado segregado. La segregación quería decir que los afroamericanos y los blancos estaban separados. Comían en restaurantes diferentes, usaban baños públicos diferentes e ibanca escuelas diferentes. En1954, la Corte Suprema decidió que la segregación era inconstitucional. Los Nueve de Little Rock eran nueve estudiantes afroamericanos de Little Rock que, en 1957, fueron los primeros en ir a una escuela que hasta ese momentosolo aceptaba estudiantes blancos. La Central High School, la escuela donde esto ocurrió,es hoy un lugar histórico nacional.

Presentaciones orales

A veces, pueden pedirte que hagas una presentación oral. El objeto de una presentación oral es dar información. Los siguientes consejos te ayudarán a preparar una presentación oral.

- Sigue los pasos descritos en la sección "Antes de escribir" para reunir y organizar información.
- Consulta tus apuntes para planificar y organizar la presentación. Tu reporte debe tener una introducción y una conclusión.
- Prepara tarjetas con apuntes que puedas consultar mientras hablas.
- Prepara recursos visuales, como ilustraciones, diagramas, gráficas o mapas, para que los oyentes entiendan mejor el tema.
- Explícales a los oyentes cuál es la idea principal del tema. Apoya esa idea principal con detalles.
- Practica tu presentación.
- Habla alto y claro. Mantén a los oyentes interesados en el reporte usando expresiones faciales y movimientos de las manos.

Diccionario biográfico

El diccionario biográfico trae información sobre muchas personas que se mencionan en este libro. Los nombres están ordenados alfabéticamente por apellido. Cada nombre va seguido de las fechas de nacimiento y muerte de la persona. Si la persona aún vive, solo aparece el año de nacimiento. A continuación, se da una descripción corta de las cosas más importantes que hizo la persona. El número de página que sigue indica dónde aparece la referencia más importante a esa persona en el libro. (En el Índice, encontrarás referencias a otras páginas.) Los nombres de guía en la parte superior de cada página te ayudarán a encontrar el nombre que buscas.

Adams, John *(1735–1826)* Segundo presidente de Estados Unidos (1797–1801) y una de las personas que firmaron la Declaración de Independencia. pág. 206

Aldrin, Edwin "Buzz" *(1930–)* Astronauta estadounidense que fue el segundo que caminó en la Luna. pág. 219

Alito, Samuel Anthony, Jr. *(1950–)* Estadounidense nombrado juez de la Corte Suprema de Estados Unidos. pág. 284

Angelou, Maya *(1928–)* Poeta y escritora afroamericana. pág. 60

Anthony, Susan B. *(1820–1906)* Líder del movimiento por los derechos de la mujer que trabajó junto con Elizabeth Cady Stanton para que las mujeres consiguieran el derecho al voto. pág. 165

Armstrong, Neil *(1930–)* Astronauta estadounidense que fue el primero que caminó en la Luna. pág. 219

Bell, Alexander Graham *(1847–1922)* Estadounidense, nacido en Escocia, que inventó el teléfono en 1876. Al año siguiente, empezó la primera compañía telefónica. pág. 171

Breyer, Stephen Gerald *(1938–)* Estadounidense nombrado juez de la Corte Suprema de Estados Unidos. pág. 284

Búfalo Tigre *(1920–)* Líder de la tribu miccosukee. pág. 195

Burnham, Daniel *(1846–1912)* Arquitecto estadounidense y urbanista que ayudó a planear la ciudad de Chicago. pág. 50

Burr, Richard *(1955–)* Senador de Estados Unidos por North Carolina. pág. 283

Bush, George W. *(1947–)* El presidente número 43 de Estados Unidos (2001–). pág. 282

Carnegie, Andrew *(1835–1919)* Hombre de negocios adinerado que fue famoso por sus donaciones generosas para mejorar el mundo. pág. 435

Carson, Benjamin S. *(1951–)* Neurólogo muy importante en Estados Unidos que de niño fue muy pobre. pág. 435

Carter, James "Jimmy" *(1924–)* El presidente número 39 de Estados Unidos (1977–1981) pág. 254

Carter, Rosalynn *(1927–)* Esposa del ex-presidente Jimmy Carter. pág. 254

Cerf, Vinton *(1943–)* Científico que ayudó a crear Internet. pág. 407

Chapman, John *(1775?–1845)* Pionero estadounidense que tenía el apodo de "Johnny Appleseed" porque sembró manzanos en muchas partes de Ohio, Indiana e Illinois. págs. 349, 355

Chávez, César *(1927–1993)* Trabajador agrícola y líder estadounidense que trabajó por el trato justo para todos los trabajadores agrícolas. pág. 258

Clark, George Rogers *(1752–1818)* Líder militar norteamericano durante la Guerra de la Independencia. pág. 23

Clark, William *(1770–1838)* Explorador que, con la ayuda de Meriwether Lewis, guió el Cuerpo de Descubrimiento en la exploración de la Compra de Louisiana. pág. 213

Clinton, William Jefferson "Bill" *(1946–)* El presidente número 42 de Estados Unidos (1993–2001). pág. 404

Cochran, Josephine *(1839–1913)* Estadounidense que inventó la lavadora de vajilla. pág. 175

Coleman, Michael B. *(1954–)* Alcalde de Columbus, Ohio, elegido en 1999. pág. 273

Colón, Cristóbal *(1451–1506)* Explorador italiano que trabajaba para España. Navegó hasta América mientras trataba de llegar a Asia desde Europa. pág. 196

Corsi, Edward *(1896–1965)* Inmigrante italiano que vino a Estados Unidos en 1907. pág. 326

de Soto, Hernando *(1496?–1542)* Explorador español que exploró el suroeste de Tennessee. pág. 149

Dole, Elizabeth Senadora de Estados Unidos por North Carolina. pág. 283

Douglass, Frederick *(1817–1895)* Líder y escritor de Maryland que fue esclavo de nacimiento. Escapó en 1838 y luchó contra la esclavitud. pág. 216

Earle, Sylvia *(1935–)* Oceanógrafa estadounidense que ha escrito muchos relatos y libros sobre el océano. pág. 119

Edison, Thomas *(1847–1931)* Inventor que, junto con Lewis Latimer, inventó la bombilla eléctrica. También inventó el fonógrafo, la cámara de cine y el micrófono. pág. 174

Emerson, Jo Ann *(1950–)* Representante de Missouri en la Cámara de Representantes de Estados Unidos. pág. 63

Esopo *(620 a.C.?-560 a.C.?)* Cuentista griego, famoso por narrar fábulas. pág. 348

Ford, Henry *(1863–1947)* Fundador de la compañía Ford Motor. Produjo el modelo T, el primer automóvil de bajo costo y que muchas personas podían comprar. pág. 172

Franklin, Benjamin *(1706–1790)* Líder, escritor y científico estadounidense. Ayudó a preparar la Declaración de Independencia. pág. 210

Gandhi, Mohandas *(1869–1948)* Líder de la India que usó métodos pacíficos para convertir a la India en un país libre. pág. 166

Ginsburg, Ruth Bader *(1933–)* Estadounidense nombrada jueza de la Corte Suprema de Estados Unidos en 1993. pág. 284

Gomez, Joel *(1981–)* Soldado estadounidense de Wheaton, Illinois, que fue herido en la Guerra de Irak. pág. 250

González Camarena, Guillermo *(1917–1965)* Científico latinoamericano que inventó la televisión de color y el control remoto. pág. 175

Granholm, Jennifer *(1959–)* La primera mujer gobernadora de Michigan, elegida en 2003. pág. 280

Grant, Ulysses S. *(1822–1885)* El presidente número 18 de Estados Unidos. Fue líder del ejército de la Unión durante la Guerra Civil. pág. 100

Hancock, John *(1737–1793)* El primero que firmó la Declaración de Independencia. pág. 206

Hatshepsut *(1503 a.C–1482 a.C.)* Faraona egipcia. pág. 180

Herrera, Leticia Empresaria que dirige una compañía de servicios de limpieza de Chicago. pág. 392

Hreljac, Ryan *(1992–)* Cuando tenía seis años, comenzó la Fundación del Pozo de Ryan (Ryan's Well Foundation) para ayudar a las personas que no tenían agua limpia. pág. 257

Huerta, Dolores *(1930–)* Maestra que trabajó con César Chávez para ayudar a los trabajadores agrícolas a hacerse ciudadanos, votar y ganar más dinero. pág. 256

Jacobo (James) I de Inglaterra *(1560–1625)* Rey de Inglaterra (1603–1625). El primer asentamiento inglés de América del Norte que duró mucho tiempo, Jamestown, se llamó así en honor del rey. pág. 200

Jefferson, Thomas *(1743–1826)* Tercer presidente de Estados Unidos (1801-1809). Escribió el primer borrador de la Declaración de Independencia. pág. 210

Jenney, William *(1832–1907)* Arquitecto estadounidense que diseñó el primer rascacielos con armazón de acero. pág. 164

Joseph *(1840–1904)* Conocido como el cacique Joseph, líder de la tribu nez percé. pág. 194

Kennedy, Anthony M. *(1936–)* Estadounidense nombrado juez de la Corte Suprema de Estados Unidos en 1988. pág. 284

Kennedy, John F. *(1917–1963)* El presidente número 35 de Estados Unidos (1961–1963). pág. 291

Key, Francis Scott *(1779–1843)* Abogado y poeta que escribió la letra de "The Star-Spangled Banner" ("La bandera adornada de estrellas"). El Congreso aprobó la canción como himno nacional en 1931. pág. 294

Khalfani, Lynnette *(1967–)* Autora afroamericana que ha escrito varios libros sobre cómo hacer presupuestos y ahorrar dinero. pág. 434

Khufu *(siglo XXVI a.C.)* Faraón del antiguo Egipto. pág. 180

Kid Blink Niño repartidor de periódicos que encabezó una huelga contra los periódicos de New York en 1899. pág. 423

King, B.B. *(1925–)* Guitarrista y músico de blues afroamericano. pág. 149

King, Dr. Martin Luther, Jr. *(1929–1968)* Pastor estadounidense y líder de los derechos civiles que trabajó para cambiar leyes injustas. Recibió el Premio Nobel de la Paz en 1964. pág. 167

Laclède, Pierre *(1729–1778)* Explorador francés que fundó St. Louis, Missouri. pág. 198

Langdon, Phillip Autor estadounidense que escribe sobre comunidades y diseño. pág. 63

Latimer, Lewis *(1848–1928)* Inventor afroamericano que inventó la bombilla eléctrica junto con Thomas Edison. pág. 174

Lawrence, Jacob *(1917–2000)* Artista estadounidense que fue famoso por sus cuadros de sucesos históricos. pág. 328

Lazarus, Emma *(1849–1887)* Escritora estadounidense, autora del poema que está grabado en la base de la Estatua de la Libertad. pág. 339

Leigh, Louise *(1914–)* Ciudadana mayor de California que tuvo la idea del Día de la Constitución. pág. 270

Lewis, Meriwether *(1774–1809)* Explorador que, junto con William Clark, guió el Cuerpo de Descubrimiento en la exploración de la Compra de Louisiana. pág. 213

Lin, Maya *(1959–)* Artista y arquitecta chino-americana que diseñó el Monumento Conmemorativo de los Veteranos de Vietnam de Washington, D.C. pág. 342

Lincoln, Abraham *(1809–1865)* El presidente número 16 de Estados Unidos (1861–1865). Fue presidente durante la Guerra Civil. pág. 217

Luis XV de Francia *(1710–1774)* Rey de Francia (1715–1774). St. Louis, Missouri, lleva ese nombre en su honor. pág. 198

M

Maathai, Wangari *(1940–)* Primera mujer africana que ganó el Premio Nobel de la Paz y primera mujer de África oriental y central que obtuvo un doctorado. Fundó el Movimiento del Cinturón Verde (Green Belt Movement) en Kenia. pág. 135

Madison, James *(1751–1836)* Cuarto presidente de Estados Unidos (1809-1817) y uno de los redactores de la Declaración de Derechos, o sea las primeras diez enmiendas a la Constitución. pág. 270

Mansa Musa *(?–1332)* Gobernante del antiguo Mali. pág. 184

Mead, Margaret *(1901–1978)* Científica estadounidense que estudió distintos pueblos y lugares. pág. 62

Menéndez de Avilés, Pedro *(1519–1574)* Explorador español que fundó St. Augustine, el asentamiento europeo más antiguo de Estados Unidos. pág. 197

Moore, Richard H. Secretario del Tesoro de North Carolina. pág. 434

Morganfield, McKinley *(1915–1983)* Músico afroamericano de blues, conocido como Muddy Waters. pág. 149

Morse, Samuel *(1791–1872)* Artista e inventor estadounidense, conocido por su trabajo con el telégrafo y el código Morse. pág. 171

Muir, John *(1838–1914)* Naturalista estadounidense, nacido en Escocia, a quien debemos, en gran parte, la creación de muchos programas de conservación de Estados Unidos. pág. 106

N

Nelson, Gaylord *(1916–2005)* Senador de Wisconsin que fundó el Día de la Tierra en 1970. pág. 134

Olmsted, Frederick Law *(1822–1903)* Paisajista estadounidense que diseñó muchos parques importantes. pág. 50

Ortega, Katherine *(1934–)* La secretaria número 38 del Tesoro de Estados Unidos (1983-1989). pág. 421

Otis, Elisha *(1811–1861)* Ingeniero que diseñó el primer ascensor seguro para llevar gente. pág. 164

Parks, Rosa *(1913–2005)* Líder afroamericana de los derechos civiles. Se negó a ceder el asiento a un hombre blanco en un autobús. pág. 255

Pocahontas *(1595–1617)* Hija del cacique indígena Powhatan. pág. 201

Ponce de León, Juan *(1460?–1521)* Explorador español que tomó posesión, en nombre de España, del territorio que ahora es Florida. pág. 197

Powhatan *(1550?–1618)* Cacique de las tribus indígenas que vivían en el área donde los colonizadores ingleses fundaron Jamestown. pág. 201

Ralston, Alexander *(1771–1827)* Urbanista que planeó Indianapolis. pág. 237

Reinders, Jim *(1927–)* Artista estadounidense que creó Carhenge, en Nebraska. pág. 381

Rivera, Diego *(1886–1957)* Pintor mexicano famoso por sus murales coloridos. pág. 350

Roberts, John *(1955–)* Presidente de la Corte Suprema de Estados Unidos. Fue nombrado en 2005. pág. 284

Rolfe, John *(1585?–1622?)* Ciudadano de Jamestown que fue el primero en cultivar tabaco en América del Norte. pág. 201

Sacagawea *(1787?–1812)* Mujer joven de la tribu shoshone que ayudó al Cuerpo de Descubrimiento a hablar con los indígenas y guió a los exploradores por los senderos de las montañas Rocosas. pág. 213

Saicheua, Songsak Ministro consejero de Tailandia. pág. 405

Satanta *(1820–1878)* Cacique kiowa. pág. 194

Scalia, Antonin *(1936–)* Estadounidense nombrado juez de la Corte Suprema de Estados Unidos. pág. 284

Silko, Leslie Marmon *(1948–)* Escritora perteneciente a la tribu laguna pueblo. pág. 195

Smith, Jimmy Neil *(1947–)* Estadounidense que creó el Festival Nacional de Cuentistas. pág. 356

Smith, John *(1579?–1631)* Uno de los primeros líderes de Jamestown, que ayudó a mantener la paz intercambiando comida con los indígenas. pág. 200

Souter, David Hackett *(1939–)* Estadounidense nombrado juez de la Corte Suprema de Estados Unidos en 1990. pág. 284

Stanton, Elizabeth Cady *(1815–1902)* Líder del movimiento por los derechos de la mujer que trabajó junto con Susan B. Anthony para que las mujeres consiguieran el derecho al voto. pág. 165

Stephens, John Paul *(1920–)* Estadounidense nombrado juez de la Corte Suprema de Estados Unidos en 1975. pág. 284

Stephenson, George *(1781–1848)* Ingeniero e inventor británico que hizo la primera locomotora moderna. pág. 163

Thomas, Clarence *(1948–)* Estadounidense nombrado juez de la Corte Suprema de Estados Unidos en 1991. pág. 284

Tomlinson, Ray *(1886–1957)* Ingeniero que inventó el mensaje electrónico. pág. 407

Tubman, Harriet *(1820–1913)* Esclava fugitiva que, a través del Ferrocarril Subterráneo, ayudó a escapar a más de 300 esclavos a la libertad. pág. 216

Walker, Madame C. J. *(1867–1919)* Mujer de negocios afroamericana que llegó a ser la primera mujer de Estados Unidos en ganar millones de dólares por su cuenta. pág. 393

Wangchuck, Jigme Singye *(1955–)* Rey de Bután (1973–). pág. 302

Washington, George *(1732–1799)* El primer presidente de Estados Unidos (1789–1797). Se conoce como "el padre de nuestro país". pág. 207

Weissenborn, Oscar Empresario estadounidense que vendió muchos lápices en Estados Unidos. pág. 389

Wright, Orville *(1871–1948)* Estadounidense que, con su hermano Wilbur, construyó el primer avión que funcionó. pág. 173

Wright, Wilbur *(1867–1912)* Estadounidense que, con su hermano Orville, construyó el primer avión que funcionó. pág. 173

York *(1770?–1831?)* Esclavo afroamericano que formó parte del Cuerpo de Descubrimiento. pág. 213

Diccionario geográfico

El diccionario geográfico te servirá para ubicar los lugares que se mencionan en este libro. Los nombres de los lugares están ordenados alfabéticamente y van seguidos de una breve descripción del lugar. El número que sigue indica la página donde aparece el lugar en un mapa. Los nombres de guía que están en la parte superior de cada página te sirven para ubicar el nombre del lugar que necesitas encontrar.

Afganistán País del sur de Asia central. pág. 365

África Segundo continente más grande del mundo. pág. 85

Akron Ciudad del noreste de Ohio. pág. 89

Alabama Estado ubicado en la región sureste de Estados Unidos. pág. 103

Alaska Estado de Estados Unidos, ubicado en el extremo noroeste de América del Norte. pág. 103

Albany Capital de New York. pág. 281

Alemania País de Europa. pág. 402

América del Norte Continente que abarca Estados Unidos, Canadá, México y América Central. pág. 86

América del Sur El cuarto continente más grande del mundo. pág. 85

Annapolis Capital de Maryland. pág. 266

Antártida Continente ubicado en el Polo Sur, cubierto por una capa de hielo. pág. 85

Antigua Mesopotamia Civilización antigua del suroeste de Asia. pág. 179

Antiguo Egipto Civilización antigua de África. pág. 180

Arizona Estado de la región suroeste de Estados Unidos. pág. 103

Arkansas Estado de la región sureste de Estados Unidos. pág. 103

Asia El continente más grande del mundo. pág. 85

Atlanta Capital de Georgia. pág. 281

Augusta Capital de Maine. pág. 281

Austin Capital de Texas. pág. 281

Australia El más pequeño de los continentes. pág. 85

Baltimore Ciudad de Maryland. pág. 49

Baton Rouge Capital de Louisiana. pág. 281

Bismarck Capital de North Dakota. pág. 281

Bogor Ciudad de Indonesia. pág. 28

Boise Capital de Idaho. pág. 281

Boston Capital de Massachusetts. pág. 281

Brasil País de América del Sur. pág. 402

Bután Reino de Asia, ubicado entre la India y China. pág. 302

C

California Estado de la región oeste de Estados Unidos. pág. 103

Canadá País de América del Norte. pág. 86

Carson City Capital de Nevada. pág. 281

Chamblee Ciudad del norte de Georgia. pág. 336

Charleston Capital de West Virginia. pág. 281

Cheyenne Capital de Wyoming. pág. 281

Chicago La tercera ciudad más grande de Estados Unidos, ubicada en el noreste de Illinois. pág. 331

China antigua Civilización antigua de Asia que se fue convirtiendo en la China de hoy. pág. 181

Cincinnati Ciudad del suroeste de Ohio. pág. 89

Cleveland Ciudad del noreste de Ohio. pág. 334

Colorado Estado de la región oeste de Estados Unidos. pág. 103

Columbia Capital de South Carolina. pág. 281

Columbus Capital de Ohio. pág. 89

Concord Capital de New Hampshire. pág. 281

Connecticut Estado de la región noreste de Estados Unidos. pág. 103

Cuba País del Caribe, al sur de Florida. pág. 103

Delaware Estado de la región noreste de Estados Unidos. pág. 103

Denver Capital de Colorado. pág. 281

Des Moines Capital de Iowa. pág. 281

Dover Capital de Delaware. pág. 281

Estados Unidos de América País del continente de América del Norte. pág. 86

Europa El segundo continente más pequeño. pág. 85

Fayetteville Pueblo del noroeste de Arkansas, sede de la Universidad de Arkansas. pág. 279

Florida Estado de la región sureste de Estados Unidos. pág. 103

Frankfort Capital de Kentucky. pág. 281

Georgia Estado de la región sureste de Estados Unidos. pág. 103

Golfo de México Masa de agua ubicada en la costa sureste de América del Norte. pág. 103

Grandes Lagos Unos lagos muy grandes ubicados sobre la frontera de Estados Unidos con Canadá; son el conjunto de lagos de agua dulce más grande del mundo. pág. 99

Grandes Llanuras Área extensa de llanuras en el centro de Estados Unidos. pág. 99

Grecia antigua Civilización antigua que tuvo la primera democracia del mundo. pág. 182

Groenlandia Isla situada al norte de Canadá, gobernada por Dinamarca; es parte de América del Norte. pág. 86

Harrisburg Capital de Pennsylvania. pág. 281

Hartford Capital de Connecticut. pág. 281

Hawaii Estado de Estados Unidos formado por una sucesión de islas volcánicas, ubicado en la parte centro norte del océano Pacífico. pág. 103
Helena Capital de Montana. pág. 281
Hemisferio norte La mitad de la Tierra que está al norte. pág. 83
Hemisferio occidental La mitad de la Tierra que está al oeste. pág. 83
Hemisferio oriental La mitad de la Tierra que está al este. pág. 83
Hemisferio sur La mitad de la tierra que está al sur. pág. 83
Honolulu Capital de Hawaii. pág. 281
Hudson Condado de New Jersey. pág. 274

Idaho Estado de la región oeste de Estados Unidos. pág. 103
Illinois Estado de la región del medio oeste de Estados Unidos. pág. 103
Indiana Estado de la región del medio oeste de Estados Unidos. pág. 103
Indianapolis Capital de Indiana. pág. 281
Iowa Estado de la región del medio oeste de Estados Unidos. pág. 103
Italia País de Europa. pág. 183

J

Jackson Capital de Mississippi. pág. 281
Jamaica País del Caribe, al sur de Florida. pág. 364
Japón País del noreste de Asia. pág. 365
Jefferson City Capital de Missouri. pág. 281
Jersey City Ciudad de New Jersey. pág. 274
Jonesborough Ciudad del este de Tennessee. pág. 356
Juneau Capital de Alaska. pág. 281

Kansas Estado de la región del medio oeste de Estados Unidos. pág. 103
Kansas City La ciudad más grande de Missouri. pág. 31
Kentucky Estado de la región sureste de Estados Unidos. pág. 104
Knoxville Ciudad del este de Tennessee. pág. 99

Lago Erie Uno de los Grandes Lagos. pág. 89
Lago Huron Uno de los Grandes Lagos. pág. 99
Lago Michigan Uno de los Grandes Lagos. pág. 99
Lago Millwood Lago en el suroeste de Arkansas. pág. 59
Lago Ontario Uno de los Grandes Lagos. pág. 99
Lago Superior Uno de los Grandes Lagos. pág. 99
Lansing Capital de Michigan. pág. 281
Lexington Ciudad del centro de Kentucky. pág. 104
Lima Ciudad del noroeste de Ohio. pág. 89
Lincoln Capital de Nebraska. pág. 281
Little Rock Capital de Arkansas. pág. 59

Llanura Costera Área extensa de llanuras que se extiende a lo largo de la costa del océano Atlántico y del golfo de México, en Estados Unidos. pág. 99

Los Angeles La segunda ciudad más grande de Estados Unidos, ubicada en el sur de California. pág. 98

Louisiana Estado de la región sureste de Estados Unidos. pág. 103

M

Madison Capital de Wisconsin. pág. 281

Maine Estado de la región noreste de Estados Unidos. pág. 103

Mali País de África occidental. pág. 365

Mali antiguo Civilización antigua de África. pág. 184

Manica Pequeña región agrícola de Mozambique. pág. 438

Maryland Estado de la región sureste de Estados Unidos. pág. 103

Massachusetts Estado de la región noreste de Estados Unidos. pág. 103

Mercer Condado de New Jersey. pág. 274

México País ubicado en el sur de América del Norte, que limita con el océano Pacífico y con el golfo de México. Limita con la frontera sur de Estados Unidos. pág. 85

Michigan Estado de la región del medio oeste de Estados Unidos. pág. 103

Minnesota Estado de la región del medio oeste de Estados Unidos. pág. 103

Mississippi Estado de la región sureste de Estados Unidos. pág. 103

Missouri Estado de la región del medio oeste de Estados Unidos. pág. 31

Montana Estado de la región oeste de Estados Unidos. pág. 103

Montañas Ouachitas Cordillera ubicada en Arkansas y Oklahoma. pág. 59

Montañas Rocosas Cordillera alta y de picos agudos en el oeste de Estados Unidos. pág. 99

Montes Apalaches Cordillera baja y redondeada en el este de Estados Unidos. pág. 99

Montgomery Capital de Alabama. pág. 281

Montpelier Capital de Vermont. pág. 281

Mount Vernon Barrio de Baltimore, Maryland. pág. 49

Mozambique País del sureste de África. pág. 438

N

Nashville Capital de Tennessee. pág. 281

Nebraska Estado de la región del medio oeste de Estados Unidos. pág. 103

Nevada Estado de la región oeste de Estados Unidos. pág. 103

New Hampshire Estado de la región noreste de Estados Unidos. pág. 103

New Jersey Estado de la región noreste de Estados Unidos. pág. 274

New Mexico Estado de la región suroeste de Estados Unidos. pág. 103

New York Estado de la región noreste de Estados Unidos. pág. 103

Newark Ciudad de New Jersey. pág. 274

North Carolina Estado de la región sureste de Estados Unidos. pág. 103

North Dakota Estado de la región del medio oeste de Estados Unidos. pág. 103

O

Océano Ártico Masa de agua que rodea el Polo Norte. pág. 85

Océano Atlántico Masa de agua que separa América del Norte y América del Sur de Europa y África. pág. 85

Océano Índico El más pequeño de los tres océanos principales del mundo, que se extiende entre los extremos sur de África y Australia. pág. 85

Océano Pacífico Masa de agua que separa América del Norte y América del Sur de Australia y Asia. pág. 85

Ohio Estado de la región del medio oeste de Estados Unidos. pág. 89

Oklahoma Estado de la región suroeste de Estados Unidos. pág. 103

Oklahoma City Capital de Oklahoma. pág. 281

Olympia Capital de Washington. pág. 281

Oregon Estado de la región oeste de Estados Unidos. pág. 103

Parque Estatal Crater of Diamonds Parque estatal ubicado en el suroeste de Arkansas. pág. 59

Parque Estatal Poison Spring Parque estatal del sur de Arkansas. pág. 59

Parque Nacional Hot Springs Parque nacional del sur de Arkansas. pág. 59

Parque Nacional Yellowstone El primer parque nacional del mundo, ubicado en el noroeste de Estados Unidos. Ocupa partes de Idaho, Montana y Wyoming. pág. 100

Pennsylvania Estado de la región noreste de Estados Unidos. pág. 103

Phoenix Capital de Arizona. pág. 281

Pierre Capital de South Dakota. pág. 281

Polo Norte Extremo norte de la Tierra. pág. 83

Polo Sur Extremo sur de la Tierra. pág. 83

Providence Capital de Rhode Island. pág. 281

Puente Helena Puente que se encuentra en Helena, Arkansas. pág. 59

Raleigh Capital de North Carolina. pág. 281

Refugio Nacional de Vida Silvestre Holla Bend Refugio de vida silvestre ubicado en la región centro norte de Arkansas. pág. 59

Reino Unido País de Europa occidental que incluye Inglaterra, Gales, Escocia e Irlanda del Norte. pág. 365

Rhode Island Estado de la región noreste de Estados Unidos. pág. 103

Richmond Capital de Virginia. pág. 281

Río Arkansas Río que pasa por Colorado, Kansas, Oklahoma y Arkansas. pág. 59

Río Mississippi El segundo río más largo de Estados Unidos. Va desde Minnesota hasta el golfo de México. pág. 99

Río Nacional Buffalo Río del norte de Arkansas. pág. 59

Río Ohio Un afluente del río Mississippi; va desde Pennsylvania hasta Illinois. pág. 99

Roma antigua Civilización antigua que gobernó la mayor parte de lo que hoy es Europa. pág. 183

Rusia País ubicado en el norte de Europa y Asia. pág. 365

Sacramento Capital de California. pág. 281

Salem Capital de Oregon. pág. 281

Salt Lake City Capital de Utah. pág. 84

Santa Fe Capital de New Mexico. pág. 281

Searcy Comunidad rural del centro de Arkansas. pág. 59

Sherwood Suburbio de Little Rock, Arkansas. pág. 59

South Carolina Estado de la región sureste de Estados Unidos. pág. 103

South Dakota Estado de la región del medio oeste de Estados Unidos. pág. 103
Springfield Capital de Illinois. pág. 281
St. Louis Ciudad del oeste de Missouri. pág. 28
St. Paul Capital de Minnesota. pág. 281
Stillwater Pueblo de la región centro norte de Oklahoma. pág. 71
Sudáfrica País del sur de África. pág. 365

Tallahassee Capital de Florida. pág. 281
Tennessee Estado de la región sureste de Estados Unidos. pág. 103
Texas Estado de la región suroeste de Estados Unidos. pág. 103
Tokio Ciudad de Japón que, además, también es el distrito comercial más importante del país. pág. 437
Toledo Ciudad del noroeste de Ohio. pág. 89
Topeka Capital de Kansas. pág. 281
Trenton Capital de New Jersey. pág. 274

Utah Estado de la región oeste de Estados Unidos. pág. 103

Venezuela País de América del Sur. pág. 364
Vermont Estado de la región noreste de Estados Unidos. pág. 103
Virginia Estado de la región sureste de Estados Unidos. pág. 103

Washington Estado de la región oeste de Estados Unidos. pág. 103
Washington, D.C. Capital de Estados Unidos. pág. 281
West Virginia Estado de la región sureste de Estados Unidos. pág. 103
Wisconsin Estado de la región del medio oeste de Estados Unidos. pág. 103
Wyoming Estado de la región oeste de Estados Unidos. pág. 103

DICCIONARIO GEOGRÁFICO

Glosario

El Glosario contiene palabras importantes de la historia y los estudios sociales con sus definiciones, en orden alfabético. El número de página después de cada definición indica la página del libro donde aparece la palabra por primera vez. Las palabras de guía en la parte superior de cada página te ayudarán a encontrar rápidamente la palabra que buscas.

A

accidente geográfico Una característica física, como una montaña, un valle, una llanura o una colina. pág. 21

acuerdo Cuando cada persona cede algo de lo que quiere para llegar a un arreglo. pág. 288

adaptarse Cambiar. pág. 116

agricultura La producción de cultivos y la cría de animales para la venta. pág. 60

ahorros El dinero que las personas guardan. pág. 429

alcalde El líder del gobierno de una comunidad. pág. 273

ambiente Las características físicas y humanas que tiene un lugar. pág. 114

antepasado Alguien de la familia que vivió hace mucho tiempo. pág. 34

antiguo Que sucedió o existió hace mucho tiempo. pág. 178

anuncio Un mensaje para que la gente compre algo. pág. 409

asentamiento Una comunidad nueva. pág. 197

autoridad El derecho que un pueblo da a sus líderes para dar órdenes, tomar decisiones y actuar por la comunidad. pág. 266

B

banco Un negocio que guarda y protege el dinero. pág. 25

bien Una cosa que se puede comprar o vender. pág. 24

bien común Lo que es bueno para todos los miembros de una comunidad. pág. 250

biografía Un relato de la vida de una persona. pág. I2

boicot La decisión tomada por un grupo de personas de no comprar ni usar algo. pág. 255

boleta electoral Una lista de las opciones en una elección. pág. 246

C

cadena de montaje Un proceso para fabricar un producto, en el cual cada trabajador agrega una pieza a medida que el producto va pasando por una cinta transportadora. pág. 176

canal Una vía acuática hecha por el ser humano. pág. 123

canción tradicional Una canción que expresa la cultura de un grupo de personas. pág. 350

capital El dinero para abrir un negocio nuevo. pág. 394

capital del condado Un pueblo o ciudad donde se encuentran las oficinas principales del gobierno del condado. pág. 274

capitolio El edificio del gobierno en una ciudad capital donde se reúnen los legisladores. pág. 281

característica física Una característica del terreno, el agua, el clima o la flora de un lugar. pág. 90

casa de la moneda Lugar donde se hacen las monedas. pág. 421

ciudadano Una persona que vive en una comunidad y pertenece a ella. pág. 14

civilización Un grupo grande de personas que viven de un modo muy organizado. pág. 178

clave del mapa Un recuadro en un mapa que explica los símbolos del mapa; también se llama leyenda del mapa. pág. I12

clima El estado del tiempo que tiene un lugar durante un período largo. pág. 20

colonia Un lugar gobernado por otro país. pág. 204

colonizador Una de las primeras personas que viven en una comunidad nueva. pág. 199

combustible Un recurso natural que se quema para producir calor o electricidad. pág. 108

comerciar Intercambiar un bien o servicio por otro. pág. 184

comercio electrónico Comprar y vender bienes y servicios por Internet. pág. 408

comercio internacional La compra y venta de productos entre países. pág. 401

competencia Los esfuerzos de los negocios por vender más bienes o servicios que los demás. pág. 423

comunicación El hecho de compartir información. pág. 27

comunidad Un grupo de personas que viven y trabajan en el mismo lugar. pág. 14

concejo Un grupo de personas elegidas para crear leyes. pág. 273

condado Parte de un estado donde hay varias ciudades y pueblos. pág. 272

conflicto Desacuerdo. pág. 200

Congreso El poder legislativo del gobierno nacional. pág. 283

consecuencia Algo que ocurre como resultado de lo que hace alguien. pág. 249

conservación Protección de los recursos para que duren más tiempo. pág. 130

conservar Salvar. pág. 104

constitución Conjunto de leyes escritas que dicen cómo debe funcionar un gobierno. pág. 208

consumidor Persona que compra un producto o un servicio. pág. 390

contaminación Todo lo que ensucia un recurso natural o lo hace peligroso para usar. pág. 128

continente Una de las siete grandes áreas de terreno en la Tierra. págs. I10, 82

continuidad Seguir igual, sin cambios. pág. 157

cooperar Trabajar juntos. pág. 252

cordillera Una cadena grande de montañas. pág. 91

corte El lugar donde un juez o un jurado decide si alguien violó una ley. pág. 275

Corte Suprema Parte del poder judicial del gobierno nacional; la corte más importante de Estados Unidos. pág. 281

costo de oportunidad Lo que tenemos que ceder para obtener lo que deseamos. pág. 432

costumbre Una manera de hacer las cosas. pág. 332

cuadrícula Un conjunto de líneas separadas por la misma distancia que se cruzan para formar cuadrados. pág. 48

cuento tradicional Un cuento que pasa de una generación a otra. pág. 349

cultura El estilo de vida que comparten los miembros de un grupo. pág. 15

D

década Diez años. pág. 156

decisión Elección. pág. 260

demanda La voluntad de los consumidores de comprar bienes y servicios. pág. 424

democracia Una forma de gobierno en que los ciudadanos tienen derecho a votar. pág. 182

densidad de población El número de personas que viven en un área de cierto tamaño. pág. 330

depositar Poner dinero en una cuenta del banco. pág. 429

derecho Una libertad. pág. 165

derechos civiles Derechos que dan el mismo trato para todos según la ley. pág. 167

derechos de la minoría Derechos del grupo más pequeño, que no votó por lo mismo que votó la mayoría. pág. 247

desastre natural Un suceso que causa grandes daños a las personas y las propiedades. pág. 117

desierto Un lugar con clima cálido y seco. pág. 21
día de fiesta Un día que se reserva para recordar a una persona, una idea o un suceso. pág. 340
diverso Diferente. pág. 332

E

economía Las maneras como una comunidad o país hace bienes y servicios y los usa. pág. 60
ecosistema Las plantas, los animales, la tierra, el agua y el clima que forman un área. pág. 97
ecuador En un mapa o globo terráqueo, una línea que se encuentra a medio camino entre el Polo Norte y el Polo Sur. pág. I11, 83
ejecutivo El poder del gobierno que hace cumplir las leyes. pág. 268
elecciones Un evento en que los ciudadanos votan. pág. 246
elegir Escoger por el voto. pág. 246
embalse Un lago hecho por el ser humano que se usa para acumular y guardar agua. pág. 126
emigrar Mudarse dentro del mismo país. pág. 328
empresario Una persona que abre un negocio y lo dirige. pág. 389
enlace de comunicación Un tipo de tecnología con la cual personas que están lejos unas de otras pueden compartir información de manera instantánea. pág. 408
enmienda Un cambio que se hace a algo que ya está escrito. pág. 217
erosión El desgaste de la superficie de la Tierra a lo largo del tiempo. pág. 96
escala del mapa Parte del mapa que compara las distancias en el mapa con las distancias en el mundo real. pág. I12
escasez Lo que pasa cuando la oferta de un producto no es suficiente para satisfacer la demanda. pág. 425
esclavitud El sistema en el cual las personas no tienen libertad para escoger. pág. 201
estatua Un monumento construido para honrar o recordar a una persona, una idea o un suceso histórico. pág. 338
explorador Un persona que va a un lugar nuevo para investigarlo. pág. 196
exportar Enviar productos y recursos a otros países para venderlos. pág. 402

F

fábrica Un edificio donde se hacen y empacan productos. pág. 396
fabricar Hacer algo con máquinas. pág. 397
fábula Un cuento en que los animales hablan y actúan como seres humanos. pág. 348
festival Una reunión alegre para celebrar. pág. 359
ficción Un cuento inventado. pág. 354
frontera Una línea en un mapa que muestra dónde termina un estado o una nación. pág. 86
fuente primaria La documentación de un suceso hecha por alguien que lo vio o participó en él. pág. 168
fuente secundaria La documentación de un suceso hecha por alguien que no estuvo presente. pág. 168

G

ganancia La cantidad de dinero que queda después de pagar todos los costos de dirigir un negocio. pág. 422
geografía El estudio de la superficie terrestre y la manera como se usa. pág. I8
globo terráqueo Un modelo de la Tierra. pág. I10
gobernador Un líder elegido del gobierno de un estado. pág. 280
gobierno Un grupo de personas que hacen las leyes para una comunidad. pág. 19
gobierno por mayoría Aceptar la decisión por la cual votaron más de la mitad de las personas. pág. 247

gráfica de barras Una gráfica que usa barras para mostrar cantidades. pág. 120

gráfica lineal Una gráfica que usa una línea para mostrar los cambios en la información que ocurren con el tiempo. pág. 296

grupo étnico Un grupo de personas que tienen el mismo idioma, cultura y forma de vida. pág. 333

guerra civil Una guerra en que los ciudadanos de un país pelean unos contra otros. pág. 216

H

hecho Una afirmación que se puede probar. pág. 354

hemisferio Mitad del globo terráqueo cuando se divide en mitades norte y sur o en mitades este y oeste. pág. I11, 83

héroe Una persona que hace algo importante y es un ejemplo para los demás. pág. 257

herramienta geográfica Una herramienta que indica dónde está un lugar y cómo se ve. pág. 82

himno Una canción patriótica. pág. 294

historia Relato de lo que sucedió en un lugar en el pasado. pág. I2

I

identidad cultural Un conjunto de características que se ven en los miembros de un grupo. pág. 364

igualdad Igual trato. pág. 166

imperio Todas las tierras y los habitantes que están bajo el control de una nación poderosa. pág. 184

importar Traer productos y recursos de otro país para venderlos. pág. 402

impuesto El dinero que los ciudadanos pagan al gobierno a cambio de bienes y servicios. pág. 205

independencia Libertad para no estar bajo el control de otro país. pág. 206

ingeniero Una persona que diseña maneras de construir y hacer cosas. pág. 164

ingreso Dinero que se paga a un trabajador por el trabajo que hace. pág. 392

inmigrante Una persona que llega a vivir a un país desde otro lugar del mundo. pág. 218

intercambio de beneficios Renuncia de una cosa a cambio de otra. pág. 432

interdependencia La dependencia entre los productores y los consumidores para obtener los productos y los recursos que necesitan. pág. 391

intereses Dinero que un banco le paga a la gente por dejar su dinero allí. pág. 429

Internet Un sistema que une las computadoras de todo el mundo. pág. 27

invento Algo que se hace por primera vez. pág. 162

invertir Comprar algo que va a aumentar su valor. pág. 429

irrigación Llevar agua a las áreas secas. pág. 124

J

judicial El poder del gobierno que decide si las leyes son equitativas y si están de acuerdo con la Constitución. pág. 268

jurado Un grupo de ciudadanos que deciden si una persona ha desobedecido la ley. pág. 248

justicia Equidad. pág. 253

L

latitud Líneas que van de este a oeste alrededor del globo terráqueo. pág. 88

legislativo El poder del gobierno que hace las leyes. pág. 268

lema Una frase corta para comunicar un mensaje. pág. 165

lenguaje Sonidos y palabras que un grupo de personas usan para comunicarse. pág. 190

ley Una regla hecha por una comunidad. pág. 18

leyenda Un cuento inventado sobre una persona o un suceso real. pág. 349

libertad El derecho de tomar tus propias decisiones. pág. 204

libre mercado La libertad de producir y vender cualquier producto o servicio que la ley permite. pág. 422

línea cronológica Un dibujo que muestra cuándo y en qué orden ocurrieron los sucesos. pág. 160

literatura Relatos y poemas que la gente usa para compartir sus ideas. pág. 348

longitud Líneas que van de norte a sur en un globo terráqueo, de un polo a otro. pág. 88

lugar histórico Un lugar que es importante en la historia. pág. 36

M

mapa Un dibujo que muestra la ubicación de las cosas. pág. I3

mapa de accidentes geográficos Un mapa que muestra las características físicas de un lugar. pág. 98

mapa de calles Un mapa que muestra las calles y otras características locales de una comunidad. pág. 278

mapa de recuadro Un mapa pequeño dentro de un mapa más grande. pág. I12

mapa de ubicación Un mapa pequeño o dibujo de un globo terráqueo que muestra dónde se encuentra un área del mapa principal dentro de un estado, un continente o el mundo. pág. I12

mapa histórico Un mapa que muestra cómo se veía un lugar en el pasado. pág. 220

materia prima Un recurso natural que se puede usar para fabricar un producto. pág. 394

mediador Una persona que ayuda a otros a solucionar un conflicto. pág. 288

meseta Un accidente geográfico con laderas empinadas y la parte superior plana. pág. 91

milenio Mil años. pág. 160

mineral Un tipo de recurso natural que se encuentra en el suelo, como el hierro o el oro. pág. 107

mito Un cuento inventado para explicar el mundo que nos rodea. pág. 348

moderno Relacionado con la época en que vivimos ahora. pág. 178

modificar Cambiar. pág. 122

monarquía constitucional Forma de gobierno en la que hay un monarca y también un gobierno elegido por el pueblo. pág. 302

monumento Algo que se construye para honrar o recordar a una persona o un suceso histórico. pág. 292

monumento conmemorativo Algo que mantiene vivo el recuerdo de una persona o un suceso. pág. 292

multicultural Que tiene que ver con muchas culturas diferentes. pág. 333

museo Un lugar donde se guardan y se exhiben objetos de otros lugares y otros tiempos. pág. 17

N

nación Un territorio con su propia gente y sus propias leyes. Otra forma de decir un país. pág. 26

negocio Una actividad en la cual los trabajadores hacen o venden bienes o trabajan para los demás. pág. 16

no renovable Que no se puede volver a hacer rápidamente, ni en la naturaleza ni por las personas. pág. 108

nombrado Elegido. pág. 284

objeto del pasado Un objeto que se usó en el pasado. pág. I2

obra de consulta Una fuente de datos. pág. 33

obra humana Algo que las personas agregan a un paisaje. pág. 114

obras públicas Un departamento del gobierno de una comunidad que presta servicios para satisfacer las necesidades diarias de los ciudadanos, como reparar las calles, recoger la basura o ver que la comunidad tenga agua limpia. pág. 277

oferta Los productos y servicios que los negocios ofrecen a los consumidores. pág. 424

opinión Creencia de una persona que puede basarse en hechos, pero que no se puede probar. pág. 410

oportunidad La posibilidad de tener una vida mejor. pág. 324

organigrama Un dibujo que muestra cómo hacer algo o cómo funciona algo. pág. 176

P

Parlamento El poder legislativo del gobierno de Canadá. pág. 301

patrimonio cultural Un conjunto de valores y costumbres que se heredan de las personas que vivieron antes. pág. 34

patriotismo Un sentimiento de orgullo por el propio país. pág. 208

pictograma Una gráfica que usa dibujos o símbolos para representar las cantidades de cada cosa. pág. 120

pionero Una persona que puebla territorios nuevos. pág. 214

población El número total de personas que viven en un lugar. pág. 42

prejuicio Trato injusto a una persona por su origen, raza o religión. pág. 325

presa Estructura de tierra o concreto que retiene el agua. pág. 126

Presidente El título que se le da al líder de Estados Unidos de América. pág. 209

presupuesto Un plan para gastar y ahorrar el dinero. pág. 430

primer meridiano El meridiano de 0 grados de longitud. pág. 88

primer ministro El jefe del poder ejecutivo del gobierno en algunos países, como Canadá. pág. 301

problema Algo difícil de entender. pág. 132

producto Un bien. pág. 388

productor Alguien que hace y vende un producto o servicio. pág. 389

puerto natural Un lugar protegido con agua profunda donde los barcos pueden acercarse a la costa. pág. 45

puerto Un lugar donde los barcos atracan para recoger bienes y personas. pág. 185

puntos cardinales Las direcciones principales: norte, sur, este y oeste. pág. I13

puntos cardinales intermedios Los puntos que se encuentran entre un punto cardinal y otro, como noreste, sureste, noroeste y suroeste, y que nos dan información más exacta sobre la ubicación de un lugar. pág. I13, 30

R

rasgo de personalidad Una cualidad que tiene una persona. pág. 253

reciclar Usar los recursos otra vez. pág. 130

recreación Cualquier actividad que se hace por simple diversión. pág. 276

recurso de capital Una herramienta o edificio que un negocio necesita para hacer y entregar un producto. pág. 395

recurso humano Los trabajadores que producen bienes y servicios. pág. 395

recurso natural Algo de la naturaleza que se puede aprovechar, como los árboles, el agua o el suelo. pág. 106

región Un área amplia que tiene al menos una característica que la diferencia de otras áreas. pág. 42

religión El conjunto de creencias de una persona. pág. 197

rendir culto Orar con otras personas. pág. 352

renovable Que la naturaleza o las personas pueden volver a hacer. pág. 108

representante Una persona elegida por un grupo de personas para que actúe o hable por ellas. pág. 283

república Una forma de gobierno en que los ciudadanos eligen a sus líderes para tomar decisiones por ellos. pág. 183

responsabilidad Algo que debemos hacer porque es necesario e importante. pág. 248

revolución Una lucha por un cambio de gobierno. pág. 205

rosa de los vientos Un dibujo en un mapa, que muestra los puntos cardinales para facilitar el uso del mapa. pág. I13

rural Que tiene que ver con el campo, las granjas y los pueblos pequeños. pág. 56

S

servicio Un trabajo que una persona hace para otra. pág. 24
servicio del gobierno Trabajo que hace el gobierno para los habitantes de una ciudad o un pueblo. pág. 267
siglo Cien años. pág. 156
símbolo patriótico Un símbolo, como una bandera, que representa las ideas en las que creen las personas. pág. 290
sociedad cooperativa Un grupo de trabajadores que son dueños de un negocio. pág. 438
sociedad histórica Una organización de personas que se interesan por la historia de su comunidad. pág. 36
solución Una respuesta a un problema. pág. 132
suburbano Relacionado con las comunidades que están alrededor de las ciudades. pág. 52
suburbio Una comunidad más pequeña construida cerca de una ciudad más grande. pág. 52
sueldo Dinero que se paga a un trabajador por el trabajo que hace. pág. 392
sufragio El derecho a votar. pág. 165

T

tecnología Todas las herramientas que se usan en la vida diaria. pág. 170
temporada de cultivo Época en la cual pueden crecer las plantas. pág. 94
terrazas Gradas gigantes que se tallan en las laderas de las montañas para cultivar. pág. 124
territorio Terreno que pertenece a un gobierno, pero que no es un estado ni una colonia. pág. 217
título del mapa El título que dice de qué es el mapa. pág. I12
tomar posesión Decir que algo te pertenece. pág. 197
tradición Una costumbre que se transmite a otros. pág. 335
tradición oral Historia hablada. pág. 190
transporte El movimiento de personas, bienes e ideas de un lugar a otro. pág. 46
trueque El intercambio de productos sin usar dinero. pág. 418
túnel Un camino que pasa a través o por debajo de algo. pág. 123

U

ubicación absoluta La ubicación exacta de un lugar. pág. 88
ubicación relativa La ubicación de un lugar en relación con otro lugar. pág. 86
urbano Perteneciente a las ciudades. pág. 43
uso de la tierra La manera como se usa la mayor parte de la tierra de un área. pág. 398

V

valle Una zona de tierras bajas que se encuentra entre colinas o montañas. pág. 91
vegetación Plantas que crecen en un lugar. pág. 94
vivienda Una casa u otro edificio que protege del clima. pág. 191
voluntario Una persona que decide trabajar sin que le paguen. pág. 251
voto una preferencia que se cuenta. pág. 165

Índice

El Índice te indica en qué parte del libro aparece la información sobre personas, lugares y sucesos importantes. Las palabras clave, o entradas, están ordenadas alfabéticamente. Para cada entrada, el número de página indica en qué parte del texto se puede encontrar información sobre esa entrada. Las referencias de página que corresponden a ilustraciones están en itálicas. Una *"m"* en itálicas indica un mapa. Las referencias de página en negrita indican las páginas donde se definen los términos del vocabulario. Las entradas que tienen relación entre ellas tienen la referencia *"ver"* o *"ver también"*. Las palabras que aparecen como guía en la parte superior de cada página te ayudarán a saber qué palabras aparecen en la página.

ÍNDICE

F

J

R

For permission to translate/reprint copyrighted material, grateful acknowledgment is made to the following sources:

Atheneum Books for Young Readers, Simon & Schuster Children's Publishing Division: From *A Place Called Freedom* by Scott Russell Sanders, illustrated by Thomas B. Allen. Text copyright © 1997 by Scott Russell Sanders; illustrations copyright © 1997 by Thomas B. Allen.

Bloomsbury Children's Books, a division of Walker and Company: Cover illustration from *Hard Hat Area* by Susan L. Roth. Copyright © 2004 by Susan L. Roth.

Curtis Brown, Ltd.: "Walk Lightly" from *A World of Wonders: Geographic Travels in Verse and Rhyme* by J. Patrick Lewis. Copyright © 2002 by J. Patrick Lewis.

Charlesbridge Publishing, Inc.: From *Be My Neighbor* by Maya Ajmera and John D. Ivanko. Text copyright © 2004 by SHAKTI for Children.

Children's Press, a Scholastic Library Publishing Company, Inc., a division of Scholastic Incorporated: Cover illustration from *mi barrio/my neighborhood* by George Ancona. Children's drawings © 2004 by Marc Anthony and Christina Ortiz; photograph © 2004 by George Ancona.

Dial Books for Young Readers, a Division of Penguin Young Readers Group, A Member of Penguin Group (USA) Inc., 345 Hudson Street, New York, NY 10014: Illustrations by Alison Jay from "Walk Lightly" in *A World of Wonders: Geographic Travels in Verse and Rhyme* by J. Patrick Lewis. Illustrations copyright © 2002 by Alison Jay.

Farrar, Straus and Giroux, LLC: Cover illustration by Jerome Lagarrigue from *Going North* by Janice N. Harrington. Illustration copyright © 2004 by Jerome Lagarrigue.

Grosset & Dunlap, a Division of Penguin Young Readers Group, a Member of Penguin Group (USA) Inc., 345 Hudson St., New York, NY 10014: Cover illustration by Thor Wickstrom from *Money: A Rich History* by Jon Anderson. Illustration copyright © 2003 by Thor Wickstrom.

Harcourt, Inc.: Cover illustration by Wendell Minor from *Rachel: The Story of Rachel Carson* by Amy Ehrlich. Illustration copyright © 2003 by Wendell Minor. Cover illustration by Emily Arnold McCully from *Old Home Day* by Donald Hall. Illustration copyright © 1996 by Emily Arnold McCully.

HarperCollins Publishers: Cover illustration from *Market!* by Ted Lewin. Copyright © 1996 by Ted Lewin. Cover illustration from *The Train of States* by Peter Sís. Copyright © 2004 by Peter Sís.

Henry Holt and Company, LLC: Cover illustration from *Mapping Penny's World* by Loreen Leedy. Copyright © 2000 by Loreen Leedy.

Houghton Mifflin Company: Cover illustration by Claire A. Nivola from *The Flag Maker* by Susan Campbell Bartoletti. Illustration copyright © 2004 by Claire A. Nivola.

Kids Can Press: Cover illustration by Shelagh Armstrong from *If the World Were a Village: A Book about the World's People* by David J. Smith. Illustration © 2002 by Shelagh Armstrong.

Philomel Books, a Division of Penguin Young Readers Group, a Member of Penguin Group (USA) Inc., 345 Hudson St., New York, NY 10014: Cover illustration by Ted Lewin from *High as a Hawk* by T. A. Barron. Illustration copyright © 2004 by Ted Lewin. Cover illustration by William Low from *Henry and the Kite Dragon* by Bruce Edward Hall. Illustration copyright © 2004 by William Low.

Scholastic Inc.: From *Dreaming of America: An Ellis Island Story* by Eve Bunting, illustrated by Ben F. Stahl. Text copyright © 2000 by Edward D. Bunting and Anne E. Bunting, Trustees of the Edward D. Bunting and Anne E. Bunting Family Trust; illustrations copyright © 2000 by Ben F. Stahl. Cover photograph by Russ Kendall from *Sarah Morton's Day: A Day in the Life of a Pilgrim Girl* by Kate Waters. Photograph copyright © 1989 by Russell Kendall.

Jay Scott: From *Alex and the Amazing Lemonade Stand* by Liz and Jay Scott with help from Alex Scott, illustrated by Pam Howard. Text copyright © 2004 by Liz and Jay Scott; illustrations copyright © 2004 by Pam Howard.

Tilbury House, Publishers: Cover illustration by Lea Lyon from *Say Something* by Peggy Moss. Illustration copyright © 2004 by Lea Lyon.

PHOTO CREDITS FOR GRADE 3 SOCIAL STUDIES

Placement Key: (t) top; (b) bottom; (l) left; (r) right; (c) center; (tl) top left; (tc) top center; (tr) top right; (cl) center left; (cr) center right; (bl) bottom left; (bc) bottom center; (br) bottom right; (bg) background; (fg) foreground; (i) inset

COVER

ENDSHEET

FRONTMATTER

Blind (b) David Lawrence/Panoramic Images; iv (bg) Joe Sohm/PictureQuest; vi (bg) Photodisc Red/Getty Images; (b) Kwame Zikomo/SuperStock; vii (t) Royalty-Free/Corbis; (fg) David Young-Wolff/PhotoEdit; viii (fg) David W Hamilton/Getty Images; (bg) Steve Vidler/SuperStock; (b) Richard T. Nowitz/Corbis; xii (bg) Index Stock Imagery; (fg) John Wang/Getty Images; xiii (fg) Kevork Djansezian/AP Images; x (b) PhotoDisc/Media Bakery; (bg) Maryland Historical Society; (fg) Michael Ventura/PhotoEdit; xi (fg) Comstock/PictureQuest; xiv (bg) Minnesota Historical Society/Corbis; (b) Jamie & Judy Wild/Danita Delimont Stock Photography; (t) Joe Tree/Alamy; I2 (bc) Brand X/SuperStock; (bl) Corbis; (br) Library of Congress; I3 (bl) Alan King/Alamy; (br) Jeremy Woodhouse/Getty Images; I8 (c) Danny Lehman/Corbis; (b) Age fotostock/SuperStock; I9 (t) Gail Mooney/Masterfile; (c) Peter Christopher/Masterfile; (b) age fotostock/SuperStock.

UNIT 1

1 (bl) Used with permission from The Biltmore Company, Asheville, North Carolina (t), (b) Panoramic Images; 2 (t) Robert Harding World Imagery/Getty Images; 3 (tl) Gary Conner/PhotoEdit; (c) Lenny Ignelzi/AP Images; (tr) Masterfile Royalty-Free; (b) Artiga Photo/Corbis; 5 (t) Greg Pease/Photographer'sChoice/Getty Images; (b) Bruno Barbey/Magnum Photos; 6 (c) Josef Polleross/The Image Works; (b) Ken Cavanagh/Photo Researchers, Inc.; 7 (b) Nik Wheeler Photography; (t) Momatiuk-Eastcott/Woodfin Camp; 8 (t) Robert Frerck/Woodfin Camp; (b) Adam Tanner/The Image Works; 9 (t) Ray Roberts/Topham/The Image Works; (b) Robert Fried/Alamy; 10 (b) Richard Hutchings/Photo Researchers, Inc.; (t) Sean Sprague/Sprague Photo Stock; 11 (b) Jim Mahoney/The Image Works; (t) David Austin/Woodfin Camp; 12 (b) James Lemass/Index Stock Imagery; (br) HIRB/Index Stock Imagery; (bl) Diaphor Agency/Index Stock Imagery; (bg) J Sohm/Voa LLC/Panoramic Images; 14 (b) Jon Arnold/Danita Delimont; 15 (t) Rudi Von Briel/PhotoEdit; 16 (b) Jacqueline Larma/AP Images; (c) Terry Gilliam/AP Images; 17 (b) Scott Barrow,Inc./SuperStock; (t) Monika Graff/The Image Works; 19 (t) Toby Talbot/AP Images; 20 (bl) Charles Crust Photographer; (br) Claver Carroll/Panoramic Images; 21 (bc) age fotostock/SuperStock; (bl) Jim Wark/AirPhoto; (br) Rafael Macia/Photo Researchers, Inc.; 22 (t) Beverly Palau/City of Greenbelt; (b) Tom Carter/PhotoEdit; 23 (b) Clarksville Historical Society; (t) Indiana Historical Society; 24 (bl) Jack Kurtz/The Image Works; (br) Masterfile Royalty-Free; 25 (t) Pickerell/Folio; 26 (b) Peter Adams/Panoramic Images; 27 (t) Evan Collis/Australian Picture Library; 28 (tr) Medio Images/Getty Images; (tl) Bjorn Grotting/Indonesia Photo; (b) St.Louis Center for International Relations; 29 (t) Jordan R. Beesley/US Navy/NewsCom 33 (t) Mark Richards/PhotoEdit; 34 (bg) Gerald L. French/Panoramic Images;36 (bg), (inset) North Carolina ECHO; 37 (t) Michael Jaenicke/The Robesonian/AP Images; 38 (t) Jacqueline Larma/AP Images; 39 (tl) age fotostock/SuperStock; 40 (bg) SpotWorks, Inc.; (bl) Henry T. Kaiser/Stock Connection/Workbook; (bc) Michael Melford/Getty Images; (br) Grandmaison Photography; 42 (b) SpotWorks, Inc.; 43 (c) Joe Sohm/PictureQuest; 44 (bg) age fotostock/SuperStock; 45 (t) Photodisc Green/Getty Images; (c) Gail Mooney/Masterfile; 46 (b) Julie Jacobson/AP Images; (c) SpotWorks, Inc.; 47 (t) Michael Newman/PhotoEdit; 50 (b) AP Images; 51 (t) Walter Bibikow/Getty Images; (c) U.S. Postal Service/AP Images; 52 (b) BerylGoldberg; 53 (t) Emily Shur/Getty Images; 54 (b) Peter Byron/PhotoEdit; 56 (bg) Gary McMichael/Grant Heilman Photography; 57 (t) Philip Holsinger/The Daily Citizen; 58 (b) Randall Hyman/AGPix; 59 (br) R. Krubner/Robertstock.com; (t) Paul Rezendes Photography; 60 (t) John Elk III; 61 (t) Steve Warble/Mountain Magic Photography; 62 (c) Bettmann/Corbis; 63 (tl) Knight Programing Community Building/University of Miami School of Architecture; (tr) U.S. Representative JoAnn Emerson; 64 (cl) Paul Barton/Corbis; (cr) Susan Van Etten/PhotoEdit; 66 (t) Joe Sohm/PictureQuest; 67 (tl) Beryl Goldberg; (tr) Gary McMichael/Grant Heilman Photography; 70 (t) age fotostock/SuperStock; (b) Tom Carter/PhotoEdit.

UNIT 2

73 (b) The Granger Collection, New York; (bg), (t) Chad Ehlers/Stock Connection/ Workbook; 74 (t) Royalty-Free/Corbis; (br) Ariel Skelley/Masterfile; 75 (tl) Jupiter Images/PictureQuest (tr) Stockbyte/Media Bakery RF; (c) Sal Maimone/SuperStock; (b) Douglas Peebles/Corbis; 77 (b) Jeremy Frechette/The Image Bank/Getty Images; 80 (bg) Adam Jones/Danita Delimont Stock Photography; (bc) Paul Rezendes; (br) Macduff Everton/Iconica/Getty Images; 84 (t) Tim Thompson/Corbis; 90 (b) Photodisc Red/Getty Images; 91 (t) Kwame Zikomo/ SuperStock; 92 (t) Darrell Gulin/Getty Images; 93 (t) Tom Bean/Corbis; 94 (c) Art Wolfe/Getty Images; (bl) Gary Conner/Index Stock Imagery; (br) Frank Krahmer/zefa/ Corbis; 95 (bl), (br), (tr), (tl)Todd Pearson/ Getty Images; 96 (t) David Muench/Getty Images; 97 (t) Norbert Wu/Minden Pictures; 100 (bg) Willard Clay/Getty Images; (b) Bob and Suzanne Clemenz/AGPix; 101 (tr) Gunter Marx/Corbis; (cr) Byron Jorjorian/Alamy; (tl), (c) Paul Uhl; (cl) Dewitt Jones/Corbis; 102 (bl) Tim Fitzharris/Minden Pictures; (br) Yva Momatiuk/John Eastcott/Minden Pictures; 103 (bl) Glen Allison/Getty Images; (b) Masterfile Royalty-Free; (br) Digital Vision/Getty Images; 104 (t) Jeff Rogers Photography; 105 (c) Kevin R. Morris/Corbis; (t) Jeff Spradling/University of Kentucky Appalachian Center; 106 (bg) Ike Geib/Grant Heilman Photography; (c) Denny Eilers/ Grant Heilman Photography; 107 (fg) Peter Dean/Grant Heilman Photography; 108 (t) Jason Turner/The Journal/AP Images; (b) Grant Heilman/Grant Heilman Photography; 109 (t) Photodisc Collection/Getty Images; 110 (t) Photodisc Red/Getty Images; 111 (tl) Digital Vision/Getty Images; (tr) Jason Turner/The Journal/AP Images; 112 (bg) James M Phelps, Jr/ShutterStock; (bc) Denny Eilers/Grant Heilman Photography; (bl) Yann Arthus-Bertrand/Corbis; (br) Karl Weatherly/Corbis; 114 (b) James Schwabel/ Panoramic Images; 116 (t) W. Robert Moore/ Getty Images; (c) Bryan & Cherry Alexander Photography; 117 (b) Mario Tama/Getty Images; 119 (b) Macduff Everton/Corbis; 120 (t) Weatherstock/Peter Arnold, Inc.; (b) Stephen Holman/Stillwater News Press/AP Images; 122 (b) Sergio Pitamitz/Getty Images; 123 (b) Hulton Archive/Getty Images; 124 (t) Tom Brownold/AGPix; (b) Johan Elzenga/Foto Natura/Minden Pictures; 125 (t) Kevin R. Morris/Corbis; (b) Bernhard Lang/The Image Bank/Getty Images; 126 (b) Photos courtesy of Lake of the Ozarks CVB/800-FUNLAKE/ funlake.com; (t) Royalty-Free/Corbis; 127 (t) Glen Allison/Getty Images; 128 (b) Photodisc Collection/Getty Images; 129 (c) Hand Out/ AP Images; 130 (b) JP Laffont/Sygma/Corbis; (t) David Young-Wolff/PhotoEdit; 131 (t) Shipley's Choice Elementary/Maryland Department of the Environment; 134 (b) Tom Lynn/Journal Sentinel Inc.; (c) Gregory Berger/Pomegranate Design/Sacramento Area Earth Day Network; 135 (b) Ron Wurzer/Nature Consortium/AP Images; (t) Karen Prinsloo/AP Images; 138 (t) Mario Tama/Getty Images; 139 (tl) Photos courtesy of Lake of the Ozarks CVB/800-FUNLAKE/ funlake.com; (tr) David Young-Wolff/ PhotoEdit; 142 (b) Hand Out/AP Images.

UNIT 3

145 (bl) Jean Leon Jerome Ferris/Private Collection/Bridgeman Art Library; (bg) Prisma/SuperStock; 146 (t) Bettmann/Corbis; (br) Mark Richards/PhotoEdit; 147 (tl) Masterfile Royalty-Free; (c) Larry Ulrich; (tr) Art Resource, NY; (b) Paul Johnson/ Index Stock Imagery; 149 (b) Sylvia Pitcher Photolibrary/Alamy; 154 (bg) K. Yamashita/ PanStock/Panoramic Images/Workbook; (bc) Brad Wrobleski/Masterfile; (bl) Noel Hendrickson/MasteFile; (br) Scala/Art Resource, NY; 156 (b) Adam Jones/Getty Images; 157 (cl) New York Public Library Picture Collection; (cr) Hisham F Ibrahim/ Photodisc Green/Getty Images; 158 (tl) Corbis; (tr) Scala/Art Resource; 159 (t) Bob Landry/Time Life Pictures/Getty Images; (c) Herb Levart/SuperStock; 160 (bl) Lawrence Carmichael Earle/Chicago Historical Society/Bridgeman Art Library; (br) Chicago Historical Society; 161 (bl) Library of Congress; (b) Bettmann/Corbis; (br) Images. com/Corbis; 163 (t) John Seymour Lucas/ Institute of Mechanical Engineers/Bridgeman Art Library; 164 (b) Raymond Patrick/Getty Images; 165 (br) California Historical Society; (b), (bl) National Museum of Women's History; 166 (c) Robin Nelson/PhotoEdit; (t) Douglas Miller/Getty Images; 167 (t) Bob Fitch/Stock Photo; 168 (br) Stephen Chernin/ Getty Images; (bl) Flip Schulke/Corbis; (c) Ted Spiegel/Corbis; 169 (inset) Getty Images; 170 (b) Gilcrease Museum; 171 (tl) Corbis; (tr) Bettmann/Corbis; (bl) Ryan McVay/Getty Images; (c) Scott Milless/ShutterStock; (br) Getty Images; (b) The Granger Collection, New York 172 (t) Bettmann/Corbis; 173 (t) Underwood & Underwood/Corbis; 174 (c) J. Walter Thompson/AP Images; (b) Queens Borough Public Library; (tl), (tr) The Granger Collection, NY; 175 (t) Judy Rosella Edwards/Ecolitgy Communications; 178 (b) Nik Wheeler Photography; 179 (tr) Réunion des Musées Nationaux/Art Resource; (tl) Werner Forman/TopFoto/The Image Works; 180 (b) Travel Ink Photo Library/Index Stock Imagery; (t) Deir el-Bahri, Temple of Hatshepsut/Metropolitan Museum of Art Excavations; 182 (b) Johnny Stockshooter/Robertstock.com; 184 (b) Ali Murat Atay/Coral Planet/AGPix; (t) Bibliotheque Nationale de France, Paris; 185 (t) Bruno Morandi/Getty Images; 186 (t) Bob Fitch/Stock Photo; 187 (tl) Bettmann/Corbis; (tr) Réunion des Musées Nationaux/Art Resource; 188 (bg) John Neubauer/PhotoEdit; (bl) Scott Olson/Getty Images; (bc) Michael Pasdzior/The Image Bank/Getty Images; (br) John Elk III/Lonely Planet Images/Getty Images; 190 (b) David W Hamilton/Getty Images; 191 (b) Private Collection/Peter Newark Western Americana/Bridgeman Art Library; 193 (t) Nathan Benn/Corbis; 194 (cl) Picture History, LLC; (cr) W.S. Soule/Picture History, LLC; 195 (tl) http://www.mrp.txstate. edu/mrp/publications/hillviews/2001/ winter/page4.html; (tr) Marilyn "Angel " Wynn/nativestock.com; 196 (br) Private Collection, Index/Bridgeman Art Library; (bl) Sebastiano del Piombo/Metropolitan Museum of Art/Bridgeman Art Library; 197 (c) Bettmann/Corbis; (t) Steve Vidler/ SuperStock; 198 (t) MPI/Getty Images; (b) David Schultz/Missouri Historical Society; 199 (b) The Granger Collection; (t) Airphoto; 200 (b) Richard T. Nowitz/Corbis; 201 (t) David Muench/Corbis; 202 (bl) Snark/Art Resource, NY; (cl) Jeff Greenberg/PhotoEdit; (cr) Bettmann/Corbis; (br) Tom Horlacher; (t) Brand X/SuperStock; 203 (t) Burstein Collection/Corbis; 204 (b) Bettmann/ Corbis; 206 (t) Bettmann/Corbis; 207 (t) Morristown National Historic Park/National Park Service Museum Collection; (b), (c) Military and Historical Image Bank; 208 (b) The Granger Collection, New York; 209 (t) Arsene Hippolyte Rivey/New-York Historical Society/Bridgeman Art Library; 210 (bl), (br) The Granger Collection, New York; 211 (t) Courtesy of the Historical Society of Pennsylvania; (c) The Granger Collection, New York; 212 (b) "Lewis and Clark at Three Forks" by E.S. Paxson, Oil on Canvas 1912, Courtesy of the Montana Historical Society, Don Beatty photographer; 213 (b) National Museum of American History, Smithsonian Institution; 214 (b) Comstock Images/Alamy; 215 (b) Montana Historical Society, Helena.; 216 (c) National Archives; (t) Library of Congress; 217 (t) National Portrait Gallery, Smithsonian Institution/Art Resource, NY; (b) Library of Congress; 218 (b) Royalty-Free/Corbis; 219 (fg) NASA Kennedy Space Center; (bg) Worldspec/NASA/Alamy; 220 (c) David Schultz/Missouri Historical Society Collections; 222 (bl) Geography and Map Division/The Library of Congress; (br) Oregon Historical Society; 223 (bl), (br) Oregon Historical Society; (t) Erich Lessing/ Art Resource, NY; (c) The Granger Collection, New York; 226 (t) Bettmann/Corbis; 227 (tr) National Portrait Gallery, Smithsonian Institution/Art Resource, NY; 229 (tc) U.S. Postal Service, HO/AP Images; (c) NASA Kennedy Space Center; (cl) Picture History LLC; (cr) Kean Collection/Getty Images; (bl) AP Images; (bc) Bettmann/Corbis; 230 (t) Scott Milless/ShutterStock; (b) National Museum of Women's History.

UNIT 4

233 (bg), (t) San Rostro/AGE Fotostock; 234 (t) David Butow/Corbis Saba; (br) Getty Images;

235 (tl) Jeffrey Greenberg/Photo Researchers, Inc.; (c) Gary Conner/PhotoEdit; (tr) C Squared Studios/Getty Images; (b) Park Street/PhotoEdit; 237 (b) George & Monserrate Schwartz/Alamy; 238 (b) Lawrence Migdale; 239 (tl), (tr) Lawrence Migdale; 240 (bl), (br) Lawrence Migdale; 241 (t) Lawrence Migdale; 242 (bg) Nanine Hartzenbusch/Getty Images; (bl) St. Cloud Times, Kimm Anderson/AP Images; (bc) John Neubauer/PhotoEdit; (br) Paul Conklin/ PhotoEdit; 244 (b) Alex Wong/Getty Images; 245 (t) The Granger Collection, New York; (br), (cl) David Young-Wolff/PhotoEdit; (cr) Richard Hutchings/PhotoEdit; (bl) Lisa Law/The Image Works; 246 (t) Spencer Platt/Getty Images; (b) Jeff Greenberg/The Image Works; 247 (t) Jonathan Nourok/ PhotoEdit; 249 (t) John Neubauer/PhotoEdit; (b) Bob Stern/The Image Works; 250 (b) Jesse Chehak; (t) Tanit Jarusan/The Daily Herald Photo Archives; 251 (t) Jesse Chehak; 252 (b) David Schmidt/Masterfile; 253 (t) Beach/Kentucky Transportation Cabinet; (c) Vincent/Kentucky Transportation Cabinet; 254 (t) Pat Roque/AP Images; (b) Bjoern

Sigurdsoen/Pool/AP Images; 255 (t) Take Stock; (b) Paul Warner/AP Images; 256 (t) Bob Fitch/Take Stock; (c) Library of Congress; 257 (t) Ryan's Well Foundation; 258 (b) Najlah Feanny/Corbis; 259 (t) Sakuma/AP Images; (c), (b) Spotworks; 263 (tl) John Neubauer/PhotoEdit; (tr) Pat Roque/AP Images 264 (bg) Mark Gibson Photography; (bc) Ted Soqui/Corbis; (bl) Rebecca Cook/Reuters/Corbis; (br) Ron Chapple/Taxi/Getty Images; 266 (b) Office of the City Clerk/Annapolis, Maryland; 267 (c) Douglas Kirkland/Corbis; (b) Marland State Archives; 268 (tl) PhotoDisc/Media Bakery; (tr) Larry Fisher/Masterfile; (b) Ron Edmonds/AP Images; 269 (t) Ed Reinke/AP Images; 270 (br) Jim Rider/South Bend Tribune/AP Images; (bl) Musee Franco-Americaine, Blerancourt, Chauny, France, Giraudon/Bridgeman Art Library; 271 (b) Bob Child/AP Images; (t) National Archives; 272 (b) Lee Snider/Photo Images/Corbis; 273 (t) Columbus City Council; (b) Terry Gilliam/AP Images; 274 (b) Warren County Public Information & Tourism Department; 275 (b) Brian Rose; 276 (t) Kayte M. Deioma/PhotoEdit; (b) Comstock Images/PictureQuest RF; 277 (t), (c) Stephen Wirt; 280 (b) Jim LeMays/Michigan Department of Transportation/Gov. Jennifer M. Granholm; 281 (b) SuperStock; 282 (b) Getty Images; 283 (b) 2005 Getty Images; (t) U.S. Senator Richard Burr; 284 (t) Jason Reed/Reuters/Corbis; (c) Bettmann/Corbis; 285 (t) Jeffrey Greenberg/Photo Researchers, Inc.; (c) Byron Jorjorian Photography; 286 (bg) Lester Lefkowitz; (b) Royalty-Free/Corbis; 287 (c) Peter Gridley/Getty Images; (br) Mark Wilson/Getty Images; (tl) Brand X Pictures/Alamy; (tr) Kelly-Mooney Photography/Corbis; (bl) Craig Aurness/Corbis; 288 (inset) Catherine Karnow/Folio, Inc.; 290 (b) PhotoEdit; 291 (c) Bob Daemmrich/The Image Works; (b) Comstock/PictureQuest; 292 (t) National Geographic/Getty Images; 293 (c) Pablo Martinez Monsivais/AP Images; (t) Photo Disc/Media Bakery; (c) Richard T. Nowitz/Corbis; 294 (t) Library of Congress Prints and Photographs Division Washington, D.C. 20540 USA; 295 (b) Maryland Historical Society; (t) Michael Ventura/PhotoEdit; 296 (b) age fotostock/SuperStock; 298 (c), (b) Flags: The Americas/PictureQuest; 299 (tl), (b) Vector-Images.com; (tr) Stockbyte/PictureQuest; 300 (b) J. Scott Applewhite/AP Images; 301 (t) Business Wire/Getty Images; 302 (t) Robert Nickelsberg/Time Life Pictures/Getty Images; (b) National Geographic/Getty Images; 303 (t) Anupam Nath/AP Images; 304 (cl) Peter Arnold, Inc./Alamy; (b) Robert Harding Picture Library Ltd/Alamy; (cr) Colin Young-Wolff/PhotoEdit; 306 (t) Lee Snider/Photo Images/Corbis; 307 (tl) 2005 Getty Images; (tr) Comstock/PictureQuest; 309 (l) Library of Congress Prints & Photographs Division; 310 (t) The Granger Collection, New York; (b) Douglas Kirkland/Corbis.

UNIT 5

313 (t) Panoramic Images/Getty Images; 314 (t) James J. Bissell/SuperStock; (br) Bill Aron/PhotoEdit; 315 (tr) Creatas/SuperStock; (c) North Wind Picture Archives/Alamy; (b) Jack Kurtz/The Image Works; (tl) Ryan McVay/Getty Images; 317 (b) Tom Stewart/Corbis; 318 (b) The Mariners' Museum; 319 (c) AP Images; 321 (c) Ellis Island Immigration Museum; 322 (bg) Gary Conner/PhotoEdit; (bl) Photodisc Red/Getty Images; (br) Howie McCormick/AP Images; (bc) Michael Goldman/The Image Bank/Getty Images; 324 (b) Bettmann/Corbis; 325 (b) Royalty-Free/Corbis; 326 (t) National Archives Washington DC/The Art Archive; (b) Underwood & Underwood/Corbis; 327 (b) Kathy Willens/AP Images; 328 (b) Digital Image © The Museum of Modern Art/Licensed by Scala/Art Resource, NY; 329 (t) Pluriel Phototheque/SuperStock; 330 (c) Jim Hartman/Division of Streets/ Department of Public Properties/City of Aurora; 332 (b) Elliot Teel Photography; 333 (t) Index Stock Imagery; 334 (tl), (tr) Cleveland Public Library Photograph Collection; 335 (b) John Kuntz/The Plain Dealer; (t) Jeff Greenberg/Courtesy of Convention & Visitors Bureau of Greater Cleveland; 336 (b) SpotWorks, Inc.; 337 (t) SpotWorks, Inc.; 338 (bl), (br) Corbis; 339 (br) John Wang/Getty Images; (t) age fotostock/SuperStock; (bl) Bettmann/Corbis; 340 (b) Janet Hostetter/AP Images; (t) Spencer Platt/Getty Images; 341 (c) Comstock/Media Bakery RF; (t) Ariel Skelley/Corbis; 342 (b) Ohio University; 343 (t) Dennis Brack Photography; (c) Andre Jenny/Alamy; 344 (t) Bettmann/Corbis; 345 (tl) Index Stock Imagery; (tr) Ariel Skelley/Corbis; 346 (bg) Russell Gordon/Danita Delimont Stock Photography; (br) Catherine Karnow/Corbis; (bc) Pat & Chuck Blackley; (br) Myrleen Ferguson Cate/PhotoEdit; 348 (b) Syracuse Newspapers/John Berry/The Image Works; 349 (t) Bonnie Kamin/PhotoEdit; (c) Carol Cunningham/AP Images; 350 (b) Erin Patrice O'Brien/Getty Images; (t) Gift of Edsel B. Ford(33.10.N)/Detroit Institute of Arts; 351 (t) Gibson Stock Photography; (b) Robert Frerck and Odyssey Productions, Inc; 352 (cr) age fotostock/SuperStock; (cl) John Elk III; (tr) Martin Puddy/Getty Images; (tl) Spotworks, Inc; 356 (bg) Fresh Air Photo; 357 (tl) Hillhouse Graphic Design; (cl), (tr), (cr) Fresh Air Photo; 358 (b) Thomas Cain/Getty Images; 359 (b) Dave Scherbenco/Citizens Voice/AP Images; (t) Kevork Djansezian/AP Images; 360 (t) Julie Jacobson/AP Images; (b) Liu Liqun/Corbis; 361 (t) AFP Photo/Pornchai Kittiwongsakul/Getty Images; 362 (b) Dave Bartruff/Corbis; 363 (b) Brian Seed/Alamy; (t) Jon Hicks/Corbis; 364 (t) Galen Rowell/Corbis; (cl) Ned Frisk Photography/Brand X Pictures/Adobe Stock Photos; (b) Mark Eveleigh/Alamy; (cr) Gen Nishino/Taxi/Getty Images; 365 (t) Richard Kolker/Getty Images; (c) Adam Buchanan/Danita Delimont Stock Photography; (br) Darroch Donald/Alamy; (cl) Ariadne Van Zandbergen/Lonely Planet Images/Getty Images; (tr) Oleg Nikishin/Getty Images; (cr) J Kim/Stone/Getty Images; (bl) Peter Turnley/Corbis; (tl) Tony Latham/Getty Images; 366 (t) Akira Kaede/Getty Images; (b) Sylvain Grandadam/Stone/Getty Images; 367 (t) travelstock44/Alamy; 370 (t) Erin Patrice O'Brien/Getty Images; 371 (tl) Thomas Cain/Getty Images; (tr) Adam Buchanan/Danita Delimont Stock Photography; 374 (t) Comstock/Media Bakery RF; (b) Royalty-Free/Corbis.

UNIT 6

377 (t) David R. Frazier/PhotoLibrary Inc/Alamy Images; 378 (t) Getty Images; (br) Laura Rauch/AP Images; 379 (tl) Gift; State Historical Society of Colorado; 1949/Library of Congress; (br) Royalty-Free/Corbis; (bl) Francisco Cruz/SuperStock; 381 (b) Glen Allison/Stone/Getty Images; 385 (t) Alex's Lemonade Stand; 386 (bg) Jeff Greenberg/Courtesy of Convention & Visitors Bureau of Greater Cleveland; (br) J. Silver/SuperStock; (b) Richard Shock/Stone/Getty Images; (bl) Michael Newman/PhotoEdit; 388 (b) Minnesota Historical Society/Corbis; 389 (tl), (tr) The General Pencil Co.; 391 (t) Barbara Stitzer/PhotoEdit; (b) Lawrence Migdale; 392 (t) ECI; 393 (b) A'Lelia Bundles/Walker Family Collection/Wash, DC; 394 (b) Andre Jenny/The Image Works; 395 (t) Hans Strand/Corbis; (c) Mark E. Gibson/Corbis; (b) Roy Ooms/Masterfile; 397 (t) Bob Krist/Corbis; 398 (b) Christine Osborne/Worldwide Picture Library/Alamy; 400 (b) Jamie & Judy Wild/Danita Delimont Stock Photography; 401 (t) Bob Krist/Corbis; 402 (b) Joe Tree/Alamy; 403 (t) SpotWorks, Inc.; 404 (b) Ethan Miller/Getty Images; 405 (t) Gautam Singh/AP Images; (b) Rogelio Solis/AP Images; 406 (fg) Royalty-Free/Corbis; (bg) Franz Marc Frei/Corbis; 407 (t) Photodisc Blue/Getty Images; (b) Index Stock/Alamy; 408 (cr) Ed Wheeler/Corbis; (br) Scott Sady/AP Images; (bl) Chuck Savage/Corbis; 409 (t) Gary Conner/Index Stock Imagery; 412 (bl) National Museum of American History, Smithsonian; (br) Index Stock RF; 413 (c) Smithsonian Institute, Computers and Communications; (t) Wikimedia Foundation Inc.; 414 (t) Lawrence Migdale; 415 (tl) Bob Krist/Corbis; (tr) Gary Conner/Index Stock Imagery; 416 (bg) Doug Mills/AP Images; (bc) Ariel Skelley/Corbis; (bl) Royalty-Free/Corbis; 419 (t), (inset) Royalty-Free/Corbis; (b) Bill Bachmann/Index Stock Imagery; 420 (tl) Helene Rogers/Alamy; (bl) The British Museum; (tr) Werner Forman/Art Resource, NY; (cr) Gary Conner/PhotoEdit; (b) The British Museum; 421 (t) Scott Stewart/AP Images; (bg) SpotWorks, Inc.; 422 (b) Owaki - Kulla/Corbis; 423 (b) Frances Roberts/Alamy; 424 (b) John Dominis/Index Stock Imagery; (t) Hulton Archive/Getty Images; 425 (t) Don Smetzer/PhotoEdit; 429 (t) Royalty-Free/Corbis; 434 (cl) The Money Coach; (cr) North Carolina Department of State Treasurer; 435 (tr) Bettmann/Corbis; (tl) Carson Scholars Fund; 436 (b) José Fuste Raga/zefa/Corbis; 437 (t) David Guttenfelder/AP Images; 438 (b), (c) John Robinson; 439 (t) John Robinson; 442 (t) Royalty-Free/Corbis; 443 (tl) Hulton Archive/Getty Images.

All other photos from Harcourt School Photo Library and Photographers: Ken Kinzie, Weronica Anakaron, Eric Camden, Doug Dukane.

All Maps created by MAPQUEST.COM.